LE
FONDEMENT DU DROIT
ET
DE LA MORALE

PAR

JEAN LAGORGETTE

MEMBRE DE LA SOCIÉTÉ DE SOCIOLOGIE DE PARIS

PARIS, Vᵉ

V. GIARD & E. BRIÈRE

Libraires-Éditeurs

16, RUE SOUFFLOT ET 12, RUE TOULLIER

1907

LE
FONDEMENT DU DROIT

DU MÊME AUTEUR

Le Rôle de la Guerre. *Étude de sociologie générale.* Préface de M. ANATOLE LEROY-BEAULIEU. — V. Giard et E. Brière, éditeurs. Un volume in-8°. 712 pages . . . . **15 fr.**

A paraître :

L'Évolution sociale dans ses rapports avec l'Évolution psychique. Un volume in-8°.

Assurances par les caisses locales et assurances par l'État. Un volume in-8°.

LE
FONDEMENT DU DROIT

ET

DE LA MORALE

FONCTION ET GENÈSE
DES IDÉES DE DROIT ET DE DEVOIR

PAR

JEAN LAGORGETTE
MEMBRE DE LA SOCIÉTÉ DE SOCIOLOGIE DE PARIS

PARIS Vᵉ

V. GIARD & E. BRIÈRE
Libraires-Éditeurs
16, RUE SOUFFLOT ET 12, RUE TOULLIER

1907

INTRODUCTION [1]

Il me souvient d'un roman dont l'un des personnages, un savant, découvre, au moment de terminer sa carrière, un moyen de rendre libres, facultatives, la fécondation et la procréation. Soudain averti des répercussions bonnes et mauvaises qu'entraînerait la divulgation de son procédé, il hésite et surseoit au couronnement d'une vie de recherches dont il n'avait pas songé à mesurer l'opportunité. A sa mort, il lègue à son fils son secret, avec la mission de peser le pour et le contre : une seconde vie fournit à peine les éléments d'appréciation.

Personne ne saurait se flatter de donner une solution à l'un des problèmes les plus vastes, les plus complexes, les plus fondamentaux, qui se posent à l'esprit humain, à savoir l'origine et la légitimité des diverses formes de l'idéal, conçu comme distinct de la réalité, de l'être et du devenir. Mais à l'auteur qui, en cet ordre d'idées, expose une théorie non consacrée par une pratique conforme ou une tradition favorable, — ne fît-il que rééditer et a fortiori s'il rassemble en un tout des vues éparses, — à celui-là incombe la pesante responsabilité d'engager quelqu'un, fût-ce une seule personne, en des voies nouvelles. S'il était convaincu de la puissance des idées, ce penseur ne devrait-il pas, plutôt que d'encourager la stérilité de l'action humaine, préférer le silence ou souhaiter que le souvenir de ses paroles fût à jamais effacé? Il ne servirait à rien d'invoquer la véracité de son dire, à laquelle il serait d'ailleurs vaniteux de prétendre : la vérité, malgré le mot d'Helvétius, peut être parfois nuisible.

1. Aux auteurs cités ci-dessous, ajouter : Giraud, L'idée du droit, Ac. sc. mor., nov. 1879; Les orig. du dr. dans leur intégr., R. phil., 1883, p. 170; Lad. Zaleski, Le pouvoir et le droit, 1899; Bayet, Mor. scient.; Belot, Pr. de mor. posit.; Boucaud, L'idée du dr. et son évol. hist. (anat. et embryol.), etc...

1

Le cas, ici, se présente d'une manière presque opposée. Peut-être à raison des illusions qu'elle laisse subsister et en dépit d'inexactes interprétations possibles, notre critique, loin de constituer un acte d'hostilité contre les « idées saintes », renforcera celles qui lui résisteront. Les idées de droit et de devoir gagnent à être assouplies aux yeux des théoriciens qui les contemplent comme d'indiscutables « absolus »; ceux qui les combattent comme vides leur trouveront ici un appui. La puissance de la justice n'a pas à craindre les attaques des humains. A ceux qui la ramènent à une condition de vie dans l'évolution, elle ne doit pas moins sembler au-dessus des atteintes mortelles qu'à ceux qui y voient une institution providentielle : la sélection, à défaut d'autre garantie, se chargerait d'assurer son triomphe en éliminant ses négateurs.

Ces souhaits, ces espérances, par là même qu'ils écartent l'objection tirée de la malveillance des intentions et du danger des conséquences, n'exposent-ils pas au reproche, inverse en un sens, de téléologie? Touchant non pas les recherches scientifiques, dont il est exclusif, mais la publication de leurs résultats, un tel calcul intéressé n'est pas interdit dans le domaine de la morale et du droit, qui tendent au « bien » individuel et social. Nullement soucieux de cacher ce désir préconçu de servir la cause de l'idéal, nous donnons comme motif avoué et comme raison de cet exposé la constatation de l'état de malaise, de *crise morale* dont souffrent notre époque et notre pays en particulier.

1. — Cet état va en s'accentuant. Nul siècle plus que le xviiiᵉ n'avait parlé à l'homme de ses droits. Venue comme son terme forcé, la Révolution « fonda la liberté ». Or, du bilan des idées dont sortit ce grand mouvement, il ressort qu'il en reste peu de chose. Les valeurs anciennes et démodées ont été converties ou détruites. A l'Homme abstrait et idéal, libre et partout semblable à lui-même, la science positive a substitué des êtres nullement égaux, soumis à un étroit déterminisme et à une dure loi de concurrence, à peine tempérée par l'état de solidarité. Il s'en faut de peu que l'on ne dénie l'existence d'un ensemble de prérogatives attachées à la qualité d'être humain. De l'idéal antique, du droit naturel médiéval, des « absolus » du spiritualisme, il ne subsiste rien davantage.

Les *causes* de cette dissolution ? Elles se rattachent à l'état social entier. Quelques-unes, seules, présentent un aspect saillant. La science s'est donné à tâche de soumettre à l'*analyse* toutes les idées (et associations d'idées) sur lesquelles l'humanité s'en reposait dans le domaine philosophique, moral et social. « Tout a été remis en question [1]. » Ce temps a vu naître le procédé de la dissociation d'idées. Peu de notions ont échappé ou survécu — à moins de s'être transformées — à ce travail de décomposition, pas même celles de Dieu, âme, libre arbitre, devoir, droit. La *critique* et, ce qui est pire, le *scepticisme* se sont étendus de la connaissance à l'action, des principes premiers aux maximes générales de la conduite. Une « science des mœurs » a prétendu exclure la morale.

De la philosophie, la suspicion s'est répandue dans le public ; l'opinion l'a transmise à l'éducation, aux mœurs. La conscience collective est troublée, hésitante entre tant de conceptions contradictoires de la famille, de la cité, de l'humanité. Faut-il même parler de conscience ? Le respect, après la foi, s'en va. Nous vivons à une époque d'irrespect. Lorsque des écrivains prêchent l'amoralisme, sinon l'immoralisme, le peuple imagine difficilement que les catégories du bien et du mal ne sont pas arbitraires. La vérité des partis d'opposition devient erreur dès qu'ils triomphent. Ce qui est présenté comme méprisable à l'égard de compatriotes, on le recommande contre l'étranger, contre les peuples inférieurs. Au lieu que la morale interne s'étende à l'extérieur, la recrudescence de la lutte bannit le respect de la vie et des principes, même à l'intérieur d'une même nation. Aspirant avant tout à triompher, on ne limite aucun des moyens d'action dont on dispose. L'empirisme tranche les questions qu'on n'a pas le temps de résoudre. Les vices sont de tous les temps, mais dans le nôtre, on ne sait plus bien qu'ils sont tels. Si, par paradoxe, on ne se livre à leur apologie, du moins les excuse-t-on, par mode.

Tant s'en faut qu'on délaisse, comme oiseuse et surannée, l'*étude des problèmes* que soulèvent le droit et la morale. Comme de la solidarité en ce temps de compétitions et de luttes de classes, jamais on n'en a tant discouru ; et l'une des causes de trouble, non la moindre, réside dans la prédominance, contraire à la subordination naturelle, de la connaissance sur les instincts de la vie pratique. L'instinct moral restant muet, on est bien obligé de calculer le bien et le mal de chaque action : la recherche et l'application, dans la vie quotidienne, d'un critérium objectif est sans doute un symptôme d'absence de sens moral. A prétendre substituer les « décisions de la raison » aux « inspirations du cœur », à vouloir trouver des motifs à tout acte et tout réfléchir, on menace les idées de droit et de devoir, qui s'imposent sans dévoiler un pourquoi. L'ébranlement même des principes éveille l'intérêt : les uns prétendent abattre les ruines, d'autres les consolider. L'instabilité des mœurs, des lois, des institutions empêche que rien paraisse hors de discussion. Les questions à l'ordre du jour sont des questions de droit ou présentent un côté juridique : organisation du travail, de la propriété, de l'assistance, paix, souveraineté, nationalité, famille, mariage... Des assemblées et réunions, le débat passe au théâtre, dans la littérature, les journaux, les salons. Mais comment conserverait-on la vénération des grandes choses quand on aime à peindre les hommes par leurs petits côtés ?

A côté des personnes qui critiquent telle institution, telle forme de gouvernement, se trouvent des négateurs extrêmes qui abolissent toute autorité, toute loi, toute obligation. Mal armés par un enseignement insuffisant ou trop attaché aux textes et aux faits, juristes et sociologues sont inhabiles à répondre comme il conviendrait aux questions préjudicielles de leurs sciences : la société est-elle nécessaire, l'État est-il une forme indispensable de la société, etc... A cet égard on est tombé d'un extrême à l'autre : au droit naturel, passé de mode, aux philosophies du droit, imbues d'apriorisme métaphysique et de déduction, ignorantes des lois de l'évolution, les ethnographes prétendent substituer purement et simplement l'histoire comparée des institutions barbares !

Convient-il donc de renoncer à tout positivisme, d'abandonner la lutte contre les superstitions et pour le progrès ? Qu'on n'accuse pas leur principe: le mal provient de sa fausse interprétation, exclusive et unilatérale. L'évolution n'est pas la fatalité ; le fait positif n'est pas uniquement matériel et actuel, non plus que l'idéalisme forcément apriorique. Les variations sont la condition du progrès, mais l'absence de traditions engendre des mouvements désordonnés en tous sens. Or les auteurs et écoles qui ont participé à renverser les préjugés anciens sont restés indifférents ou impuissants à les remplacer par des opinions philosophiques plus rationnelles : à moins de se contenter de l'empirisme grossier d'une vie au jour le jour, des hommes de saine raison et de droite intention ont été réduits à se cramponner aux théories déchues, — attitude non moins préjudiciable que les plus audacieuses des attaques.

Mainte raillerie attend la *substitution* de principes nouveaux aux anciens : à quoi bon, dit-on, ce « replâtrage », puisqu'on sera logé à la même enseigne [1] ? — Préférez-vous camper à la belle étoile de la pensée ? Là vous aurez les coudées franches, mais serez-vous davantage à votre aise, vous que le bien-être soucie ? Ne serait-il pas prudent de s'assurer un abri au moins provisoire, lorsqu'on démolit l'ancien ?

Les dangers de l'anarchie morale, endémique, sont plus à craindre que ceux de l'anarchie politique, réduite à quelques sectaires. Notre époque a marché aussi vite à travers les stades intellectuels et moraux que dans les transformations matérielles, sans attendre les modifications organiques et psychologiques correspondantes. Il en est résulté des convulsions et des soubresauts, qu'on incline à confondre avec l'enfantement du progrès : or « les tremblements de terre ne sont pas très judicieux dans leurs opérations » (P. Laffitte). Préservons donc la continuité sociale.

Ainsi, à l'intérêt doctrinal de savoir si l'œuvre de nos aïeux survivra, s'ajoute le besoin de remédier à l'instabilité sociale, à la criminalité et à tout cet état de mœurs qui ne tombent pas sous les lois. Or la cause du mal fournit des indications quant aux *remèdes*. A des doctrines malsaines, il convient d'opposer des théories qui trouvent, dans la réalité observable, une base solide, mais non exclusives de l'idéal. Aussi est-il recommandable d'étudier la justice moins en juriste lié aux textes et absorbé par les controverses, qu'en philosophe et en sociologue soucieux d'interpréter le progrès social et d'orienter la législation écrite, émancipée de toute routine, vers le droit rationnel. Cet idéal doit être scientifique, fondé en dehors de la foi religieuse et de la métaphysique. A cette condition, rien plus que son étude n'est utile dans tous les temps, alors que chacun a besoin de déterminer la portée de ses droits et devoirs et des sacrifices qu'ils méritent. Cette tâche s'impose plus impérieusement encore en une période de crise, où l'on doit changer la notion du droit et du devoir sous peine de la voir périr. C'est à elle que nous nous attacherons.

Contre un mal si profond suffit-il d'une publication, suffirait-il de mille ? Nous n'en manquons pas : jamais elles ne furent plus nombreuses et l'effet n'en est guère sensible. La morale des philosophes, sauf par ses mauvais côtés, semble avoir eu une *influence* pratique moindre que celle des prophètes. Et pourtant on ne peut contester davantage cette influence : elle est seulement moins trans-

---

1. C'est une marotte de Stirner : « Vous avez détruit Dieu pour le remplacer par l'Homme, le Roi par la Loi... » Il nie l'avantage de cette impersonnalisation.

parente à l'observation, parce qu'elle s'exerce par intermédiaires et se propage comme par cascades successives. Malgré son caractère spéculatif et abstrait, la morale a parfois servi de guide aux éducateurs et, par là, contribué à ramener les hommes au sentiment du devoir.

II. — L'un des remèdes consiste donc dans l'étude des théories relatives au droit et au devoir. Nous ne traiterons ici qu'une part restreinte du *problème*.

Et d'abord qu'est le droit? Quels sont son origine, son fondement? Possède-t-il même une base réelle, ou bien n'est-ce qu'un vain fantôme de l'esprit ? Ces questions primordiales auxquelles sont subordonnées l'existence et la validité du système juridique entier, n'ont pas reçu de réponse définitive. Le mot *droit* lui-même, dont les sens sont multiples, appelle une précision au moins nominale. Il ne s'agit ici ni de l'enseignement ni de la science du droit. Nous nous occuperons de la règle de droit et surtout de la faculté de faire ou ne pas faire ou d'obtenir, à l'égard desquelles se posent des questions identiques. L'objet principal de nos recherches sera le sentiment et l'idée de droit, que nous assimilons sans les confondre.

Nous sommes donc loin d'embrasser tous les éléments que comporte un système juridique complet [1], à savoir : 1° l'idée que chacun possède de ses droits et de la justice ; 2° la concordance d'un certain nombre de ces idées chez des hommes différents ; 3° leur application aux cas particuliers par un juge ; 4° la sanction attachée à certaines d'entre elles. *L'idée de désirabilité ou de respectabilité* d'un état ou d'un acte étant constitutive du phénomène subjectif, lui-même essentiel au droit, nous y bornerons notre examen et négligerons de rechercher comment, de ces conceptions individuelles, les unes ont triomphé de manière à établir l'accord parmi elles, et pourquoi — problème voisin — la coercition a été assurée à tels ou tels idéaux [2].

On ne manquera pas d'objecter que nous confondons avec la

---

1. Cp. J. Lagorgette, *Le Rôle de la Guerre*, p. 313, 318.

2. Les partisans de l'antériorité de la conscience collective (Lévy-Bruhl, *Mor.*, p. 231) n'éprouvent aucune difficulté à expliquer la conformité, mais ils ont à se demander comment s'opère le reflet dans les consciences individuelles. — Neukamp, Zwangsmoment im Recht in entw.-gesch. Bed., *Jhb. f. vergl. Rechtsw.*, 1898, p. 22. — E. Picard (*Le dr. pur*; p. 409, 438) cherche le critère qui détermine s'il y a lieu d'imposer la contrainte, d'introduire un devoir dans la catégorie des devoirs juridiques. — Bornés par l'origine et le rôle du sentiment interne, nous n'examinerons pas davantage les raisons psychiques et conséquences juridiques de l'état rudimentaire des sanctions organisées, en droit international public.

morale le droit, en réalité basé sur autre chose que des obligations morales et obéi par d'autres considérations que l'amour du bien pour lui-même. — On s'y soumet sans doute par crainte, par intérêt, mais aussi parce que c'est la loi, le droit. Nous envisageons par dessus tout l'idée; or quelque conception qu'on accepte des rapports de la morale et du droit, ce dernier, par l'ordre et la contrainte et sans l'obligation intérieure ou le sentiment que l'objet est éminemment respectable, se réduit à un simple fait matériel. Le devoir ne se confond pas non plus avec la nécessité relative qui s'impose en vue d'obtenir tel ou tel objet, comme le prétendent les moralistes qui ramènent leur science à une application de la logique ou de la téléologie : il impose une obligation absolue et non hypothétique. Forcé ou intéressé et juste sont, en un sens, exclusifs et complémentaires. En tant que contraint, on n'agit pas par un mobile juridique. Qu'on s'incline à raison de sa propre utilité ou de celle d'autrui, l'idée de droit ou de devoir n'intervient pas ; et si elle intervient, c'est en tant qu'on ne pense pas à l'intérêt. Pourquoi ces noms spéciaux et surtout l'auréole dont ils s'entourent, s'ils ne servaient qu'à éviter une périphrase pour désigner une catégorie non particulière d'ordres ou d'intérêts sociaux ? Il a là des mots distincts, exprimant des idées propres, et ici le jugement populaire est décisif, puisqu'il s'agit de savoir ce qui passe pour la justice.

A cet « ingrédient » s'en joignent, dans un système juridique, notamment deux autres, souvent présentés comme étrangers à la morale. Alors qu'un jugement est éthique quels que soient le nombre et l'attitude des personnes qui prononcent sur le bien ou le mal d'une action, il ne devient juridique que s'il possède un caractère collectif [1] et s'il est accompagné d'« intolérance sociale » [2]. Mais, caractéristiques par rapport à la morale, ces deux traits sont loin d'être particuliers au droit. Les contestations ne s'élèvent guère qu'à

---

1. Puchta (Gewohnheitsr) définit le droit « une conviction commune à tous ceux qui composent la société juridique ». Bierling, Kritik der jur. Grundbegr., t. I, p. 3 : les règles de la vie publique constamment reconnues par les citoyens. Van Bemmelen, Notions fond. du dr., p. 18 : « Rechtsurtheil » d'hommes covivants dans une société au moins plus étendue que la famille et formée par des liens plus étroits que ceux de bon voisinage... Thon, Rechtsnormen u. subj. Recht.

2. Plusieurs Allemands expliquent le droit en établissant un but de l'État social et la contrainte comme moyen de l'atteindre (Lasson, Jhering). S'attachent aussi à la coercition tous les auteurs qui y trouvent le trait qui sépare de la morale (Picard, ib., p. 11.) ou qui montrent l'origine du droit dans l'État ou dans l'ordre du souverain avec menace de sanction (Austin...) — Contra : Herbart, Idee des Rechts, p. 59; Bierling, ib., p. 142 ; Thon, ib.

l'égard de la *contrainte*. Or, à coup sûr, elle ne constitue pas le droit ni le sentiment juridique et il n'y a pas entre eux identité [1]. Elle en est donc tout au plus une suite, plus ou moins intimement unie, sinon nécessaire. C'est une partie non intégrante mais adjacente.

Si l'on entend par sanction toutes les conséquences heureuses ou malheureuses du choix entre les deux termes du dilemme — accord ou désaccord avec la loi —, la menace d'une exécution forcée ou d'un châtiment n'en est qu'un élément, au même titre que quantité d'événements. Si l'on accepte sous le même vocable les influences diverses qui poussent à se conformer à un idéal donné, la sanction coercitive ne forme qu'une partie infime de cet ensemble, qui comprend les impulsions directes, les nécessités logiques en vue de la satisfaction d'un désir et, parmi les premières, une série de mobiles simplement analogues à la « voix du devoir » (infra). Toutes ces influences se ramènent à deux catégories : la détermination extérieure de la volonté au bien, à la conformité avec la loi, par la volonté d'autrui, et la détermination par tous autres facteurs, y compris de nombreuses actions externes (qui interdisent de la qualifier interne). Parmi ces dernières, l'idée de désirabilité et de respectabilité en soi n'est qu'une composante, mais elle appartient en propre au droit et au devoir, tandis que la contrainte s'attache à des ordres quelconques, dénués de prétentions juridiques, tels ceux du père à ses enfants, du maître à ses serviteurs, et même aux commandements les plus injustifiés. Cette remarque tend à rapprocher les concepts de droit et de morale, tandis que la considération de la sanction les sépare [2]. Le droit possède deux traits qui le distinguent l'un de la mécanique en le rendant comparable à l'idée-force de devoir, et le second, assimilable à la force brutale, de la morale. Le premier, tout aussi essentiel, est plus caractéristique, car le droit ressemble infiniment davantage à la morale qu'à la mécanique : l'obligation juridique, le « vinculum juris » est plus près de l'obligation morale, dérivée du bien, que de la pression physique de la pesanteur ou de l'énergie musculaire. Le droit, en tant que droit et non que manifestation brutale de la force est tout différent d'un rapport de puissance. Il a d'autres caractères que l'idée de respectabilité, mais sans celui-là, il n'est qu'une apparence de lui-même : la force.

---

1. Contrainte ou intérêt ne *fondent* pas le droit: infra (Force; Util.).
2. Les envisageant à des points de vue auxquels ils se ressemblent, nous n'insisterons pas sur leur critère et leur démarcation. (Par leur but: conservation sociale ou perfectionnement; ou plus extérieurement: sanction diffuse ou organisée, d'après Durkheim, Neukamp...)

Loin de nous le dessein de nier, en cette analyse de concepts, la raison d'être ou l'importance pratique de la contrainte et de contester que la force soit nécessaire au droit : sans elle, il serait assurément peu garanti, sinon transformé en un jeu « dérisoire » de devoirs impunément transgressibles. Mais l'*élément subjectif exerce une action réelle et indispensable* (infra : Nature).

Efficace, il l'est même chez des populations que nous jugeons peu avancées. On cite des héros du Mahabarata, du Ramayana, qui se livrent au bien sans aucun espoir de récompense. Les Chinois selon Confucius, les Tahitiens d'après Cook, considèrent qu'ils se doivent à eux-mêmes d'être vertueux et de s'abstenir de ce qu'ils condamneraient de la part d'autrui [1]. L'affirmation du devoir et du droit engendre des idéaux théoriques et des actes conformes en dehors de toute considération d'une contrainte possible. Il en est ainsi non seulement dans le domaine moral, mais sur le terrain juridique, ou maintes conventions, dont on ne pourrait exiger l'accomplissement, sont exécutées volontairement. Outre qu'ils poussent à obéir spontanément à l'idéal, les sentiments éthiques font réagir contre sa violation et ils en garantissent l'exécution en maintenant la discipline parmi les corps chargés de cette fonction. Si l'idée ne supplée pas à la force, elle lui imprime une direction parfois différente de celle qui aurait été suivie sans son intervention. Le droit est donc loin de se ramener à une combinaison de forces.

L'idée de droit exerce bien une contrainte sur celui à qui elle s'impose, mais cette contrainte est interne et ne dépend pas moins des dispositions du sujet passif que de la puissance du sujet actif [2]. La confusion s'explique : la permission de coercition qui accompagne la faculté juridique est prise pour constitutive, tandis qu'au fond elle

1. Spencer, *Morale des différents peuples*, p. 26 s.
2. Jhering, *Zweck im Recht*, t. I, p. 368; Duguit, *L'Etat*, t. I, p. 107-119: La volonté est vaincue par elle-même. La contrainte psychologique, non organisée (y compris la crainte des réactions) suffit à donner le caractère juridique. Est telle toute règle qui veut être respectée. (Donc le droit est antérieur et supérieur à l'Etat, le limite, tandis que d'après Jhering, Jellinek…, l'Etat seul lui donne la vie.) La sanction exécutrice (et non réparatrice ou expiatrice) ne se trouve le plus souvent que dans la contrainte psychologique. Et même beaucoup de règles de droit ne sont pas sanctionnées; ainsi le législateur ne dit pas: Tu ne tueras pas, mais ordonne à ses agents d'intervenir dans le cas contraire. — Jellinek, *Allg. Staatslehre*, p. 304 s: la plupart du temps la contrainte n'agit que comme force compulsive, c'est-à-dire comme motif déterminant. La décision est influencée par une force sociale psychologique. La marque du droit est, non la contrainte, mais la garantie, la force d'application (Giltigkeit) dont la contrainte n'est qu'un mode. Les règles juridiques sont des normes garanties, qui s'imposent.

est instituée seulement contre les manifestations pathologiques de la
vie juridique [1]. Ce qui est essentiel à la notion de droit, c'est qu'il
tende à sa réalisation et non pas tant qu'il soit exécutable de force.
Que sa réalisation soit ou non volontaire, peu importe : si la contrainte disparaît, il n'en existe pas moins, et si l'on s'y conforme
spontanément, il n'en règne que mieux. Le droit sans doute offre à
la morale une garantie, mais il subsisterait alors même que les hommes, par leur perfection, rendraient inutile le recours à la violence.
Inversement, le sentiment de l'obligation opère comme un adjuvant
de la sanction pour atteindre le résultat objectif auquel tend la loi.
Ce sentiment est indispensable, car il est impossible de se reposer
exclusivement sur ses muscles personnels ou sur l'autorité : si le
système de coercition ne réalise pas la perfection (comme c'est probable), si la certitude de la réaction vient à manquer (comme c'est
inévitable aux temps de troubles, de guerre), rien n'assurera plus
l'exécution de la loi. Normalement le procédé mécanique, fût-il parfait, doit se compléter du processus psychologique. En l'absence de
la moralité ou des sentiments qui y tendent, la société aurait beau
distribuer les peines, sa vigilance ne triompherait pas de toutes les
ruses et des infractions cachées ; ses mesures répressives n'empêche-
raient pas le mal d'être commis. L'obéissance aux ordres sociaux
et utiles socialement doit être assurée au besoin par des moyens matériels ; mais il n'est pas moins nécessaire au fonctionnement régu-
lier de la société « que les contrevenants ne représentent qu'une faible partie des membres de la communauté et que la masse prête à
l'ordre établi une soumission volontaire » [2].

Le concours des deux espèces de sanctions est donc indispensable,
mais, normalement, pas plus qu'elle n'a le premier mot, la force ne
juge en dernier ressort. Il convient d'y insister car le préjugé contraire est fort répandu notamment en droit international. La force
d'un individu a besoin, pour s'imposer, du secours des forces d'autres volontés et ces volontés sont gagnées par des désirs et croyances et spécialement par l'ascendant d'une force morale. « Le droit
positif tout entier est un ensemble complexe d'impératifs qui se con-
ditionnent, s'appellent, se sanctionnent les uns les autres, mais qui
aboutissent toujours à un suprême impératif dont la violation de-

1. Jellinek, *Socialethische Bed. von Recht.*, p. 50.
2. Tanon, *Évol. du dr. et conse. soc.*; p. 147 s. — Un système qui devrait recourir dans tous les cas à la contrainte serait bâti sur une base d'argile
(Ahrens, *Jur. Encycl.*, t. 1, p. 43). Pour qu'une loi soit respectée, il faut
qu'elle soit respectable (Bastiat). Si elle s'insurgeait contre l'ordre moral,
elle porterait en soi sa condamnation. De telles lois ont existé: l'histoire
prouve qu'elles furent éphémères (Serullaz, *Lutte pour le dr.*, p. 8).

meure elle-même sans sanction [1]. » La prohibition d'un fait délictueux, par exemple, met en œuvre les impératifs qui prescrivent aux autorités administratives et judiciaires la recherche du délit et la mise en jugement du délinquant. La mise en jugement impose au juge de déclarer la culpabilité et d'appliquer la peine. La condamnation met en jeu l'exécutif. Tous ces impératifs eux-mêmes mettent en œuvre, pour le cas de leur inobservation, ceux qui s'adressent aux autorités supérieures de surveillance et de contrôle, et le terme ultime de la série n'est pas susceptible de sanction : l'infraction peut donc rester impunie. Toutes les dispositions législatives, même concernant les droits privés, impliquent de même le concours des organes de la puissance publique. Il en est ainsi à un échelon non supérieur, lorsque l'impératif est adressé à une autorité sur laquelle aucun contrôle n'est permis, par exemple devant un tribunal irresponsable quant à la déclaration de culpabilité : les droits les plus éclatants ont été méconnus, l'innocent peut être condamné et, plus souvent, le coupable acquitté. Le parachèvement de la justice n'est réalisé que « par la force de l'*assentiment moral* qu'il obtient de ceux qui y sont soumis ou qui sont chargés d'en procurer l'éxécution » (Tanon). L'opinion du public, fondée sur ses convictions et appuyée par sa puissance, exerce son influence sur toutes les autres.

Malgré les prétentions d'Austin, *tout droit n'est pas sanctionné*. La coercibilité manque même totalement à certaines règles de droit positif, soit par omission du législateur, soit par impossibilité d'exercice à raison de la nature des prescriptions, soit encore à cause du mal nouveau qu'elle engendrerait (entre parents ; en matière de diffamation…) Elle est absente ou demeure imparfaite en droit international public et en droit ecclésiastique. Elle fait défaut dans de multiples dispositions de droit privé et surtout de droit public. Sans parler des règles sanctionnées seulement par la flétrissure, le sentiment moral a, dans un grand nombre d'institutions, une part prépondérante, sinon exclusive de tout procédé autoritaire. Ainsi en fut-il, à Rome, de l'aliénation fiduciaire et en est-il encore des obligations naturelles. Par le serment décisoire on arrache des aveux gravement opposés aux intérêts du « déféré », en dehors de toute crainte utilitaire de découverte, de honte, de châtiment terrestre ou posthume, et par la simple horreur du mensonge et du parjure, en vertu de ce principe, inculqué dès l'enfance qu'on doit toujours dire la vérité [2].

---

1. Tanon, p. 151 ; Thon, *Rechtsnormen u. subj. Recht,* p. 8.
2. On objecte au serment laïque que, pour ajouter une valeur à une simple affirmation, le serment a besoin d'être prêté sur quelque chose qui

La contrainte n'est pas attachée à tous les préceptes, et c'est le sentiment du droit qui la leur accorde ou la leur retire. Les idées de respectabilité et de sacrilège ont ainsi *coopéré à la formation du droit*. Elles se sont étendues à la procédure, parfois par l'exigence de formes dépourvues d'autres raisons. Leur existence est manifeste dans chacune des grandes sources du droit : la coutume s'en inspire, le législateur, les jurisconsultes en tiennent compte. Elles agissent par l'introduction de réformes : telle situation paraît, à une époque, plus digne de protection qu'une autre, telles catégories de biens ou de personnes sont vues d'un œil plus favorable. Si cette appréciation ne constitue pas tout le droit, son absence a du moins empêché certains actes d'entrer dans la sphère juridique et en a écarté d'autres (socialisme) ; sa présence suffit à éviter la prohibition, et elle se rencontre seule dans les actions que la loi encourage, permet ou laisse en dehors de son domaine, sans avoir à les sanctionner. La dépréciation, à la longue, écarte les usages, prescriptions et institutions dont se détache le respect. Combien de fois les dramaturges, les romanciers, les caricaturistes n'ont-ils pas agi sur l'élaboration des lois ?

Si le sentiment juridique déborde le droit et s'il ne s'attache pas avec la même intensité à toutes ses parties, *l'obligation d'obéir à la loi*, à toute loi, n'en a pas moins fini par revêtir, au moins en pratique, un caractère moral [1] : la plupart des traités de morale conseillent de s'incliner devant les prescriptions de l'autorité légitime.

En résumé, le droit se décompose en un sentiment et une puissance. Débarrassé de l'idée de désirabilité, ce n'est que le désir garanti par la force (actuelle, virtuelle ou putative, du sujet ou du groupe). A l'inverse, enlevez la force, la sanction, il ne reste que l'idée de bien. La morale et le droit ne se différencient pas nettement au début, mais seulement à partir de la naissance de l'Etat. Tou-

---

implique la foi : Croix, Coran, parents menacés de malédiction. Ce n'est pas jurer sur rien et sans foi que de jurer sur l'honneur et la conscience, comme le demande le plaideur qui se remet à la bonne *foi* de son adversaire, c'est-à-dire à sa loyauté, à la puissance de son idée du devoir, ici doublé. Il serait édifiant d'analyser ce qui se passe dans l'esprit du déféré : il est arrêté par la « terreur de la chose sacrée », tellement plus forte lui qu'elle l'amène à dire le contraire de son affirmation antérieure ou de son intérêt. Si on demande la prestation, c'est qu'on craint que certains mobiles poussent à déguiser la réalité et qu'on compte sur l'efficacité du serment. Charles-Quint permit à François Ier de sortir de prison « pour l'enfermer d'autant plus sûrement dans la geôle de sa conscience, et il le renvoya en France, chargé de chaînes invisibles ».

1. Spencer, *ib.*, p. 45 : ex. — Dans *Justice*, p. 2, il néglige l'approbation ou le blâme pour envisager la conduite objectivement, car il y cherche une règle d'action.

jours ils plongent leurs racines dans le même sol. Nous n'éprouverons donc aucun scrupule à les étudier parfois ensemble.

III. — Sous quels aspects envisagerons-nous l'objet de nos recherches, ainsi déterminé ?

Trois mots résument notre *programme* : *nature, fonction, genèse.* Encore les deux derniers expriment-ils des idées si étroitement connexes qu'ils ne sauraient être entièrement séparés : la fin vers laquelle est dirigé le système agit comme une cause efficiente et tend à se réaliser, la vision du but est une cause et la téléologie est aussi ætiologie. En d'autres termes, il s'agit d'analyser l'idée de droit fibre à fibre, d'examiner comment elle se comporte dans l'esprit et par ses manifestations extérieures, où elle prend sa vie et puise sa sève, quel rôle elle remplit : en un mot, comment elle agit, d'où elle vient, à quoi elle sert.

Les anciens auteurs ont cherché un principe qui fournisse une justification théorique de la valeur du droit. Après avoir exposé brièvement leurs explications et les raisons de leur insuccès, nous essaierons de montrer que tout fondement rationnel est surajouté aux réalités par les philosophes. Le problème se réduit à la recherche d'une origine non philosophique mais psychologique (psychogenèse) et à l'observation d'une raison d'être objective. L'origine, suivant l'évolutionnisme, c'est le fondement. En constatant à quelles utilités vitales correspondent les sentiments juridiques, nous montrerons pourquoi ils se rencontrent dans l'esprit humain et par quels processus ils s'y sont développés [1].

Nous laisserons en dehors de notre conception toute base métaphysique ou absolue. D'ailleurs le devoir ne se présente-t-il pas à l'esprit comme possédant une valeur en soi ? On ne justifie pas le juste, et le droit est l'expression du juste. — Pourtant, loin de nous borner à une « physique des mœurs », nous laissons, à côté de l'observation, une place à l'appréciation. L'histoire ni la raison ne s'excluent : l'intelligence tient compte des leçons du passé, les événements comptent parmi leurs facteurs les volontés humaines, dirigées par la réflexion et par l'idéal. L'aboutissement, pressenti, peut servir de point de mire. La finalité inconsciente n'est pas forcément

---

1. « La morale, dit M. Lévy-Bruhl (*Mor.*, p. 192), n'a pas plus besoin d'être fondée que la nature. » En adversaire de la finalité, il se contente qu'elles aient une existence de fait. — Nous établissons la légitimité du droit en général, et non de telle règle ou prérogative. Ne rentre pas davantage dans notre sujet l'élaboration de tel système, anglais, allemand, etc... Autres questions : Aguiléra, *ib.*, p. III; Saleilles, *Rev. trim. du dr.*, t. I. p. 106.

étrangère à la genèse ; le mot fonction rend cette pensée sans impliquer, comme le mot mission, la préconscience du but en une volonté extérieure. Il comporte le concept de l'adaptation d'un moyen à une fin et l'examen des questions suivantes : en quoi consiste et doit consister cette fin, comment le moyen remplit-il son office, quels autres procédés peuvent y parvenir avec avantage, dans quelle mesure ils s'y sont substitués ou ils s'y substitueront et lui laisseront une raison d'être ?

LIVRE I

FONDEMENT ET BASE THÉORIQUES DU DROIT

CHAPITRE I

EXAMEN DES DOCTRINES DU DROIT

SECTION PRÉLIMINAIRE
Classification.

Si surannés que paraissent quelques systèmes anciens, entière-ment aprioriques, ils ne laissent pas que d'intéresser non seulement comme documents du passé ou à titre d'essais, même illusoires, de rationalisation de l'activité, mais encore comme facteurs de l'évolution, ayant exercé malgré leur fausseté une influence réelle [1]. Les esquisser, ce sera étaler l'insuffisance de chacun d'eux envisagé iso-lément, mettre en saillie les compléments qu'ils se fournissent l'un à l'autre, faciliter la gestation d'une théorie plus complète. Nous ne bannirons même pas les écoles qui disputent de la règle de droit et du droit objectif, où certains juristes voient la totalité de la solution, comme si l'origine de l'idée de droit se trouvait par là préjugée.

En ce que cet aperçu sommaire aura de contraire à l'esprit moderne, la réfutation [2] se présentera d'elle-même. Est-il besoin d'excuse pour secouer le prestige des fantaisies métaphysiques ? Elles commencent à ne plus en imposer par leur obscurité au bon sens français.

Ce trait n'est pas le seul qui sépare les divers pays. Les conceptions du droit se répartissent *géographiquement* avec assez de netteté. Rome est peut-être le peuple qui a introduit dans la théorie du droit le plus de préoccupations juridiques. Les autres nations — ce

---

1. Rome, a-t-on dit, avait l'idéal de Bentham. Au moyen âge, les abstractions ont régné en maîtresses. De tous temps, les juges, en marge de la loi, se sont inspirés d'une conception de l'équité.

2. Voir : A. Fouillée, *Critique des systèmes de morale contemporains.*

n'est pas un paradoxe — s'y sont parfois inspirées de considérations tout étrangères. A l'*Allemagne* appartiennent la physique de la *force* majeure et, par un contraste explicable[1], diverses notions métaphysiques qui confluent vers la même conclusion. Cet accord suffit à rendre douteuses la pureté de la première tendance par rapport à toute influence du monde de la pensée et inversement la possibilité, pour le transcendant, d'abandonner le réel de la vie et d'éviter la chute dans le positif : de là les mystiques-militaristes. Tandis que le Germain, concentré sur soi, est mené aux plus extrêmes affirmations logiques de l'égoïsme (individuel avec Stirner, étatique avec Hegel), y compris l'organisation scientifique des forces collectives en vue du but social, — l'*Anglais*, dominé par ses besoins, absorbé par des préoccupations économiques, déploie son activité dans le champ de la vie pratique et justifie sa conduite habituelle par des doctrines imprégnées d'*intérêt*. Nos *compatriotes*, quand ils ne se paient pas de mots, se donnent des principes à cœur joie et, partant de l'*idée*, prétendent résoudre par la logique les problèmes mécaniques et physiologiques de la vie sociale. Leur justice idéale s'inspire de la morale pure et s'exprime en une politique démocratique et égalitaire, basée sur l'inviolabilité de la personne, sujette et législatrice à la fois.

La succession dans l'*histoire* ou plutôt la superposition des conceptions successivement apparues, offre un ordre différent qui indique peut-être un progrès. La divinité, d'abord, fut la maîtresse, l'objectif et la mesure de la moralité; c'est l'époque du *mysticisme* : la Foi, la Loi. Puis, les prêtres, chefs, castes, classes dirigeantes, jusqu'à nos capitalistes, auraient, par *égoïsme*, présenté comme le bien général le leur propre : le Roi, la Loi! Enfin, « tout le monde » deviendrait en même temps que l'ouvrier de la loi, son bénéficiaire, et ce serait l'*altruisme*[2]. — A un autre point de vue, nos ancêtres se sont d'abord sacrifiés à des concepts absolus autant qu'imaginaires, — le divin tuant l'humain; ensuite l'Homme abstrait servit de type à chaque homme, — règne de l'humain; enfin le moi plus ou moins conscient de la solidarité sociale deviendrait législateur, juge et partie : l'individualisme apparaîtrait sur le tard et se fondrait en socialisme.

1. Par le caractère allemand dont l'idéalisme est parfois poussé jusqu'à un mysticisme qui dégénère en naturalisme (Fouillée, *Idée du dr. en All., en Angl. et en Fr.*, p. 11).

2. Picard, *ib.*, p. 405. Correspondants, dans l'ordre intellectuel: superstition, anarchie critique, science, ou selon Aug. Comte, théologie, métaphysique, positivisme.

Il ressort de ceci que le *facteur* a été souvent confondu avec l'*objectif* et non toujours sans raison ; il est naturel, il est humain que le créateur ou le formulateur du droit le façonne dans son intérêt ou selon son désir et son idéal ou seulement suivant son type : Glorifiez Dieu, soyez parfaits comme votre Père est parfait, ou bien soyez hommes, tel est le précepte, suivant que Dieu ou l'homme est auteur de la loi. Un phénomène analogue à cette transfusion des rôles se rencontre même dans les principes : la base influe sur le contenu. Ainsi les systèmes qui fondent le droit sur la nature humaine ou ses particularités les plus élevées, donnent comme maxime d' « agir selon notre nature » ou d' « accomplir ce qui doit nous rendre plus parfaits ».

Il arrive aussi que les critiques et auteurs mettent en ligne des théories qui peuvent être exactes à la fois ou que, élaborant la leur, ils se contentent de l'un des deux points de vue, du but ou de la cause, du fondement ou de la genèse. Il est clair, par exemple, que la théorie de la conscience et l'école historique ne répondent pas à la même interrogation.

Ces remarques montrent, — en même temps que le caractère conciliable des diverses doctrines, — la nécessité théorique et l'impossibilité pratique de les distinguer. Aussi serons-nous réduits, après une classification *logique*, à un exposé présenté dans un ordre artificiel de commodité.

Toute tendance de l'esprit, a-t-on dit, devient méthode, toute méthode engendre un système. Nous procéderons à des classements successifs d'après ces trois bases de distinction, en allant de la plus précise à la plus vague, qui est aussi la plus exacte.

L'énumération des systèmes « déontologiques » présente la même difficulté que celle des explications de l'univers, des théories générales concernant l'homme et la société : à chacune de ces dernières correspond une conception de l'éthique [1], sans compter celles des auteurs qui, jugeant prudent de n'associer son sort à aucune hypothèse, lui donnent un fondement « indépendant », ni les mixtures éclectiques [2]. A la condition de ne pas oublier que l'osmose est fréquente entre les théories, il est permis de les grouper, d'après leur

---

1. G. Richard, *Origine de l'idée de droit*, p. v: ex.
2. Krause : le droit est relativement indépendant, bien qu'en rapport intime avec la religion et la morale ; il est issu d'un ordre divin inhérent aux rapports de la vie, ordre qui doit être connu par la raison et réalisé par la liberté ; c'est une idée éternelle, mais qui doit se rattacher aux conditions de cette vie universelle, telles qu'elles résultent de l'histoire. (Ahrens, *Encycl. jur.*, t. I, p. 84.)

contenu et leurs caractères intrinsèques, en deux grandes catégories.
Le droit qui, de l'aveu de tous, sort de notre esprit, s'y trouve, suivant les uns, « comme au fond d'une impasse », tandis que, selon
d'autres, il provient du monde extérieur, où il possède une réalité
objective. Les écoles de la volonté ou arbitraires, sans affirmer
qu'il soit une pure convention ni une création *ex nihilo*, soutiennent
que son objet ne possède pas une nécessité absolue, parce que la nature ne le connaît pas et qu'il ne préexiste pas au commandement
soit divin, soit humain, unilatéral (autocratie) ou bilatéral (contrat
social). *Les théories du droit cosmique* ou ontologiques le douent d'une
existence réelle dans le monde extérieur, où elles prétendent seulement le découvrir par observation, soit interne (à la façon du spiritualisme), soit externe (suivant les écoles historique et positiviste) [1].

Cette répartition n'est pas complète, parce que sa base n'est pas
assez vaste : on n'est pas certain que l'école rationaliste entre dans
la première série ; et la tendance esthétique, qui est concevable dans
le droit, ne rentrerait ni dans l'une ni dans l'autre ou bien elle rentrerait dans toutes deux. — Si on s'attache à classifier les systèmes
d'après leur *méthode*, on réserve le nom d'école positive ou expérimentale (y compris l'utilitarisme) à celle qui donne la préférence à
l'observation, — historique à celle qui compare les divers peuples
dans le temps et l'espace, — idéaliste ou rationnelle à celle qui a surtout recours à la réflexion, au raisonnement [2].

Il s'en faut que des cloisons étanches séparent ces groupes ; leur
influence réciproque établit des types intermédiaires, des métis, à
côté des purs. Qu'on se garde de croire que tout dépende de la méthode : Aristote, Machiavel, Montesquieu, ont « observé »; Rousseau
et Hobbes sont parvenus par la déduction à des conclusions diamétralement opposées.

Les simples *tendances*, qui fournissent les indications les plus vagues, offrent par là même la base la plus large de distribution : la
vision gagne en ampleur ce qu'elle perd en précision ; du moins donne-
t-elle une vue d'ensemble. Le *merveilleux* fournissait aux primitifs
un critérium simple et commode de la justice ; il ne perd jamais ses
droits : aujourd'hui il essaie d'accommoder à sa fantaisie les conclusions les moins hypothétiques de la science. Si l'humain n'a pas tué,

---

1. Picard, *ib.*, p. 361, 363 s; p. 380 : grands noms qui illustrent chacune
de ces théories. — Jellinek, *System der subj. öff. Rechte*, 2e éd., p. 42 : 1o in
dem Willen, 2o in der dem Willen gegenüberstehenden Güterwelt.

2. Gius. Carle, *Vita del diritto*, p. 338, 342-446 (exposé). — Critique dans :
Aguiléra, *ib.*, p. xv.

« achevé » le divin, mortellement atteint, les *philosophes* ont pourtant détrôné les dieux, réduits à la portion congrue : ils ont bâti leur idéologie sur des hypothèses, des affirmations aprioriques de la raison ou sur des généralisations abstraites. Maîtres de la Grèce antique et du commencement des temps modernes, réconfortés par Kant et le néo-Kantisme ou criticisme, les métaphysiciens à leur tour, menacés par Bacon et Descartes, attaqués par Comte, assistent au déclin de leur règne. Le *positif* triomphe [1] plus amplement que la très spéciale méthode positiviste. Sur des terrains limitrophes de l'hyperphysique et du physique se tiennent, en des attitudes différentes, la morale indépendante et l'école cosmologique. Celle-ci, tout en se défendant du subjectif, transfigure pourtant l'objectif : elle s'en inspire, mais, comme certains peintres, elle prétend voir dans la nature ce qui échappe aux non initiés. Aux auteurs qui imaginent un homme libre, d'autres opposent que chacun n'existe que par la collectivité solidaire ; Comte, partant de l'être social, nie le droit et admet seulement des devoirs. L'histoire donne une notion plus juste, sauf quand elle prétend ne constater que des rapports de force. La psychologie et la sociologie se rapprochent davantage de la vérité, sauf lorsqu'un utilitarisme étroit, ramenant tout l'altruisme à l'égoïsme, donne pour guide exclusif l'intérêt personnel. Pourtant ce système défectueux nous conduit au seuil de l'évolutionnisme.

Il se trouve que cet enchaînement logique *correspond à un engendrement chronologique et progressif* : cette coïncidence n'a pas lieu d'étonner les adeptes de la doctrine transformiste. Partant du point le plus éloigné, notre exposé aboutira, par une voie parallèle, à la solution qui nous semble la meilleure. Etant donné le fait, conçu comme l'absence et non l'opposé du droit, nous examinerons si on l'a limité et si on doit le limiter. De la négation de l'idéal, nous rapprocherons les théories qui le cherchent là où il n'existe pas, à savoir dans les rapports du monde extérieur et en particulier dans les rapports de force, et celles qui se contentent de l'envisager lui-même comme une réalité donnée et d'en suivre le développement effectif. La réalité doit être modifiée, et la force dirigée par l'esprit, c'est-à-dire par la volonté ou la raison : on a tour à tour attribué ce rôle aux dieux, puis aux hommes. A côté des systèmes aprioristes ou intuitionnistes, nous examinerons enfin les systèmes téléologiques, qui font du but le principe du droit.

1. S'élevant, au contraire, de la physique des mœurs à leur métaphysique, M. Fouillée (*Mor. cont.*, p. VII) suit la gradation inverse. P. 319 s : morale esthétique, qui confond bien et beau, et morale indépendante.

Négation de l'Idéal.

Un coup d'œil superficiel, jeté autour de soi, convie à distinguer dans le monde un domaine où règne le fait pur et simple et un autre où tendent à se réaliser certaines idées qui portent sur un objet non pas actuellement existant, mais supposé et conçu comme désirable, comme « bien », comme juste : c'est le domaine effectif de la morale et du droit, qui sont précisément en question. Le vulgaire les accepte comme intangibles, mais devant la science rien n'est sacré ; elle ne réserve même pas, à la façon de Descartes, les « vérités nécessaires », avant d'appliquer un doute provisoire, libérateur du préjugé et avant-coureur de la connaissance du vrai.

Trois voies ont abouti séparément ou cumulativement à une *négation* *de l'idéal* chez quelques auteurs : l'introspection, l'affirmation purement subjective et instinctive du moi contre tout ce qui lui est étranger, contre le non-moi inorganique, organique ou social ; l'observation, le raisonnement ; la dialectique, l'examen critique de la notion ; un peu à l'opposé du premier procédé, la négation de la valeur du subjectif opposé à l'objectif, la capitulation du moi et de ses aspirations devant le fait, le positivisme absolu (à la différence de celui de Comte, qui admet le devoir), le réalisme.

I. — Chez *Max Stirner* [1], les inclinations personnelles, les désirs, le souci de la commodité, protestent contre la gêne que procure toute loi, morale ou autre ; mais cette révolte de l'*égoïsme* se couvre d'apparences logiques et de procédés dialectiques. En face des Absolus, le moi se dresse, négateur, destructeur, dissolvant. La conscience était à peine née, le moi formé, l'être humain surgi, que, semblant vouloir renoncer à soi, ils abdiquèrent devant des êtres imaginaires qui, pourtant, étaient leur création : dieux, bien, vertus. La poursuite de ces idéaux était aussi vaine que les sacrifices destinés à se concilier des divinités inexistantes : les valeurs absolues supposeraient un créateur et il n'en existe pas. L'homme ancien, au lieu de se prendre comme mesure, chercha un étalon en dehors de soi, et ce qui, au fond, possédait peut-être un prix relatif à lui, il le dénatura en lui

1. *Der Einzige u. s. Eigenthum; L'Unique et sa propr.*, tr. Lasvignes. — Laplaigne, *Mor. d'un égoïste*; Palante, *Précis de sociol.*

attribuant une valeur en soi. C'était le temps de l'illusion. Les fantômes dont une imagination naïve s'était hallucinée se sont dissipés devant la réflexion ; avec les doctrines d'examen est né l'individualisme. Le scepticisme, la relativité, s'étendent de la connaissance pure à l'éthique. Mais, tandis que Descartes, ayant tout nié, partait du moi pensant pour rebâtir un système, Stirner ne va pas plus loin que l'Égoïste et ses instincts (ou plutôt quelques-uns de ses instincts, car c'est un égoïste tronqué et inconséquent) et ne fonde aucune morale sur cette base pourtant plausible. Bien au contraire, il ridiculise les « grands mots » en lesquels se résume l'éthique traditionnelle : dignité, liberté, propriété. Ayant rasé l'édifice, il raille ceux qui l'ont réparé ou l'ont démoli pour reconstruire. Ce n'est pas sur *un* droit qu'il porte la pioche, il « marche contre *le* droit » (p. 124) ; il s'attaque non à la manière d'être, mais à l'essence. De la « liberté restreinte », il n'a souci : il aspire à la libération intégrale. (N'est-ce pas là un idéal, un irréel et même une impossibilité ?)

On abandonne certaines choses par respect pour le concept de la chose, certaines mœurs au profit de la moralité ; en corrigeant une loi, on rend hommage à son esprit, on prétend seulement le mieux traduire. Un idéal chasse l'autre, mais on conserve obstinément le principe qu'il en faut un. L'idéal chrétien a détrôné l'idéal juif, mais est monté à sa place... Les briseurs d'idoles s'agenouillent devant de nouvelles Idées (Millière, Angiolillo...). Les prétendus anarchistes n'échappent pas à l' « archie » des principes. Proudhon, aux yeux de qui l'homme est fait pour vivre sans religion, éprouve un saint effroi à la pensée que le même discrédit s'étende à la foi morale. Les plus criticistes des philosophes cherchent une morale scientifique pour lui donner une plus grande autorité. Il n'est pas jusqu'aux évolutionnistes qui ne rétablissent des normes de la conduite, en se vantant qu'elles diffèrent peu des maximes courantes (Spencer). Tout le monde soupire après quelque chose qui n'est pas, qu'il n'a pas, au lieu de jouir de ce qui existe, de ce qu'il possède (p. 80, 54, 270, 450).

Voilà ce que Stirner a constaté ou ce qu'il eût constaté s'il avait vécu à notre époque. Il y a bien là une part de vérité : chaque auteur vit à l'intérieur de sa science ou de son système, sans douter de leurs principes ou sans en sortir pour les apprécier d'un point de vue externe. Mais la critique non plus ne se suffit pas à elle-même, et les idées dissociées ne peuvent pas ne pas entrer en de nouvelles combinaisons. Comte, par une vue infiniment plus profonde, affirmait qu'on ne détruit que ce qu'on remplace. Dans le monde des idées, rien ne se perd et, si l'on crée, ce sont de nouvelles formes.

Que conclut Stirner ? La fêlure ! « Homme ! ta tête est hantée, tu te dépeins un monde de dieux qui existent pour toi, un idéal qui te fait signe. Tu as une *idée fixe*... Qu'appelle-t-on idée fixe ? Une idée qui s'est assujetti l'homme. Or la vérité de la foi dont on ne doit pas douter, la majesté du peuple à laquelle on ne doit pas toucher, la vertu, ne voilà-t-il pas de telles idées ? Touchez un peu à l'idée fixe, il vous faudra aussitôt vous garer contre les coups de notre aliéné, devenu fou furieux... Les hommes qui se raccrochent à quelque chose de *supérieur* sont des fous véritables, à lier. (Comme si nous ne pouvions jamais souffrir par ce qui arrive, apprécier le réel, préférer qu'il ne fût pas, concevoir un état différent et, le désirant, le réaliser !) Qu'un pauvre aliéné d'une maison de santé soit possédé de la manie de se croire Dieu le Père ou l'empereur du Japon, ou qu'un citoyen paisible s'imagine que sa destinée est d'être bon chrétien, homme vertueux..., c'est la seule et même idée fixe. » — Le paralogisme saute aux yeux : l'homme qui *veut devenir* une chose qu'il conçoit *distincte* de ce qu'il est, et par là même le peut si l'objet dépend de lui, ne saurait être comparé à l'insensé qui *croit être* une *autre* personne.

«.Fantômes dans tous les coins ! » Ces idées, l'homme ne les tient pas de sa naissance ni ne les tire de lui-même par auto-suggestion. Quel est donc le secret de leur existence ? C'est l'intéressé, l'Etat, qui, par ce dressage, veille à la passivité de ses membres, dont tout mouvement spontané dérangerait l'ordre, l'équilibre dans l'immobilité, qu'il a conçus. — Conception fort étroite, car la justice intéresse non pas seulement le citoyen et l'Etat, mais tout homme et toute société, dont l'harmonie est d'ailleurs obtenue par des réajustements continuels. Et n'est-ce point la mère qui, la première, au foyer familial et nullement comme mandataire du gouvernement, pénètre l'esprit humain des germes de l'idéal et lui donne sa tournure définitive ? N'apportons-nous même pas, en venant au monde certaines aspirations toutes faites ? Du reste, innées ou non, qu'importerait à l'autorité de nos idées ? N'y aurait-il pas une merveille aussi grande à ce que la permanence du sentiment de l'idéal soit assurée par la transmission de génération en génération, sans une interruption ? Si les croyances que Stirner appelle dogmatisme et marottes sont si enracinées dans l'esprit qu'elles y renaissent sous d'autres formes dès qu'on les en a arrachées, n'est-ce pas qu'elles correspondent à quelque condition du développement humain ?

De ce que l'homme poursuit la réalisation d'idées, d'ailleurs nées en lui alors même qu'il en deviendrait esclave, Stirner tire cette conséquence que nous nous donnons comme mission de vivre non pour nous, mais pour notre *esprit* (p. 34, 92). De là à conclure que toute morale est forcément ascétique et que, à l'exemple des chrétiens, nous cherchons le Saint-Esprit et méprisons le corps, glorifié des païens, — il n'y a qu'un pas, vite franchi par un hédoniste qui pourchasse tout ce qui ressemble à une limitation de la jouissance matérielle. — Or les idées, sans doute, nous dirigent (quoiqu'il semble le nier ailleurs), mais ce ne sont pas de simples mirages : elles portent sur des possibilités objectives et n'excluent pas forcément le bien du corps.

Comment agissent ces suggestions illusoires, pour obtenir l'obéissance, le renoncement au moi, au plaisir? Par le *respect*, infusé lui aussi du dehors. Les dieux n'ont plus cours auprès de certains esprits; mais ceux-là qui, hier, vénéraient les institutions sociales parce que, profanes, elles étaient consacrées par l'Eglise, leur reconnaissent aujourd'hui un caractère sacré par elles-mêmes.

Tout cela constitue une véritable religion. « Nos athées sont des gens pieux. » L'homme est un dieu pour l'homme. Or « si, comme dit Feuerbach, ce n'est pas Dieu mais ses prédicats qui furent l'essentiel, ce n'était pas la peine de dépouiller le fétiche de ses oripeaux pour le laisser subsister. » L'homme étant en état de nous tourmenter plus que ne le firent les dieux, on ne gagne rien à humaniser le divin. On distingue dans l'homme ce qui est humain et ce qui ne l'est pas et on préconise seulement l'humain de l'homme. On oppose le moi que je suis au moi que je dois être et qu'on me donne pour mission de réaliser. La vie est une mission ; je la passe à me chercher moi-même.

« Qu'y a-t-il qui ne doive être ma Cause ! Avant tout la bonne cause, puis la cause de Dieu, la Cause de l'Humanité, de la vérité, de la liberté, de la justice, de mon peuple... et mille autres ! Seule ma Cause ne doit jamais être ma cause : Anathème à l'Egoïste qui ne pense qu'à soi ! » — Un contraste irréductible existe entre cette conception, qui est celle de tout le monde, et la conception de Stirner. Il faut choisir. Stirner n'hésite pas, ne se demande pas si ce n'est pas lui qui erre : « L'humanité entière m'apparaît comme une maison de fous... Les hommes ne paraissent s'agiter librement que parce que l'asile où ils se démènent occupe un large espace. » En face de la conscience universelle, de tous les hommes, de tous les idéaux, Stirner affiche l'orgueil fou de déclarer vaines leurs affirmations. L'œuvre de milliards de personnes a été inutile ; tout le

monde a été victime d'une immense duperie. Le premier, Stirner
aperçoit la vérité, découvre l'homme, le moi en action.

« *Je ne mets ma cause en rien*, je mets ma cause en moi-même,
moi qui suis mon tout », moi l'Unique. « L'*Egoïste* est à lui-même
son parti, sa patrie, son être suprême » (p. 3, 13).

« Etant à moi-même mon Etat, je pratique la raison d'Etat. L'expérience ayant démontré (?) aux princes l'excellence du machiavélisme,
je lui emprunterai ses moyens d'action. » (On attend le mot : maximes.) Tout était sacré ; rien ne le sera plus. La déconsécration atteint
tour à tour la religion, la morale, le droit. A Dieu, à l'Etat, à la
Société, Stirner oppose : moi, toujours moi. A l'amour et au règne
de Dieu ou de l'Homme, il substitue un égoïsme étroit et exclusif.
Réaliser en nous le divin, l'humain? Soyons plutôt nous-mêmes. Or
ce moi que je cherchais, je le possède, je le suis : le voilà avec toutes ses passions. — Toutes ? Non pas, car Stirner en retranche la
moitié, sans compter que les passions ne sont pas les seuls attributs
de l'individu. Au fond, ce qu'il défend, ce sont les « passions du
monde, les intérêts égoïstes », partie infime du moi à laquelle il sacrifie tout le reste, non moins essentiel à la vie.

Le moi posé, il en fait le point central de ses recherches. Qu'ex-
priment-elles, sinon des aspirations? Or s'il est compréhensible qu'on
aspire à ressembler à un dieu ou à l'homme moyen, que signifie s'efforcer vers le moi qu'on est déjà? — « Fais-toi valoir. » Le précepte
est admissible, mais comment Stirner l'entend-il? « Je veux être
tout ce que je puis être, avoir tout ce que je puis avoir » (p. 172).
Mais qu'est ce moi possible, sinon un idéal pour le moi actuel? Et
« ce que je puis être », englobant des états opposés, ne fournit aucune direction. Si je ne choisis entre mes tendances, je serai tiraillé
en tous sens, comme une machine « folle ». Il faut bien que je me
détermine à exercer un choix entre tous les possibles et même chaque fois que deux alternatives se présentent : quel sera mon guide,
mon critère? Pèserai-je donc tous mes mobiles en chaque occasion ?
A quoi se réduirait, sans ligne de conduite, l'activité, la jouissance
de ce moi qui prétend s'épandre librement?

« Un idéal n'est qu'un pion, la conscience qu'un espion et un mou-
chard » (p. 107). Mais nier les *différences de valeur*, c'est nier le
moi et sa sensibilité, ses plaisirs dont on fait état, et du même coup
l'intelligence, le souvenir, l'habitude. Dès qu'on possède un système
nerveux, on éprouve des sensations agréables ou pénibles, on ressent
des désirs ou des aversions ; que dis-je, les corps bruts eux-mêmes
ont leur affinité ! La mémoire conserve impressions et motions sans

en rappeler toujours le mobile : voilà née l'impulsion et la répulsion irraisonnées. Le sentiment du bien et du mal ont une origine autre, mais qui ne correspond pas moins à des nécessités de notre nature. L'intelligence distingue et apprécie : l'objet le plus apprécié devient une fin. Il y a des fins communes, mais il en existe aussi de personnelles, d'égoïstes : Stirner ne veut pas les voir.

Il ne soupire pas après l'idéal. Il ne se targue pas non plus de son droit, comme un fanfaron : revendiquer un droit équivaudrait à reconnaître à quelqu'un la faculté de l'octroyer ; il se contente de ses qualités, de ses aptitudes réelles, qu'il appelle « propriétés ». Bien entendu, il ne s'en reconnaît pas davantage. « Ce que je puis acquérir par la force, je le prends ; sur le reste, je n'ai aucun droit » (p. 262). — Et si, pourtant, sans que j'aie la force de m'emparer de quelque chose malgré les résistances, l'idée qu'on me le doit amenait à me le donner bénévolement ?

Stirner s'obstine à regarder le passif, l'obligation, tout ce qui impose des charges et, envisagé isolément, une diminution, et non l'*actif*, la créance, le bénéfice individuel, égoïste même, de la vie sociale. Loin d'être exclusive de la personnalité, la vie en commun en a opéré une élévation croissante. La multiplication des règlements ne doit pas donner le change à cet égard : leur nombre, en général, mais en général seulement, suit une progression parallèle à celle de la liberté. « Par cela même que le droit de réunion n'était pas reconnu, il n'était pas limité » (Renan) : il en est de même de tout droit. Si la société nous impose un gabarit moral et juridique, elle nous aide du moins à le remplir et à l'étendre, tandis que, sans son secours, nous ne saurions y atteindre. L'homme, sans les autres hommes, ne serait plus un homme ; isolé, il n'existe nulle part. Vousmême, vous êtes un produit social, vous vivez de vos fournisseurs, vous parlez la langue de vos compatriotes, vous ne faites rien sans recourir à vos semblables. En le niant, vous vous exposeriez à cette réponse que s'attira un Anglais qui niait l'importance des services publics : « Vous sortez sur le trottoir communal, éclairé par le gaz communal, surveillé par la police municipale, etc... » Quelle tâche plus compliquée serait celle d'énumérer les services rendus par la collectivité ! N'est-il pas naturel que cette interdépendance et cette réciprocité de l'aide soient reconnues et garanties ? Si la société limite la liberté, conçue comme l'arbitraire des volontés, elle l'accroît par contre énormément, si l'on entend par là la sphère d'activité, le pouvoir effectif sur l'univers. Le vrai marché de dupe consisterait dans le troc de notre liberté, reconnue, respectée par autrui, contre le

pouvoir matériel, heurté de tous côtés par des pouvoirs semblables :
ce serait l'état de forces neutralisées par l'opposition et la lutte, préféré à leur coexistence paisible et à leur coopération aux buts communs, pour le plus grand profit de chacun ; ce serait le chaos substitué à l'harmonie.

« Dans la société, objecte l'égoïste, ma nature humaine seule est
satisfaite et non ma nature individuelle, surtout si elle émerge. »
Ceci n'est même pas exact dans les sociétés démocratiques et d'autre
part j'en profite comme j'en souffre : quelle aristocrate prétendrait
s'imposer par sa force personnelle à une société, même de faibles,
qui ne reconnaîtrait pas son « droit »? Et celui qui entend se développer sans limite n'échoue-t-il pas aussi piteusement que la grenouille
de la fable? « Je me tiens pour unique », voilà la parole fondamentale : elle est absurde. Même les criminels les plus endurcis tiennent
compte de l'existence d'autrui, dans la majorité de leurs actions.
L'Egoïste n'est qu'un mythe. N'étant pas cet être imaginaire, ne
pouvant l'être, il vous est matériellement *impossible* d'agir comme si
vous l'étiez ! Le monde se souciera peu de votre conception et il vous
écrasera dès que vous le méconnaîtrez : et le rôle des sentiments
moraux et juridiques acquis par l'expérience des siècles (acceptée
p. 427) est notamment d'amener à tenir compte inconsciemment de
ces nécessités.

L'Egoïste lui-même, en la personne de son singulier créateur, finit
par se rendre à l'évidence. Il n'impose pas de bannir tout idéal et,
par une exception non explicite à sa logique apparemment impitoya-
ble, il accepte l'éventualité d'une « société toujours en devenir ».
Etait-ce la peine de nous emmener si loin de l'état actuel — au nom
du réalisme ! — pour nous y ramener ? Car la société actuelle n'évo-
lue-t-elle pas, même dans l'Etat? Et s'il ne s'agit que d'activer son
mouvement, l'impulsion de l'égoïsme n'est pas la seule concevable
ni désirable. Nous faisons partie de nombreux groupes, — associations finalistes, simples réunions, — qui se forment en vue d'un objet
et disparaissent quand il est réalisé; si des groupements « cristalli-
sés » s'y ajoutent, n'est-ce pas qu'ils remplissent toujours la même
fonction, — l'existence de fins permanentes étant indéniable? Tout
organisme présente une certaine stabilité; dans la société, elle est
sécurité.

Si la société, comme l'idéal, étaient si opposés aux individus, comment expliquer que ceux-ci n'aient pas depuis bien longtemps renoncé
à la civilisation, en même temps qu'à ces deux conditions essentielles,
et fui dans les bois comme des bêtes sauvages? Si l'égoïsme, au sens

exigu' où l'entend Stirner, avait été une condition aussi fondamentale du perfectionnement, eût-il été méconnu si longtemps, si universellement ? Nous objectera-t-on que la morale eût été non moins utile aux animaux qu'aux hommes ? Nous répondrions que l'évolution, loin de nécessiter la marche parallèle de toutes les espèces, explique au contraire l'avance ou le retard qu'ont prises certaines d'entre elles, et que l'animalité a précisément cédé le pas à l'humanité. Le désir simple et l'instinct jouent d'ailleurs, chez les bêtes, approximativement le rôle des mobiles tirés de l'idéal. Le monde inorganique lui-même est doué du pouvoir d'adaptation, qui est le résultat des grandes lois de l'évolution universelle.

II. — L'amoralisme sentimental et égoïste, hédoniste, de Stirner aboutissait à l'apologie de la force et par là rentrait dans la note allemande. *L'amoralisme de la puissance*, chez *Nietzsche*, n'est qu'une forme monstrueuse revêtue par la même tendance du peuple germanique à l'indiscipline et à la domination, — monstrueuse en ce qu'elle suppose un être, humain de nom, pathologique devenu normal, lequel fuirait le plaisir et s'adonnerait au sadisme de la cruauté envers soi-même et envers les autres.

Aux yeux du philosophe de l'immoralisme, l'instinct de vie domestique et dirige l'instinct de connaissance : les données de notre prétendue raison ne sont que des suggestions de nos instincts, de notre plus ou moins intense volonté de puissance ; le jugement que nous portons sur un désir le rattache seulement à un autre désir et notre logique est faussée par les sentiments. « Les systèmes philosophiques réalisent un souhait du cœur », *les éthiques théoriques sont l'apologie de ce que nous approuvons ou réprouvons d'instinct*. Chaque tempérament érige en loi universelle sa loi particulière, il lutte pour l'imposer ; des attitudes semblables, émanant d'hommes qui lui ressemblent, produisent une morale collective. Les conclusions sont si vraiment préjugées, que nous y aboutissons inévitablement quelles que soient les prémisses : les morales pratiques sont toutes les mêmes et, ajoute Nietzsche, ce sont toutes des idéaux de faibles.

Aussi ne disent-elles rien de bon à son *instinct de puissance*, devenu conscient de lui-même : « Je suis plein de méfiance et de malice à l'égard des grands mots » et — eût-il pu avouer — de mépris systématique, paradoxal et visant à l'effet, comme le prouvent ses injures et aphorismes singuliers : « La vertu est emmurage (pourquoi pas envoûtement ?), hémiplégie, mutilation, castration, charlatanisme... Il faut d'abord pendre les moralistes. » Ils ont inventé un monde pour calomnier ce monde, et ce monument, élevé par des impuissants, ne pouvait l'être qu'à la gloire de l'impuissance. On a reconnu une capacité à la femme, des droits à l'étranger et accordé une protection jusqu'aux animaux : ce fut sacrifier le sexe fort, noyer la race dans l'humanité, et l'humanité dans l'animalité. — Est-ce donc que celle-ci nous le suggéra, ou bien l'analogie ne s'est-elle pas plutôt étendue parce que l'extension progressive du respect à nos collaborateurs était au moins une condition de notre perfectionnement ? Si les sentiments « humains » devaient aboutir à rabaisser l'homme, se seraient-ils développés comme ils n'ont cessé de le faire ? Si l'idée et notamment l'idée morale s'opposaient d'une manière irréductible aux nécessités de la vie, la conscience psychologique et morale, la connaissance, la science, se seraient-elles maintenues et amplifiées comme cela est incontestable ? Que prouveraient la pression des tempéraments sur les idéaux, l'asservissement de la connaissance à la vie, sinon que nos éthiques correspondent dans l'ensemble à des conditions de conservation et de développement, — trait qui ne pourrait qu'accroître leur autorité ?

Voyons ce que Nietzsche propose de substituer aux mœurs actuelles. Il assigne comme but à l'activité de l'homme, un état non de droit, d'accord, de sécurité, de bien-être, mais d'effort, de lutte, de *domination* non pas seulement du milieu cosmique, mais de ses semblables. — Appeler volonté de puissance toutes les forces qui se manifestent dans le monde, et même la vie, ne présenterait guère d'autre inconvénient que d'être une apparente ébauche d'anthropomorphisme, si cette volonté n'était comprise d'une manière étroite et exclusive. La tendance à l'expansion, à la vie plus intense, que nous constatons partout, ne porte pas, dans sa forme la plus élevée et la plus sûre, à l'assujettissement, mais à l'assimilation et à l'association. Dans le monde social, comme dans l'autre, les centres de puissance tendent à se mieux coordonner, à harmoniser des cercles de plus en plus vastes, par l'intégration des forces. La manière la mieux adaptée d'utiliser le non-moi à ses fins, même égoïstes, n'est-elle pas de lui rendre la pareille, d'accorder son effort avec celui de groupes sans cesse agrandis pour prendre ensuite sa part des profits communs ? Si l'on prétend absorber au delà de limites assez étroites, ne sera-ce pas le moyen de se délayer dans le non-moi, d'être anéanti par lui ?

Nietzsche finit par se rallier aux « attitudes pour vivre », par opposition aux « attitudes pour mourir », c'est-à-dire par accepter le principe d'une conception plus large, encore qu'il la dénature. « Se surpasser », tendre vers le « surhomme », est-il besoin pour cela de s'installer, dans un isolement superbe, mais dangereux pour sa propre prétention, « par delà le bien et le mal » ? Lui-même ne s'y place pas, et, après avoir brisé les tables de la loi, opère seulement une « transmutation de toutes les valeurs ». Il *conserve* donc *l'idée de valeur*, de bien, c'est-à-dire le mètre d'une appréciation. Sa « préoccupation innée de la morale » le transforme en prophète. Lui aussi, il veut « délivrer » l'homme (de la morale, toutefois), « rétablir » quelque chose (l'égoïsme humain). Et dès lors, la généalogie de son idéal diffère-t-elle de tant d'autres ? Son contenu est-il autre chose que l'expression d'un instinct ? Cet instinct, dont il pose a priori la souveraineté, il serait bien empêché d'en démontrer le caractère exclusif, lui qui prêche d'autre part la contemplation, ni l'existence universelle, lui qui voit partout des instincts d'esclaves, des volontés de domination à rebours. A l'instar d'un hédoniste, il ne parvient à cette peu attrayante vision qu'en « mutilant » l'homme réel et davantage encore l'homme idéal. Procède-t-il autrement qu'il ne le reproche aux moralistes, sauf en ce qu'il envisage la « nature humaine » d'une manière encore plus unilatérale ?

L'idéal, dit Nietzsche, est un produit de décadence et engendre une régression. L'esprit lui semble réagir contre les passions, supérieures et plus aptes à entretenir l'activité, la vie. « Les époques fortes et les peuples vigoureux ne réfléchissent pas à leurs droits [1]. » — L'absence d'entraves psychologiques aboutit à une vie encore plus étroitement « emmurée » que celle des moralistes : si ce philosophe de cabinet avait mis ses actes en rapport avec ses principes, il eût été bientôt forcé d'en rabattre, après s'être buté de tous côtés à des réactions... Son existence fut-elle, vers la fin surtout, plus *intense* que tant d'autres ? Loin d'être restrictif de l'individualité, l'idéal était récemment préconisé comme un principe de vie et de force par le représentant d'une nation qui n'a rien à envier sous ce dernier rapport. L'évolution n'est pas le triomphe du plus fort, ni surtout du plus brutal, mais du mieux adapté ; les qualités, qui assurent la prédominance, même dans la lutte, sont sociales par essence, et la justice, l'honnêteté, l'humanité, ne sont pas les moins essentielles. C'est dans la méconnaissance de ces exigences normales de l'existence, dans les sophismes accumulés contre la distinction du bien et du mal, dans l'orgueil de la grandeur, que résident la dégénérescence, la folie morale, qui mènent au crime.

1. *Volonté de puissance*, t. I, p. 127, 233 s, 263 ; J. de Gaultier, *De Kant à Nietzsche*, p. 136, 234-252.

En ce qui précède, il est vrai, Nietzsche conserve une sorte d'idéal de l'amoralité. Un autre aspect de sa pensée comporte une négation plus radicale de tout idéal. Là l'*instinct de connaissance* triomphe momentanément dans sa lutte contre la tendance à l'activité. Les instincts vitaux, à l'origine, ne se souciaient d'aucune morale. Après avoir parcouru plusieurs cycles de morales plus ou moins générales et même d'idéaux égoïstes, la connaissance ramène à un état où l'on se passe de tout idéal. Nietzsche ne se contente pas de dire que les actes ne peuvent être estimés d'après leur origine dans l'esprit, ni d'après les phénomènes qui les accompagnent dans la conscience, ni même d'après leurs conséquences dans le monde extérieur (simple affirmation sans preuve) ; il va plus loin : toutes les actions sont de valeur identique ou plutôt elles n'en ont aucune. *Le monde ne vaut* pour lui *que comme un spectacle,* il se distrait de la contemplation pure et simple de ce qui est et recherche avec curiosité ce qui sera. Bien mieux ! Être spectateur comporterait encore le désir et la sensation, dont il convient de se dépouiller au profit de la connaissance. Un intellectualisme pur aboutit à une affirmation du « monde tel qu'il est », sans défalcation, sans exception et sans choix. Sa formule est : amor fati.

Nous sommes loin de la réaction continuelle de la volonté de puissance contre le milieu. Et si, à l'inverse, on se place dans cette dernière hypothèse, que devient l'inertie du contemplateur ? Au fond Nietzsche *sacrifie* tour à tour *l'un des attributs de notre être à l'autre,* démesurément enflé au point d'être confondu avec l'être tout entier, alors qu'ils s'y trouvent combinés : à savoir l'action et la connaissance. Chez l'homme, la volonté ne saurait se passer de la direction de l'intelligence, mais l'intellect, actuellement simple moyen au service de l'activité et exigeant toujours le corps pour support, ne doit pas prétendre à être une fin exclusive. La connaissance, fût-elle un moyen de s'assimiler le monde et de se projeter dans l'univers, n'en exige pas moins l'existence de l'organisme, c'est-à-dire une multitude de mouvements plus qu'intra-cérébraux. La conception de l'« amor fati » contient en outre une contradiction interne. Rien n'existe que le fait, c'est un truisme ; mais l'homme qui prend le monde pour ce qu'il est, y trouve la morale et la conserve comme telle. L'idéal, l'objet de l'idéal n'existe pas, sans doute, mais c'est jouer sur les mots que d'en conclure à sa vanité : l'*idée de l'idéal existe* et elle contient à l'état virtuel son objet, si la réalisation de ce dernier est subordonnée à des états de conscience, à des désirs. L'influence du milieu est réelle, mais aussi la réaction de l'homme comme de toute chose.

Au reste, la doctrine de Nietzsche est loin d'être neuve et elle a été bien souvent critiquée. Si l'on y ajoute l'idée de valeur, elle devient l'équivalence de toutes choses, et de là à la formule employée par Hegel, mais entendue littéralement, il n'y a qu'un pas : *tout ce qui est réel est rationnel, tout ce qui est rationnel est réel*[1]. On volatilise encore l'idée morale si l'on érige tous les faits en bien, toutes les facultés en droits : cela équivaut à ne rien déclarer tel, c'est une absurdité, une contradiction des définitions elles-mêmes et de plus un acte dangereux pour celui-là même qui l'effectue, car il ne peut, sans se nier et se détruire, porter sur tout fait accompli le même jugement ni agir de même envers ce qui est conforme à ses conditions de vie et envers ce qui ne l'est pas. La supériorité de l'être se mesurerait-elle non plus à sa puissance de réaction, mais à son inertie fataliste? Le mètre en serait-il non le développement de l'individualité en tous sens, mais son effacement, en attendant un prompt anéantissement? Vivre, serait-ce non plus seulement ne pas dominer, mais ne pas agir?

III. — Les précédentes théories conduisent à un même résultat pratique : ne tenir aucun compte de l'idéal. On prétend aboutir à une conclusion analogue par les voies, toutes différentes, de l'observation et du raisonnement.

Un peu à l'inverse des auteurs qui prétendent que le réel et l'idéal coïncident dans toute leur étendue, d'autres soutiennent que l'opposition du réel et de l'idéal est tellement irréductible que l'un ne peut jamais devenir l'autre. « Si l'idéal devenait le réel, dit Stirner (p. 465), ce ne serait plus l'idéal. » — Mais il l'aurait été! L'argument étonne dans un livre où la sottise se cache sous des dehors plus spécieux. Examinons ceux par lesquels il cherche à établir *l'absurdité et l'inefficacité de l'idéal*.

La démonstration du premier point se ramène à cette simple affirmation, ou plutôt à cette dénégation, reproduite sous toutes sortes de formes : un homme n'est appelé à rien et n'a aucune destination, aucune tâche, pas plus qu'une plante ou une bête (p. 417). Cela équivaut seulement à renvoyer aux adversaires le fardeau de la preuve. Sans doute, la mission providentielle de l'homme reste à établir, mais, fort des témoignages de la conscience universelle et de la science la plus positive, nous acceptons le défi de prouver que

---

1. « Celui qui tient le monde pour quelque chose de raisonnable, le monde à son tour lui rend la pareille. » Goethe, parait-il, réalisait cette parole de Faust mieux que Nietzsche, en dehors de ses écrits.

l'homme ne peut pas ne pas avoir d'idéal à réaliser (infra : Science
des mœurs). Si, cette conclusion une fois acquise, le rapport de l'individu concevant à l'idée conçue n'est pas renversé, l'homme sait
du moins pourquoi il est dirigé par l'idée. Il sera donc encore esclave de sa propre créature? Non! L'idée, même chez le vulgaire
qui en ignore la raison, ce n'est pas l'espèce de personne étrangère
qu'on suppose abusivement; c'est encore lui et elle existe pour son
bien, non moins que les passions. Qu'elle n'ait point une valeur absolue, comme une sorte de divinité, qu'importe! pourvu qu'elle ait
une valeur relative à celui qui la pense. Et s'il faut parfois, sinon
abandonner son critère, du moins accepter qu'elle se subordonne à
des instincts, nous montrerons que c'est précisément aux instincts
sociaux, contrairement à ce que proposent les amoralistes.

Fût-il concevable qu'on déterminât un idéal, à quoi, dit-on, *servirait*-il ? « Les forces manifestant d'elles-mêmes une activité inces-
sante, il est superflu d'enjoindre de les mettre en œuvre » et dénué
de sens d'ordonner de les dépasser ou de les refréner. — Mais, sans
changer leur intensité relative, ne peut-on changer leur *direction?*
Bien mieux, l'ordre ou la défense produisent eux-mêmes des *forces*
qui modifient l'équilibre, en ajoutant un appoint du côté de l'impulsion ou de l'inhibition; la simple permission, la possibilité subjective, lèvent l'obstacle des objections morales et juridiques.

« *Possibilité et réalité* coïncident... Etre en état, selon Stirner,
signifie être réellement. On n'est pas en état d'être ce qu'on n'est pas
réellement » (p. 420). — Absurdité fondamentale! On n'est jamais
à un instant ce qu'on sera l'instant suivant. Nous sommes un ensemble de tendances à l'état de devenir, et c'est seulement par la pensée
qu'on peut y opérer des « coupes » d'« états » successifs. L'idéal
étant donné, il est impossible qu'il n'influe pas, que tout se passe
comme s'il n'était pas, car il est une force agissante : ce serait contraire au déterminisme universel. — « Un homme atteint de cata-
racte pourra-t-il voir? Oui, s'il se fait opérer; non, maintenant. »
Mais l'*idée* que la guérison est possible et désirable ou l'idée contraire, si on les lui inculque, le décideront à recourir aux offices du
chirurgien ou à y renoncer. De même encore l'idée poussera l'A-
rabe à laisser sa maison brûler et l'Européen à intervenir : elle est
donc bien efficace. Dans ce seul petit mot : possible, sont renfer-
mées à l'état virtuel une foule de réalités, et il importe de ne pas le
supprimer. Il convient au contraire, souvent, de l'étendre, car il
possède une puissante et bienheureuse influence, alors même qu'il
correspond à une impossibilité objective. Que de choses profitables

à tous aurait-on renoncé à tenter, si l'on avait su que des obstacles arrêteraient à mi-chemin ! Ne faut-il pas souvent, pour agir, espérer plus qu'on n'obtiendra? Stirner connaissait bien la puissance de ce mot magique, lui dont le système reposait tout entier sur des irréalités qu'il présentait comme possibles, lui qui essayait de se persuader et de suggérer aux autres que tout est permis, c'est-à-dire possible. L'essentiel est de savoir plus exactement ce qui est et ce qu'il faut présenter comme tel. Le possible n'est nullement le concevable, mais ce dont la réalisation dépend de nous ou plutôt de l'idée que l'hypothèse conçue est désirable ou même de la simple représentation que nous en avons, car toute image est motrice.

Singuliers réalistes, ceux qui ne voient pas que leur type idéal est pur concept en attendant qu'il devienne réalité ! Comment peuvent-ils nier l'*attirance* de leurs imaginations, — Egoïste, Surhomme..., — sur eux-mêmes? En tout cas, ils sont bien forcés de constater la *résistance* qui résulte, dans le public, de l'idée que l'objet de leurs vœux n'est pas possible, désirable ou permis. Stirner surtout se heurte aux « puissances invisibles », aux revenants « avec lesquels on tient les hommes » : le monde chrétien, reconnaît-il, travaille à réaliser des idées, dont la poussée vers l'incarnation est constante. Par un autre fantôme, il se libère en partie et prétend libérer les autres. L'idée du respect dû aux institutions n'a-t-elle pas suffi, suivant lui-même, à les sauvegarder contre toute atteinte ? Et, pour être vénération et prosternation, combien, dans l'immense majorité des cas, cette disposition est-elle fondée, au point de vue même de l'intérêt de ses possesseurs!

Le monde est-il progressif et l'homme perfectible, en un sens absolu ? Il n'en est nullement besoin pour que les thèses de Stirner et de Nietzsche soient *fausses* et *contradictoires*. Tous deux prétendent prendre l'être tel qu'il est et pourtant ils semblent oublier tout à coup la tendance de l'homme vers un mieux-être, fût-ce de jouissance ou de puissance, qu'ils tenaient d'abord pour universelle et dont ils souhaitaient seulement une réalisation plus complète. — Est-il nécessaire même que l'homme possède un libre-arbitre ? L'exclusion, prononcée au nom du déterminisme, de toute conception éthique repose sur la confusion entre le pouvoir de se déterminer sans raison et le pouvoir d'exercer une influence quelconque sur le développement du monde et notamment, l'idée d'une action étant supposée, d'effectuer cette action. Ce pouvoir, dites-vous, est donné, déterminé ? Qu'importe ! Il existe, et c'est là ce que vous paraissiez contester. Et si l'être conscient peut agir sur le monde, le reste des sophismes diri-

3

gés contre l'idéal tombe : il est naturel qu'il agisse, c'est son Bien,
— non de valeur absolue sans doute, mais d'un prix d'autant plus
considérable pour lui qu'il lui est relatif, — car la manifestation de
tout être, son rôle inévitable, c'est d'agir. L'homme n'est donc pas
qu'un spectateur, il est acteur à son tour, il a un rôle à tenir. Que la
pièce, le drame, soit ou non la matérialisation de l'absolue beauté,
il n'en a pas moins la possibilité de jouer bien ou mal et d'en subir
les conséquences. S'il joue mal, le public lui infligera les sifflets et
les huées, sinon davantage. S'il joue bien, il en recevra la récompense naturelle : avec la réputation d'un bon acteur, il éprouvera la
satisfaction de soi et surtout du devoir accompli. Mais combien insuffisante reste cette comparaison entre la scène et la vie réelle !

SECTION II

Théories cosmologiques.

L'existence d'un *bien* objectif ou correspondant à certaines propriétés dans les choses extérieures, mais *relatif* à un sujet et conçu comme *idée*, — phénomène subjectif, — voilà ce qui nous permettra de répondre aux négateurs de la morale et du droit, d'avoir un idéal de l'homme et de la société, d'exprimer légitimement ce qu'ils doivent être et les fins qu'ils doivent poursuivre. Combien plus forte que cette éthique de l'idée, de l'idée-force, et du relatif, semblerait, si elle était possible, la démonstration que le bien a une existence réelle en dehors de nous ou une valeur absolue, indépendante de tout sujet ! C'est ce qu'ont prétendu les théories *ontologiques*, métaphysiques, théologiques et quelques autres encore, notamment rationalistes.

Malgré une opposition apparente, rien n'est plus proche que le rejet de l'idéal et la prétention qu'il est doué d'une existence objective, dans les choses, d'où il passe dans notre âme, qui croit le découvrir. Et par là on entend non pas que le droit est fixé dans les codes ou la justice rendue en conformité avec les lois, mais qu'ils possèdent une réalité antérieure, quelque peu difficile à concevoir.

Depuis bien longtemps, des partisans du *droit naturel* ont soutenu que la justice n'a pas sa source dans l'esprit et qu'elle existe en dehors de l'homme, dans l'univers, dans l'ordre du monde, avant d'être exprimée dans la loi ; le rôle du législateur n'est que de la révéler. Tout le monde connaît le début de l'*Esprit des lois* : « Les lois, dans la signification la plus étendue, sont les rapports nécessaires qui dérivent de la nature des choses ; et dans ce sens, tous les êtres ont leurs lois... Les êtres particuliers intelligents peuvent avoir des lois qu'ils ont faites : mais ils en ont aussi qu'ils n'ont pas faites... Avant qu'il y eût des lois faites, il y avait des rapports de justice possibles. Dire qu'il n'y a rien de juste ni d'injuste que ce qu'ordonnent ou défendent les lois positives, c'est dire qu'avant qu'on eût tracé de cercle tous les rayons n'étaient pas égaux. » Les mêmes conceptions se rencontrent chez Grotius, Leibniz, Locke et une foule d'autres philosophes : il existe une loi naturelle antérieure et supérieure aux lois positives. La notion n'est pas plus nette ni moins exclusive dans certaines philosophies du droit contemporaines. Là elle se combinait

parfois avec l'intervention de la raison, révélatrice de l'ordre extérieur, immuable, indépendant des événements ; ici, au contraire, on
se contente parfois de la « règle objective », entendue d'ailleurs en
des sens bien différents [1] et l'on y voit parfois un produit des circonstances historiques. Tantôt la comparaison s'établit entre noumènes et phénomènes, tantôt entre la réalité et la vérité qui l'exprime.

Avec l'*école positive*, la méthode est tout entière dans l'observation
tant externe qu'interne ; l'*école historique*, au contraire, ne veut voir
que la vie externe du droit. Suivant l'un des partisans de la première
forme, voici le « secret œtiologique » du droit, lequel tient compte
du sol et de la mentalité :

« Le droit existe en puissance, sous forme latente, larvée, indépendamment de toute société humaine, et celle-ci n'est qu'une occasion de le réaliser, de le faire passer de l'*état potentiel* à l'état positif [2]. » Il y a lieu de distinguer sa naturalité, sa subjectivité, son
objectivité, sa positivité... Cela est « admirable de netteté » et « si
bien corroboré par les faits » ! « Le Droit resplendit comme une
Force panthéistique. Le Destin conspire incessamment pour sa production. Il fait partie de la Mécanique supérieure du Monde, il est
providentiel, doué de prédestination. Il existe, vit et agit dans l'Homme
comme l'électricité dans un accumulateur... » Soit, au total, comme
arguments : des majuscules, des mots, des métaphores, le tout susceptible d'éblouir, dans un livre d'ailleurs très brillant. Le droit
passe par l'état cartilagineux pour devenir un ensemble organique
(cp. Bluntschli), et pourtant il existe toujours « dans les profondeurs
de l'éternelle existence ». La seule preuve qui en est fournie est
empruntée à la théologie ; c'est que « le cerveau humain conçoit perpétuellement un Droit plus parfait que toutes les réalisations contin-
gentes » : il resterait à établir sa perfection et à montrer que toutes
les imaginations correspondent à des réalités. La « jurigénie » ou
action de nos « cérébralités » consistant à découvrir le Logos, s'exer-
cera donc par une « science d'au-delà, ésotérique, cosmogonique et
mystique ».

Cet « Elément », comparable à l'Air et au Feu et qui passe au-
dessus de la Terre, de nos vies, n'est-ce pas un « fantasme » au

---

1. Ahrens, *Encycl. jur.*, t. I, p. 60 : le droit objectif réel est une règle
inhérente aux rapports de la vie et fournie par eux, un ordre que la volonté humaine n'a pas créé et qui en reste indépendant. — Duguit, *L'Etat,
le droit objectif*, p. 114 : la règle préexiste à la conscience que les hommes
en acquièrent : elle résulte de la vie en société.

2. E. Picard, *Le droit pur*,.. *les permanences jurid. abstraites*, p. 871-5, 378,
64, 68... — Schäffle, *Bau u. Leben des soc. Körp.*, p. 659-672.

même titre que les concepts métaphysiques et plus encore que la Raison, laquelle n'exige pas le sacrifice inverse du côté objectif au côté subjectif du droit. Où flotte la « nébuleuse » juridique dont il est question ? Elle ne nous éclaire nullement sur la cause et le but des institutions juridiques, et leur détermination ne perdrait rien à la disparition de ce simple brouillard. Est-ce au moyen de telles théories qu'on viendra à bout des conceptions aprioriques, arbitraires ou autoritaires du droit, comme ce serait souhaitable ?

Sans doute la raison, la volonté, l'Etat ne créent pas le droit, mais qui donc prétendra que le *bien objectif* peut se passer d'être *reconnu*, *voulu* et *prescrit* ? Ce sont là deux aspects d'un même phénomène, qui gagnent à être distingués, mais n'ont rien d'exclusif. Le droit n'existe pas seulement dans la mentalité, il se trouve dans les choses avant d'être dans l'idée, dans la loi, mais cela signifie seulement que son contenu correspond à certaines catégories de situations et de rapports, extérieurs à l'esprit qui les conçoit comme justes ou injustes [1]. Tout autre point de vue ne se suffit pas à lui-même : en particulier, le système « cosmologique » est obligé d'en appeler à d'autres explications pour montrer comment le droit passe en l'esprit humain. Qu'on le veuille ou non, qu'on s'appuie ou non sur elle, la conscience existe et elle entre en conflit avec le monde extérieur : M. Picard lui-même est obligé de reconnaître dans le droit « l'expression codifiée de l'insurrection de l'homme contre ses passions ».

Faute d'accorder sa place à la notion essentielle du bien subjectif, on en est venu à *codifier purement les lois de causalité*, à traduire la cosmologie et la sociologie descriptives en préceptes. La règle que propose M. Duguit (p. 16) se fonde sur la « force des faits », sur la vie effective en société, et elle se formule ainsi : « *Fais* cela, non parce que c'est bien ou utile, mais parce que cela *est*. » Or si aucun choix n'a à être effectué parmi « ce qui est », celui à qui l'on commande ou persuade d'agir de telle façon pourra répondre que le mobile contraire « existe » en lui ; et si l'on exerce un choix et propose un « but », au nom de quel critère se prononce-t-on ? Quel besoin le réel a-t-il d'être prescrit ? Comment un précepte peut-il reposer uniquement « sur la réalité » ? Si, à l'inverse, son objet n'existe pas, ce n'est plus une réalité. Après avoir lu pendant quelque temps les mots : est, ou : n'est pas, on est tout étonné de voir les prétendus réalistes employer : doit, ou : ne doit pas être. Cette substitution,

---

1. Novicow (*Justice et expansion de la vie*, p. 108) pose la question.

C'est *en Allemagne* que ces maximes ont été le plus souvent formulées, parce qu'elles y correspondent le plus profondément aux caractères ethniques. Au Grec, amoureux des formes et de l'harmonie, le droit apparaissait comme un principe d'ordre ; chez le Romain, il combinait la volonté et la raison, l'énergie morale avec la discipline. « A la conscience germanique, le droit se révèle comme une force, un pouvoir appartenant à la personne [1]. » C'est là non point la conclusion d'un principe individualiste, mais la *conséquence d'une tendance effective* à l'indépendance : on y trouve d'une part le déploiement de l'énergie physique, qui aboutit à l'indiscipline des Stirner et des Nietzsche, d'autre part l'encouragement à l'action, le stimulant, forme plus raffinée qui se rencontre chez Jhering. A l'influence d'un passé brutal se mêlent ainsi le sentiment de la puissance et l'aspiration à une plus grande puissance encore. Ces mêmes particularités expliquent d'ailleurs le respect de la force, le besoin d'obéissance, car il est dans la nature de la force de céder devant une force prépondérante.

La systématisation et l'apologie de la force s'accommodent en Allemagne aux *théories les plus diverses* : à celles du droit naturel aussi bien qu'à l'arbitraire individuel ou au principe opposé de la volonté de l'Etat, au panthéisme fataliste, à l'idéalisme, au pessimisme, au darwinisme et, au fond, à l'évolutionnisme historique. Tandis qu'Hufeland fonde des droits innés sur notre force et sur nos facultés, Spinoza [2] admet que le droit naturel de chacun va aussi loin que sa puissance : les poissons sont faits pour nager et les plus gros pour manger les plus petits. L'école hégelienne, partie de l'idéalisme, aboutit, chez le maître lui-même et chez ses disciples Lasson et Rössler, à l'apothéose du réalisme guerrier [3]. D'après Schopenhauer [4] ce qui règne, dans le monde de l'homme comme dans le monde animal, c'est la force et non le droit, qui n'est autre que la « mesure de la puissance de chacun ». La société « réduite à un système d'actions et de réactions où le triomphe appartient effectivement et légitimement au plus puissant ou au plus intelligent »,

---

1. Aguiléra, *L'idée du dr. en All.*, p. 3-6, 341 s : la force est l'idée-mère, le point central de l'évolution juridique allemande. La possession ou Gewehre est non pas un droit, ni le mundium (manus) un devoir de protection de l'incapable ; ce sont des manifestations de la puissance. En matière d'obligations, les auteurs sont embarrassés de la personne autre que le titulaire : le débiteur ; le droit est un pouvoir de vouloir, une prétention de la volonté.
2. *Tractatus theologico-politicus*, ch. XVII.
3. J. Lagorgette, *Le Rôle de la Guerre*, p. 303 s, 449, 461.
4. *Parerga et paralipomena*, p. 203 ; *Ethique*, 109.

telle est la vision des écoles dialectique, historique et matérialiste [1].

Le droit n'est que « de la force transformée ». On ne s'embarrasse pas de sophismes compliqués, pour proclamer, outre Rhin, cette identité : « La force fait le droit. Elle crée le droit, au sens subjectif, comme le montre l'histoire de la propriété, issue de l'appropriation d'une chose par un possesseur assez fort pour la conserver [2]. » Elle en est la mesure : « *La force est égale au droit, la faiblesse équivaut au devoir.* Macht = Recht, Schwäche = Pflicht. *La puissance est le droit.* Macht ist Recht [3]. » Identité ne suffit pas : c'est « *primauté, antériorité* et suprématie *de la force sur le droit* » qu'il faut dire : Gewalt vor Recht [4]. Dans les deux cas, nous revenons, par un détour, à la *négation du droit*, avec toutes ses conséquences : l'acte du délinquant ne diffère de la vindicte publique que quantitativement ; s'il « réussit », si l'infracteur échappe, c'est lui qui a raison ! Du culte du succès, on passe aisément à l'excuse du crime, surtout du crime triomphant.

Nous retrouvons donc ici Stirner et ses élucubrations. Il convient de ce que « le droit retourne à son néant quand il est englouti par la force ». Aussi n'en montre-t-il pas grand souci. Si vous avez avec vous quelques millions d'autres hommes, dit-il, vous m'en imposerez comme puissance, non par respect. Vous agirez à votre guise envers moi, mais j'agirai de même envers vous : « Nous nous entendrons le mieux du monde » (?) (p. 261, 245). « Que m'importe le droit ? Je n'en ai pas besoin. Ce que je puis acquérir par la contrainte, je le possède et j'en jouis : ce dont je ne puis m'emparer, j'y renonce, et je ne vais pas me pavaner avec mon prétendu droit, mon droit imprescriptible [5]. » Il reconnaît pourtant d'autre part (p. 262, 233 s, 203) que le droit nous a jusqu'ici dominés et même que nous nous enflammons spontanément pour ce maître, si profondément est entré en

1. Fouillée, *L'idée du dr. en All.*, p. 46. — Pourtant, à côté des rapports de force, il y a place pour les rapports de valeur.

2. Roderich von Stintzing, *Macht u. Recht*, Rede, p. 6 s.

3. Max Seydel, *Grundz. einer allg. Staatslehre*, 1875.

4. « La force prime le droit. » Bismarck a protesté contre l'attribution de ce mot : ce n'était que sa pensée ! (Fouillée, *ib.*, p. 46.)

5. *Ib.*, p. 269, 123, 317, 234 : Celui qui perd la possession (posse ?) perd la propriété. On va plus loin avec une main pleine de force qu'avec un sac plein de droit... J'ai autant de liberté que, par mon être particulier, je puis m'en procurer... L'homme à qui l'on donne la liberté n'est qu'un affranchi. Ceux qui la lui confèrent sont des coquins qui lui donnent plus qu'ils n'ont : sa propre liberté. » Les Chinois ont-ils la liberté ? Non, car ils ne la prennent pas. Toutes les questions qu'on se pose au sujet du droit méritent cette raillerie de Schiller : Voilà de longues années que je me sers de mon nez ; — Puis-je démontrer que j'y ai un réel droit ?

nous le sens légal et juridique. « Je n'ai pas droit, avoue-t-il, aux
choses auxquelles je ne me donne pas droit. Je ne suis pas autorisé
au meurtre, quand je me le défends à moi-même, quand je le redoute
comme un non-droit. » Il ne fait donc plus tout ce qu'il peut, mais
seulement ce qu'il veut, ce qu'il se permet comme juste : or, si ce
sentiment limite effectivement mon activité, n'en profiterai-je pas
dans une mesure infiniment plus large s'il limite de même tous les
autres hommes à mon égard? Lui-même se promet de défendre son
droit (il conserve le mot et sa puissance), au besoin en invoquant
l'impératif catégorique. Seulement, il le défend non parce que c'est
le droit de tous, mais parce que c'est « son droit », de même qu'il
réclame l'estime non comme homme ou comme Berlinois — ce qui
le laisserait bien indifférent, car ce n'est qu'une de ses qualités, —
mais comme Moi, avec ses attributs concrets (p. 233, 216).

· Notre droit, ou ce que nous disons tel, n'est-ce pas en effet *une de
nos puissances*? Et, pour ne pas émaner uniquement de nous, est-
elle moins réelle? L'idée que possède autrui de notre droit le pousse
à agir comme si nous avions la puissance correspondante [1]. Car il
faut se garder de confondre le pouvoir exprimé en chiffres absolus et
le pouvoir relatif, à l'égard d'autrui. Si tant est que l'idée-force, le
sentiment du droit, n'accroît pas le premier, il est du moins certain
que je « pourrai » accomplir certains actes si autrui, — parce qu'il
croit que j'y ai droit, que c'est son devoir, — s'abstient de s'opposer ou consent à ne pas résister, à ne pas mettre sa puissance en
action. J'acquiers ainsi, par don, par tribut, une véritable liberté.
Qu'autrui me la refuse, je perdrai mon pouvoir, il me l'enlèvera, —
et tout cela s'effectuera par le jeu de l'idée de son droit.

Quoique ou parce qu'il tient compte de ce processus psychologique, omis par Stirner, Nietzsche aboutit aux mêmes conclusions.
C'est que, boursoufflant l'idée de puissance mentale, rétrécissant le
cercle des opérateurs et des bénéficiaires, il en vient à présenter le
droit comme une habile *suggestion monopolisée par les faibles et à
leur profit*. Grâce à cette machination, dont leurs descendants ne se
doutent guère et qui suppose bien peu dégrossis les « forts » d'autrefois, les faibles ont été jusqu'ici victorieux ; les forts de l'avenir,
répudiant les instincts de troupeau, l'esprit grégaire, seront les vrais

---

1. Le chien qui voit un os dans la gueule d'un autre ne se retient que
s'il se sent trop faible. L'homme, reconnaît Stirner (p. 352), respecte le
droit de l'autre à son os. — Nous avons des armes que ne possèdent pas
les animaux et, parmi elles, l'idée de notre droit, le respect que nous ins-
pirons, sans relation avec notre force ; à l'inverse, nous nous inclinons
devant ces mêmes moyens de défense lorsqu'autrui les possède.

forts, doués de la volonté de puissance : la règle, pourtant universelle, de la volonté de puissance se trouvera ainsi rétablie, sans qu'on
s'explique comment elle a pu être transgressée, puisque « le monde
est un monstre de force, une quantité de force d'airain ».

Qu'est donc le *bien* pour l'Instinct de grandeur ? C'est tout *ce qui
est propre à tendre la volonté*. Et le pire mal est la dégénérescence.
« Il n'est d'autre vertu que d'accroître la puissance de la volonté » —
par le moyen de la cruauté envers soi. D'où : « ne pas s'imposer de
limites, de pas s'embarrasser de préoccupations morales, dignes de
décadents, ne pas accepter de cause à servir, ne pas peser le permis
et le défendu sur une balance d'épicier [1]. » Le droit reposant sur
l'idéal, sur l'idée, voilà le principe actuel; la force seule, voilà le
futur, l'idéal.

Ceux des *darwinistes* qui, moins circonspects que le maître, ont
purement et simplement étendu au monde social les lois relevées dans
un monde très différent, semblent de même reconnaître l'existence
passée d'un droit distinct du fait et proposer de généraliser de nouveau, à l'avenir, la loi du triomphe du plus fort, dont l'application
serait actuellement troublée par des institutions juridiques et une
morale mal comprises. « Ce sera l'honneur de la *sociologie française*
au xixᵉ siècle de n'avoir point cédé à ce courant prétendu scientifique qui nous ramènerait à la barbarie : la France n'a cessé de maintenir, contre l'Allemagne et l'Angleterre, la primauté du droit sur
la force, de la fraternité sur la haine, de l'association sur la compé-
tition vitale. » L'auteur même de ces lignes, M. Fouillée [2], qui re-
présente dignement cette pensée française, a contribué, en compa-
gnie de Guyau, Tarde, Espinas, Gide, Durkheim, Worms, à l'exclusion
définitive du darwinisme social, et ces noms soutiennent, avec tant
d'autres, le parallèle vis-à-vis des apologistes de la purification par
le carnage. Loin de nous la prétention de soutenir que l'Allemagne
n'ait eu de grands penseurs pacifiques et désireux de justice : Leibniz

1. *Zarathoustra*, p. 101; *Vol. de puiss.*, t. II, p. 7, 189, 127, 220, 211, 133, 250.
— P. 224 : « J'estime l'homme selon la quantité de puissance, la plénitude
de la volonté. » — Il n'y a pas lieu de prendre au sérieux les boutades en-
tachées d'affectation de littérateur, comme celles-ci : « L'homme moral
est d'une espèce inférieure à l'homme immoral, d'une espèce plus faible.
[Comme si détraquements et criminalité étaient une marque de santé, de
puissance !] Le franc-coquin a, sur beaucoup d'hommes, cet avantage qu'il
n'est pas médiocre. Il serait désirable que la coquinerie grandisse »
(p. 224-226). Nous sommes loin de la « philosophie d'épicier de M. Spencer »,
mais bien près de la « pose » du cynisme.
2. *Bases sociol. de la morale*, p. vi; *Sc. soc.*; *Propriété soc. et démocratie.* —
Nous-même avons été amené aux mêmes conclusions dans notre étude du
Rôle de la Guerre.

et Kant suffiraient à écarter cette supposition. Mais si l'influence de
l'idéal français n'est pas méconnaissable en terre germanique, chez
le dernier surtout, il n'est pas moins incontestable qu'à l'inverse l'i-
dée de la guerre et de la force productrices du droit a été souvent
inspirée par les écrits non moins que par les actes des Allemands [1].
La France n'est pas restée indemne, mais encore est-ce en s'inspirant
de Hegel que Cousin, dans son *Cours d'histoire de la philosophie*
(not. 9ᵉ leçon), puis Proudhon, dans *la Guerre et la Paix*, se sont
livrés à l'éloge, d'ailleurs plus clair, du jugement des armes, rendu
au nom et en vertu de la force.

Peut-il sortir de là une autre conclusion que la ratification accordée au *fait accompli* et l'approbation donnée d'avance à toutes les
agressions, pourvu qu'elles réussissent? Si l'homme n'a rien de
mieux à accomplir que de regarder la nature trier mécaniquement
les aptitudes, ramenées à la commune mesure de la force physique,
s'il lui est défendu d'« intervenir » dans le progrès automatique produit grâce à l'élimination des honnêtes par les brutaux, si sa réflexion
le mène moins sûrement que le laisser-faire vers son mieux-être, si
elle est impuissante à en découvrir les conditions, en un mot si l'homme
ne peut légitimement formuler de souhaits, avoir de désirs, décider
ce qui est son bien et son mal, et réagir contre le milieu, comme le
font tous les êtres, — en ce cas, il n'a plus qu'à préparer ses biceps
et à multiplier ses canons. Lui sera-t-il même permis de chercher
contre quoi et comment il les dirigera au mieux? Ce serait encore
un « idéal », une élaboration peu « objective ». Quant au reste, à
l'esprit, auquel il faut bien trouver un usage, puisqu'il existe et que,
pour embarrassant qu'il soit, on n'ose proposer de le supprimer (ce
serait toujours un idéal!), — il ne saurait recevoir un meilleur emploi que de constater et de décrire le spectacle des relations sociales
à l'état le plus pur, le plus « naturel », là où elles ne sont pas dé-
naturées par la raison et les philosophies, c'est-à-dire chez les sauvages! Un tel évolutionnisme social nous ramène au *fatalisme pan-
théiste*, dont nous sommes partis, et confine à l'*optimisme absolu*, à
l'approbation satisfaite de toute réalité, à la justification de tous
« actes », — suite logique de la croyance en Dieu : il ne faut pas
plus déranger l'ajustement des forces qui conduisent infailliblement
à l'harmonie par la lutte, que retoucher l'œuvre de la divinité. Cette

---

1. Hiroyuki Katô. *Kampf ums Recht des Stärkeren* ; Eleutheropulos, *Krit.
Syst. der Phil. Grundleg. einer Sittenlehre : das Recht des Stärkeren...* et même
Gumplowicz, *Rassenkampf...*

philosophie nous laisse pressentir les écoles historique et ethnographique et surtout la « science des mœurs ».

Si habile que soit le sophisme dans son jeu à transformations, il
ne reste pas moins à l'état isolé ; on aurait vite fait d'en énumérer
les représentants et les formes et d'en épuiser la substance. S'il
fallait au contraire exposer les manifestations inverses de l'action et
de la pensée, bien avant Socrate et Platon, il y aurait lieu à un défilé
de l'histoire de l'humanité presque entière.

La force, sans doute, a joué et joue encore un grand rôle, — le
fait est incontesté ; mais c'est sophisme d'en induire que la justice
est une illusion. Le droit ne se ramène pas à la force individuelle
du sujet, car, derrière elle, il y a la contrainte. Mais la contrainte
est encore une force ? A côté de la sienne, insuffisante, s'exerce l'influence décisive de l'idée que le sujet a un « droit ». Encore la force !
Mais celle-ci est de nature spéciale, psychologique. Est-ce donc le
produit de la crainte ; ou bien de la persuasion par le bénéficiaire,
par sa classe ou sa catégorie, c'est-à-dire de la puissance sugges-
trice du sujet actif ? Non, c'est la conséquence, pour une part, de la
législation civile et morale. Laquelle s'établit de haute lutte et se
fonde dans le sang ! Pas uniquement ; en tous cas, la loi sociale, si
elle réagit sur les mœurs, n'en est pas moins la résultante de cette
sorte d'éducation collective, et la conscience individuelle est mode-
lée par l'action de l'éducation, qui s'exerce sur un « sujet » plus ou
moins prédisposé. Toujours question de puissance : ici, de faiblesse
de résistance du sujet passif à la suggestion ! Peut-être, mais — c'est
le point essentiel — ses instincts y jouent un rôle prépondérant et —
comme l'éducation et l'instruction, dans leur ensemble — ils expriment grosso modo les conditions de vie de leur possesseur et celles
de la société, qui, par choc en retour et répercussion, sont aussi les
siennes. Bref, le phénomène subjectif correspond à des rapports objectifs. — Telle est la démonstration, entièrement positive, que nous
esquisserons ici, avant de revenir sur certains points particuliers.

Toute force ne constitue pas un droit. Personne ne songe à le contester dans le monde inorganique. Quant aux forces vitales, nous
avons déjà réfuté cette assertion peu sérieuse que tout fait est idéal
et toute puissance, juridique. Absorbant le mot avec la chose, elle
rend inutile le synonyme droit, elle est contraire à sa définition nominale, elle est contradictoire et absurde : si tout est juste, rien ne
l'est, car une chose et son contraire, la demande et la défense, toutes
les prétentions adverses le sont également, sans critère de supériorité, sans distinction. Le droit a un domaine moins large : parmi les

forces, actuelles ou latentes, il choisit : il ne saurait donc être que la force avec un qualificatif. Et l'observation s'accorde ici avec la logique formelle. — Est-il même toujours et seulement force ?

Si tout droit était une force, ce ne serait certes pas la force du sujet actif, ou plutôt sa prépondérance relativement au sujet passif. D'une part, l'emploi de toute sa force n'est pas considéré comme légitime, il possède l'aptitude à accomplir certains actes sans en avoir la faculté juridique : la conscience, la logique, le sens commun répondent ici comme la théorie, comme les philosophes, comme Voltaire à Hobbes : « Penses-tu que le pouvoir donne droit et qu'un fils robuste n'ait rien à se reprocher pour avoir assassiné son père languissant et décrépit ? » Que la sociologie descriptive relève et catalogue les peuplades où le meurtre des vieillards, l'infanticide et autres « usages » de la force, limitée par rien, sont autorisés et même recommandés, cela ne supprimera ni la majorité (déjà connue avant la fin du recensement) ni l'autorité des voix qui se prononcent en sens contraire, notamment dans les pays où les conditions de vie se rapprochent des nôtres. — D'autre part, le droit du sujet comporte un élément autre que la force nue : l'élément psychique. Sans doute ! objectera-t-on ; toutefois, ne peut-il exister une « idée » de droit, distincte, à l'analyse, de celle de force, mais qui, en fait, se porte sur la force ? Ce serait non plus l'identité, mais l'*égalité du droit et de la force*, le droit *sur* la force et en différant, quoique leurs étendues coïncidassent. En réalité, le droit serait tout au plus la force doublée d'une légitimité « pensée », correspondant, dans les grandes lignes, à certaines propriétés « réelles » et objectives.

Cette force légitime ne serait même *pas uniquement celle du sujet*. — C'est un éternel postulat de la conscience populaire et philosophique, *que le droit*, au sens subjectif ou objectif, *soit revêtu d'une puissance* physique ou morale qui assure son triomphe. Si le besoin en est reconnu, c'est donc qu'elle ne lui appartient pas intrinsèquement. L'art sociologique, basé sur la connaissance scientifique, exprime le même desideratum : toute fin poursuivie par l'homme exige une dépense d'énergie, réclame le concours de la force ; l'accomplissement des fins juridiques en particulier rencontre la résistance non pas seulement d'idées et de concepts logiques, mais d'instincts et de volontés guidées plus ou moins consciemment par l'utilité : il lui faut la puissance pour vaincre les intérêts. — Sans doute, à la faculté reconnue juridiquement doit correspondre une certaine puissance effective personnelle (Thatkraft) ; l'être, la propriété conçus comme respectables doivent être à même d'imposer le respect, ou tout au

moins il importe qu'il n'y ait pas une différence trop sensible entre
ce qu'on révère en une personne et ce qu'elle possède réellement ;
sinon, le but de l'ordre juridique ne serait pas atteint, ou bien il le
serait à trop de frais pour la collectivité et au détriment des conditions de la survivance et de l'exacte répartition des profits selon les
aptitudes, ou bien encore cet ordre se transformerait avec de brusques
secousses au lieu d'évoluer insensiblement. Les avantages que confère
le droit, s'ils ne s'amoindrissent peu à peu parallèlement à l'affai-
blissement de celui qui en était porteur, sont retirés brusquement,
au cours de ces catastrophes qu'on appelle révolutions et guerres.
Aussi, comme conséquence de ces deux procédés — violent ou pacifique —, observe-t-on que la catégorie qui s'empare du « pouvoir »
et le conserve, et même celle qui le reçoit, possèdent le facteur de
puissance du jour ; on voit aussi que les privilèges, les droits, ne restent pas toujours là où ils sont, dans les mêmes classes. Des remanie-
ments semblables s'opèrent en petit entre individus. Ainsi peut-on
dire que le droit doit ne pas dépasser une certaine disproportion avec
la force et qu'il y tend réellement.

Cette relation assez peu rigoureuse laisse toutefois place à d'autres
influences. Le pouvoir appartient à celui qui a la puissance, mais à
condition qu'il ne la tourne pas contre la société, et même l'autorité
va de préférence à ceux qui rendent des *services* appréciables à la
communauté : sinon celle-ci tomberait bien vite en état d'infériorité
vis-à-vis de ses rivales. De même la protection, c'est-à-dire la force
et le droit, la force au service du droit, est donnée par la société à
ceux qui, n'ayant pas la puissance, lui sont néanmoins utiles ou
participent à un système dont la garantie constitue une condition actuelle de la société (ex. : le propriétaire).

Le droit *ne se mesure donc pas par le rapport entre les forces des
deux sujets* actif et passif. Ce trait est particulièrement apparent
quand il s'agit de droits réels, c'est-à-dire d'obligations passivement
universelles. La « volonté de l'individu appuyée par l'énergie personnelle » n'a pas davantage, et pour la même raison, suffi à édifier
l'ordre social, c'est-à-dire l'Etat et le droit : dans tous ces résultats,
la part de la collectivité a été considérable.

En effet, l'obligé étant susceptible d'avoir plus de puissance que
le bénéficiaire du droit, comment ce dernier put-il en acquérir assez
pour s'imposer ? Comment assura-t-on que la force fût toujours du
côté du droit ? Ce problème, dont la position implique que la force
n'est pas toujours de ce côté, a reçu dans l'histoire diverses solutions.
Le compromis, l'alliance passés avec l'adversaire ou la garantie d'un

tiers étaient peu sûrs ; d'instinct, on institua l'assurance ou *garantie mutuelle*, l'alliance défensive (et au besoin offensive, notamment contre l'étranger). Cette mutualité, d'ailleurs non contractuelle, cette « société », ce syndicat spontanés de défense, mirent les forces de tous au service du droit de chacun : l'État fut la forme organisée qui monopolisa la *contrainte*, elle-même réglée. Il convient de *distinguer de celle du sujet* cette force collective, quoique la prévention pour ou contre la force les ait un peu confondues. A vrai dire aucun rapport n'existe entre elles, la contrainte ayant précisément pour mission de remédier à l'incapacité du sujet d'assurer lui-même sa préservation. La conclusion s'impose, contraire à ce qu'on prétendait : le droit non seulement n'est pas exactement proportionné à la puissance, mais ne repose même pas sur l'existence, sur la présence d'un certain pouvoir. Tout au plus serait-il « la force qu'assure l'état social aux volontés individuelles ».

La contrainte n'est pourtant pas le fondement ni l'origine du droit. A peine ce trait apparent, cet appendice qu'il traîne derrière lui, saurait-il lui servir de marque caractéristique, de signe distinctif par rapport à la morale. Le droit, avons-nous dit, « serait toujours le droit, alors même que la contrainte serait superflue ou impossible [1] ». Mais il s'agit ici d'une autre question. Le droit se fonde sur certains rapports extérieurs (infra : Fonction) et tire son origine de la désirabilité qui leur est attribuée : l'un et l'autre de ces faits sont étrangers à la coercition sociale aussi bien qu'individuelle. La « Thatkraft », le «Zwang », seuls, ne constituent pas le droit : sans l'*élément psychologique*, idéel, il ne diffère que quantitativement de la puissance du criminel, de la « puissance du diable ». (Gewalt hat auch der Teufel !) Le sentiment de la force n'équivaut pas au sentiment du droit et la conscience de notre faiblesse n'engendre pas en nous la conscience d'une obligation (Aguiléra) : si l'idée de droit renferme celle de puissance et l'idée de devoir celle de nécessité, c'est surtout celles de *pouvoir légitime* et d'*obligation morale*. De même l'intensité de la force ne réussit pas à expliquer pourquoi la contrainte est attachée à certaines situations, qui ne sont pas des positions imprenables par la vigueur des muscles et des armes : la coaction n'est pas une force brute, physique, elle est dirigée par des volontés, et ces volontés, en premier ressort, par l'idée du droit. C'est pourquoi ses organes prennent, à l'intérieur, le nom de « pouvoir », qui éveille la notion de régularité, à la différence des États, qualifiés

---

1. Aguiléra, *ib.*, p. 256, 328 : le Robinson qui tuerait l'étranger égaré sur ses côtes n'en commettrait pas moins un crime.

« puissances » dans leurs relations anarchiques avec l'extérieur.

Alors même qu'il serait permis de comparer la vertu à de l'énergie transformée, devenue de physique ou biologique, morale ou sociale (E. de Roberty), il y aurait confusion d'un ordre supérieur avec les inférieurs [1], si le droit était réduit à l'action musculaire d'une victime ou des gendarmes, et a fortiori la tâche du législateur et du juge au travail de l'ingénieur. Le droit n'est point affaire de *mécanique* ou de *physiologie* : ou bien il n'existe pas, ou bien il comporte autre chose que l'énergie et l'autorité pure et simple, qui sont quelque chose d'objectif. Contrairement à cette cosmologie terre à terre, les rapports extérieurs doivent se compléter d'un état correspondant dans l'esprit (infra : Volonté, Raison, Idée de droit)'; le droit, par un côté, est une conception subjective. Et même qu'y a-t-il d'aussi profondément *psychologique* ? La dynamique serait d'un bien faible secours pour l'interprétation des règles, tandis qu'on ne saurait comprendre le jeu des facultés et normes juridiques (autrement que dans leurs manifestations extérieures : appareil judiciaire, etc.) sans la psychologie individuelle et sociale. On n'expliquerait pas l'attraction que conserve le droit vaincu, ni la génération d'un droit qui n'est pas déjà en vigueur, le passage de la loi idéale à la loi positive, pourvue de sanction. Surtout on n'aurait aucune indication sur l'orientation à donner, sur ce que devrait être le droit, à côté de ce qu'il est.

Le droit et le devoir, accordera-t-on, sont respectivement des puissances et des nécessités psychiques, mais agissent-elles sur la raison, sur l'intellect, ou bien sur la sensibilité, par l'intérêt et notamment par la *crainte* d'une réaction nuisible, individuelle ou sociale, c'est-à-dire de la force. La peur de la sanction ne remplit-elle pas, préventivement et plus complètement, le même rôle que la sanction elle-même, en faveur du maintien ou du rétablissement de l'intégrité du droit? Le droit, dit Jhering, n'est pas un pur concept de la logique, il a, il est une force agissante; il puise donc forcément quelque part cette énergie motrice : à côté du procédé direct ou mécanique de coercition, la société en emploie un indirect et psychologique pour garantir l'exécution de ses prescriptions. La mécanique

---

1. Et de l'essence du droit avec son imperfection et sa limite (la force). L'idée est une force d'essence supérieure. « La force tend à passer du dehors au dedans, sous la forme de l'idée, qui meut l'humanité mieux que tous les moyens extérieurs. Le plus de force au dehors, le plus de science au dedans, tel est le suprême degré de puissance d'une société » (Fouillée, *Idée du dr.*, p. 282). L'idéal serait l'absorption de toute force coercitive dans l'accord spontané.

4

sociale n'impose pas seulement certains actes par la force, elle pousse
à les accomplir avec une spontanéité préparée, provoquée, et ceci
par les quatre « leviers » (?) du mouvement social : la société dispose
en effet, pour mettre en mouvement la volonté dans son intérêt, dans
le sens de ses buts, des leviers égoïstes de la récompense et de la
contrainte (ou pouvoir dirigé par un but juridique), et en outre de
leviers d'un ordre plus élevé, sous la forme de l'amour et du sentiment du devoir. D'une manière plus large, l'évolution amène l'individu à désirer ce qui est désirable pour lui et pour l'espèce, à la fois
par des mobiles non éthiques, y compris les sentiments tels que la
vanité, le désir d'admiration ou d'approbation, la crainte du remords..., et par les diverses formes du mobile juridique et moral,
qui se ramène essentiellement au sentiment de désirabilité en soi de
certains actes ou états.

Les relations actuelles sont donc loin de se ramener à des rapports
de force déguisés sous des dehors juridiques. *Certaines puissances
s'interdisent à elles-mêmes de se manifester*, non seulement par politique, mais parce qu'elles sentent ou croient que c'est bien; les individus agissent le plus souvent les uns envers les autres comme à
l'égard d'égaux, et il n'est pas jusqu'aux États qui ne reconnaissent
l'indépendance de plus faibles qu'eux. A l'intérieur et même à l'extérieur, nous ne vivons pas comme des bêtes féroces déchaînées, comme
des criminels permanents, mesurant sans cesse l'équilibre des forces
pour profiter du moindre avantage ; dans une mesure plus ou moins
large, la personnalité juridique est respectée.

Cela est si vrai, le droit protège si peu exclusivement les forts,
que certains, appliquant l'adage : is fecit cui prodest, se sont plaints
de ce qu'il était l'œuvre des faibles, qui, pour se défendre, auraient
inventé la « puissance morale » représentée par ce mot [1]. — Si nous
répondions que le droit trouve son expression dans la loi positive, on
nous objecterait que celle-ci est une création de la volonté : de celle
d'un individu ou d'un groupe qui ont su s'imposer. Voyons donc
comment prévaut une législation donnée et si le brutal aspect extérieur de son établissement ne cache pas l'influence et la direction
d'un idéal moral.

Sans la force, dit-on, rien ne se fonde. Elle préside à l'*édification*

---

1. Calliclès, dans le *Gorgias* de Platon. — Nietzsche, *ib.*, t. I, p. 240 : Derrière les valeurs morales se cache une triple puissance : les instincts de
la bête de troupeau, du souffrant et du déshérité, du médiocre, contre les
forts et les indépendants, les heureux, les exceptionnels. — Mabille, *La
guerre*, p. 284.

du droit, comme à ses transformations. Il s'établit non, comme la
vérité, par la vertu du raisonnement, mais par l'énergie du vouloir
(Jhering). Les règles juridiques, à la différence des règles grammaticales, blessent des intérêts : elles ne peuvent donc s'établir par la
simple persuasion; d'autres intérêts empêchent que le droit tombe
de lui-même comme une institution vieillie, lorsqu'il ne correspond
plus à l'état social. Les Anglais ont conquis leurs chartes par le sang,
les Français ont mis des siècles pour obtenir la proclamation d'un
principe de liberté depuis longtemps reconnu théoriquement, des
milliers de noirs sont restés en servitude alors que le caractère odieux
de l'esclavage apparaissait depuis des siècles à l'esprit. L'idée ne
suffit donc pas à l'élaboration du droit; les règles nouvelles sont
acquises, arrachées, au prix de combats souvent violents, et lorsqu'elles sont établies, elles ne se maintiennent que par des efforts
continus (procès, etc...) : sous les deux formes, c'est la *lutte pour le
droit*, popularisée par Rudolf von Jhering. Le Droit, a dit à son
tour M. E. Picard, est « une éternelle conquête » : par l'énergie, il
s'affirme, par elle, il se réalise. « Ce n'est pas à sa valeur morale, à
sa majesté, que le droit est redevable de la place qu'il occupe dans la
civilisation actuelle »; loin d'être au début de son triomphe, l'idée
de sa sainteté est au contraire le résultat final de l'avénement extérieur des systèmes juridiques successifs [1]. Presque toujours, le droit
émane de « la puissance du fort dictant le droit au plus faible ». Son
établissement a lieu par deux processus : ou bien la norme rend
prépondérante la force de tous sur celle de chacun, ou bien le plus
fort, guidé par son propre intérêt, « restreint par la norme sa propre puissance ». Le droit, reconnaissant, marque sa tendresse envers ses créateurs en les consacrant. Toutefois, sa protection n'est
pas toujours suffisante : la force demeure, à côté de lui, et comme
il n'est pas un but mais un moyen, elle intervient et le supplante s'il
faillit à sa tâche, qui est le maintien de la société. A elle seule il
appartient de combler les lacunes du droit, de décider entre les nations, qui n'ont pas d'autres juges : c'est le tribunal suprême de
l'histoire.

1. Jhering, *L'évol. du dr. (Zweck im Recht)*, p. 166 s. — Selon les évolutionnistes, le tribunal de la conscience n'est qu'une économique transpo-
sition des tribunaux véritables. — Brocher de la Fléchère, *Rev. dr. int.*,
1878, p. 474 s; — Merkel (Gumplowicz, *Précis de sociol.*, p. 379) : le droit
est le résultat de l'essai des forces réciproques, par la guerre; — Gumplowicz, *Sociol. et pol.*, p. 145, et *Allg. Staatsrecht* : le droit est l'œuvre de
l'Etat, l'Etat l'œuvre de la conquête; — A. Menger, *Bürgerl. Recht..*, p. 5 :
les intérêts des puissants sont, par la voie législative, transformés en
droit ; — von Stintzing, *ib.* : Alles Recht ist ein Kind der Geschichte.

Que valent ces affirmations ? Au point de vue pratique, il n'est pas douteux qu'elles aient des *conséquences dangereuses*, ou tout au moins opposées aux notions presque universelles du bien et du mal et même à la thèse étatique au service de laquelle on les émet. « Au dessus du droit, poursuit Jhering, il y a la vie et lorsque la crise place réellement la société devant cette alternative : le respect du droit ou le maintien de l'existence, il n'y a pas à hésiter : la force doit sacrifier le droit, et sauver l'existence de la nation. On la maudit au nom du droit; plus tard, on lui rend grâces. Le jugement sur l'entreprise dépend du succès. » Ces paroles se rapportent à l'Etat, mais qui empêchera de transposer à la personnalité individuelle ce qu'on dit de la personnalité collective, qui n'est limitée par rien et au-dessus de laquelle il n'y a aucun idéal, puisqu'il n'existe pas de force supérieure à la sienne? Stirner n'a-t-il pas proposé aux moi l'individualisme anarchiste dont Hegel faisait la loi fondamentale de tout Etat? Une fois le principe admis, qui empêcherait de l'étendre de la conservation de la vie à ses conditions essentielles et, de proche en proche, à son perfectionnement, à son simple agrément? Où conduit, fût-ce seulement pour les partis, cette moralité du succès?

« A l'occasion, dit encore Jhering, la force — elle l'a montré — se passe du droit, non le droit de la force. » Il y a force et force, mais, le droit fût-il condamné à toujours employer la contrainte physique ou la crainte qu'elle inspire, que prouverait cette exigence contingente au sujet de son origine et plus encore de son fondement? Le corps peut se passer de l'intelligence et non l'intelligence du corps : cette relation est-elle significative d'identité, de filiation, de non-valeur de l'intelligence? Les règles et les facultés juridiques prévalent d'ailleurs aussi d'autre façon (Introduction et supra; infra). Le droit, sous ces deux formes, n'a besoin de la puissance que contre sa violation, contre l'injustice, qui est anormale, et parce qu'elle l'emploie elle-même. Si un idéal est assez répandu et assez vivement senti, sa reconnaissance législative n'exige de recourir à aucune violence et sa mise en pratique, pas davantage : l'idée du devoir religieux et de sanctions spirituelles ont conféré à la Trêve et à la Paix de Dieu, à l' « asseurement », une aussi grande efficacité contre la brutalité que celle de la « Quarantaine-le-roy »; à d'autres époques, en d'autres pays, l'idéalité, la « juricité » (Picard) et la crainte de l'opinion remplissent l'office de la religiosité et de la croyance en des récompenses et punitions extra-terrestres.

Doit-on seulement considérer le droit comme une créature, un mandataire, un serviteur de la force, auquel il serait interdit de se rebeller si sa bienfaitrice, à qui il serait redevable de tout, venait à reprendre ce qu'elle lui avait conféré? N'est-elle pas tout au plus apte à changer le concessionnaire, non à exploiter directement sa concession? Et même n'a-t-elle pas abandonné définitivement ses prérogatives, avec ses aptitudes, lorsqu'elle a dû renoncer à accomplir la tâche juridique, d'un ordre supérieur aux siennes et où il lui est bien défendu, par sa nature, de donner des résultats? Loin qu'elle soit la maîtresse, elle est servante ; elle se met et doit *se mettre au service de la justice*, de l'idée, sinon elle régresse vers l'activité biologique. La loi est le titre qui permet de recourir à la sanction, à la force, qui devient ainsi la garantie du droit, sans avoir jamais été le droit lui-même ni l'avoir fondé. La justice sans la force risque, dit-on, d'être impuissante, mais la force sans la justice est tyrannique. Il faut au droit une puissance qui lui permette de triompher des résistances injustes ; elle lui est nécessaire pour consolider son triomphe non moins que pour l'obtenir, sinon il lui arriverait de manquer son effet extérieur. Il a besoin d'elle, — il n'y a pas à le cacher, — mais c'est à la façon dont le maître a besoin du valet, sans perdre sa prééminence. Le paradoxe de Pascal se rapproche de la vérité, si on le renverse : Ne pouvant faire qu'il soit juste d'obéir à la force, on a tâché qu'il soit force d'obéir à la justice; ne pouvant justifier la force, on a fortifié la justice. — Mais cet aspect unilatéral ne rend pas compte de toute l'évolution juridique. Si le droit suppose en fait et en théorie une certaine puissance, ce n'est pas assez de protéger le droit par la force : il faut *les unir*. Nul droit ne peut durer sans force, nulle force ne peut triompher contre le droit, si elle ne finit par être considérée comme telle. L'ordre social ne règne que par leur accord. Que la force se rapproche donc du droit, comme le droit tend à être conféré à ce qui possède la force réelle. Peut-être les formules trop concises de certains apologistes de la puissance ne visent-elles pas à signifier autre chose.

Sans la force, répète Jhering, le droit serait « un vain fantôme, une illusion, une apparence dénuée de réalité, une *idée subjective* ». Mais cette idée est une idée-force, douée d'une indéniable influence [1]. — Ne s'occuper que du contenu du droit, suivant la longue tradition logique, géométrique ou statique, c'était donner une vue aussi

---

1. La seule pensée de la violation des choses sacrées provoque une « réaction émotionnelle » suffisante pour en empêcher. Le juste s'arrête devant l'injustice, comme le juriste devant la barrière de paille des principes. Dans les cercles les plus étendus, le droit jouit de la considération sociale.

incomplète des choses que, dans le domaine biologique, la conception exclusivement transformiste (forma dat esse rei). Mais sacrifier
ce point de vue à la conception dynamique, qui s'en tient à ce qui
soutient le droit, ce serait tomber dans un exclusivisme analogue à
celui qui prétendrait expliquer l'évolution des espèces par la « permanence du fonds vital » (vis, vita). La forme suppose un être, une
vie, mais la vie ne se conçoit pas dépourvue de corps : si la force
« soutient » quelque chose, c'est qu'elle n'est pas seule. A écarter
obstinément l'idée directrice, on arrive à de telles absurdités : « La
force *dicte* le droit [1]. » Elle serait tout au plus, suivant une assertion bien différente du même auteur « l'accoucheuse du droit » ;
alors, elle présuppose fécondation et gestation, et une part n'est pas
un fantôme ! Sa matrice, c'est le cerveau humain. Le germe, c'est
le sentiment, l'idée, et il peut y être déposé sans violence, par divers procédés psychiques. L'enfantement du droit, pour avoir lieu
parfois dans la douleur et le sang, ne crée rien : *le droit préexiste*, il
vit à l'intérieur de chacun, la substance juridique possède une énergie interne, distincte de l'énergie musculaire des opérateurs et qui
lui permet parfois de naître à la vie extérieure sans le secours
de cette dernière : celle-là lui donne la vie, celle-ci facilite seulement son passage d'un état à un autre. La « lutte pour le droit », ce
n'est pas la lutte pour créer le droit, comme la concevait Proudhon,
c'est la lutte pour un droit existant, elle implique la présence de l'i-
dée du droit dans les esprits. Tel est bien le processus de la genèse
des législations.

Quelque place qu'ils y tiennent, les inventions des individualités
et le travail de la masse laissent tous deux reconnaître la *présence
d'un élément idéal :* les représentants du pouvoir politique, les législateurs, individus ou groupes, sont l'écho plus ou moins libre et
conscient, plus ou moins fidèle, de l'opinion publique, le reflet, plus
ou moins modifié, de la conscience sociale. La collectivité façonne la

1. Jhering, *ib.,* p. 173. — Il croit avoir démontré l'origine du droit dans
la force et la volonté subjective extrinsèque, quand, par des analogies
linguistiques et des étymologies, il a établi que le mariage, la propriété,
l'échange, etc... (potestas, manus, Quirites ou porteurs de lances, vir dérivé de vis...) sont primitivement issus de la violence (*Esprit du dr. rom.,* t. I,
p. 108...). Que résulte-t-il de ces constatations ? Que la propriété, etc., sont
nés de là en tant qu'états de fait. Mais d'où est venue l'idée qu'ils sont des
états de droit et comme tels respectables ? Là est la question, qu'il n'élucide pas. Ce fut souvent une condition de vie du vaincu ou du spolié de
s'incliner devant certains faits accomplis ; ceux chez qui se forma cette
tendance favorable eurent plus de chance de survivre. (Autres explications, *infra*.)

règle juridique, alors même que les institutions représentatives lui manquent : la formation du droit a lieu d'une manière assez indépendante des formes politiques. La loi tient compte de la coutume, issue elle-même de la généralisation, de la socialisation d'idéaux et de règles individuels [1]; et dans la mesure où elle réagit contre cette influence modératrice, là où elle innove, elle est encore inspirée par des exigences juridiques communes à un certain nombre d'individus. Quel souverain — unité ou multitude, monarque absolu ou majorité — ne se laisse toucher par des considérations autres que le calcul égoïste, fût-ce à son insu ou parce que les suggestions de son intérêt se revêtent de dehors idéaux? Lequel a pu longtemps légiférer contre la conscience commune, retourner la coutume en sens inverse? S'il y est parvenu, n'est-ce pas par la vertu de son idéal plus que par la puissance de ses muscles?

La coutume elle-même présente un côté idéal; à la différence de la simple habitude, il s'y mêle un certain caractère d'obligation. Celui-ci provient de la conviction populaire, de l' « opinio juris ou necessitatis »; à son tour cette dernière résulte des sentiments moraux individuels, de l'approbation ou du blâme de certains actes ou états. L'observation des sociétés contemporaines fournit à cet égard un résultat analogue à celui des recherches historiques et ethnographiques, la plupart des réformes législatives se produisent, sous nos yeux, comme l'aboutissement de mouvements d'opinion ; le vote est préparé par les livres et la presse, qui condamnent telle institution et préconisent telle autre.

Ce processus, pourtant psychologique nous ramène à la lutte et à la force: l'opinion, comme la coutume, ne résulte-t-elle pas de l'action des hommes les *plus influents*? Elles dérivent plutôt des idées les plus influentes, les plus conformes à l'esprit, aux exigences du temps, et si certains individus exercent une prépondérance, c'est en partie parce que leurs idées sont telles. Elles deviennent générales parce qu'elles paraissent saintes dès l'abord et sont admises comme telles par des consciences semblables ; elles ne deviennent pas saintes parce qu'elles sont générales : leur adoption commune renforce seulement leur caractère sacré, sans le créer. Le droit ne paraît pas respectable seulement quand il est établi, il est aimé pour lui-même dès le début. La société en « travail », ce n'est qu'un moment ; l'intérêt et la force qui le mettent au jour sont moins importants que sa *vie* antérieure et ultérieure. L'homme conçoit d'abord le droit dans

---

1. Infra : école historique et son insuffisance. — Lazarus, *Leben der Seele..*; Frugapane, *Orig. del diritto*, p. 193 s.

son intimité intellectuelle ; puis il veut le traduire à l'extérieur, il tente de faire prévaloir le subjectif comme objectif.

Les rapports sociaux ont peut-être pour base la puissance, mais ce n'est assurément pas seulement celle des hommes : celle des *idées* y tient une large place. Les idéaux moraux possèdent en eux-mêmes une efficacité, profonde sur les esprits préparés, moindre mais encore réelle sur les esprits bruts, — ne fût-ce que par l'imitation, — et il est de leur essence de ne pas plier devant la force : l'idée de droit est de celles-là [1].

L'épreuve de la force, loin d'être universelle, ne décide *même pas en dernier ressort* : de degré en degré, on est forcé, à l'intérieur d'un même Etat, de remonter à une autorité qui applique la contrainte volontairement ; et, même en temps de guerre, ce n'est pas la force, mais les désirs ou les idées qui maintiennent l'obéissance, la cohésion, la coopération. La force morale, quoiqu'on l'ait tournée en ridicule, subjugue la force physique. L'idée de droit exerce bien une contrainte sur l'homme à qui elle s'impose, mais son énergie est loin de résider exclusivement dans la personne qui en bénéficie ; elle ne résulte ni de sa prépondérance physique, effective ou crainte, ni de sa puissance de suggestion ou de persuasion, ni même de celles d'un groupe social quelconque, ami ou adverse. C'est une *force interne* du sujet passif, et la passivité avec laquelle il s'incline ne dépend même pas uniquement de sa suggestibilité, mise à profit par l'éducation, ni de son auto-suggestion. Ce n'est ni le fort ni le faible, ni l'espèce ni l'individu qui ont créé et répandu le droit sciemment et systématiquement ; il n'existe pas davantage dans l'intérêt exclusif de l'un d'eux, puisqu'il les avantage et sacrifie tour à tour. Il résulte des conditions de vie de tous et de chacun, et il trouve son expression, comme les idéaux moraux, dans *l'instinct* individuel et social.

Le droit n'est pas *la force dirigée par l'intérêt*, la « politique de la force », selon une de ces formules que Jhering (p. 169) juxtapose malgré leur défaut de concordance. Il agit sans qu'on le conçoive comme tel, précisément parce qu'il subvient à des intérêts inconscients (infra) : il n'en reste donc pas moins que les puissants ont avantage à se limiter et qu'en réalité ils y pourvoient à la fois par le calcul et par les idées de droit et de devoir. « Ma liberté, dit Stirner (p. 324 s, 203), va jusqu'où va mon pouvoir. » Non ! le droit

---

1. L'idée est fort ancienne. Bien avant Jhering, Leibniz (*Codex juris gentium*) avait dit : « Est autem jus quædam *potentia moralis* et obligatio necessitas moralis. » Les idées-forces d'égalité et de liberté poussent à agir, malgré la réalité contraire, comme s'il y avait égalité. Loin d'en être issue, l'idée-force de droit supplée souvent à la force physique absente.

a précisément pour fonction d'empêcher que chacun se considère tout comme permis, et il est bon de ne pas user de toutes ses facul-tés, de *ne pas faire tout ce qu'objectivement on peut faire*. A la res-triction utilitaire, souvent insuffisante, la morale et le droit ajoutent une restriction idéale correspondant à des utilités nullement ou trop faiblement senties ; et c'est encore un argument contre l'égalité du droit et de la force. Possédant le pouvoir effectif d'accomplir des actes nuisibles à notre propre vie, nous avons intérêt à nous laisser guider par les règles qui nous les interdisent et tendent à nous em-pêcher de les commettre. A côté de la puissance de fait, des facultés juridiques nous sont reconnues, ici moins étendues, là davantage, pour notre propre bien et celui de la communauté, qui est aussi le nôtre. « Que puis-je ? » Cette question a deux sens et comporte deux solutions. Tout ce qui est en notre pouvoir, répondent les amoralis-tes. Tout ce qui vous est permis, et cela seulement, corrigent les idéalistes.

Cette impuissance juridique tend à amener le même résultat qu'une impuissance réelle et inversement des prérogatives nous sont accor-dées alors que nous ne réussirions pas à les appréhender. Le senti-ment du droit d'autrui, de notre devoir envers lui, nous amène à le respecter même s'il n'a pas une force physique ou morale corres-pondante et si nous ne craignons aucune réaction sociale ; le senti-ment de son devoir, de notre droit, nous encourage à lutter et nous procure le même avantage. De là *l'égalité et la liberté juridiques*, sans correspondance aucune avec des pouvoirs effectifs ou même supposés : à côté de l'égalité objective, il y en a une subjective, putative (ou en pensée) ou bien juridique. On tient pour égales des personnes qui ne le sont pas, pour libres celles qui ne seraient pas à même de s'affirmer telles ; on respecte chez autrui plus ou moins qu'il ne possède et il agit de même envers nous : la « sainte puis-sance du droit » comble la différence. Même si nos facultés juridi-ques sont moins étendues que notre pouvoir réel, nous gagnons au moins à ce compromis l'inappréciable bienfait de jouir sûrement du reste, de vivre dans une société où chacun est à l'abri de la spolia-tion matérielle, où enfin de légères oscillations de puissance n'en-traînent pas des bouleversements, car l'égalité effective exigée par cet agencement est peu rigoureuse [1]. Tout le monde trouve donc avantage à ce que les relations sociales soient disciplinées par le droit, au lieu d'être abandonnées à la violence, au désordre et à l'anarchie.

1. Cp. notre *Rôle de la Guerre*, p. 245 s, 256, 314.

SECTION IV
Ecoles historique et ethnographique.

Si l'on observe le monde extérieur, comme le propose l'école cosmologique, on n'y trouve pas seulement des rapports de force, mais des rapports de droit établis. Les premiers étant manifestement insuffisants, certains auteurs s'en sont tenus aux seconds. Cette école prend place entre : — d'une part, la théorie objective, car elle considère aussi ses principes comme des *faits*, et celle de la *force*, dans la mesure où celle-ci coopère au triomphe des législations, — et d'autre part, les systèmes « arbitraires » et aprioristes, puisqu'elle s'appuie sur des données du travail de l'*esprit*, qui se ramènent en dernière analyse à des aspirations individuelles ou collectives.

Le XVIIIᵉ siècle français avait exalté la personne et son droit naturel ; les idées d'autonomie et de raison avaient trouvé leur expression la plus élevée chez Kant. La Révolution avait traduit en actes ces principes, mais avait échoué dans sa tentative de fonder un ordre nouveau ; elle se terminait dans le sang. Bouleversant les rêves idylliques d'un nouvel état naturel et d'une paix éternelle, le déchaînement des passions à l'intérieur et à l'extérieur, puis l'irruption de Napoléon avaient donné l'essor aux théories de la force : la même réaction contre l'illusion que l'idée conditionne les événements et dirige à son gré la réalité objective, prit une autre forme dans l'affirmation de l'impuissance à rompre les traditions et de la nécessité de se plier au développement historique.

La conception avait été déjà brillamment exposée par Montesquieu, ce grand précurseur de tant d'idées contemporaines et qui, précisément parce qu'il devançait son temps, n'avait pas fait école. Comme l'homme lui-même, les institutions lui paraissaient façonnées par le milieu. « Les lois, écrivait-il, doivent être tellement propres au peuple pour lequel elles sont faites que c'est un grand hasard si celles d'une nation peuvent convenir à une autre... Elles doivent être relatives au physique du pays, au climat glacé, brûlant ou tempéré, à la qualité du terrain, au commerce, aux mœurs. » Dans cet état d'âme, il entreprit sa vaste étude de l'*Esprit des lois* (I, III).

« Les codes des peuples se font avec le temps, à proprement parler on ne les fait pas. » Ces paroles de Portalis [1] prouvent dans quel-

---

1. Disc. prélim. sur le C. civ. (Fenet, *Trav. prép.*, t. I, p. 476).

les dispositions se trouvaient les rédacteurs de notre Code civil : ce fut pourtant à l'occasion de cette entreprise et contre la proposition de Thibaut d'en tenter une semblable en Allemagne, que Savigny écrivit en 1815 son fameux livre sur « *La vocation de notre temps pour la législation et la jurisprudence* » qui devint le programme[1] de l'école. Chose curieuse, il proclame sa doctrine presque dans les mêmes termes : « Les constitutions ne se créent pas, elles poussent. » Le droit est un produit, non de la volonté arbitraire des législateurs, mais du passé historique, il fait partie de la vie même de la nation. Il n'y a pas de droit naturel imprescriptible. *Tout naît de la coutume.* Contre ce développement spontané et fatal des tendances d'un peuple, les conceptions personnelles, fussent-elles réfléchies, sont impuissantes. Chaque nationalité coule sa législation dans son moule, différent de tout autre.

On reconnaît dans les développements de Savigny deux idées maîtresses : celle de l'évolution du droit et celle de la conscience juridique commune. Toutes deux ont leurs parts de vérité et d'erreur.

L'évolution suppose une permanence et des variations. Dans l'école historique, l'idée de tradition domine ; les changements qui résultent de l'adaptation aux milieux ne sont pas méconnus, mais la conception de leur processus est fort insuffisante. Aucun individu, aucune société, aucune époque, ne saurait s'isoler, car nous sommes solidaires dans l'espace comme dans le temps ; or les disciples de Savigny s'en tiennent à la conception du droit comme produit historique de l'esprit national, sans étudier l'influence mutuelle des institutions des divers pays, leurs rapports et leurs différences.

Leur vue est moins inexacte qu'incomplète. Le droit évolue, sans nul doute, au cours du temps, il s'élabore par un travail sans relâche dont nous n'apercevons souvent que les côtés extérieurs et saillants. Ce ne sont pas seulement les organes du gouvernement qui y participent, mais *le peuple* : dans les couches profondes de la nation entière s'effectuent d'obscures réactions dont nous ne saisissons le sens et la portée que lorsqu'elles sont déjà développées. Comme le langage, les institutions sont en connexion profonde avec le caractère ethnique : on le constate dans tous les domaines, — pour le régime de la propriété comme pour le mariage ou les successions. Tout système prétendu rationnel qui méconnaîtrait les conditions historiques serait condamné à rester lettre morte ou à être promptement détruit. Rarement le génie intuitif d'un homme a réussi dans la tâ-

---

1. *Zsch. f. gesch. Rechtsw.*, 1815, 1 ; Merkel, Entw. in s. Anwend. auf Recht, *Zsch. f. priv. u. öff. Recht*, t. III, p. 625. — Hume, Burke (Aguiléra, p. 330).

che de légiférer ; la transmission d'une législation à un pays dissemblable de celui en vue duquel elle a été édifiée, n'a jamais pleinement réussi. — Toutes les influences qui agissent sur la vie nationale, sur ses mœurs ou ses institutions, ont une répercussion dans le droit. On le comprend a priori : les mêmes règles ne conviennent pas indifféremment aux peuples guerriers ou pacifiques, plus égoïstes ou plus altruistes, religieux ou incroyants, etc... Des monographies historiques, dont la multiplication est souhaitable[1], ont mis en relief, à travers les âges et les peuples, *l'harmonie des lois avec les conditions particulières* de chacun, avec leur culture intellectuelle et morale. Les principes juridiques n'étaient pas les mêmes dans le monde barbare qu'à Rome ; ils se transformèrent à l'avénement du christianisme ; aujourd'hui, ils corrigent l'idée de liberté par celle de solidarité et d'indépendance.

S'inspirer de la tradition, cela assure la *continuité* dans la société, comme l'hérédité y pourvoit chez les individus : le mérite de Savigny fut de proclamer que la nature sociale ne fait pas de sauts, juste au moment où Lamarck posait le principe du transformisme dans les sciences naturelles. Il est bon aussi de rappeler au législateur qu'il a des bornes et qu'il ne méconnaîtrait pas en vain les exigences de la situation et les aspirations de son peuple ; sinon il l'exposerait à la révolution ou à la ruine. — Mais se référer purement et simplement aux coutumes en vigueur ne fournit aucun des éléments progressifs dont le droit a besoin et dont il est réellement pourvu.

Au « travail malsain des jurisconsultes de cabinet « (Jhering), on se plaît à opposer la production inconsciente et instinctive opérée par les courants populaires qui « charrient la vitalité juridique ». Les masses populaires « exsudent le droit[2] ». Il existe en suspension dans l'air avant d'être « précipité » en lois. — Encore conviendrait-il de préciser le procédé plutôt que de se contenter de métaphores. L'influence de la collectivité est incontestée, mais en quoi consiste la *conscience sociale* par laquelle elle s'exerce ? Cette influence se produit-elle avec la même intensité et sous la même forme dans tous les temps ?

La conscience collective ou nationale d'où provient la coutume se *forme-t-elle* par le rassemblement d'instincts individuels mais sem-

---

1. Vues générales, déjà dépassées, dans : Ahrens, *Encycl. jur.*, t. II, p. 1 s, 47 s ; Carle, *Vita del dir. nei suoi rapporti colla vita soc.*, 1890, p. 19-290.

2. Picard, *ib.*, p. 66. — Beseler, *Volksrecht u. Juristenrecht*, Lpz., 1843, p. 53 s ; Zitelmann, Gewohnheitsrecht u. Irrthum, *Archiv für civ. Praxis*, 1883, p. 323 ; Œrtmann, *Volksr. u. Gesetzr.*, 1898 ; Stier-Somlo, *Volksüberz. als Rechtsquelle* ou *Jhb. f. vergl. Rechtsw.*, 1899, I, p. 58 s.

blables, par la répétition ou l'imitation de jugements moraux? Est-ce une simple « collection » de volontés ou de croyances concourantes? On penche plutôt aujourd'hui à lui donner une existence distincte, par la raison que certains phénomènes s'expliquent difficilement par la somme des individualités. Quelques auteurs [1] renversent les termes du problème: les hommes se trompent en croyant tirer d'eux-mêmes leurs sentiments et contribuer à la constitution d'un sentiment commun; on aurait donc à se demander non pas comment les esprits peuvent communiquer, mais comment, une conscience collective préexistant, se sont formées les consciences individuelles par voie de différenciation. — Prétend-on qu'elle aurait été créée d'un seul coup, comme si notre société avait été l'objet d'une création spéciale et si, en remontant l'évolution humaine et animale, on n'aboutissait pas forcément à des âmes séparées? Chaque espèce aurait-elle possédé une âme, avant de se fragmenter en communautés particulières? N'est-ce pas là une conception ontologique, personnalisant une pure abstraction, puisque toutes les manifestations psychologiques se passent dans les intellects et les cerveaux humains? On est allé jusqu'à reprocher à l'école historique, qu'elle fondait un droit naturel aussi subjectif que celui de la conscience individuelle [2]. Sans prétendre solutionner ce problème délicat, mais non vital, de la sociologie contemporaine, il faut bien reconnaître pourtant la *nature particulière de certains instincts*, sinon de certaines idées (ce qui suffit à fonder la sociologie comme science spéciale), même si l'on maintient l'antériorité logique et chronologique des phénomènes psychiques non sociaux.

Que *la coutume* résulte d'un instinct unique ou d'instincts multiples, elle *n'a pas toujours eu un rôle uniforme*. Invoquer son influence sans distinction, c'est confondre des temps et des pays très différents. Chez les primitifs, qui, à l'intérieur de chaque groupe, présentent de grandes ressemblances, son importance se comprend aussi facilement que son origine: l'imitation, disait Bagehot, aboutit à la persécution des non conformistes; les états de conscience sembla-

---

1. Roberty, *Éthique.*.; Lévy-Bruhl, *Morale et sc. des mœurs*, p. 231.
2. Bergbohm. — Contra : Tanon, *Évol. du dr. et consc. soc.*, p. 68 : « ensemble de forces idéales, représentées dans les consciences individuelles en ce qu'elles ont de commun, » Ce n'est ni une pure abstraction, ni la manifestation d'un être social. Elle est observable. (Cp. Lévy-Bruhl, *Dév. de la consc. nat. en All.*) — Des contradictions intimes ne seraient pas une objection plus sérieuse, contre elle que contre le moi individuel, lequel n'est, au fond, que « l'enseigne et le drapeau dont s'empare l'instinct qui domine à un moment donné ».

bles, ajoute-t-on aujourd'hui, se renforcent et réagissent puissamment contre les dissidences. Le droit, à cette époque ou dans ces peuplades et jusqu'en des stades beaucoup plus avancés de civilisation, se ramène à la coutume, qui est une création spontanée du groupe, ou il en diffère seulement par sa promulgation formelle et son sanctionnement par une autorité spéciale. Peu à peu s'introduisent une division du travail (prédateur et producteur) et une différenciation correspondante, dont l'école historique n'a pas saisi la répercussion sur le mode de formation du droit. La loi se détache progressivement de la coutume; elle n'y puise plus directement la vie, comme l'embryon dans la substance maternelle; elle en reçoit seulement, avec des aliments, une éducation appropriée. Le peuple n'est plus une communauté de similaires; il se divise en castes, en classes, ou tout au moins par professions et par opinions. L'une dicte à l'autre ses volontés, ou bien le législateur — roi ou élus de la nation — tente un compromis. Qu'il puise des indications dans la masse, ou qu'elle les fournisse elle-même (initiative, referendum, démocratie directe...), c'est plutôt par ses aspirations, ses jugements, que par ses habitudes effectives.

Sous l'une ou l'autre forme, cette confiance accordée à la « voix du peuple » sacrifierait, si on l'admettait sans restrictions, le *rôle des élites* : aussi les « représentants » ont-ils, même à leur insu, une tendance à exprimer leur propre idéal sous le couvert des volontés populaires. Nier qu'ils réagissent contre l'esprit du commun et l'influencent à leur tour, semble étrange en un temps où, pour des raisons opposées, partisans et adversaires du mandat impératif s'accordent à se plaindre que les élus abusent de leur « omnipotence ». L'intervention de la délibération réfléchie du législateur est inévitable parce que l'objet des réglementations modernes est trop détaillé pour éveiller directement et puissamment le sentiment moral et trop complexe pour qu'on le livre à des esprits simples. Elle l'est aussi parce qu'elle est heureuse : l'intermédiaire peut atténuer ce qu'aurait de brutal la domination directe, impossible dans une grande nation, d'une majorité populaire. Enfin elle remplit une fonction à laquelle la coutume était peu appropriée : l'inorganique devient, par la loi, organique et *systématique*; tandis que l'usage, inconscient de son terme réel et de son but idéal, est impropre à les réaliser de parti pris et que son évolution retarde sur celle d'une société en rapide transformation, le législateur peut, par la prévision, en activer sinon en améliorer la marche. Si la législation suit parfois les mœurs, elle doit normalement les devancer. En tout cas, leur évolution pas-

sée ne préjuge pas de leur avenir ni de celui du droit, pour partie
indépendant, car elle suit une ligne, non pas donnée une fois pour
toutes par l'impulsion première, ni même uniforme, mais sans cesse
déviée par des influences incidentes : et, parmi ces facteurs, un des
plus importants consiste dans la considération systématique des desiderata généraux et particuliers du mieux-être, dont le législateur
trouve la formule dans ses conceptions philosophiques, dans les ouvrages scientifiques, dans la jurisprudence et dans des conventions
isolées, tandis que la coutume n'en tient compte qu'après coup.

Les événements seuls, il est vrai, n'oublient rien, puisqu'ils sont
produits par le jeu universel des choses et que le non perçu, le non
perceptible y entre comme un élément. Mais ils *ne se soucient pas
spécialement de nous*, de l'homme en général, de notre nation en
particulier ; or, sans que le monde gravite autour de nous, il est en
notre pouvoir, c'est un droit et même un devoir, de nous en occuper
en premier lieu, de nous donner la préférence à nous-mêmes, au
lieu de nous effacer sur le même plan que tout le reste : c'est la loi
de tout être. — La coutume, objecte-t-on encore, s'adapte locale-
ment. Mais lentement : son particularisme même est une preuve de
retard. La législation, dont la souplesse s'accommode d'ailleurs de
règlements et régimes locaux, d'options et de « marges » laissées aux
citoyens, tient compte de nous-mêmes et, en seconde ligne, d'autrui,
qu'il ne faut pas négliger ; et la coutume, précisément parce qu'elle
est conforme aux traditions historiques particulières, résiste aux influences qui introduisent ou maintiennent l'unité dans la diversité.
Elle veut rester « étrangère » au droit étranger.

Les études *ethnographiques*, lorsqu'elles ne sont pas unilatérales,
mettent au contraire en relief à la fois ce qui différencie et ce qui
rapproche les institutions des peuples, ce qui appartient à la race et
ce qui appartient à l'humanité. Malheureusement l'école qui porte
ce nom est encline à l'entendre un peu étroitement ; le titre même
de la précédente montrait qu'elle s'attachait uniquement aux circonstances « historiques », ici on donne une prépondérance parfois
exagérée au concept un peu vague de la *race* ; toutes deux sont trop
exclusives. Là on se ramasse sur soi, ici on éparpille les observations : dans les deux cas, on est impuissant à conclure [1]. Pourquoi

1. Analyse des monographies dans l'*Année sociologique*, depuis 1896. —
Les ouvrages généraux sont très insuffisants : Post, *Einl. in Naturw. des
Rechts*; *Ethn. Jurispr.*; *Urspr. des R.*; *Anfänge des Staats- u. Rechtslebens*;
Baust. f. allg. Rechtsw. auf vergl. ethn. Basis; *Grundlagen des R.* — Letour-
neau, *L'Évol. morale*; — *jurid.*; — *de l'esclavage*; — *de la famille*; — *de la
propriété*, etc.

ne pas reconnaître l'influence du milieu physique et social tout entier? L'école *génétique*, pour être en principe plus large [1], ne reste
pas moins trop étroite dès qu'elle entend non seulement se borner à
l'étude de la naissance et du développement effectifs du droit, mais
exclure toute recherche, même par observation, des conditions de
fait auxquelles les législateurs doivent donner satisfaction. A cet
évolutionnisme étroit qui projette en règles les tendances constatées
dans le passé et le présent, à toute cette sociologie descriptive qui
rapproche l'idéal de la réalité au point de n'admettre plus comme
guide que cette dernière, nous nous plairons à opposer la doctrine
positive, mais non réaliste, de *Justice* de Spencer.

Avec ce dernier, ils ont pourtant en commun un *avantage*, un service à leur actif, dont, il est vrai, les rationalistes leur ont fait un
grief : c'est d'avoir affirmé qu'il n'existe *pas de bien absolu*, et qu'il
est absurde et inefficace de construire des idéaux entièrement *a priori*.
Ces idées n'étaient pas exprimées par eux pour la première fois,
mais ils leur ont donné une valeur désormais incontestable. « En soi,
disait déjà Timon, il n'y a aucune chose qui soit bonne ou mauvaise,
mais l'homme la pense telle ou telle. » Le « droit naturel » est peut-
être un beau rêve, mais ce n'est qu'un rêve : tout droit est un produit
de l'évolution. La méthode rationnelle doit être abandonnée. Aucun
principe théorique, si large et si compréhensif qu'il soit, ne rend
compte de l'élaboration du droit ; c'est un produit de la vie individuelle et sociale dans l'évolution universelle, le fruit d'une expérience
plus ou moins consciente de l'adaptation au milieu.

L'éthique ne peut que gagner à s'appuyer sur les lois constatées,
à assurer la continuité des lentes transformations de la société, à
harmoniser chaque groupe particulier avec l'ensemble. C'est là le
gain commun des écoles positives. Mais cette réaction contre un idéalisme outrancier présente l'*inconvénient* de son avantage. Au lieu de
réaliser le rationnel, doit-on se borner à *rationaliser le fait*? Ce
serait aboutir à un résultat analogue à celui de l'apologie de la force.
Si aucun « principe » ne fournit une explication adéquate à la multiplicité des faits, aucun « fait » purement objectif ne justifie de la
présence en nous de l'idéal au nom duquel nous jugeons précisément
ce fait. Le passé ne contient pas l'objet du futur, ni le réel celui de
l'idéal. Se borner à la tradition et à la législation comparée est bien
proche de la routine et de l'empirisme. L'exposé de la genèse du
droit positif ne vaudra jamais comme source du droit non encore en

---

1. Fragapane, *Orig. del diritto*, 1896... Infra : Genèse.

vigueur. Il n'en indique même pas approximativement le contenu. Les hommes sans doute ont de tout temps puisé dans le legs de leurs ancêtres la base de leurs conceptions éthiques, mais ils l'ont cherchée aussi et trouvée dans l'aspiration vers quelque chose de nouveau, de non encore existant. Loin de les blâmer, il convient d'imiter leur exemple. Ne nous faut-il pas pour juger le réel, même et surtout relativement à nous, un critérium qui ne soit pas précisément le réel, alors même qu'il en serait tiré ? Les positivistes invoquent l'observation : mais n'est-ce pas une constatation universelle, aussi bien qu'un postulat rationnel, qu'on exige d'une loi de la nature ou de la société plus que l'existence pour lui accorder légitimité et considération ? Il n'est donc pas plus possible de ramener directement le droit à de simples constatations d'expérience, que de le subordonner à quelque création transcendante de l'esprit.

« Les meilleures lois positives, objecte-t-on, sont celles qui enregistrent les *usages* » (Duguit, p. 557). Est-il besoin de citer des exemples de ce que de telles lois sont souvent violées à bref délai par l'usage lui-même (dont l'immutabilité n'est pas complète) non moins que celles qui devancent ou stimulent sa marche ? Là il ne peut guère que s'éloigner de la loi, ici, attiré par elle, s'en rapprocher. Cristalliser les habitudes sociales en textes immuables, n'est-ce pas s'acharner en un traditionalisme plus grand que celui de la tradition elle-même ? Ce n'est ni un fait ni un idéal, surtout dans une civilisation élevée et dans une société en perpétuel mouvement. Dès que la loi n'avance plus, elle retarde : on s'en plaint aujourd'hui. Que l'on accorde ou non une valeur au progrès, le législateur n'en doit pas moins favoriser plutôt que contre-carrer la marche. Il est peut-être bon de le rappeler à la modestie, mais le moyen de faciliter sa tâche et d'en améliorer les résultats ne consiste pas à le transformer en un agent de rédaction. Le temps n'est plus sans doute aux prophètes et aux grands réformateurs, mais si les mœurs influent sur le droit, les lois n'en ont pas moins à réagir sur les mœurs, à les perfectionner.

La réalité, dit-on, dément constamment les conceptions dites rationnelles : nous ne vivons ni dans la République de Platon ni dans l'Utopie de Thomas Morus. Est-ce à dire que des idéaux moins aprioriques n'aient exercé aucune *influence* ? — Leur réalisation se heurte à des obstacles ! Mais l'évolution naturelle résulte aussi du triomphe sur des obstacles rencontrés. D'ailleurs ils éviteront l'échec en se rapprochant des faits, en ménageant les transitions.

Les écoles historique et ethnographique invoquent la réalité ob-

jective et pourtant elles n'échappent pas au *subjectif* : seulement
elles s'informent de celui *d'autrui*. Mais autrui, quel guide trouvera-
t-il en nous? Et qu'adviendrait-il si chacun, au lieu de regarder en
soi, regardait au dehors? Le guide ne viendrait-il pas à manquer, si
le renoncement à l'appréciation personnelle se généralisait? Ces théories prétendent se détacher de la volonté et de la conscience et, par
un côté, elles y cherchent leur appui : or, ou bien elles leur accordent une valeur, et elles sortent du domaine des constatations, — ou
bien elles les envisagent comme de simples faits, et elles se réduisent
à la genèse du droit positif, non astreignante dans la détermination
des modes de poursuite de l'idéal. Il y a contradiction à reconnaître
à ces mêmes facultés une portée de la part de la collectivité et non
en soi-même; et si, envisagées chez un individu, elles ne valent rien,
que vaudra leur total? Est-il admissible d'observer l'idée de droit
comme un fait, de rechercher les causes par lesquelles les hommes
pensent telle ou telle chose juste ou injuste, sans tirer, de ces causes,
des raisons pour l'avenir et, de cette connaissance, des préceptes
normatifs? L'examen des circonstances réelles de l'évolution juridique ne doit-il pas se doubler de celui de ses conditions idéales? Etu-
dier les phénomènes moraux et juridiques comme données objectives,
rien n'est plus légitime, mais ne peut-on intervenir sur ces données?
C'est ce que conteste la récente « science des mœurs », puisqu'elle
ne laisse, à côté des tendances de l'éthique positive, aucune place à
l'éthique rationnelle.

Selon l'école historique, il n'y a pas d'autre législation que la positive et tout droit non en vigueur ne peut se tirer que de l'évolution
du droit passé. La nouvelle théorie semble de même admettre que la
morale d'un pays, d'un temps, consiste en ce qui est conforme à leurs
mœurs, et, ajoutant l'idée d'évolution, offrir comme idéal ce vers
quoi tendent les mœurs. (Pourquoi chaque individu ne se contente-
rait-il pas aussi de sa moralité actuelle ou future?)

L'idée d'étudier les phénomènes sociaux au même titre que les
phénomènes physiques [1] n'est pas aussi neuve que le prétendent les
inventeurs de la *science des mœurs*. Ce qui est propre à celle-ci, c'est
l'esprit exclusif qui la pousse à interdire de les envisager sous un autre aspect. Les explications mêmes qui sont données du *caractère
tardif* de cette découverte (Lévy-Bruhl, p. 10) manifestent les *raisons*
profondes qu'on avait *de penser différemment* et montrent que l'heure

1. Lévy-Bruhl, *La morale et la science des mœurs*, p. 1, 23 s.

n'est pas venue, si elle vient jamais, où la morale sera inutile : le caractère absolu et sacré du devoir, l'apparente « immédiatité » des commandements de la conscience, tout ce qui empêchait de considérer ces derniers au point de vue objectif était facteur de leur autorité et garantie de leur obéissance. La proposition de solutions en vue de tous les cas, y compris ceux qui n'avaient pas été l'objet d'études scientifiques, prouve bien que la nécessité d'agir exige qu'on tranche les problèmes pratiques avant d'avoir eu le temps de spéculer au sujet de la conduite et qu'on bâtisse des systèmes de préceptes avant l'achèvement des morales théoriques et a fortiori de la science des mœurs. Même avant l'adoption de règles empiriques, un besoin impérieux avait fait naître des instincts moraux, — sans lesquels, d'ailleurs, la science des mœurs eût à peu près manqué d'objet. Si nous distinguons facilement de la pratique la théorie quand l'objet intéresse presque exclusivement l'esprit (mathématique ou physique pures) et moins bien lorsque cet objet (par ex. la conduite) concerne les sentiments et les passions, n'est-ce pas parce qu'il nous affecte en outre d'une autre manière, qui peut être matière à études spéciales ? C'est précisément parce qu'il nous touche de plus près et influe sur nous et parce qu'il est à notre portée de le modifier, que ces sentiments et passions sont nés en nous et que la sélection les y a conservés. Si nous apportons en naissant une tendance à apprécier, qui se porte surtout sur les actes humains, c'est qu'elle est indispensable à notre vie.

La science, sans doute, qu'elle soit née ou non de l'art correspondant, donne des résultats d'autant plus exacts que leur recherche est plus *dégagée de la préoccupation du but* à atteindre et de la préconception du moyen. Mais il ne faut pas négliger que la science, si elle doit l'oublier au cours de son élaboration, n'a pourtant qu'un seul but, à savoir l'*utilité*. A l'heure actuelle, où la connaissance comme l'esprit n'est qu'un moyen au service de la vie pratique, les recherches les plus désintéressées en apparence (cosmologiques, archéologiques...) n'ont de valeur que si leurs données sont susceptibles d'être « utilisées » tôt ou tard. Si un ordre d'études ne présentait pas ce caractère, nous devrions l'abandonner et il en serait de même si, pratiqué hors de toute téléologie, il devait nous conduire à des conséquences contraires à nos conditions d'existence. La science se subordonne à la vie, sinon dans ses investigations, du moins dans la propagation de ses conclusions. Cette nécessité vitale ne comporte pas d'exception en faveur de la science des mœurs. Or celle-ci n'échappe pas à tout reproche d'affaiblir le sentiment moral (infra :

Critiques) : aussi se tient-elle sur une stricte défensive à ce point de vue. Outre la pureté de ses intentions, elle invoque qu'elle espère n'avoir aucun effet ! « La connaissance de la théorie des sons, dit M. Lévy-Bruhl (p. 24), n'enlève rien à la finesse de l'ouïe » : mais l'acoustique ne prétend pas supplanter l'harmonie, comme la science des mœurs le fait à l'égard de la morale.

L'objet d'une science peut être objet d'un *art* correspondant. Mais l'art est-il nécessairement *tiré de la science qui étudie la pratique antérieure?* La technique industrielle résulte-t-elle de la connaissance des procédés anciens? L'électricité et ses applications ont-elles été, pouvaient-elles être trouvées par l'évolution de la physique? La théorie de MM. Durkheim et Lévy-Bruhl ne tendrait à rien moins qu'à proclamer qu'on a eu tort de tirer jusqu'ici la morale, comme l'art mécanique, de *l'étude directe des conditions à remplir* et que la règle de conduite doit être dégagée de la conduite passée. Le principe de découverte serait singulier ! Et pourtant l'invention, l'adaptation, ne sont pas moins indispensables en matière sociale qu'ailleurs. Qu'une science, difficile et encore imparfaite, envisage le subjectif au point de vue objectif, qu'elle étudie la conception de l'idéal comme une réalité, soumise à la loi de causalité, rien n'est plus souhaitable ; mais c'est par un zèle inutile et en vue d'une justification superflue ou dans un esprit par trop exclusif, que ses partisans en concluent que, en l'absence de finalité réelle et idéale, elle seule peut fournir les bases d'une morale appliquée rationnelle. Sous une apparence scientifique, ce système, — qui reproche aux vieilles morales, impuissantes à proposer une pratique rationnelle, d'avoir rationalisé la pratique, — se rapproche de l'empirisme. Cette pratique, dépourvue de valeur, il l'offre, après un détour, comme règle, il la systématise : lui aussi systématise le fait. Du moins il se garde de dire comment on en sortirait. Se contentera-t-on d'harmoniser les diverses parties de chaque système de mœurs? Sera-ce le normal qui prévaudra? Et si l'on bannit l'exceptionnel, que devient l'évolution? La conduite de la masse ne fournit aucun principe d'innovation, de progrès moral, et, comme ce progrès est indispensable, on devient intolérable quand on lui interdit de se produire par d'autres voies. La connaissance de la manière d'être et des causes des mœurs ou des morales, à supposer qu'elle indique une évolution, ne la transformerait pas en marche à suivre, elle n'imposerait aucun devoir de s'y conformer : autant dire qu'elle resterait platonique. Que sont d'ailleurs les règles de conduite de chacun, sinon un mélange des instincts, de l'éducation et des inventions réalisées au contact des

événements? Si chacun devait se référer aux inventions des autres,
lesquels devraient l'imiter, ce serait la suppression, non seulement
du progrès moral, mais de toute appréciation.

I. — Les partisans exclusifs de la science des mœurs acceptent
explicitement cette conclusion. Leur discipline ne fournit aucune
base d'évaluation : ils prétendent en outre qu'elle interdit tout jugement de valeur et par là rend toute *morale impossible et illégitime*.
« Les aspirations, dit M. Lapie, sont données dans l'observation
sociologique. Le sociologue n'a pas à s'interroger sur leur valeur
morale : il n'a qu'à *constater* les courants d'opinion [1]. » Cela, c'est
l'équivalent de l'objet des sciences physiques. Qu'on le traite séparément, abstraction faite de nos propres « tendances », cette méthode
sera propice à la clarté et défavorable aux confusions, mais n'y
a-t-il pas *autre chose* à faire? On se plaint — et le mal est réel, quoique bénin — du mélange des deux ordres de jugements : constatation et appréciation; n'y a-t-il pas d'autre remède que de supprimer
l'un? Les désirs, les goûts, les préjugés et le parti pris, tout le subjectif dénature ou omet la constatation de l'objectif, c'est regrettable; est-ce une raison pour que l'instinct de connaissance entende à
son tour empiéter sur les instincts de la vie pratique? Car, lorsqu'on
intime à la nôtre de rentrer en elle-même, l'exposé de la façon d'apprécier d'autrui ne tend-elle pas à influer sur nos dispositions, à pré-
dominer en nous, jusqu'à diminuer ou effacer notre pouvoir propre
et notre liberté de jugement et d'action? Cette constatation se double d'un reproche téléologique, fondé sur le rôle, l'importance res-
pective et l'équilibre de nos facultés, que méconnaît la défense, à
nous adressée, de juger personnellement. Ce reproche vaut, que l'influence subie soit morale ou non : il s'accentue seulement par cette
raison que ce qu'on étudie, en conformité avec ce programme, ce
sont surtout des mœurs rudimentaires, sinon des « turpitudes ». La
séparation des exposés ne saurait même être absolue : n'est-il pas,
en effet, naturel que notre instinct proteste en présence de certaines
constatations? Pas plus qu'au labeur de la pensée spéculative, nous
ne devons renoncer aux facultés d'appréciation indispensables à la
moralité ni les exclure du positif, dont on se flatte d'étendre le domaine.

En bonne logique, les jugements d'appréciation ne sont-ils pas

---

1. *Année sociol.*, 1896, p. 285 : les tendances sont, comme les états, des
objets d'étude, plus difficiles à saisir, mais aussi exclusifs de toute appréciation. — Lévy-Bruhl, p. 10.

aussi jugements de *constatation* — *de mon appréciation*, qui n'est
pas d'essence différente de celles d'autrui et n'a point, pour moi,
moins de valeur ? Au point de vue réaliste, pourrait-il être question
de supprimer mon aptitude à sentir et à exprimer ce que je sens ?
Un acte me choque : n'est-ce pas aussi inévitable et légitime que de
trouver désagréables une odeur ou une vision ? Les douleurs et plaisirs moraux ont une origine analogue à celle des sensations et ont été
l'objet des mêmes épreuves de la sélection. Enfin, au point de vue
utilitaire, nous ne saurions, sans abdiquer notre moi, nous abstenir
de distinguer entre ce qui nous est favorable et ce qui nous est nuisible et, d'étendre par sympathie les mêmes jugements à l'intérêt
d'autrui.

Les arguments dont s'étaie la thèse adverse sont purement nomi-
naux, en tout cas peu probants. « Apprécier les aspirations comme
des fins et non comme des faits, c'est, poursuit M. Lapie, renoncer
à la méthode *scientifique* et à la vérité. » En tant que sociographe
sans doute ! Mais en tant que sociologue ? Le même jeu de mots sur :
science se trouve chez M. Lévy-Bruhl (p. 10, 15) : la science a pour
objet de connaître ce qui est, de rechercher les lois de causalité et
non de déterminer des fins, de fixer des principes directeurs, c'est-
à-dire d'obtenir des jugements de valeur : or la morale est par essence
législatrice, normative. — Quelle conclusion ressortirait tout au plus
de là ? Que la morale n'est pas une science, mais non pas qu'elle est
illégitime et ne doit pas exister. Au nom d'une définition, M. Lévy-
Bruhl vient à contester une classification des disciplines. La science
est bien telle qu'il la décrit, mais elle n'existe pas seule ! Il y a d'autres disciplines [1]. Tout moi, individuel ou collectif, ne peut-il être
son centre, sa base d'appréciation, son créateur de valeur ? La relativité, qui rend admissible la science, devrait-elle contribuer au rejet
des évaluations, notamment morales ?

---

1. Roguin, *La règle de droit*, p. 5-26 : 1º fonction créatrice, de l'imagination déréglée ; 2º — historique, constatation et prévision ; 3º — théoréma-
tique, de la science pure, qui consiste à raisonner sur certaines données
imaginées ou constatées ; 4º — de l'art, ou recherche des moyens conduisant nécessairement à des buts imaginés ou donnés, de toutes sortes,
quelle que soit leur valeur et, théoriquement, même si leur réalisation ne
dépend pas de l'homme ; 5º — critique, c'est-à-dire jugement, appréciation
d'êtres, de faits et de buts quelconques, à la lumière d'un principe tel que
celui du vrai, de l'utile, du bien, etc. : c'est l'énoncé non d'un fait mais
d'une opinion ; elle ne décrit aucune réalité objective, mais elle peut
prendre pour base soi-même, une autre personne ou un groupe quelconque. Chacune de ces disciplines n'est nullement subordonnée à la disparition des autres : au contraire, elles se complètent.

M. Wundt, continue M. Lévy-Bruhl, a proposé de ranger la morale parmi les *sciences normatives :* or la question est de savoir si ces
deux termes sont compatibles [1]... — Non, la question n'est pas de
mots, mais de savoir s'il n'existe pas des élaborations normatives
qui, sous un nom quelconque, soient possibles, légitimes (rationnelles, logiques, positives mêmes) et efficaces : peu importe qu'elles
soient dénommées scientifiques. On s'attachait à ce mot parce qu'il
éveillait l'idée d'une activité intellectuelle légitime. Si l'on *convient*
de le restreindre à ce qui n'est pas régulatif, il est bien évident que
la morale n'est point telle. Mais est-il besoin de tant d'ahan pour
parvenir à ce résultat de piètre importance? Qu'importe l'étiquette?
Nous la sacrifions bien volontiers.

D'une part, de ce que la morale n'est pas la science des mœurs,
ni une science théorique, ayant pour objet de connaître, mais un
art, qui a comme but de fournir des préceptes, il ne s'ensuit pas
qu'elle doive disparaître, car le scientifique, au sens strict, n'a pas
seul droit à l'existence. D'autre part, si on entend seulement prouver, — ce que nul ne conteste, — le droit de la science des mœurs à
la vie, a-t-elle besoin de détruire la morale pour s'établir sur ses ruines ? Constatez en paix « ce qui est », nous en serons fort aises; mais
laissez-nous chercher « ce qui doit être », dût-il se tirer de ce qui est.

— Nous parvenons ainsi à une argumentation un peu moins ver-
bale. Plus on ignore le réel, plus on se plaît, dit-on, à imaginer
d'autres mondes et plus on les croit préférables à celui-ci. A mesure
que la réalité sociale, les lois des phénomènes, sont mieux connus,
« il devient impossible de se représenter comme souhaitable ou comme
obligatoire ce qu'on sait être impraticable. *L'idée de ce qui doit être
est ainsi conditionnée et comme resserrée de plus en plus étroitement
par la connaissance de ce qui est* [devient]. A la limite, la science de
ce qui doit être aurait fait place à des applications raisonnables de
la science de ce qui est, pour le grand bien de tous. »

Constatons d'abord que les conceptions idéales sont précisément
des réalités, des facteurs de ce qui devient, et qu'on doit en tenir
compte comme d'une force naturelle.

L'extension des connaissances positives supprime-t-elle la faculté

---

1. Fouillée, *El. soc. de la mor.,* p. 237 s : Pour qu'une science soit à la
fois théorique et normative, il faut et il suffit « que la théorie ait précisément pour objet les fins et les règles de la pratique, c'est-à-dire de la
volonté ». Cette condition est réalisable : elle suppose seulement l'existence de fins, la possibilité de leur classification et de la détermination
d'une fin idéale.

d'*imagination?* Il ne le semble pas ; elle paraît plutôt l'accroître. Aboutit-elle à l'*optimisme* absolu ? Rien n'est moins prouvé. Cette conception théologique et presque mystérieuse est singulièrement déplacée en des esprits aussi forts : « Ne dérange pas l'ordre de la nature, dit un littérateur ; elle travailla pour toi depuis des siècles. Quand toi tu combines selon un dessein borné les aspects de ta vie, elle accorde au sens de l'univers les mouvements de la terre et des eaux. Où il y a un ravin, il ne faut pas se demander si une montagne n'y serait pas plus belle. Les hommes ne touchent à la nature que pour en rompre l'équilibre. » Sans doute ce qu'ils y ajoutent, ce qu'ils y modifient, n'ajoute pas à sa beauté ou à sa grandeur en elle-même ; mais ne peut-il, bien combiné, accroître sa commodité pour eux, le bien-être qu'ils en tirent ? Affirmer le contraire équivaudrait presque à voir en nous le but de l'univers, but consciemment réalisé par une Providence. Ou sinon, si elle ne s'est pas occupée spéciale-ment de nous, si elle nous a mis *au même rang que le reste,* mais, comme tous les autres êtres, *avec la faculté de réagir,* ne nous est-il pas loisible de nous prendre pour centre d'appréciation et d'action ? Si tout, dans la nature, n'est pas pour notre mieux, ne pouvons-nous, sans bouleverser ses arrangements, les détourner à notre profit et, obéissant aux lois naturelles pour mieux les dompter, écarter leurs inconvénients ? Puisque notre pouvoir de réaction fait partie de cet ordre, l'exercer dérangerait-il l'agencement de l'univers ? La nature, par hypothèse, ne nous a pas interdit toute activité, toute modifica-tion du non-moi : pourquoi aurait-elle exclu ceux de nos actes qui sont guidés par l'idéal, plus que tels autres actes impulsifs ou réflé-chis ? S'ils étaient mauvais, défectueux par essence, ne devrait-on pas négliger et même chercher à effacer rétroactivement ces « mœurs » qu'on prend pour base, et même notre civilisation, puis-qu'ils proviennent en partie de conceptions téléologiques et idéales ? Non ! au lieu de détruire l'œuvre déjà accomplie en ce sens par nos ancêtres humains et non humains, notre intérêt est d'adapter le monde à nous, en même temps que nous nous adaptons à lui. Artifi-ciels en ce qu'ils dérivent de l'homme, mais naturels en ce que l'homme lui-même est un produit conforme à la nature, les idées et sentiments agiront dans le futur comme ils ont agi dans le passé. Toujours il subsistera des appréciations, des différences de jugement entre ce qui nous convient et ce qui ne nous convient pas, entre ce qui est et ce qui, n'étant pas, serait meilleur que ce qui est. Aussi relative qu'on voudra, il ne saurait être interdit de conserver l'idée de valeur, et, comme conséquence logique, de déterminer le meilleur et le pire, pour poursuivre l'un et écarter l'autre, c'est-à-dire de proposer un « bien » (relatif à un sujet individuel ou collectif) comme fin de l'activité.

Enfin, à mesure que nous nous pénétrons de la réalité en devenir, en résulte-t-il en nous, comme on le prétend, un *fatalisme* absolu ou seulement la notion d'une fatalité extérieure? Il ne le semble pas davantage. « Il devient impossible, dit-on, de vouloir ce qu'on sait être impraticable. » Reste à préciser *ce qui est impraticable.* Les adversaires de la morale paraissent oublier que ce qui est contraire à la réalité actuelle et aux possibilités, c'est d'empêcher nos idées d'avoir des objets non réels et de pousser à la réalisation de cet objet, — ce qui le rend possible quand il n'exige pas d'autre condition que l'existence de cette idée-force. Ce qui est impossible, c'est d'éviter la réaction de l'être contre son milieu; c'est de supprimer la préconception de l'acte, la notion du résultat à atteindre, lesquelles agissent réellement. Ce qui est inconcevable, c'est de détruire dans l'homme ce qui le distingue de l'être inconscient ou irréfléchi, c'est de tuer l'homme, l'idée, l'idéal.

Que ces idéaux aient été d'abord fantaisistes, c'était inévitable; que se rétrécisse le domaine de ce qu'on considère comme désirable, par opposition au réel, cela ne peut que nous encourager à discipliner nos imaginations, à être *prudents* dans la détermination des fins et modérés dans leur poursuite, à examiner, dans le domaine social, politique et juridique, les conséquences lointaines et hypothétiques d'une première intervention dans l'ordonnance naturelle des phénomènes (comme on commence à le faire dans le domaine biologique et médical). Sans doute, pour qu'aucun inconvénient n'en résulte, l'homme aurait besoin d'être omniscient. Il ne peut que s'en rapprocher : d'où l'utilité de la science, de l'étude des faits. Ces recherches sont et demeureront incomplètes ; comme l'histoire et l'ethnographie, la science des mœurs pourra contribuer à diminuer la part de l'inconnu et du hasardeux dans l'intervention, mais qu'elle n'ait pas la prétention de suppléer à ce dont elle est seulement le correctif. Il n'y a pas lieu d'attendre l'achèvement de la science ou un « certain degré » de perfectionnement pour bâtir des idéaux et intervenir, ne fusse que selon des règles provisoires. Sinon, il faudrait instaurer un laisser-passer absolu. Si nous nous trompons, c'est que nous avons omis des facteurs ; il n'y a qu'à corriger et, comme les inconvénients nous frappent les premiers, nous n'y manquerons pas : l'expérience nous viendra de tous ces « malheurs », qui ont au moins ce bon côté.

Prétendra-t-on que, si nous tenons compte de *tous les facteurs,* nous aboutirons à vouloir l'état actuel, tendant vers le futur ? Dût-on se borner à prendre « ce qui sera » comme fin, ce serait encore un but, un idéal, surajoutant une influence concordante, comme lorsque l'effet devint préconçu et que la finalité se superposa à la causalité. Mais « l'état actuel », c'est la réalité évoluant et où l'idéal a eu et conserve une part. Parmi ses éléments, l'homme peut se tenir à ceux qui lui sont favorables, ceux qui satisfont aux conditions de son mieux-être, recherchées directement mais non a priori. On a beau réintroduire un à un dans l'idéal les facteurs du réel, il reste toujours une différence entre un milieu qui est étranger à toute préoccupation spéciale et où tout sujet est le « premier venu » et les aspirations de ce dernier, où il tient forcément une place prépondérante.

Puisque nous pouvons concevoir des états autres que les actuels, les apprécier comme préférables pour nous, la morale *recherche* donc légitimement ce qui doit être. — Si l'on objecte que la science ne constate point de *fins* dans la nature, nous répondrons qu'il y existe des termes, des résultats vers quoi tendent des ensembles de causes, et que, chez les êtres vivants et conscients, ces fins sont préconçues, évaluées, poursuivies ou écartées. Il n'est en rien contraire à un positivisme non obtus de constater un but, une tendance, une aspiration, de les poser comme fins et d'indiquer les moyens, les conditions de leur réalisation. Qu'on ait eu tort de prendre, comme base, des notions métaphysiques, des hypothèses aprioriques ou très différentes de la réalité (libre arbitre, etc...) ou enfin de prétendus axiomes dont on déduisait mathématiquement des préceptes, nous sommes d'autant moins disposé à le contester que nous le répéterons nous-même (infra). Mais ces critiques n'excluent pas tout idéal, ainsi que nous nous efforcerons de l'établir ensuite (infra : Rétablissement de l'idéal). Les fins ultimes constatées échappent à la critique : elles s'imposent, et nous proposons seulement d'en faire des buts conscients. C'est le désir de ces buts finaux, l'impulsion qui nous y pousse, qui donnent leur valeur à eux-mêmes et aux moyens adaptés à leur poursuite. Valeur toute relative, sans doute, mais d'autant plus appréciable et appréciée qu'elle existe par rapport au sujet, — homme, société ou humanité.

« L'*anthropocentrisme* moral, objecte-t-on, est la dernière forme de l'anthropocentrisme physique et mental. » — Il s'agit, non pas de soutenir, en contradiction avec toute science positive, que l'homme occupe le centre du monde, mais qu'il se prenne pour appréciateur : loin que ce soit là une conception finaliste du monde, c'est parce que personne ne l'a assigné comme but à la création qu'il doit s'y prendre lui-même et qu'il a besoin de se donner à lui-même comme objet de ses efforts. Si l'on supprime cette relativité de sa conduite, n'est-ce pas vouloir « décentrer » le cercle? Le sujet ne peut impersonnaliser ses principes d'action, à moins qu'un autre sujet ne se substitue à lui : tout être agit et réagit pour soi, par soi.

Autre chose est, à l'analyse théorique, chercher le bien et autre chose le prescrire; mais si l'on prohibe sa recherche, a fortiori interdit-on de le *prescrire* obligatoirement ou persuasivement. Sous sa forme « ostracique », la science des mœurs n'y manque pas. (Pourquoi ne nie-t-on pas aussi les nécessités économiques et logiques ou ne se contente-t-on pas de rechercher ce que font ou pensent les Hottentots à ce sujet?) Mais, à l'inverse, si l'on admet que la morale détermine une fin idéale, il est naturel qu'elle pousse à l'atteindre : le jugement ne saurait rester platonique. Alors même qu'elle ne demanderait pas de réaliser cette fin, on aurait une tendance à s'y conformer et on s'y conformerait effectivement (du moins si des mobiles contraires ne l'emportaient sur la conviction), car l'idée est l'action commençante, elle se change en action, elle est action (Fouillée) : de l'appréciation, nous passons à l'acte conforme à notre bien. Mais rien ne s'oppose, à nos yeux, à ce que la morale transforme ses prédictions en prescriptions. « La science positive des mœurs établit, en effet, des lois proprement pratiques, qui sont, non des tables de la loi ni des impératifs catégoriques, mais des préceptes, comme ceux de l'hygiène. Il suffit de poser comme désirable ou désiré en fait tel ou tel but pour que les conditions qui en amènent la réalisation deviennent des moyens, susceptibles de prescription. Si, par exemple, la vie est un objet de désir pour les hommes, tout ce qui tendra à la conserver et à la promouvoir deviendra objet d'impératif hypothétique. Si, parmi les choses futures, il y en a auxquelles nous ne soyons pas indifférents, tout ce que la science nous apprendra sur ces choses et sur leurs conditions, deviendra pour nous mobile d'action, raison de choix, idée-force. En disant : l'alcool nuit, la science sous-entend : n'en buvez pas. La théorie est pratique par elle-même. D'hypothétique l'impératif devient assertorique dès que le but est effectivement désiré [1]. »

II. — A quoi servirait-il de déterminer des fins et de proposer des moyens, si cette œuvre devait rester *inefficace*? Ce n'est heureusement pas le cas (infra : Efficacité de l'idéal). Selon M. Lévy-

---

1. Fouillée, *Eléments sociol. de la morale*, p. 13, 20.

Bruhl (p. 262), les moralistes, comme les sorciers et les alchimistes, ne connaissent pas de limite entre *le possible et l'impossible* : tout reviendrait, d'après eux, à *convertir* les âmes. Si elles étaient attachées à leurs devoirs, la société serait ordonnée, — du moins ils le croient. Aussi présentent-ils la question sociale comme une question morale. — Ces hypothèses et souhaits sont-ils si ridicules qu'il faille assimiler leurs formulateurs aux naïfs sauvages qui ne trouvent pas plus malaisé de faire tomber la pluie que de fondre du minerai ? Le propagandiste qui échoue et s'en prend à ce que ses recrues n'ont pas pu ou su se réformer est-il comparable au conjureur de sorts ? De telles affirmations étonnent de la part de déterministes [1]. Leur ironie revient à cette proposition : « Supposons tout différents de ce qu'ils sont les mobiles dont dépendent nos actes, la conduite resterait cependant la même. Nous exécutons une action uniquement parce qu'elle nous paraît bonne, nous l'accomplirions quand même nous cesserions d'en avoir cette *idée*. » Combien plus exact que ce prétendu positivisme était celui de Comte, dès sa première expression, au début du *Cours de philosophie positive* : « Science, d'où prévoyance ; prévoyance, d'où action » ! Même dans le domaine social, l'histoire du passé peut aboutir à la prévision approximative de l'avenir : par exemple, les transformations observées parmi les luttes humaines, nous permettent d'apercevoir dans le lointain la disparition des guerres. « Ainsi que, parfois, les prophètes ont amené la réalisation de leurs prophéties par cela même qu'ils les avaient émises, et grâce à l'influence des idées sur les événements, ainsi la science en annonçant l'avenir travaille à le réaliser. Les prédictions sont des suggestions » (Fouillée, p. 18). La vision anticipée du terme d'une évolution attire l'homme, elle agit comme si elle possédait une force attractive.

L'idéal reproduit plus ou moins exactement le futur tel qu'il résulte des données présentes, et même il peut s'en écarter systématiquement en l'imaginant plus conforme à nos aspirations et à nos besoins véritables : son efficacité n'est pas, par cette raison, diminuée. A côté des rapports réels du passé, nous en imaginons de *futurs*, de *possibles*, qui, par l'idée que nous en avons, travaillent à se réaliser, suivant le processus si souvent et si bien décrit par M. Fouillée.

---

1. D'autant plus que l'auteur (p. 225, 234 s, 248 s, 141, 145) reconnaît la force des sentiments moraux : « L'autorité d'une règle morale est toujours assurée tant qu'elle est réelle... » — P. 150 : Aucune attitude ne convient moins (que se résigner à suivre la coutume) à des hommes convaincus que « le progrès social est possible et dépend de la science ».

L'idée-force de perfection et de bonheur humains, de vie plus large
et plus intense, agit ainsi pour faire passer progressivement son objet
dans la réalité, par cela même qu'elle est conçue et aimée. Il n'y a pas
lieu de comparer à l'ordre physique, qui existe sans notre intervention, l'ordre social, qui ne peut se passer de nos volontés, si influencées qu'elles soient. Il ne faut pas assimiler ce dont l'homme n'est pas
condition à *ce qu'il conditionne* par ses pensées et sentiments, à ce qui
est subordonné à l'idée qu'il a de son excellence ou de sa nécessité,
en un mot à ce qui, en ce sens, « dépend de nous ». Si « le physi-
cien ne recherche pas ce qui doit être » (sans d'ailleurs interdire à
d'autres d'y procéder), le sociologue n'est pas tenu à la même réserve. Là les phénomènes ne sont pas modifiés par la simple notion
qu'ils sont mauvais ; ici le jugement amène un changement. Quelqu'informé qu'on soit de la marche du devenir, de son déterminisme
universel, cela n'empêche pas de déplorer le terme qu'il aurait en
l'absence d'intervention, d'opposer le désirable au futur : et cette
conception seule, devenant un facteur du devenir, modifie l'avenir.

— En essayant d'établir un idéal (infra), nous reprendrons cette
réfutation provisoire des critiques qu'on lui adresse. Nous avons, à
notre tour, à en formuler quelques-unes à l'égard de la science des
mœurs. « Il n'y a *pas*, disent ses partisans, *de problème moral.* » —
« Il en existe, au contraire, répondrons-nous avec M. Fouillée, un
grand nombre. Quand nous sommes malades, un problème physiologique spécial se pose à nous ; de même, en mille circonstances, nous
avons à exercer un choix entre différents buts, tels la sentinelle pla-
cée dans l'alternative d'annoncer l'ennemi ou de perdre la vie. » Personne, en fait, législateur ou particulier, n'agit sans se demander
fréquemment ce qu'il y a de meilleur à faire.

On est bien forcé de convenir que nous concevons des images contraires à la réalité. Ou plutôt, dans la réalité, il se trouve des idées
contraires à cette réalité, de sorte que l'idéal est à la fois naturel et
anti-naturel. Mais la science des mœurs, habile à se retourner, *refuse*
néanmoins *de poser des fins idéales*, des règles morales, précisément
parce que celles-ci sont des réalités qu'elle étudie comme telles. Or
elles ont une nature spéciale, sans analogue dans la chimie ou la
physique : les aspirations, les « doit-être », les commandements,
correspondent à « ce qui n'est pas », à des faits non donnés [1].

1. « La morale est donnée ? — Elle ne l'est précisément que parce que
l'humanité jusqu'à présent n'a pas admis avec vous qu'il n'existe absolument rien de moral ou d'immoral, sinon par institution sociale. Le jour
où votre système serait universellement admis, la fameuse donnée vous
serait retirée » (Fouillée, *ib.*, p. 258).

Comme M. Durkheim, M. Lévy-Bruhl [1] convient d'ailleurs que
« le réel a *besoin d'une rectification* et que cette rectification est *possible* ». Dans l'impossibilité d'édicter des règles déduites logiquement,
« sommes-nous réduits, se demande-t-il, à constater ce qu'ont été
les morales successives, ce qu'est la nôtre et à considérer comme téméraire toute tentative d'amélioration? Cette conclusion ne s'impose
nullement... Loin que la science sociale nous appelle à demeurer des
spectateurs indifférents ou résignés de la réalité, nous sommes sollicités continuellement à nous décider pour ou contre la conservation ou l'acceptation de telle ou telle pratique morale. S'abstenir,
c'est encore prendre parti. » Comment nous déciderons-nous? Quelle
solution nous offre-t-on de cette question, qui, d'abord, ne devait pas
être posée?

Après avoir essayé d'éluder la difficulté, on semble admettre qu'au
cas où elle se présenterait, son dénouement s'effectuerait de lui-même:
« La science, continue M. Lévy-Bruhl, nous procure les moyens de
modifier, à notre avantage la nature physique ; il n'y a pas de raison
a priori pour qu'elle ne donne pas le même pouvoir sur la réalité sociale, quand elle aura fait des progrès suffisants [2]. » La connaissance

___

1. Durkheim, *Div. du trav.*, p. IV s; Lévy-Bruhl, p. 98 s, 258 ; Duprat...
2, *Ib.*, et p. 103,106. Avant que la science de la réalité sociale soit « faite »,
les conjectures sont forcément arbitraires. — Même quant à la manière de
tirer de ses constatations un guide de la conduite? On renvoie à cet égard
le curieux aux calendes, tels ces anarchistes qui crient: Démolissons
d'abord, — sans savoir par quoi ni comment ils remplaceront la société
actuelle... Y a-t-il un exemple qu'on ait attendu la perfection d'une science
pour en tirer des applications? S'il le fallait, on n'y serait pas encore
parvenu, on n'y parviendrait jamais : les ignorants seuls croient posséder quelque science, quelque certitude, et à mesure que grandit la sphère
de notre savoir, nous apercevons que ses points de contacts avec l'inconnu se multiplient. Jusques à quand devrions-nous accumuler les observations pour connaître les phénomènes sociaux, sans chercher à les
comprendre, à les juger, à les diriger? On méconnaît l'énorme quantité
de matériaux dont nous disposons, sans nous dire quand la science des
mœurs sera « suffisamment avancée ». En attendant, comme il faudra bien
agir et avoir des règles, on conseille tantôt (p. 129) de s'en tenir aux règles qu'elle présuppose, tantôt (p. 150) de « se décider pour le parti qui,
dans l'état actuel de nos connaissances, paraît le plus raisonnable ». Si l'on
convenait que cet à peu près gagnerait à être provisoirement systématisé,
l'accord serait presque complet avec les moralistes, sauf en ce que ces
derniers vont, avec raison, au plus pressé. — Tant d'efforts étaient-ils
indispensables pour rompre le lien qui rattache la science et l'art (Lapie,
p. 287) et modifier les méthodes d'investigation et d'exposition? Encore
devons-nous observer : que l'impartialité et la clarté n'exigent pas une
séparation complète entre l'exposé de la constatation et celui de l'appréciation; que l'étude des sociétés sauvages ne doit pas prendre une place
prépondérante; que l'interprétation psychologique est partout nécessaire;
que les formules les plus abstraites sous-entendent une multitude d'observations qu'il est superflu de rappeler à des sociologues aussi diserts.

des lois sociales, dit à son tour M. Lapie, *fournira par elle-même* le moyen d'atteindre l'idéal. Mais cette éventualité ne se réaliserait qu'accidentellement, comme les inventions pratiques dues aux investigations scientifiques pures : pourquoi ne pas discipliner cette recherche et, positiviste, délaisser un domaine où la méthode positive porterait des fruits ? Dès qu'on abandonne cette intransigeance, un rapprochement s'opère avec l'idéalisme traditionnel : la détermination « scientifique » des causes par lesquelles la morale se forme, se transforme et se maintient, nous aidera, selon M. Durkheim, à « trouver le sens dans lequel nous *devons* orienter notre conduite, à déterminer l'idéal vers lequel nous tendons confusément. Seulement nous ne nous élèverons à cet idéal qu'après avoir observé le réel et nous l'en dégagerons. Même les idéalistes les plus intempérants ne peuvent suivre une autre méthode, car l'idéal ne repose sur rien s'il ne tient pas ses racines à la réalité. » Alors ? La querelle proviendrait-elle d'un malentendu entre des moralistes qui s'appuient forcément sur la terre ferme des faits constatés, et des réalistes qui consentent à édifier une morale ?

On ne voit plus bien ce qui demeure des prétentions initiales de la « science des mœurs ». Etait-ce la peine de partir en guerre contre la morale pour la réconforter ensuite de son alliance, après avoir abandonné toutes ses positions et prises ? Avons-nous de multiples choix à exercer, ou bien n'existe-t-il pas de problème moral ? Y a-t-il ou n'y a-t-il pas d'appréciation et de régulation possibles ? Après s'être demandé, comme les amoralistes (supra), pourquoi on interviendrait d'une manière quelconque dans la nature, alors que la science enseigne le non-interventionnisme, il semble qu'on cherche à mieux connaître la loi de fait (des tendances ou des aspirations, souvent opposées ?) pour la mieux suivre ; puis, ne se contentant plus de vouloir par avance le stade futur de l'évolution, on exprime la nécessité de le corriger. Enfin, comme la « normalité », qu'on propose pour solution, se passerait difficilement d'être « normative », on se trouve avoir rétabli successivement la valeur, le désirable, l'impératif, et affirmer leur efficacité, le tout contrairement aux prémisses. Qui érige la pratique en théorie et qui prétend et espère la redresser ? Voici que les négateurs de l'idéal se montrent plus idéalistes que les moralistes, auxquels, corrigeant plus réellement l'évolution des faits et celle des aspirations, ils reprochent leur réalisme pratique ! Les rôles semblent intervertis. — Pourtant, à cette conception fuyante et contradictoire, dont l'existence est subordonnée à sa non généralisation et que l'extension couperait par la base (au moins quant à l'é-

tude des jugements moraux, sinon quant à la conduite effective), à
cette proposition qu'on n'avance que parce qu'on la prétend dénuée
d'action, à cette anti-morale qui abdique provisoirement en faveur de
la morale et se lie définitivement aux mœurs d'autrui, en un mot à
ce fantôme qui postule son néant ou y mène et à qui, pourtant, toute
existence étrangère porte ombrage, — nous préférons la doctrine
plus large, plus rationnelle des moralistes, qui laisse à la science des
mœurs l'existence qu'on lui refuse en son nom et qui en tient compte
sans réciprocité ! Un seul conflit subsiste, — qu'il convient de ramener à ses proportions, — quant à la manière de déterminer la fin de
la conduite et les moyens de l'atteindre. Or l'étude des mœurs d'autrui nous révélerait tout au plus leurs conditions de vie ou les conditions générales de la vie, et non les nôtres ni les moyens mieux appropriés [1]. Et même, en dehors de ces dernières, la recherche directe
des exigences de notre nature est un moyen plus sûr et le seul qui
évite de vivre sur un passé insuffisant, de quelque manière qu'on le
travaille. Et si les tenants de la science des mœurs se plaignent qu'on
les réfute ou qu'on fonde des systèmes au nom de la logique et de
l'intérêt, n'est-ce pas précisément au point de vue de la connaissance
et en vue d'une meilleure adaptation aux conditions de vie, qu'ils jugent désirable l'extension de l'étude objective aux phénomènes sociaux ?

III. — Sortis de leur impassibilité en même temps que de la
« science », l'*objectif* qu'ils offrent à la volonté, c'est « le type *normal*, tout entier d'*accord* avec soi et ayant éliminé ou redressé les
contradictions, c'est-à-dire les *imperfections* qu'il contenait » [2]. Cette
périphrase remplace les mots, qui eussent paru « vieux jeu », de :
perfection dans l'harmonie des facultés de l'homme et des hommes

---

1. La connaissance des moyens employés par autrui, de la pratique courante, est essentielle sans doute, mais élémentaire (comme pour le médecin, l'inventeur) et ne dispense pas d'ajouter de son cru. Il ne s'agit pas
seulement d'inventer ? Nous ne pouvons nous contenter de chercher, fût-
ce des indications, dans le bric-à-brac des mœurs usagées qui nous conviennent par occasion. Les nouveautés, les créations doivent être faites
sur mesure, par détermination directe de nos besoins. — La ligne à suivre dans un cas donné ne saurait se deviner a priori, et le plus souvent
les principes d'économie, de moindre effort, de finalité, ne suffiraient pas
à l'indiquer. Mais il ne suffit pas non plus d'observer la conduite universelle dans son dernier état ou son évolution ; il faut tirer des lois de la
vie et des conditions de l'existence les règles de la conduite en vue du
bien individuel et social. Ce dernier travail ne se ramène nullement à la
première opération.

2. Durkheim, *ib.* ; Lévy-Bruhl (p. 98) parle incidemment de l'effort conscient pour résoudre les contradictions de préceptes.

dans la société, d'absence d'illogisme, etc... Et que prendre pour base ? La moyenne abstraite de l'actuel, ou l'exceptionnelle nouveauté ? Le médiocre est normal et le génie ne l'est pas. Le progrès se réalise par l'introduction d'anomalies ; les écarter, c'est l'immobilité. Suivre l'évolution effective ou démêler les facteurs favorables au progrès, c'est recourir à un tiers principe.

La description et l'explication ne sont pas des appréciations ; l'histoire et la sociologie ne sont pas la morale. Le passé ni le présent ne constituent l'avenir ou l'idéal. Ni l'évolution de l'idée de la fin chez autrui, ni la fin normale actuelle ne suffisent ; il nous faut *déterminer par nous-mêmes* celle que nous devons suivre. Lequel est le plus subjectif, de mon subjectif ou de celui des autres ? A vrai dire l'idéal bâti par soi-même et celui qui résulte des aspirations d'autrui sont issus également de l'expérience et la dépassent : au lieu de les opposer ou de nous en tenir à l'un d'eux, nous souhaiterions que l'on « pénètre au fond de l'expérience intime pour rayonner ensuite jusqu'aux extrêmes limites de l'expérience extérieure » — personnelle ou étrangère. Loin de méconnaître les exigences du temps et du milieu, et malgré ses apparences universelles, abstraites et désintéressées, l'éthique s'adapte forcément aux conditions de la vie de chaque peuple. S'il est stérile de marcher contre l'histoire, tout événement, tout acte nouveau, n'en est pas moins, comme l'idéal, une modification de l'état actuel. Krause, encore jeune, écrivait à son père [1] : « Je m'applique à connaître le monde tel qu'il doit être et me soucie peu de le voir tel qu'il est. » Il avait tort, en ce qu'il niait. Mais cela ne justifie nullement qu'on se contente du monde tel qu'il est, sans rechercher ce qu'il devrait être.

Avouons pourtant que cette dernière attitude trouve une excuse dans les contradictions de la première tendance, dont nous allons étudier maintenant les diverses manifestations, parce que, tout en étant plus anciennes et en exagérant parfois le subjectif, elles laissent du moins subsister le principe d'un idéal distinct du fait.

1. Felter, *Rousseau u. die deutsche Rechtsphilosophie*, p. 246.

SECTION V

Doctrines théologiques.

La valeur morale ou juridique attribuée à certaines situations et actions correspond en principe à un état ou à des rapports objectifs, à des propriétés particulières de l'objet apprécié. Pourtant, dès lors qu'il est difficile, d'une part, de faire accepter aujourd'hui ce principe et, d'autre part, de déterminer avec quelque probabilité l'idéal objectif auquel correspond notre idéal subjectif, est-il étonnant que, dans les temps anciens et encore actuellement aux esprits peu cultivés, le devoir et le droit, le péché et le délit se présentent comme résidant respectivement dans l'*obéissance* ou la *désobéissance* et non dans la nature des rapports eux-mêmes? Ce trait n'implique d'ailleurs nullement que la réalisation de l'idéal ne procède, dans une telle hypothèse, que de la contrainte et de la crainte : il se peut que l'assentiment, l'idée de la respectabilité, existent, mais se portent sur la *source* du droit et non sur son contenu.

Diverses autorités ont été et sont encore, suivant les temps et les lieux, revêtues de ce prestige. A l'époque primitive et chez les peuplades peu avancées, le droit est réputé émaner de la *divinité* ou d'ancêtres divinisés, représentés ordinairement par les prêtres ou les chefs : il jouit, par conséquent, de l'appui de la foi en un être surnaturel, susceptible d'intervenir dans les affaires humaines, et de la croyance au caractère infaillible qu'on prête à ses prescriptions. L'adhésion est, d'avance, pleine et entière à tout ce qu'ordonne le pontife, quel qu'en soit l'objet. (D'où la méthode dialectique, dont les juristes sont imparfaitement dégagés.)

Quelque incompréhensible qu'elle paraisse à certains contemporains, l'idée de Dieu n'a pas moins tenu une *grande place dans l'histoire du monde*. Si tous les phénomènes sociaux ne sont pas issus du phénomène religieux [1], il fut du moins un temps où ils s'absorbaient avec lui dans une masse mal différenciée. Toute relation, toute institution, —famille, cité, État, — recevait une consécration [2]

---

1. Durkheim, *Année sociol.*, II : parenté, moralité...; — Belot, La relig. comme princ. sociol., *Rev. phil.*, 1900, p. 290.
2. Fustel de Coulanges, *Cité ant.* ; Jhering, *Dr. rom.*, t. I, r. 3; Lyall, *Mœurs d'Extr.-Or.*, p. VII ; Sumner-Maine, *Ancien dr., soc. prim.*, p. 6 ; id., *Ancien droit, coutume primitive...*, p. 13 : ex.

(droit fécial...). Les actes juridiques et jusqu'à la vie quotidienne
étaient soumis à un rituel : la loi divine ordonnait les recensements,
présidait au choix des mets et du costume. Le rôle principal des
dieux, qui, en ce temps-là, étaient souvent des personnifications de
phénomènes plus ou moins favorables, consistait à s'occuper des
hommes en leur procurant des bienfaits ou en écartant les calamités
et les maux. D'autres esprits étaient ceux des ancêtres, spécialement
de ceux qui avaient joué un rôle notable ou étaient morts de façon
étrange ; les vivants étaient gouvernés par les morts [1]. En dehors des
observances révérencielles et propitiatoires, qui s'inspiraient de la
crainte, des règles morales et juridiques prouvaient que les dieux
codifient ce qui profite à certaines classes ou ce dont l'expérience a
prouvé à de sages humains l'utilité sociale [2].

De Manou et Minos à Mahomet, en passant par Moïse, la liste est
longue de ceux qui se sont présentés comme les confidents ou les
mandataires des dieux dont ils promulguaient les prétendus messa-
ges. La révélation, outre qu'elle conférait aux prescriptions l'attrait
du mystère, transformait leur violation en sacrilège. Le crime obte-
nait une sanction par la transmigration des âmes ou dans le séjour
du purgatoire ou de l'enfer. Dans les cas graves, le prêtre-juriscon-
sulte, dont est sorti le juriste, empruntait le bras séculier, plus sûr
que le jugement des Minos, Eaque, Rhadamante et autres justiciers
célestes. Les dieux punissaient — en général — le mal et récom-
pensaient la vertu; ils conservaient au moins le rôle du gendarme
lorsqu'ils n'étaient pas législateurs. La peur, selon le poète, engen-
dra les dieux ; il n'est pas moins vrai que les dieux ont été employés
à inspirer la terreur.

Les temps anciens avaient leurs poètes pour décrire les tourments
auxquels s'exposait le pécheur. Des *théologiens* et des *philosophes*
(Bonald, Haller, Schlegel, Stahl, Secrétan...) ont pris à tâche d'é-
riger en systèmes ce qui n'était auparavant que l'expression de la foi.
Le trait commun de leurs doctrines réside dans l'idée que le droit,
comme la morale, ne se suffit pas à lui-même et ne trouve son fondement ou n'atteint sa plénitude que dans la religion. Mais ils ont
fait appel, séparément ou simultanément [3], à la volonté et à la rai-

1. A. Comte, *Catéch. posit.*, p. 68; Lyall, *ib.*, p. 123, 299; Spencer, *Mor.
des diff. peuples*, p. 8 s. — Chaisemartin, *Prov. et maximes du dr. germ.* :
Gott ist Anfang alles Rechts.

2. Ex.: la propriété. Les Grecs créèrent des déesses terribles pour dompter l'instinct « préhenseur » et horrifier les violateurs du bien d'autrui :
Diké, Némésis... (Lafargue, Orig. de l'idée de just., *Rev. social.*, 1899, II,
p. 116.)

3. Saint Augustin, *Contra Faustum*, l. XXII, c. XXVIII.

son, — la première se rattachant à la théorie « arbitraire » ou à l'utilitarisme (si l'obéissance est obtenue par la crainte de la sanction ou présentée comme une condition de bonheur) et la seconde au rationalisme ou au système cosmologique (si Dieu sanctionne l'ordre naturel).

Depuis le païen Eutyphron, il a été souvent soutenu que l'obligation ne peut se fonder que sur une *volonté* suprême qui crée, maintient, réforme et abroge le droit et qu'il n'y a de légitime que ce qui plaît à Dieu ou est conforme aux décrets de la Providence. Gerson a poussé cette idée à l'extrême : « Dieu ne veut pas certaines actions parce qu'elles sont bonnes, mais elles sont bonnes parce qu'il les veut [1]. » — Leibniz [2] réfute avec acharnement cette première forme de la doctrine théocratique : à moins, dit-il, que d'être arbitraire et tyrannique, la volonté supérieure doit se réclamer de la justice et du bien, qu'on prétend issus d'elle, et il y a cercle. Dieu même ne peut pas plus faire que le bien soit le mal que transformer la vérité en erreur. « Le droit serait encore le droit, alors même que Dieu n'existerait pas » (Grotius, Thomasius).

Des auteurs qui font intervenir la *raison* divine, les uns acceptent pareillement qu'elle reconnaît seulement l'ordre universel, tandis que, pour d'autres, le droit a sa source dans l'intelligence de Dieu. Thomas d'Aquin [3] le fonde sur la raison humaine subordonnée à la raison divine, et nous amène ainsi aux confins de cette théorie aujourd'hui surannée.

Son influence fut-elle même aussi *universelle* et aussi *heureuse* qu'on l'a supposé? Ce concept a joué un rôle considérable, mais parfois il s'est traduit en des réalités telles que la monarchie de droit divin et les guerres de religion. Si, au début de l'humanité, la morale se serait difficilement passée du patronage d'une foi déjà établie, la religion, par suite de l'élévation des mœurs, se dispenserait ensuite difficilement d'être morale. Du législateur primitif on exigeait des références divines; le prophète, plus tard, a besoin pour réussir que ses dieux soient bons [4]. Or, on ne fonde plus guère de religions

---

1. Suarès, *De leg. et Deo legisl.*, I, v, 22, II, iii, 3, 5; Selden, *De jure nat.*; Pufendorf, *Dr. de la nat.*, I, ii et vi, iii, 15...

2. *Monita ad Pufend. princ.*, 4 (à vrai dire, selon Pufendorf, l'obligation seule relevait de Dieu, le bien préexistait). Dans sa *Théodicée*, II, 182, il admet une solution différente; dans ses *Nouv. essais sur l'entend.*, I, ii, 12, il accepte la théorie de son adversaire.

3. *Summa theol.*, I, ii, 19, art. 3, 4; 91, art. 1; 93, art. 1.

4. Lyall, *ib.*, p. 133, 150, 113 s. Si l'on demandait à un primitif quelle est l'utilité de la religion : « Comme l'astronomie et l'art de la navigation, répondrait-il, elle aide à traverser les risques du voyage à travers

et les anciennes sont peu plastiques et encore moins progressives ;
aussi les dieux assistent-ils à leur crépuscule. Cette double circonstance rend possible et désirable que l'éthique devienne indépendante
des mythes. Le droit se détache du dogme, comme l'Etat de l'Eglise,
et la sécularisation de la morale est presque un fait accompli.

La réaction contre les croyances anciennes, objecte-t-on, est aussi
exagérée que la soumission sans examen : l'homme, et surtout la
femme, ne sont pas suffisamment raisonnables et prévoyants pour se
contenter de codes rationnels de conduite. Les principes abstraits procurent moins largement l'assentiment que : Dieu le veut. — Mais
l'obéissance pourrait être obtenue par d'autres sentiments et suggestions. Quant à la détermination du devoir, la tradition, l'intelligence
des sages et des chefs, la conscience de tous, y pourvoient aussi bien
que les dieux, qui n'étaient au fond que leurs *porte-parole*. Il est
même arrivé que les hommes ont imaginé des dieux au moins *aussi
mauvais* qu'eux-mêmes : les déités primitives, selon un témoin non
prévenu (Lyall), patronnent le bien « presque aussi souvent que le
mal » [1]. En leur nom, les chefs religieux se croient tout permis. Le
moindre mal qui arrive aux doctrines et préceptes qui sont à la portée d'une élite restreinte, c'est qu'on en perde le sens et la raison
pour s'y soumettre par pure docilité, et qu'ils dégénèrent, dans le
vulgaire, en croyances superstitieuses et en pratiques rituelles. Les
prêtres, comme les gouvernants, ne sont supportés et n'obtiennent
d'autorité qu'à la condition de conniver dans une certaine mesure
avec des mœurs injustes » [2]. Par l'effet d'une tendance presque fatale, la conservation de la foi, la préservation des intérêts liés au
culte, deviennent prédominantes par rapport au souci de la morale.
En même temps qu'on devient plus complaisant envers ses propres
faiblesses, parce qu'elles ont peu de poids auprès de la possession de
la vérité surnaturelle et sont rachetables par la contrition et la péni-

l'existence. » Aucun changement sans mot d'ordre de la théologie : les
dieux patentent les inventions, même en morale, et doivent « figurer sur
le prospectus ». Mais dans l'Inde, la morale, encore unie à la religion, aurait tort de « repousser l'échelle qui a facilité son ascension ». — Bagehot, *Dév. des nations*, p. 62 : Les religions ont sanctionné les usages
fixes, mais au détriment du progrès : le fidèle tremblant eût tué l'innovateur.

1. Lubbock, *Or. de civ.*, p. 398, 395, et *H. préh.*, p. 412 : aux îles Viti, les
dieux s'appellent : querelleur, bretteur..; ailleurs les indigènes ne recu-
lent pas devant le meurtre, parce que « cela ne peut arriver sans l'agrément des dieux ». — Duprat, *Mor.*, p. 15 : Mgr d'Hulst, Guibert et le C\.al Bour-
ret reconnaissent que les pratiques religieuses s'accommodent d'une immoralité foncière. — Fouillée, *ib.*, p. 2.

2. Renouvier, *Phil. analyt. de l'hist.*, t. I, p. 557.

tence, on devient [plus intolérant à l'égard de simples croyances d'autrui. Chaque credo nie les autres credo. La religion, quelle que soit l'étymologie du mot, a beaucoup divisé les hommes. La vraie science est plus tolérante et, partant, tolérable : à elle seule il appartient de fournir les éléments de la morale.

La science a permis à l'esprit humain d'impersonnaliser la notion de cause : espérons que, de même, l'influence des principes abstraits se substituera, en vue de l'action, à celle des *ordres personnels*, qui, s'ils n'abaissent pas la vertu, n'équivalent pas au respect du bien pour lui-même : contre leur puissance brutale, chacun pourrait toujours se révolter [1].

Ces critiques portent surtout contre la conception primitive ou populaire de la divinité et contre la théorie qui appuie le droit sur la *volonté* de Dieu. Si l'on n'a recours à cet arbitraire, on fait appel à l'*essence divine*. Comme nous l'ignorons, cette essence ne serait d'aucun secours dans la découverte ou la réforme des principes juridiques. De plus, Dieu est toujours semblable à lui-même et les idéaux des hommes sont souvent contradictoires. S'il se conforme à la nature des choses, l'explication n'est pas plus avancée que sans lui.

Tandis que l'appel au mystère n'éclaire nullement l'évolution du droit, on constate que sa corrélation avec la religion est loin d'être constante, puisqu'il existe des peuples incroyants et foncièrement honnêtes [2] et que des nations de ferme croyance ont commis mille atrocités. Les facteurs du développement juridique, là où nous les connaissons, manifestent parfois une complète *indépendance* : les Romains, peuple juridique par excellence, ont parfaitement distingué la règle des rapports humains (jus) de celle qui présidait aux relations entre les hommes et les dieux (fas) [3]. — Alors même que la religion communiquerait sa force à l'idée de droit, ce serait à la condition qu'on possédât la foi : en un temps où elle s'en va, n'y aurait-il pas lieu d'hésiter, avant de dire aux *incrédules* qu'il n'y a

---

1. « Le sujet, objecte Secrétan, ne saurait se confondre avec l'agent obligé ; autrement le devoir serait abandonné au bon plaisir... Pour être affranchi du devoir, il suffirait de le mépriser. » Retournons l'argument : « L'agent moral ne peut être obligé que par lui-même ; autrement, le devoir serait le simple bon plaisir d'une autre volonté. Il suffirait de mépriser cette autre volonté » (Fouillée, *Mor. cont.*, 364).

2. Reclus, *Prim.*, p. 135 : les Esquimaux ont moins de religion et plus de moralité qu'aucune autre race (Lubbock).

3. Sur droit et religion : G. Richard, *Idée de dr.*, p. 192. « Le droit romain, contemporain de trois religions (culte des ancêtres, culte panthéistique de la nature, christianisme), s'est transformé en vertu de causes internes avec une majestueuse uniformité. »

pas plus de droit sans Dieu qu'il n'existe de devoirs à leur égard ?
S'il n'y avait pas de mobiles moraux autres que la crainte de l'enfer — dont on se rit aujourd'hui, — les relations sociales seraient
sérieusement compromises. Si le fidèle seul pouvait revendiquer la
protection, s'il n'y avait pas de délit contre l'hérétique, ne serait-
ce pas rétrograder au-delà de la période où le droit embrasse même
les non-conformistes. Il n'y a plus d'infidèles aux yeux de la loi et
il ne doit pas y en avoir. La liberté de conscience est une des plus
précieuses (sinon des moins précaires) conquêtes modernes dans l'ordre social. Or la liberté de religion et même d'irréligion fonde l'indépendance du droit.

Ce trait n'interdit point le prosélytisme par persuasion. Mais pouvons-nous prouver *l'existence et la nature de Dieu* et spécialement
ses facultés tout humaines de raison ou de volonté, ses fonctions de
législateur et de justicier ? L'influence morale de la foi ne peut donc
se faire sentir que sur les esprits possédés, d'avance, du besoin de
croire. Auprès des autres cette justification, œuvre du désespoir ou
de l'ignorance, ne justifie rien. Que nous ne touchions pas le fond
de toutes choses, cela est incontestable, mais l'idée de dieu n'y remédie en rien. Que l'on place l'inconnu au-dessus de l'édifice de nos
connaissances, nous n'y voyons pas grand inconvénient; à coup sûr
on ne saurait bâtir sur lui. Ainsi comprise, « une morale sans Dieu
est un édifice qui pèche par le faîte, non par la base [1] ». A plus forte
raison en est-il de même du droit, à qui la question du couronnement
métaphysique ne se pose pas avec la même rigueur.

1. Beaussire, *Pr. du dr.*, p. II ; *Mor.*, p. 255 ; La mor. laïque. *R. des Deux-
Mondes*, 1881 : L'athéisme se concilie parfois avec la morale la plus pure.
— Fouillée, *Mor. cont.*, p. 58, 62.

SECTION VI
Systèmes « arbitraires ».

Les dieux célestes eussent été bien empêchés de donner des ordres. Aussi, ce qu'exprimaient leurs serviteurs, était-ce l'enseignement ou l'exemple d'ancêtres de marque ou d'hommes supérieurs, élevés au rang de dieux ou de héros, à moins que ce ne soit l'objet de leur propre idéal, de leur expérience ou de leur désir. L'institution s'est peu à peu transformée ou a été supplantée par d'autres, voisines.

Une *mission* ou au moins une *investiture divines* ont consacré long-temps et la personne du monarque et ses ordres législatifs. Ayant d'abord invoqué une supériorité en qualité de vicaires, les princes, devenus absolus, ont parlé *en leur nom propre*, ne se considérant plus comme limités par quoi que ce soit : Sic volo... Quidquid principi placuit, legis habet vigorem. Des désirs des sujets, ils ne montraient cure, en apparence, sauf dans la mesure où leur transgression eût compromis le pouvoir. En réalité, que le monarque en ait ou non souci, le droit s'élabore par une action beaucoup plus profonde des masses et lorsque celles-ci « prennent le pouvoir », elles rendent seulement plus précise, plus impérative, la façon d'exercer leur influence.

Dans le despotisme, on ne sait pas toujours exactement si l'on a affaire à une volonté divine ou à une volonté humaine. Dans la doctrine *démocratique*, le principe n'est que rarement rattaché à la « vox dei » ; l'ordre d'en haut est remplacé par celui d'en bas, émané des volontés individuelles ou d'une volonté collective, suivant les conceptions.

L'expression la plus fameuse de la première variante a été formulée par J.-J. Rousseau. La loi dérive et dépend du libre *consentement* des hommes, confédérés par un contrat conclu en vue de sortir de l'état de nature. Conception individualiste et sociale à la fois, puisque le droit, à l'instar de la société, se fonde sur la volonté personnelle, mais non conçue comme isolée. Ce consentement fondamental attribue à la justice son caractère sacré. Ce n'est pourtant pas l'autonomie plus que l'hétéronomie. Rousseau entreprend en effet la tâche difficile de ramener la loi à la volonté s'affirmant et se respectant elle-même et de trouver une forme d'association où chacun, en obéissant à tous, n'obéisse qu'à lui-même, parce qu'il participe à l'auto-

rité et accepte d'avance de s'y soumettre. — Le droit est obligatoire,
car le contrat est obligatoire : mais pourquoi l'homme est-il lié par
son consentement, même envers lui-même? Pourquoi ses descendants
le sont-ils à l'infini? Les engagements, répond-on, sont réciproques
et les charges de l'héritage suivent l'actif. Cela est logique en effet,
mais pourquoi est-ce juridique? Le néant historique de ces hypothèses fantaisistes n'a plus à être prouvé : la société est aujourd'hui
considérée comme une production spontanée et nécessaire, et non pas
une création humaine, intentionnelle et téléologique. A peine présente-t-on le quasi-contrat, « dont le signe juridique est l'action au
lieu d'être une parole ou une signature », non plus comme une
source, mais comme un fondement rationnel, un idéal, une éventualité de la société politique, et, dans ce cas, il s'oppose précisément
au « status » et au droit autoritaire.

Il a pourtant été soutenu que le droit naît avec le gouvernement,
avec l'*Etat* et de lui. Si l'on se bornait à montrer l'influence exercée
par les ordres du chef et par la discipline sociale dans la genèse et
surtout le développement des législations positives, on resterait dans
le vrai : l'ancien, le fort, le chef, l'assemblée, ont été des agents de
l'élaboration des systèmes juridiques, en statuant d'abord par décisions individuelles et après coup, puis par défenses et prescriptions
générales. Encore devrait-on reconnaître que le droit écrit ou même
formulé n'est pas tout le droit positif, surtout dans les temps anciens,
et qu'avant l'institution de l'autorité, les hommes ont appliqué des
formes spontanées de contrainte au service de leur idéal.

Mais, à l'inverse du contrat, qui était plus admissible théoriquement qu'historiquement, des faits assez exacts comme tels sont ici
proposés comme un fondement idéal : au truisme de l'Etat organe de
la règle de droit, on prétend substituer l'Etat et sa volonté abstraite
et impersonnelle, ou loi, comme pourvoyeurs des droits de l'homme
et du droit positif, exclusif de tout droit rationnel. Critiquant les facultés prétendues innées de l'individu, on affirme qu'elles ne lui
appartiennent que comme citoyen et que tout droit provient de l'Etat
(alles Recht ist Staatsrecht). Impuissant à établir une limite sûre par
l'autonomie, on *pose en idéal la simple constatation* de l'hétéronomie, la volonté de la collectivité, — personnalité distincte qui ren-
fermerait quelque chose de plus qu'une agglomération d'individus.
Et sans doute le procédé coupe court aux fantaisies du droit subjectif : « Il n'est d'autres droits que ceux que confère la loi et l'Etat est
la source unique du droit. » Mais cet « individu supérieur », qui réagit contre le relâchement et l'insubordination des individualistes

purs, sait-il se préserver lui-même de l'esprit *anarchiste ?* « Ce que
les individus ont fait, ils peuvent le défaire »: mais en est-il autrement de l'Etat, du moins si on ne restreint son « autonomie » par des
principes supérieurs? Fût-il même fort modéré dans l'usage de ses
prérogatives vis-à-vis de ses congénères et de ses membres, où pui-
serait-il ses imprescriptibles facultés? Serait-il donc, lui, doué de
droits innés ? On sait comment Hegel a, en les accentuant, trans-
posé en faveur de l'Etat les idées de fin en soi, de substance, que
rien ne limite, auparavant réservées à l'individu, et quels dangers en
résulteraient si ce dernier prenait à son tour modèle sur cet Etat-
dieu. L'absolu étatique n'est *pas plus réel* que l' « Unique » de
Stirner. Quoiqu'ils ne se croient pas tout permis, les Etats n'ont que
trop prouvé à quels désordres, à quelles violences guerrières aboutit
l'insuffisance de l'ordre international : en ce sens, la théorie de Hegel
aboutit au triomphe de la force (supra).

In societate, aut vis aut lex valet, a dit Bacon ; mais, sans l'idéal
à réaliser, qu'est la loi, sinon la *force* revêtue d'un caractère spécial
et moins brutal et que vaut de plus l'autorité, fût-elle divine, dès
lors qu'elle exprime uniquement des ordres pourvus de contrainte ?
« Il faut, disait E. de Girardin, se compter ou se battre. Dans la barbarie, on se bat; dans la civilisation, on se compte. » L'oppression
légale n'est pas supérieure aux désordres auxquels elle prétend remédier. La souveraineté populaire sans les limites de l'idéal, la loi
de la majorité, si on néglige son contenu, sont-elles autre chose que
l'absolutisme? Le « salus populi » fût-il le but à poursuivre, et la
consultation nationale le plus sûr moyen d'y atteindre, ce serait la
preuve que, même unanime (et elle en est loin), la réponse du peuple
ne fonde rien par elle seule. « Justifiée », la loi ne crée pas la justice; l'Etat, fondé en droit, sur le droit, exclut le droit fondé sur
l'Etat [1]. L'autorité doit se légitimer en raison et le droit positif reposer sur le droit idéal ; ni l'une ni l'autre ne deviennent conformes
au rationnel par le seul fait qu'ils se réalisent.

Au fond, le contrat, la loi, l'Etat, sont des explications non définitives. Ils demandent à *être eux-mêmes établis*; or si l'on nous indique
ce qui déterminerait les individus à passer un pacte social ou l'Etat
à imposer la loi, on ne nous montre pas ce qui rendrait justes et obligatoires les clauses de l'un, les injonctions de l'autre.

---

1. Beudant, *Dr. indiv.*, p. 11; Spencer, *Just.*, p. 73; Grab, *Rechtssouv...* —
L'Etat, jouant le rôle d'une personne, a été personnalisé en une réalité
vivante. Substituez le mot nation au mot roi, la loi devient seulement, en
théorie, plus opportune et mieux obéie.

Les trois formes de la volonté — d'un individu, des individus, de l'État-individualité — se ramènent, sous une forme abstraite, à des volontés humaines (jus, droit, de jussus, ordre ; debeo, je dois, de dejubeo ?) sanctionnées par la puissance, et *la volonté ne fonde rien*. Le droit, la volition juridique, ne saurait s'identifier avec la volition pure et simple, sans qualificatif, ni être produit par elle. Cette dénégation porte contre le principe même de la théorie : il lui est indifférent que les volitions concourent avec d'autres ou tendent à s'impersonnaliser en même temps que la contrainte mise à leur service. Le désir moteur doit être guidé par l'*intelligence directrice*.

Nous allons voir ce que vaut ce nouveau principe subjectif.

SECTION VII

Théories aprioristes.

De la part d'esprits critiques et dans les stades avancés de l'évolution, l'obéissance s'attache moins aux ordres qu'aux principes. Les premiers ont perdu leur réputation d'infaillibilité alors que subsiste le sentiment que les principes ne peuvent être différents de ce qu'ils sont, au moins dans le domaine moral, le plus réfractaire au scepticisme. Mais l'assentiment, toujours nécessaire, ne va pas forcément dès lors au contenu des prescriptions ; la soumission est encore obtenue parfois à raison de l'*origine* du commandement, par l'autorité de la conscience, de la raison et surtout de l'impératif catégorique. Ces formes intermédiaires, loin de se ramener à de purs concepts, présentent un caractère persuasif ou impératif, un élément moteur, une tendance à la réalisation ; la « raison pratique » n'est même qu'une volonté déguisée, tombant sous les mêmes critiques. Tous ces principes peuvent aussi être présentés comme émanés ou comme indépendants de la *divinité*, et alors ils se rapprochent où s'éloignent de la théorie théologique.

I. — A la foule, le « sens moral » paraît mystérieux dans son origine comme dans son essence, et des philosophes l'ont vu sous le même aspect. « Instinct divin, immortelle et céleste voix, guide infaillible... » : tels sont les termes par lesquels Rousseau, en son *Emile*, qualifie la *conscience*. Mais alors même qu'on la considère comme une lumière allumée par Dieu en nos esprits, elle ne soustrait pas à son propre jugement l'être humain, gratifié de pleine compétence.

L'homme constate en lui-même, comme une réalité, une aptitude à distinguer le bien du mal : c'est la conscience morale, distincte de celle des psychologues [1]. Elle lui donne l'intuition d'une règle que son caractère impératif différencie des conseils de l'intérêt. On a même soutenu qu'elle agissait universellement, avec nécessité et invariabilité. L'école écossaise, depuis Hutcheson, va jusqu'à y voir un sixième sens.

---

1. Bouillier, *Consc.*, p. 1,13.. Cet ouvrage est vieilli, mais des juristes non attardés (Saleilles, *R. trim. du dr.*, t. I, p. 98) conservent la conscience à la base du droit.

La « voix de la conscience » est un fait bien *réel* : nulle approbation, nul reproche, ne nous sont plus sensibles que les siens... Mais
est-elle *divine, innée, naturelle*, est-elle donnée à l'homme ? Ou
bien n'a-t-elle pas plus de valeur que l'expérience et l'éducation
dont elle relève ? Elle ne possède ni l'unité de nature ni l'« universalité de présence » qu'on lui suppose. Quelle mobilité est la sienne
et comment y trouver une règle sûre et valable pour tous ? Ici elle
réprouve ce que là elle tolère et qu'ailleurs elle recommande (Dahcméens et chrétiens). Elle a sanctionné les coutumes les plus barbares. Certains sauvages, les enfants en bas âge, en sont dépourvus.
Pourquoi le « rayon » ne pénètre-t-il pas tous les esprits ? Que dire
des immoraux et des criminels ? Leur conseillera-t-on de suivre ce
que la conscience aurait prescrit avant qu'elle ne fût étouffée ? Mais
alors, chez tous les hommes, est-ce celle d'aujourd'hui, d'hier ou de
demain, qu'il convient d'écouter ? Même normale, c'est un ferment
d'*individualisme*, qui oppose le moi à la société : « aucune personne
n'est soumise à d'autres lois que celles qu'elle se donne à elle-même,
soit seule, soit de concert avec d'autres ». De cette autonomie ou
autarchie, on passe bien aisément à l'anarchie. Les hommes qui ont
placé la conscience au-dessus de la loi, ont du même coup, admis
la faculté de se désolidariser de la collectivité : un principe très
élevé en apparence a pu ainsi couvrir les actes les plus anti-sociaux,
tels que le refus de porter les armes. Alors que sa valeur serait absolue pour le moi, elle n'est que *relative* à l'égard de tous autres :
on cherche alors en vain un critère pour déterminer *qui doit l'emporter*, de l'individu ou du groupe. La conciliation de la dignité et
de la responsabilité avec la nécessité d'obéir offre un difficile problème. Le droit pose la seconde alternative en principe.

La conscience renferme-t-elle seulement une suffisante justification théorique de l'éthique ? On se flatte de la constater comme un
fait brutal, historique, d'expérience, s'il en est[1] ; or un fait ne suffit
pas à fonder une nécessité : il ne peut devenir obligatoire que s'il
satisfait à la raison. Malgré l'apparente immédiateté de ses sentences, on n'a qu'à autopsier la conscience pour se convaincre que son
origine ne fournit *pas un fondement rationnel* : supposée simple et
indécomposable, elle est, en réalité, d'une complexité inouïe, comme
les expériences accumulées dont elle est l'expression. Telle la perception des sens sans l'aide de l'intelligence, elle peut nous tromper.
L'approbation de ce juge, qui est en même temps partie, le sentiment

1. Et non comme un principe métaphysique : Schuppe, *Zsch. f. vergl
Rechtsw.*, 1884, V, 209, et *Grundz. der Ethik u. Rechtsphilosophie.*

de bien-être que cause la « paix avec soi-même » « sont du même ordre que le plaisir d'un artiste devant son œuvre : ils ne prouvent rien du tout ». Le contentement, pas plus que les autres phénomènes qui précèdent ou accompagnent un acte, n'est une mesure pour évaluer ce à quoi ils se rapportent : « malgré un état d'élévation très pathétique, l'artiste peut accoucher d'une très mauvaise chose [1] ». L'origine de la conscience dans une intuition instinctive ou dans un jugement motivé dont les considérants ont été perdus ne lui laisse qu'une *valeur relative* (infra) : elle conseille d'être tolérant, et de tenir compte de l'opinion d'autrui, du droit positif et de la règle objective.

II. — La même part de vérité et d'erreur se retrouve dans le principe et la genèse de la *raison*. Il convient pourtant, quoique ce soit difficile, de *distinguer ces deux facultés*, parfois confondues.

La raison, en un sens, s'oppose à la conscience : au lieu de juger des espèces, elle légifère, elle statue par prononcés généraux, beaucoup moins inconstants. On les rapproche en ce qu'elles seraient particulières à l'homme, si semblable par ailleurs à l'animal, et inexplicables par l'expérience et les lois ordinaires de la psychologie. Descartes même, qui rendait compte des instincts par la physiologie, se refusait à admettre que les idées dont l'objet nous dépasse en perfection fussent notre œuvre propre. Est-il indispensable cependant que l'artiste possède une beauté semblable, l'auteur « une perfection égale ou équivalente », à celles de leur produit? Sans retenir l'argument spécieux que l'être perfectible contient en puissance tous les attributs qu'il est susceptible d'atteindre, ne pourrions-nous prendre un modèle et un idéal, en dehors de nous, dans un type réel ou induit de la réalité ou imaginé, de même que notre fantaisie crée des chimères plus laides que nous-mêmes?

La raison opérerait une véritable *révélation* : par intuition et a priori, elle exprimerait une loi surnaturelle, surhumaine ou au moins absolue, dont le caractère de légitimité et d'obligation apparaîtrait immédiatement à l'esprit. L'acte moral, juridique, devrait être conforme à « la raison ». Cette formule, il est vrai, nous laisse aussi peu avancés qu'auparavant. De cette faculté divine, innée ou même seulement acquise, quelle est donc la teneur ?

C'est le *droit naturel*, qu'on définit, à son tour, « la raison gouvernant les peuples de la terre » (Montesquieu). Ce mot s'applique, suivant les auteurs, soit, par opposition au droit positif, à un droit

_____

1. Nietzsche, *ib.*, t. I, p. 250, 232 : crit. des sentiments de valeur subjective.

idéal [1], scientifique, donnant des solutions à tous les problèmes législatifs, soit à un petit nombre de maximes, fondées sur l'équité et
le bon sens, qui s'imposent au législateur lui-même, mais ne lui donnent qu'une simple direction [2]. Contradiction plus grave, les uns
l'appuient sur un prétendu « état de nature », idyllique ou guerrier,
antérieur à l'état social; d'autres le conforment à la « nature de
l'homme » et lui donnent pour mission de satisfaire à ses tendances [3]; quelques-uns appliquent le vocable au droit tel qu'il sort « naturellement » de la vie des agglomérations humaines, tandis que la
plupart font dériver du sentiment « naturel » certaines lois qui
s'opposent aux forces brutes du monde extérieur.

De telles conceptions ont pu être inévitables ou même, historiquement, rendre des services [4]; elles n'en sont pas moins erronées. Qu'on
l'appelle intuitive ou pratique, la raison, pour être différente de la
conscience, n'en est pas moins exposée aux mêmes critiques. Bien
mieux, cette « faculté », comme tant d'autres propriétés qui élèvent
l'homme au-dessus de la brute, le doue peut être en même temps de
la *possibilité de descendre plus bas* qu'elle. Les jugements les plus
vulgaires des primitifs étaient plus conformes à la saine raison que
tant d'affirmations prétendues rationnelles. Le pithèque qui trouve
bon relativement à lui un mets quelconque erre moins que le savant
métaphysicien qui plane dans l'Absolu et apprécie les choses au
nom d'une valeur en soi : la « raison » est ainsi parvenue à nier les
conditions de « vie ». Toute cette « théologie », ces êtres nulle part
observables, sont nés d'une imagination insuffisamment contrôlée par
des esprits peu critiques; les principes de la morale absolue ont été
conservés au même titre que les mystères de la foi, qu'on ne doit pas
discuter. Ils ont pénétré partout, alors qu'ils ne devraient être nulle
part : il convient d'effacer tout ce qui ne laissait agir le moi que
sous main. Il eût pu se demander si tout le monde radotait ou si, au
rebours, il était le plus fou, l'homme qui, dans un tel milieu, eût
pris l'initiative du bouleversement le plus complet des idées qui se
soit opéré depuis que l'homme cherche le pourquoi des choses : à
savoir, de poser la *relativité* de toute connaissance et *de toute valeur*

1. Summer Maine, *Anc. dr.*, p. xvii; Oudot, *Ph. du dr.*, p. 67; Acollas,
Idée du dr., p. 29.
2. Cp. Beudant, *ib.*, p. 37; Planiol, *Dr. civ.*, t. I, p. 3 et auteurs cités.
3. La vraie nature est-ce donc ce qui n'existe pas? Bannir ce qui est
contraire aux « rapports naturels », équivaut à dire : l'exception (effective)
ne doit pas devenir la règle (idéale).
4. Lévy-Bruhl, *Mor.*, p. 92 : les pays qui ont manqué de métaphysique n'ont
pas eu davantage de physique scientifique; sans métamorale, une science
des phénomènes moraux ne serait peut-être pas née.

(« égocentrisme »), c'est-à-dire d'apprécier par soi comme on pense par soi.

Un postulat essentiel qu'on ne peut accorder aux éthiques rationalistes consiste dans l'*universalité* de leurs maximes : « Il est, disait Cicéron [1], une loi vraie, la droite raison, congruente à la nature, diffuse en tous, éternelle... Elle ne sera pas autre à Rome qu'à Athènes, demain qu'aujourd'hui : une, éternelle, immuable, elle s'imposera à toutes les nations et à tous les temps. » Dans la forme extrême, on prétend qu'elle se rencontre en tous les hommes, les embrasse tous comme sujets de droits et possède un contenu toujours semblable à lui-même. De cette nature humaine partout identique, qui fonderait le droit passivement et activement [2], les caractéristiques seraient la *raison* et la *liberté*. Or, elles ne se rencontrent pas chez tous les hommes avec les mêmes caractères, et il serait vain, pour y obvier, de légiférer en vue d'êtres par hypothèse raisonnables et libres, sans spécifier si l'on a affaire à des hommes ni auxquels.

L'extension des communications, l'étude comparée des diverses populations du globe depuis la préhistoire, percent les *inexactitudes* d'une anthropologie et d'une « anthropodicée » bâties en dehors du temps et de l'espace. Il n'y a « plus de Persans de Montesquieu, d'Hindous de Voltaire, de Chinois des philosophes », — Européens à peine travestis, — plus de bons sauvages, libres ou régis par des lois d'idéales simplicité et uniformité. La présence de certaines idées dans toutes les intelligences prouverait tout au plus que leur objet se rencontre partout, mais non la valeur de l'esprit qui les conçoit. Mais, sans compter l'absence et les variations extrêmes de l'idéal (infra), il est normal que le droit *diffère* de peuple à peuple ou même présente quelque confusion dans un même pays et ne reste nulle part dix ans le même, il est fatal qu'il se modifie au milieu d'un monde changeant : c'est un produit d'évolution et ses transformations sont parallèles à celles de l'homme et de la société [3]. S'il y a

1. *Rep.*, III, 22. — Thiers: Le droit est à Paris comme à Pékin, en été comme en hiver.

2. Sans exiger de science spéciale. Aussi, en l'Homme qui servit de base aux éthiques grecques, chrétiennes..., on reconnaît le Grec, le Chrétien... Cf. Lévy-Bruhl, p. 67, 72.

3. Tylor, *Primit. culture*, tr. fr.; Lubbock, *op. cit.*; Post, *Gr. des Rechts,* p. 25 s. — Spencer, *Mor. des diff. peuples*, p. 5, 29: la confusion, décroissante, provient de la différence des conditions de vie (action directe de la discipline sociale et sélection), de la divergence entre la morale externe d'inimitié et la morale interne d'amitié, enfin de la diversité des écoles; *Fortn. Rev.*, juil. 1888, ou *Essais*, III, Éthique de Kant, et *Just.*, p. 327 s

quelque chose en quoi les hommes diffèrent, c'est la finesse de leurs
intuitions morales ; sans aller jusque chez les sauvages, on s'en assure en examinant les divers bancs de la société (Bagehot). Elles ne
peuvent pas ne pas se modeler selon le développement mental, suivant que l'être prend sa base d'appréciation en dehors de lui, en
lui-même ou que la société parle en lui. Les théoriciens mêmes ne
s'accordent pas sur les principes fondamentaux. On connaît les paroles [de Pascal : « On ne voit presque rien de juste ou d'injuste
qui ne change de qualité en changeant de climat. Trois degrés d'élévation du pôle renversent toute la jurisprudence. Un méridien décide
de la vérité. Vérité en deçà des Pyrénées, erreur au delà[1]. »

A vrai dire, cette instabilité du droit positif ou théorique prouve
seulement contre la prétendue universalité de ses procédés, non contre la permanence de son but ; loin de lui enlever toute valeur pratique, elle montre qu'il s'adapte aux conditions de vie, et c'est pourquoi, présentée comme un *produit a posteriori* de l'expérience individuelle ou sociale et douée d'une *valeur relative*, la raison peut
être conservée (infra). Les systèmes proposés valent seulement pour
leurs auteurs, et l'on ne saurait aspirer à en fonder de nouveaux
qu'avec une portée relative[2]. C'est précisément ce qu'ont contre-
carré, en tant qu'elles ont eu une influence réelle, les prétentions des
théories rationalistes à l'universalité et à l'immutabilité et les résistances du traditionalisme juridique aux innovations sous prétexte
que « le droit ne doit pas être changé » : les lois, comme une maladie, se propagent de lieu en lieu et se transmettent de génération en
génération. On nous applique celles qui ont été faites pour nos
grands-pères.

absence de l'idée de droit chez certains peuples, et, chez d'autres, devoir
de tuer, de servir d'aliment au chef...
1. *Pensées*, III, 8 ; VI, 6. — Mêmes paroles dans Montaigne, II, 12.
2. Droit naturel à contenu variable : Stammler, *Wirtsch. u. Recht*, p. 171,
184 s ; Saleilles, *Rev. trim. du dr.*, n° 1.

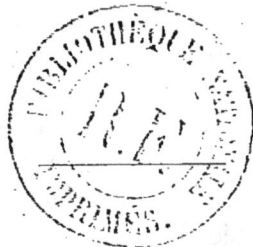

SECTION VIII

Tendances individualistes et socialistes.

Très près des précédentes se trouve l'idée que chaque homme possède, de par son existence et sa qualité d'être humain, des prérogatives naturelles, des droits *innés*, — das mit uns geborne Recht, suivant l'expression de Gœthe. « Anthropocentriquement », la *Vie* est le Bien ; tout ce qui est vital, dans l'humanité, est moral. Le droit à l'évolution vitale tout entière, active, sensible, intellectuelle, constitue le droit primordial de l'individu. Le fait de sa naissance, à lui seul, lui donne le droit de vivre ; l'existence des besoins dont la satisfaction est nécessaire à la vie fonde la faculté juridique de les satisfaire. L'homme a donc le droit de vivre, de se développer, de se reproduire.

Sous un nom différent, c'est le même principe qu'on pose en vertu de la *liberté*, du moins quand on entend par là l'indépendance extérieure et non le libre arbitre. La vie, dit-on, ne vaut que par la libre jouissance de nos facultés et même du fruit de leur activité (propriété). Le droit résiderait dans l'autonomie de l'être humain, dans la permission et le pouvoir de ne dépendre que de lui-même dans ses actions, d'être le maître de sa destinée. De ce droit fondamental découleraient tous les autres, hypothétiques, c'est-à dire subordonnés à l'accomplissement d'un fait, ou absolus, c'est-à-dire assurant directement le respect de l'individu.

On voit que cette théorie se fond avec celle de l'*inviolabilité* de la personne, basée sur sa *dignité*, qui en fait une fin en soi, non traitable comme une chose. Dès que la personnalité est définie un sujet de *devoirs*, on touche à la doctrine qui fonde le droit sur l'obligation.

Distinctes à l'analyse, les idées de liberté et de dignité ont suivi une évolution presque parallèle ; le sentiment de la liberté semble inséparable de celui de la dignité, tandis que la liberté s'est souvent affirmée sans aucune dignité. Le christianisme, il faut lui rendre cette justice, a relevé, à cet égard, l'homme, dont les philosophes antiques avaient accepté l'esclavage. Quant à la doctrine de la liberté, elle est traditionnelle en France, et, par l'intermédiaire de Rousseau, elle a influé sur Kant [1]. L'idée du droit subjectif inné a inspiré les

1. Delbos, *Phil. prat. de Kant*, p. 115. — Descartes, Mirabeau, Maine de Biran, Royer-Collard, V. Cousin, Jouffroy..., Proudhon, Franck. — Novicow

codes modernes, depuis que la Déclaration des droits a affirmé que
« les hommes naissent et demeurent libres et égaux en droits ».

Ces conceptions ont aujourd'hui perdu de leur prestige. L'idée
d'isolement et d'indépendance a dû céder la place à celle de l'*interdépendance* et de la solidarité ; l'individualisme est mis en danger
par le socialisme. D'aucuns estiment la Déclaration presque aussi
vétuste que la Loi des XII Tables ; ils ridiculisent la conception de
l'état de nature, celle d'un homme né tout armé de ses droits comme
Pallas de son bouclier. Comment concilier avec les théories matérialistes, la dignité, le caractère éminemment respectable, qui ne
sont point des faits d'expérience ? — Supposé bon, le principe reste
vague ; peut-être même ce palladium ne fonderait-il que des *devoirs
négatifs* rendant la personne intangible, sans permettre d'obtenir
d'autrui aucune prestation positive (héritage, assistance...). La notion de *personnalité* elle-même est équivoque et confuse. Entend-on
par là le moi qui se connaît et, par des actes volontaires, s'oppose
au non-moi ? ou bien l'agent moral, volonté soumise par la raison à
la loi du devoir ? La propriété de soi, la faculté d'agir selon ses propres déterminations, est-ce autre chose que la permission accordée à
l'homme de rester un homme ? La *liberté* est la forme la plus commune du droit, mais pouvoir agir ne suffit pas, il faut pouvoir exiger le concours d'autrui. — Nous semblons dans le rationnel et pourtant il ne s'agit que de *faits brutaux rationalisés* ; et pourquoi
devrait-on respecter des faits ? A un moment donné, on passe forcément d'un fait à un droit. Si la liberté est présentée comme un droit,
elle présuppose le droit ; si c'est un simple fait, elle ne fonde pas le
droit : la nature ne connaît pas de droit. Les hommes n'ont, de nature, aucune prérogative.

Asseoir la justice sur la liberté, présente, en pratique, de grands
dangers si l'on n'introduit aucun principe de limitation : la lutte des
classes, la guerre et, en même temps, l'indiscipline, c'est-à-dire la
négation du droit, voilà la liberté. Comment, en théorie, solutionner
les conflits qui sortent infailliblement de son usage inconditionné ?
Tout crime est un emploi de la liberté, et inversement presque tous
nos actes empiètent sur la sphère d'autrui : jusqu'où y a-t-il activité
légitime et à partir de quel moment y a-t-il abus ? Suivant que notre
liberté est étendue corrélativement aux devoirs que nous avons à remplir ou qu'elle s'arrête au seuil de nos propres obligations, c'est-à-
dire qu'elle est limitée par la charité, le droit s'épanouit avec la

(*Just. et exp. de la vie*, p. 46, 108) effleure la question de la limitation de la
liberté.

même élasticité que les charges imposées par la morale, ou bien il
est rétréci, submergé par elle. Les contradictions mêmes auxquelles
aboutit la logique de la liberté permettent d'entrevoir dans l'*égalité*
un des dénouements proposés : si chacun possède un droit absolu
comme moi-même, tout ce qui pénètre dans la sphère d'action d'autrui est à la fois un droit, en vertu de la liberté de l'auteur, et un
crime, à raison de la liberté de la victime. Ne convient-il pas dès
lors que, dans une mesure à déterminer, je sois limité moi-même
pour ne pas limiter autrui? C'est le principe de l'égalité de liberté.
Nous allons voir s'il réalise ces espérances de fixer des bornes rationnelles et précises à l'individu, qui tend à se développer en tous
sens.

L'homme n'a jamais été isolé; toujours il s'est trouvé en présence
d'autres hommes. Le fondement même de son droit à la vie eût dû
lui faire admettre le même droit chez les autres : la question était
toute de logique, de symétrie, de réciprocité, d' « équité ». Nécessité et contradiction singulières : au nom du principe de son droit,
dès avant qu'il en ait conscience, l'état de rivalité où se trouvait
l'homme vis-à-vis de ses semblables l'amena à anéantir leur droit !
C'est ce principe d'égalité, longtemps méconnu, qu'on s'est tardive-
ment efforcé d'établir. On en a même *abusé* : « Un nain, dit-on, est
tout autant un homme que l'est un géant ; dès lors il est naturel que
tous les hommes aient les mêmes prérogatives et les mêmes obligations. » Ce raisonnement se ramène à qualifier du même nom deux
objets, grâce à l'abstraction de leurs différences, et à conclure de
cette convention que les différences, c'est-à-dire les inégalités, n'existent pas : 1 homme $+$ 1 homme $=$ 2 hommes, donc les hommes
sont égaux ! On dirait aussi légitimement : les arbres sont égaux,
ou bien : un Italien n'est pas un Français, donc Italiens et Français
sont inégaux !

L'égalité de liberté comme desideratum ou idéal subjectifs n'est
pas suffisamment distinguée de l'égalité présentée comme une *réalité
objective* et de l'égalité *effective souhaitée*. Parmi les socialistes, les
uns insistent sur les différences actuelles de condition, afin d'y remédier ; d'autres semblent admettre qu'il est seulement besoin d'harmoniser les principes avec un état de fait où « tout le monde se vaut ».
Cette dernière hypothèse se heurte à d'évidentes constatations.
Quant à l'égalité juridique, elle doit être justifiée, et, alors même, ce
ne saurait être comme base, mais comme limite des droits, préexistants : nous rentrons ainsi dans les autres théories.

La doctrine de *Kant* tient à la fois du rationalisme et du libéralisme, qu'il a transfigurés et auxquels il a mêlé un élément d'égalité. Le concept de la liberté, suivant lui [1], « forme la clef de voûte
de tout l'édifice »; la liberté pratique, « démontrée par l'expérience »,
est la faculté de se déterminer indépendamment des impressions et
impulsions sensibles, et la liberté morale consiste dans la propriété,
que possède la volonté, d'être à elle-même une loi. Le respect de la
personnalité humaine est le premier des devoirs, à raison de la dignité personnelle, basée elle-même sur la nature suprasensible de
l'homme. — C'est-à-dire, l'indépendance étant posée, et non démontrée, on doit la respecter parce qu'elle est respectable. Pas plus qu'on
n'établit la suffisance de la raison et de la liberté pour être réellement sujet de droits, on ne démontre qu'elles sont des conditions
nécessaires pour le devenir éventuellement, alors qu'on pourrait se
contenter de la subjectivité psychologique comme support éventuel
de la subjectivité juridique.

Kant a bien vu que, si aucune limite n'était apportée à la possibilité *d'être à soi-même sa loi*, d'agir dans toutes les directions, il en
résulterait infailliblement des conflits à l'état chronique. Le droit
doit déterminer les conditions sous lesquelles la liberté de chacun se
concilie avec celle de tous. Cette indication est purement formelle
(le droit est l'accord des droits) et ne fournit pas encore le contenu
ni le fondement du droit, — en quoi elle ressemble à la définition
souvent citée : le droit est la loi de coexistence des hommes en société
(ou bien : l'harmonie des libertés, l'indépendance limitée par les exigences de la vie commune). Elle en diffère en ce que Kant ne veut
à aucun prix de l'hétéronomie (encore qu'il y touche en affirmant
que, sans Dieu, la morale serait une illusion). Etant donné qu'il
cherche une loi, une seule issue lui reste donc ouverte : que l'être
raisonnable *se donne à lui-même sa loi*, c'est-à-dire l'autonomie.
Reste à se demander *pourquoi* la volonté deviendrait obligatoire
pour soi : l'«impératif catégorique » de la loi morale, que je constate en mon cœur, n'est pas, malgré le nimbe de mystère dont l'enveloppe un peintre habile, plus clair que les préceptes de la conscience.
Son irradiation n'éblouit que les spectateurs qui la regardent de trop
près — en eux-mêmes : l'observation historique et ethnographique,

1. *Kritik der prakt. Vernunft*, V, p. 4; *Werke*, éd. Hartenstein, t. III, p. 530,
533; *Fond. de la métaph. des mœurs*, p. 99. — Delbos, *ib.*, p. 191, 236}s, et
travaux cités de M. Boutroux.

qui, tel l'emploi du verre fumé, semble obscurcir ce dont l'introspection fournit une vision directe, est cependant plus sûre et plus
instructive. Sa lumière ne paraît indécomposable qu'aux obstinés
qui n'ont procédé ni à son analyse spectrale ni à sa reconstitution.

« J'admets, dit Kant, qu'il existe réellement des lois pures, qui
déterminent entièrement *a priori* (sans tenir compte des mobiles empiriques, c'est-à-dire du bonheur) ce qu'il faut faire et ne pas faire,
c'est-à-dire l'usage de la liberté d'un être raisonnable en général,
que ces lois *commandent absolument* (et non pas seulement d'une façon hypothétique, sous la supposition d'autres fins empiriques) et
qu'ainsi elles sont nécessaires à tous égards [1]. » Singulière « nécessité absolue », puisque vous ou moi pouvons les transgresser, les re-
nier, les tourner en dérision. A quelle autorité suprême préten-
draient-elles à l'égard de celui qui n'est pas possédé par elles ou
qui les a réduites à des instincts ou à des vérités d'expérience, et a
fortiori vis-à-vis des tiers? En une même personne, au même instant,
il existe d'ailleurs entre ces lois pures et la liberté, d'ordre pratique,
comme entre des appareils émetteurs et enregistreurs non accordés,
une *impossibilité d'influence* que Kant ne supprime qu'en rendant sa
loi impressionnable par l'aspiration au bonheur, c'est-à-dire en re-
nonçant à sa « pureté ».

Même exactes et efficaces, cette liberté et ces devoirs, cette liberté
restreinte par le devoir, nous font sortir de la science juridique, que
la *Métaphysique des mœurs* prenait soin de distinguer de la science
de la vertu (en ce que la première se contente de la légalité ou accord de l'action avec la loi, sans exiger la moralité ou adhésion interne, accord des mobiles).

Agis — commande le porte-parole de la raison pure — sans te
soucier des conséquences de ton action. Nous entendons bien qu'il
s'agit d'*accomplir le devoir, advienne que pourra*. Pourtant, ailleurs,
le philosophe conseille de rechercher sa propre perfection mais non
son bonheur, qui dépend des autres, et le bonheur des autres mais
non leur perfection, qui reste leur affaire. Or cette seconde formule
est préférable à la première, au moins en ce que nous ne pouvons,

---

1. Delbos, p. 237. — Renouvier accepte de même comme aprioriques les
idées d'obligation et de justice. — Critique pénétrante de M. Fouillée (*Mor.
cont.*, p. 131, 178, 230): pétitions de principes, équations contestables, pa-
ralogismes, contradictions. Kant prend pour accordé ce qui est en question: l'existence d'un a priori moral, la supériorité de la raison. Celle-ci,
dans son système, commande au lieu d'expliquer: « Je veux, donc je veux »,
voilà la stérile identité de l'impératif. Or un « volo » obstiné n'est pas
une « raison », et un maître n'acquiert point l'autorité par son ton impérieux.

cantonnés avec rigidité et dureté sur le terrain de notre devoir, nous désintéresser du résultat de nos actions, des malheurs irréparables qu'est susceptible d'engendrer la plus idéale des intentions ; et c'est encore un empiètement légitime de l'insinuant utilitarisme.

L'idée qui exprime la pensée dominante de Kant est pourtant abs-traite, formelle, dépourvue de sensibilité, bien qu'il finisse par la douer de personnalité ou au moins de réalité supérieure et par l'in-carner en une sorte de Verbe, d'Idée, de Logos : c'est celle d'*uni-versalité*. La règle eût été en effet difficilement pourvue d'un con-tenu, dans le dessein où il était de légiférer pour tous les temps et pour tous les peuples [1]. La loi de toute activité est donc d'agir « de telle sorte que la maxime de ton acte puisse servir de *règle générale* à tes semblables ». — Voilà une formule qui semble justifier la re-marque que la morale des philosophes ne saurait avoir grande portée pour le vulgaire, puisque, en termes peu clairs, elle l'appelle au rôle quasi-divin de législateur universel, en exigeant la connaissance des actes susceptibles d'être l'objet de prescriptions valables pour tous. Elle s'explique pourtant et elle renferme une conception rationnelle. Mais, la similitude n'étant pas l'identité, à quel degré s'arrêtera-t-on? Et qui servira de base? Toi. Est-ce toi individuellement? Non pas, mais en tant qu'homme ou plutôt qu'être raisonnable et libre (ce qui est loin d'être équivalent et ramène à une définition nominale). Pour-quoi s'arrêter au semblable? On trouve ici le germe d'une idée exacte (bien qu'utilitaire, au fond) : c'est que les mêmes préceptes ne s'ap-pliquent que toutes choses égales et dans les mêmes circonstances; mais l'idée n'est ni répudiée, puisqu'on ne fait pas abstraction de toutes les circonstances, ni suivie avec rigueur, car une maxime non formelle ne s'applique qu'au même moi et seulement pendant l'ins-tant où il reste lui-même, tandis qu'ici elle doit pouvoir s'étendre à tous ses « semblables », qui sont différents de lui.

Pourquoi même la règle doit-elle pouvoir être *généralisée*? Kant explique que « les maximes injustes ne peuvent être universalisées dans la nature parce qu'elles renferment une contrariété de la pen-sée. Par exemple, vouloir faire partie d'une société et vouloir men-tir, c'est se contredire, car si vous érigez le mensonge en loi, la so-ciété est dissoute... » Le raisonnement est très juste, mais l'exemple suppose une fin utilitaire, toute relative et acceptée, tout à fait diffé-rente d'une fin absolue et impérative, et le principe même repose

---

1. « Une loi pratique doit avoir la qualité d'un principe de législation universelle » (Cp. Fouillée, *ib.*, p. 211, 217). — Les « conditions de vie » ré-pondent à ce desideratum sans être aussi formelles.

sur la *nécessité* d'être *logique*, conséquent dans la poursuite de ce
but (infra : Systèmes téléologiques à base relative).

Dans l'application, les *symptômes de la possibilité d'universalisa-
tion* seraient-ils scientifiquement déterminables? Leur fixation aboutit tout au moins à une délicate casuistique et même à des contradictions intimes. Sans doute il s'agit de la maxime et non de l'action,
mais combien d'actes ou de situations sont nécessaires à un nombre
restreint d'exemplaires, qui, multipliés, seraient détestables, et dès
lors on ne peut généraliser leur maxime que si elle est formelle
(comme celle du « normal »). Si, de la loi fondamentale posée par
Kant, on déduit des préceptes particuliers, que devient l'autorité des
impératifs concrets de notre conscience? Si on laisse subsister la loi
avec son caractère abstrait, c'est supprimer le mobile sensible, l'attirance du bien; cette formule mathématique présente un attrait
moindre que le « bien-être du plus grand nombre ».

Une autre contradiction, non plus dans les déductions logiques,
mais entre les affirmations et la réalité, affecte le système de Kant.
Comme Rousseau, le philosophe de Kœnigsberg prenait pour point
de départ l'existence de la *liberté*. Or, de plus en plus, on met en
relief la dépendance de fait, d'ailleurs croissante, de chacun vis-à-vis
de tous. L'homme est régi par l'influence constante et inéluctable de
son milieu; sa condition, tout ce qu'il est et tout ce qu'il a, il le doit
aux autres : le faible a besoin du fort, mais le plus grand ne peut se
passer davantage du « plus petit que soi ». Nous sommes tels que
nous ont créés les générations précédentes, et nous préparons la
destinée de nos descendants. Et la liberté inconditionnée paraît aussi
peu désirable qu'est peu exacte la liberté absolue. Ce qui en reste a
changé de caractère : au lieu de constituer une fin, comme le prétendait Kant, on y voit un simple moyen — de développer la vie, la
personnalité, d'atteindre la perfection, de servir la société. C'est sur
la nature de cette fin que les avis diffèrent.

Tenant compte de ce double défaut de la théorie libérale, de nombreuses définitions ont été proposées, qui se réduisent à peu près à
la suivante : le droit est la règle qui « ramène les volontés particulières à l'unité pour les faire concourir au *but* poursuivi par le corps
social » (Schäffle). Le premier de ces éléments, le but, sera étudié
avec les systèmes téléologiques; nous ne retiendrons ici que ce qui
a trait au caractère social du droit.

L'homme est comparable à une cellule de la société. La société
remplit sa mission protectrice en garantissant à chacun ce qui lui est

dû et en maintenant les rapports de ses membres par des règles juridiquement obligatoires, c'est-à-dire susceptibles d'être exécutées par
coaction. Le droit — ceci est son objet, son but, son fondement —
établit la *covivance*, coordonne les parties avec le tout et le tout avec
les parties (Carle, Tanon). Il assure la proportion et la solidité de
l'édifice, l'harmonie et l'union des citoyens. La loi de coexistence,
déjà rencontrée chez Kant, se complète ici d'une loi de coopération.

Cette doctrine, où prédomine l'influence de la collectivité, a revêtu
les formes les plus diverses sous l'effort de la pensée sociologique
contemporaine, notamment dans les écoles de la société-superorga-
nisme et du solidarisme. Idées anciennes, sans doute, mais renouvelées : se conformer à la solidarité sociale, notamment, est considéré
comme une règle, non plus uniforme, mais prescrivant d'abord de
ressembler à autrui, puis, aux époques ultérieures, de se différencier
d'autrui en vue d'accomplir une fonction spécialisée d'une société
régie par la division du travail.

La théorie sociale, juridique, de l'ordre et de l'harmonisation a ses
tenants et aboutissants dans la *morale individuelle*, d'une part, et
dans la *cosmologie*, de l'autre. On conseille à l'homme de se prémunir contre toute prédominance d'une fonction, d'une faculté sur une
autre, d'ordonner son activité d'une manière rationnelle, c'est-à-dire
de façon à « constituer des séries d'actes bien enchaînés et susceptibles de former un tout systématique ». De la nécessité de hiérarchiser
les séries causales les unes aux autres, en remontant de l'individu à
la société et de la société à l'humanité, découle l'obligation « morale » d'adopter une conduite non seulement cohérente en elle-même,
mais en harmonie avec « un système plus vaste qui tend à réaliser le
plus haut degré concevable d'activité humaine »[1]. Ce système s'a-
chève dans une vision de l'harmonie universelle, du κόσμος.

L'idée, on le voit, n'est pas plus neuve que celle de solidarité. On
sait l'importance qu'eurent, chez les Grecs, la notion d'équilibre des
fonctions, de la santé du corps et de l'âme, celle de la nature politique de l'homme, jamais supposé hors de la société, et enfin la conception pour ainsi dire républicaine du monde, où êtres et choses
étaient conçus comme des forces libres enchâssées dans un système
de forces librement épanouies. Mais pour être ancien, ce système
n'est pas à l'abri de toute critique.

L'*accord interne* n'est pas seulement loin d'être une réalité, puisque les moins fous n'échappent pas à la contradiction, aux conflits

---

1. Duprat, *Mor.; fond. psycho-sociol. d'une conduite rationnelle*, p. 43.

de croyances et de désirs : la conscience, malgré qu'elle se croie homogène, jette parfois des cris discordants. Qui ne s'est senti tiraillé, non pas seulement entre le devoir et le désir, mais entre deux obligations? Des sentiments moraux hérités des plus lointains ancêtres coexistent avec des acquisitions récentes, d'un « fini » plus délicat [1].

Le moyen terme entre les inclinations, qu'est-ce autre chose que l'antique maxime du juste milieu? « Ne soyons ni ascètes ni libertins, transigeons. Soyons vicieux modérément et, pour compenser, nous serons aussi vertueux modérément ! » La bonté de la conclusion dépend des extrêmes choisis. Sans doute le mot : pathologique existe, mais, comme le mot : normal, dont il est complémentaire, il offre moins de précision en morale et en sociologie que dans les sciences physiologiques et psychiques, son terrain d'origine.

L'équilibre de la santé, la belle ordonnance des principes, tout cela a-t-il une valeur autre qu'un conseil d'hygiène, une règle de logique?

L'*harmonie externe*, sociale, est une excellente chose. Mais elle est la matière du droit plus que sa justification. Parce qu'elle est le droit, elle serait inapte à le fonder : ce serait légitimer par lui-même l'objet du débat. — D'ailleurs on ne saurait, sous prétexte d'harmonie, bannir toute dissidence, sans instituer la monotonie et interdire le progrès. Le malaise d'un non-conformisme présent se trouve compensé par un profit éventuel. « Il y a deux extrêmes fatals à l'évolution : rigidité et incohérence. Une plasticité moyenne, voilà la bonne condition [2]. » Le penchant à l'inertie n'étant que trop naturel, il convient d'encourager le mouvement, l'initiative, l'innovation.

Quant à l'harmonie préétablie du monde, compatible avec le polythéisme comme avec le monothéisme, la science l'a remplacée par la conception d'une harmonie bien davantage merveilleuse, qui serait issue du chaos et résulterait de la lutte. Réelle, la seconde l'est sans aucun doute et tend à le devenir plus intimement et avec une minutie croissante, en des cercles sans cesse plus vastes. Mais ce n'est là qu'une constatation de fait, sans aucune valeur d'obligation morale, encore qu'elle soit de nature à impressionner profondément les esprits.

Les idées de droit et de devoir réagissent contre la réalité, mais

---

1. Hostilité venue des guerres et sympathie de la vie en commun : Spencer, *Mor. des diff. peuples*, 1; Lévy-Bruhl, p. 83, 241.
2. Spencer, *Science sociale*, p. 259: L'insubordination, comme la subordination, est essentielle au progrès.

forcément elles en tiennent compte. Or les actions et réactions du
moi et du non-moi aboutissent, comme toutes autres, à peu près à
l'équilibre. Lorsque le non-moi possède une grande force expansive,
le moi s'efface, et inversement. Les deux formes extrêmes se manifestent par l'égoïsme ou l'individualisme et par l'altruisme ou le
socialisme. L'affirmation médiane du moi et du non-moi s'extériorise
par les sentiments égo-altruistes et s'exprime dans le solidarisme.

Dans l'individualisme pur, libertaire, il n'y a que des droits et
aucun devoir. Le point de vue exclusivement *social* ne relève au
contraire dans l'individu *que des devoirs*, sans aucun droit. La notion
de droit attaché à la personne suppose en effet un certain individualisme, une existence et une valeur propres de l'homme, conçu comme
centre d'action et de pensée; or cette condition défaille si on le
considère seulement comme un membre de la société, dont l'activité
émanerait de l'être social. Il n'est et ne vaut, en ce cas, que par et
pour sa fonction; ses devoirs, sa mission, ne laissent aucune place
au droit.

Cette négation des droits s'est rencontrée, sous la forme d'instinct
et de foi, dans les doctrines où dominent les sentiments sympathiques : le christianisme donne le pas à l'obligation morale et passe
sous silence l'idée de droits qu'on réclamerait. Chez Tolstoï, de même,
le devoir est fort et le droit nul. La même conception a été systéma-
tisée en vertu de l'existence distincte, supérieure, antérieure, sinon
organique, de la société. — Chez *Comte*, les deux tendances, senti-
mentale et scientifique, confluent. Les relations humaines ont la fraternité pour condition et origine de fait et comme base idéale : elle
substitue à l'égoïsme l'altruisme, qui renferme l'ensemble des sentiments les plus nobles de la nature humaine, ceux qui l'élèvent vers
la perfection. La tendance effective et la fin idéale constatées dans
ces prémisses se transforment en préceptes obligatoires : vivre pour
autrui, agir par affection et penser pour agir. La fraternité chrétienne
est insuffisante : il faut aimer son prochain *plus* que soi-même. Cet
abandon du moi a pour conséquence forcée la négation de l'individu
et de ses droits personnels : « Le positivisme ne reconnaît à personne
d'autre droit que celui de faire son devoir. La notion de droit doit
disparaître du domaine politique. Le positivisme n'admet jamais que
des devoirs chez tous, envers tous, car son point de vue toujours social ne peut comporter aucune notion du droit, constamment fondé
sur l'individualité [1]. »

1. A. Comte, *Phil. pos.*, t. VI, p. 454; *Catéch. pos.*, p. 288.

Plusieurs écoles sociologiques contemporaines aboutissent aux mêmes conclusions. Le droit n'existe que *par* la société, qui possède seule le pouvoir de commander, et *pour* elle, qui est la fin suprême où se résorbe toute vie individuelle. L'homme est inséparablement encastré dans la société, il y travaille à une œuvre qui n'est pas la sienne; même en dehors de l'administration, il remplit une *fonction* spéciale de la tâche commune. L'intérêt et le bonheur de la collectivité organisée, voilà le bien objectif, présent sous forme d'idéal dans les cerveaux individuels. La conservation et le développement de l'ensemble priment tout; ceux de ses fractions sont négligeables [1]. Le premier devoir de l'individu est de s'adapter au milieu social. — On croirait entendre Hegel rappeler à chaque homme qu'il n'a de valeur que comme citoyen et que son souci constant doit être d'agir comme sujet de l'État. Et, de fait, ces doctrines sociologiques ont plus d'un point de contact avec l'idée de l'État-Léviathan et avec les écoles juridiques autoritaires, notamment germaniques, qui font découler tout droit de l'État et de la loi.

Les déductions sont logiques en la forme : reste à savoir si leur base — la prédominance de la société — est réelle et intangible et si leurs conclusions répondent aux conditions de l'évolution. Or, *l'individu*, jusqu'à nouvel ordre, jusqu'à ce qu'il cesse de mériter ce nom et doive le céder à la communauté, reste le centre unique de connaissance, sinon d'instinct et d'action. Objectera-t-on que, à cause du caractère accessoire de la spéculation par rapport à la vie active, plus essentielle, la société constitue dès à présent un « individu supérieur »? L'individu, au sens actuel, n'en demeure pas moins, seul, complet, jusqu'à ce que la société le réduise à ne servir que comme un de ses éléments. — De l'*utilité*, ce système tient compte sans aucun doute, mais il la rétrécit à celle du groupe, sans concéder que l'utilité personnelle en constitue un élément, qui, si on le néglige, se retourne contre le but poursuivi. Le « salus populi », la loi du nombre, la force compressive, mentalement illimitée, de la collectivité, aboutissent, en écrasant les individus, juste à l'inverse de la prospérité commune. Négliger les membres de la société, sans lesquels celle-ci n'est qu'un mot, c'est négliger la communauté [2]. Si

1. Bordier, Letourneau; Courcelle-Seneuil, *Étude du dr.*, p. 105, 212; A. Danten : la liberté des individus serait le grouillement des vers substitué à la vie centrale.

2. Il n'existe, selon Fichte, qu'une vertu : s'oublier comme individu, penser pour la race ; et un vice : penser à soi. — Mais des zéros multipliés donnent encore zéro. Si je ne vaux rien pour moi, que vaux-je pour autrui? (Fouillée, *Él. de la mor.*, p. 280.)

l'on condamne l'homme à un exercice spécial et toujours semblable,
sans lui permettre de réaliser le type de l'individu complet, — ne
fût-ce que par sport, comme amateur ou dilettante, — l'atrophie de
la majeure partie de lui-même avilira les générations suivantes, car
nous ne transmettons pas, comme les abeilles, des facultés que nous
ne possédons pas : l'être d'intelligence serait impuissant à transmettre ses précieux dons, tandis que ceux qui sont susceptibles d'avoir
une descendance auraient l'esprit brut...

A un autre point de vue, l'application exclusive de chaque homme
à la poursuite de ses devoirs, sans souci de ses droits, *aboutirait
moins sûrement à son but,* qui est le règne de l'ordre social, que la
conduite inverse. Il n'importe pas moins à la justice de ne pas souffrir l'injustice que de ne pas la commettre. Avant Jhering, Mirabeau,
s'adressant au Quakers, avait prononcé ces paroles : « Tu veux la
paix? Eh bien, c'est la faiblesse qui appelle la guerre : une résistance
générale serait la paix universelle. » Dans un monde où la lutte est
inévitable, l'abdication de soi ne peut être une conduite durable, sous
peine d'élimination de soi-même et de son propre idéal de bonté. Le
christianisme n'a pas seulement poussé la morale à empiéter sur la
science juridique, mais il a, pratiquement, encouragé les violations
du droit, à la façon des Tolstoïstes actuels, — et cela, au détriment
de ceux qu'il visait à protéger, puisque chacun est « autrui » à son
tour.

Travailler sans trêve au bonheur commun, en ne songeant qu'à ses
propres obligations, la maxime n'est-elle pas trop *ascétique* pour
triompher? N'est-ce pas l'idéal de la *complication,* de la *déperdition de forces,* de l'art de faire échec à ses propres desseins? N'y
aurait-il donc plus de repos, puisque des devoirs nous sollicitent sans
cesse? Ce serait la logique du système, n'était le devoir de conservation, envers soi-même et envers autrui — pour pouvoir le servir.

L'individualisme ne se demandait pas pourquoi, au côté actif d'un
droit, ne correspondrait pas la passivité d'un individu ou d'une collectivité (droits réels). La forme précédente du socialisme n'explique
pas pourquoi l'obligation ne deviendrait pas, sous certaines conditions, exigible de la part de son bénéficiaire. Or l'idée de droit,
dans sa genèse, se double de celle du devoir d'autrui, et l'idée de
devoir comporte, dans certains cas, celle du droit d'autrui et, par
réfraction, de notre propre droit, puisque nous sommes vis-à-vis
des autres comme ils sont vis-à-vis de nous : les deux idées semblent
donc presque inséparables. Une tierce conception, qui les admet tou-

tes deux, fonde pourtant *le droit sur le devoir*, — donnant ainsi la prédominance à ce dernier.

La manière la plus courante de rattacher le droit au devoir consiste à établir une corrélation entre le droit d'une personne, sujet actif, et le devoir correspondant d'une *autre personne*, sujet passif : ce sont deux aspects complémentaires, l'avers et l'envers, d'un même phénomène, plutôt qu'une relation de moyen à fin. Le principe de finalité, la téléologie (infra), apparaissent seulement lorsqu'on fonde chacun des droits d'une personne sur ce fait, qu'il est nécessaire à l'accomplissement d'un devoir correspondant de cette *même personne*, ou l'ensemble de ses droits, sa liberté, sur leur caractère de garantie indispensable à l'exécution de ses obligations in globo. Ces diverses hypothèses supposent d'ailleurs également l'homme en société ou au moins la présence de deux individus : les devoirs envers soi, ne fondant aucune prérogative distincte, sont étrangers à la science du droit.

Le *premier système*, sans perdre ses caractères essentiels, a reçu quelque perfectionnement sous la forme suivante : « J'ai pour devoir de respecter votre vie et votre liberté ; donc vous avez droit à ce double respect, et le devoir dont nous parlons étant universel, le droit qui en résulte existe pour moi comme pour les autres [1]. » Par un circuit, on aboutit à la même égalité que posait la théorie de la liberté pour tous, et, les prémisses affirmant ici l'existence et l'universalité de la liberté, il n'y a rien de plus dans les conclusions. La formule elle-même échappe au reproche d'excessif fractionnement auquel on s'expose en fondant chaque droit sur un devoir corrélatif d'un autre individu ; elle est plus souple que l'exacte réciprocité de droits, qui exigerait une symétrie inexistante de situations et supposerait le droit déjà fondé, mais elle a le tort de ne pas laisser place à l'idée de devoirs-droits bornés aux rapports d'un individu avec un groupe et de groupes ou catégories entre eux, tels ceux de tout père envers tout fils ou réciproquement.

Ce système *suppose* d'ailleurs acquise *l'idée de devoir*, dont, jusqu'à preuve décisive dans un sens ou dans l'autre, il est logique d'admettre la simultanéité. En outre, les devoirs dont est tenu un individu envers ses semblables sont traditionnellement plus étendus que ce qu'on peut exiger de lui : la charité, la vertu et nombre de prohibitions et surtout d'injonctions ne sont point encore passés dans nos codes. Au risque d'accorder une certaine liberté juridique

---

1. A. Franck, *Phil. du dr. pénal; Nouv. essais de crit. phil.*, 1890.

du mal moral, il faut à autrui, pour se prévaloir d'un droit à notre égard, quelque chose de plus que notre vague et générale obligation de le respecter et de l'aider : aussi constatons-nous que les traités de jurisprudence n'ont pas un objet identique aux morales et seulement vu à rebours. Cette critique exclut à son tour l'hypothèse inverse, du devoir.fondé sur le droit, puisque ce dernier, moins large, ne saurait lui servir de base. Et pourtant les auteurs avouent la difficulté de projeter, de l'homme envisagé comme sujet passif, des devoirs d'agir envers néant, — lesquels resteraient à l'état de suspension, — sans une aptitude et des « titres », correspondants, à les attirer vers un titulaire quelconque; c'est ainsi que, pour les besoins de la cause, on est amené à dédoubler le moi, afin de créer les devoirs envers soi-même, et à doter Dieu d'une personnalité supérieure et les animaux d'une personnalité juridique embryonnaire, quand on veut nous obliger à leur égard. Or toutes les fois que le droit est tiré du devoir, lui-même dérivé du caractère inviolable de la personne, on aboutit à ce que le droit repose sur lui-même. — Quant à « *se mettre à la place d'autrui* », à comparer les droits que nous nous attribuons avec les devoirs que nous nous reconnaissons, le conseil vaut pour nous ramener au sentiment de nos obligations ; rarement il est nécessaire pour renforcer l'idée de nos propres prérogatives, que la plupart sont prêts à défendre; mais il ne vise pas à fournir la mesure exacte des uns ni des autres, étant donné qu'il n'existe pas deux personnes ou deux catégories qui soient dans une situation identique.

La *seconde conception*, sensiblement différente, tombe sous des critiques analogues. L'homme, dit-on, quoique ou parce que libre, possède des devoirs. Obligé à les remplir, n'est-il pas naturel qu'il en *possède les moyens* ; que, débiteur envers la société, son créancier ne l'empêche pas de s'acquitter et même lui en fournisse la possibilité? Une fin morale médiate ou générale est reconnue suffisante, telle que de pourvoir à la « destinée humaine », à sa propre vie physique, condition sine qua non de la vie morale. — On voit où est susceptible de conduire, en pratique, cette justification des moyens par la fin, dont l'imprécision autorise les interprétations les plus larges et laisse à la fantaisie de chacun le soin de déterminer le degré d'adaptation qui légitime le moyen, selon le degré d'indulgence envers ses propres penchants (infra: Téléologie). L'homme étant obligé, *doit*-on même, selon l'affirmation capitale du système, lui procurer la possibilité de s'affranchir? S'il existait quelque obstacle, naturel ou non, en résulterait-il une autre conséquence que de dégager sa responsabilité ou de le délier de ses obligations? Il faudrait aussi démontrer que la personne n'a aucun droit, n'est pas inviolable par elle-même, même non utile à la société ou isolée, mais seulement comme sujet de devoirs[1].

D'après un *dernier système*[2], le droit se constitue également avec l'idée pure de devoir, mais comme *garantie* non de tel devoir en particulier, mais *du devoir en général*. L'utilité n'étant point, selon la définition du droit, un titre suffisant pour imposer, au besoin par la force, une prétention, quelle autre raison y autoriserait, en dehors de nos obligations ? « Si on nous doit quelque chose, c'est à nos devoirs. » De sorte que la définition précédente se ramène à celle-ci : « Le droit est la qualité d'un individu en vertu de laquelle il peut contraindre d'autres personnes à certains devoirs envers lui dans l'intérêt de ses propres devoirs. » La « liberté » « égale » est la première des garanties sollicitées par cette « fin », et chaque « besoin » peut aussi devenir un droit, comme condition éventuelle d'un devoir. — Mais le but est large et le moyen peut s'en émanciper. Nos droits seraient extrêmes, car nos devoirs sont infinis. Tandis que le précédent système, au détriment de la sécurité, permettait de se dégager de ses obligations en invoquant que leur bénéficiaire accomplirait mal les siennes, le présent blanc-seing rend les droits indépendants de l'accomplissement effectif de tout devoir, car il les postule seulement pour qu'on ait la « possibilité » de l'accomplir. Cela équivaudrait à exiger et valider le paiement du prix aux échéances successives, alors qu'aucune des contre-prestations — restant possibles — ne serait effectuée. Une telle prétention couvre — ce sont les paroles d'un de ses défenseurs — « la violation du devoir dans l'intérêt du devoir lui-même, pour l'accomplissement duquel il faut un certain degré de liberté qui peut *aller jusqu'à l'abus* ». Si, à l'inverse, on subordonne l'ensemble des droits à l'exécution des devoirs, c'est présenter ceux-ci sous le jour peu favorable d'un revers de médaille et rendre indécise l'existence des premiers.

Nous nous efforcerons plus loin de montrer que les idées de droit et de devoir concourent au contraire à remplir une même fonction, individuelle et sociale.

1. Cp. auteurs cités dans: Boistel, *Phil. du dr.*, t. I, p. 132-147...
2. Cp. Beaussire, *Pr. de morale*, p. 232; *Pr. du droit*, p. 46 s.

SECTION IX

Systèmes logiques et téléologiques.

1° A base absolue.

Sous cette forme particulière, ces systèmes sont intermédiaires entre l'a priori et le relatif : la base est posée comme inconditionnée, le reste est déduction. Les données directes de la volonté, de la conscience ou de la raison, précédemment étudiées, étaient seulement susceptibles de fournir matière au raisonnement; suivant de nombreux moralistes, tout se réduit, par contre, aux rapports de la pensée, « à la raison travaillant sur elle-même au moyen de la logique formelle ». Le devoir consisterait en l'*absence de contradiction* dans la poursuite du but final et en l'adaptation des moyens à la fin : rester d'accord avec soi. Ce critère est purement formel et, même si l'on admet que le vice résulte d'une inconséquence et que le mal ne peut être érigé en règle logique, cette théorie ne fournit aucune indication sur le contenu du devoir. Les théories que nous allons esquisser s'efforcent de remédier à cet inconvénient.

La méthode a priori légitime consiste, suivant Kant [1], à partir de « propositions dont les négations (ou l'affirmation) sont *inconcevables* et à avancer par des propositions *dépendantes* successives de même nature ». — Que ces vérités soient expérimentales, mathématiques ou logiques (Littré), il n'est pas moins nécessaire de sortir des constatations ou du raisonnement abstrait pour en tirer des préceptes applicables à la vie pratique. Existe-t-il d'ailleurs de tels axiômes? Un petit nombre paraissent tels aux gens raisonnables; mais la raison a-t-elle raison? D'autres les nient, mais précisément à cause de cela nous négligeons leur jugement ! La plupart sont contestés.

Les *positivistes* ont renouvelé ces idées. Leur conception est *intellectualiste*, en ce qu'elle accorde à la connaissance une part plus large qu'au sentiment : « Ne s'étonner de rien, tout comprendre. Se prémunir contre le retour des actes dont on a constaté la nocuité, comme contre le feu; assurer le retour des actions utiles, comme on prépare celui des moissons : sans haine. Le grand mal est l'erreur ou l'ignorance; atteindre le bien à l'aide du vrai [2]. » En un mot, sa-

1. Spencer, *Probl. de mor.*: Mor. de Kant; Renouvier, *Sc. de la mor.*, préf.
2. Cp. Fouillée, *Mor. cont.*, p. 39 s; p. 44: Taine; p. 36, Sidgwick.

8

voir pour pouvoir, — on dit même volontiers : savoir, c'est pouvoir.
Et cette science, purement positive, se passe de métaphysique ; aussi
Littré [1], abordant le problème spécial de la justice, ne dépasse-t-il
pas les trois échelons de la *biologie*, de la *psychologie* et de la *logique*.

Les origines des phénomènes moraux remontent jusqu'à la trame
de la substance vivante, aux besoins de la nutrition et de la génération, nécessaires à la conservation de l'individu et de l'espèce. De ces
besoins dérivent l'amour de soi-même et l'amour des autres, les sentiments égoïstes et altruistes, auxquels s'adjoignent des sentiments
désintéressés s'appliquant à de pures idées et qui sont l'amour du
vrai, du beau et du juste. Nous parvenons ainsi au domaine supérieur qui est propre à l'éthique. « Le juste, rapporte M. Fouillée, est
de l'ordre intellectuel, de la nature du vrai, et il est aussi distinct de
l'utile que le vrai l'est lui-même. Son origine et son fondement en
font foi. D'après l'histoire, l'idée primordiale du juste n'est autre que
celle de compensation, de dédommagement, conséquemment d'égalité à établir ou à rétablir entre les personnes. » Aristote le définissait
déjà : ce qui est conforme aux lois et à l'égalité, et son nom latin,
æquum, évoque la même pensée. D'après l'analyse psychologique,
ce concept lui-même se ramène à la notion d'identité : pour fonder la
justice, il a suffi que nous reconnaissions, d'instinct, la ressemblance
ou la différence de deux objets. *A* égale *A*, un homme égale un homme,
voilà le point de départ commun à tous nos jugements [1] ; de cette
intuition fondamentale, base des démonstrations logiques, dérivent
les « conclusions » spéculatives, transposées en « devoirs » dans le
domaine de l'action. A ces deux catégories d'obligations s'attache la
nécessité impérative, qui est le propre de la vérité logique.

Au point de vue *physiologique*, la thèse de Littré n'est pas irré-
prochable. La nutrition n'est nullement le seul besoin égoïste et la
génération ne se cantonne pas dans la sexualité : aussi rattache-t-il
abusivement à cette dernière tous les besoins sociaux. Dans le domaine *psychologique*, la supériorité des sentiments altruistes est affirmée sans que leur irréductibilité à l'égoïsme soit démontrée. —
Quant à la base des déductions *logiques*, c'est une pure hypothèse :
si je ne puis, sans contredire mon jugement par ma conduite, m'attribuer plus qu'à vous lorsque nous sommes égaux, cette obligation
cesse dès qu'on constate que l'égalité n'existe pas : or elle n'est nulle
part.

1. Orig. de l'idée de justice, *Philos. posit.*, mars-avril 1870.

Dira-t-on que, existant comme idée, il faut qu'elle existe comme fait ? « Pourquoi ? Les mathématiques constatent et ne réparent pas » (Fouillée). Pour que la nécessité logique se transforme en nécessité morale, les attributs effectivement équivalents devraient être en outre également inviolables. La moralité consisterait-elle à demeurer d'accord avec ses prémisses ? Si je veux rester membre de la société, disent Hobbes et Spinoza, je dois exécuter mes engagements, parce que le contrat est un de ses moyens. Mais, en les violant, je reste logique avec mon intérêt ! « Il est d'ailleurs, dit M. Fouillée, une identité encore plus complète que celle sur laquelle Littré appuie la justice : moi = moi, et moi avant tout. »

Cette théorie repose sur la confusion intentionnelle et bien intentionnée entre le domaine de la connaissance et celui de l'action. Pour que les conclusions d'un syllogisme soient des devoirs, la majeure doit porter sur des fins à atteindre et à la mineure sur des moyens appropriés.

— Les *systèmes téléologiques* n'ont pas tous le même caractère ni la même valeur. Quelques-uns supposent l'existence d'une fin absolue [1]. L'homme a un but et des facultés, il a le droit de disposer de son activité en vue de cette fin. La société a un but, qui est d'aider ses membres à atteindre les leurs ; elle compte donc parmi ses attributs tous les pouvoirs nécessaires. Quelles sont ces fins ? De deux choses l'une : ou bien elles sont vraiment *absolues* (la perfection des facultés...), c'est-à-dire métaphysiques, et comme telles exclues, parce que le positif ne comporte que du relatif ; ou bien elles se ramènent à une *contingence* (le fonctionnement, le développement des facultés) et on n'y est tenu qu'autant qu'on accepte de poursuivre la fin supérieure vers laquelle elles s'acheminent.

Si l'on offre à l'homme de suivre sa nature, ce ne peut être que sa nature actuelle ou sinon le terme de l'évolution ou une fin extérieure. Dans ce dernier cas, il y a solution de continuité. Dans le premier, il y a tautologie. « Homme reste homme » est aussi vain que : « Triangle reste triangle ». Cela signifie-t-il : fais-toi valoir, développe tes aptitudes ? Alors il y a ou bien conflit entre elles, ou bien sacrifice des unes, considérées comme simples moyens, aux autres, envisagées arbitrairement ou métaphysiquement, comme fins ultimes [2].

1. Adde : liberté, harmonie... (supra). L'idée de devoir, dit M. Beaussire, suffit au droit comme l'espace à la géométrie : elle est au point de départ, tout le reste est déduction.
2. Fouillée, *ib.*, p. 67 s, 89 s, 108 : Renouvier part des fins (bonheur) réelle-

2° Systèmes finalistes à base relative.

L'utilitarisme, à n'en pas douter, se range parmi ces systèmes, car l'intérêt suppose une relation entre un moyen et une fin, laquelle n'est, en général, pas présentée comme possédant une valeur absolue. Avec lui, apparaît la correspondance entre les *éléments subjectif et objectif*, entre l'esprit humain et certains rapports extérieurs, correspondance qui sera mieux comprise par les théories subséquentes. Chez les uns, toutefois, domine le côté, interne, du plaisir, des désirs, des besoins, tandis que, chez d'autres, ressort le côté, extérieur, de la désirabilité, de l'intérêt réel. Même dans le premier cas, le principe utilitaire se distingue de la conscience, en ce qu'il apprécie les actes plutôt par ce qui suit, d'après les conséquences éprouvées par l'individu ou la société, que par les appréciations qui les précèdent dans l'esprit. Même dans le second, la fin proposée, plus ou moins bien entendue et élevée, matérielle ou spirituelle, n'est pas présentée sous un aspect transcendant, telle la perfection. Souvent même on s'en tient à des satisfactions, sinon égoïstes, du moins assez grossières et impératives, et ainsi s'explique que, aux époques de crise du rationalisme, apparaissent ces deux formes du matérialisme juridique : le droit fondé sur les besoins ou sur la loi, qui en est l'expression collective, soutenue par la puissance.

L'intérêt d'ailleurs exerce une *influence* permanente sur la législation et les mœurs et la doctrine qui l'érige en principe est presque aussi vieille que l'humanité. Dès l'antiquité, Callicrate, dans le *Gorgias*, Carnéade, Epicure, Cicéron même, soutiennent qu'on peut légitimement ou même qu'on doit rechercher l'utilité, et que le fondement de la société et de la justice n'est point autre. Au moyen-âge, les princes (Louis XI, Ferdinand d'Aragon...), les politiques (Machiavel), les publicistes (même Pufendorf) et jusqu'aux ecclésiastiques, ont pratiqué, conseillé ou excusé la recherche du bien particulier ou étatique. Dans les temps modernes, c'est en Angleterre que l'utilitarisme a trouvé ses expressions et applications les plus nettes. Bentham, selon Sumner Maine, aurait eu la direction intellectuelle de ses compatriotes pendant un demi siècle : son succès, corrige-t-on, tient plutôt à ce qu'il a merveilleusement formulé leur caractère national [1].

Même sous ses formes perfectionnées, ce système s'apparente

ment désirées par l'homme et des différences de valeur établies entre elles. Il n'en résulte qu'un impératif hypothétique.

1. *Anc. dr.*, p. 75 ; Fouillée, *Idée du dr.*, p. 51 ; Guyau, *Mor. angl. cont.*

avec le sensualisme : la sensation étant supposée l'élément fondamental de la pensée, quoi de plus naturel que de voir notre mobile
réel et notre « bien » idéal dans le bien-être ? Nul, à vrai dire, n'a
songé à donner au droit pour fondement l'appétit ou le plaisir, sinon
dans les formules : tel est mon bon plaisir, et : à chacun selon ses
besoins. Mais on a combiné de cent manières le droit avec l'intérêt
plus ou moins stable et réel, avec les besoins physiques ou moraux,
individuels ou sociaux.

On ne saurait toutefois admettre leur *identité* complète, sous cette
forme simple, car ce sont deux concepts distincts : tout droit ne correspond pas à un besoin, et nul besoin, malgré son caractère de
nécessité, ne constitue par lui-même, en fait ou en théorie, un droit.
Nous refusons toute aptitude juridique à l'animal, qui éprouve pourtant des besoins, et si ceux de l'homme nous touchent davantage, il
faut du moins qu'il s'y ajoute l'idée de leur respectabilité. Si nos
législations confondaient la justice avec la satisfaction, elles ne con-
naîtraient aucun délit, car tout délit s'explique par le désir. Elles en
sont plutôt la discipline [1].

Est-ce le résultat de l'oppression d'une *classe*, inspirée de son
utilité ? Nous savons ce qu'il faut penser de cette invention de la
part de « faibles » qui auraient eu la force de gouverner le monde,
ou de forts, à qui elle n'était pas indispensable. Les classes qui possèdent le pouvoir ne pourraient même l'exercer uniquement dans
leur intérêt : elles sont solidaires de la communauté et si elles mé-
connaissaient par trop ses conditions de vie, leur type social disparaîtrait bien vite. — Le juste et l'injuste ne sont-ils que des manifestations de l'utilité et de la nocuité *générales* ? La collectivité,
suivant les utilitaires, adapte bon gré mal gré, l'individu à ses fins.
C'est le règne de la raison d'État, au-dessus des égoïsmes personnels : et ainsi s'explique l'apparente opposition entre le droit (ou
intérêt commun) et l'intérêt individuel. La morale, d'après Bentham,
n'est qu'une régularisation de l'égoïsme, et le droit, un accord obligé
des convoitises : l'utilité bien entendue étant la seule règle de
l'homme, placé par la nature sous l'empire du plaisir et de la douleur, il dresse le catalogue, l'arithmétique des jouissances et des
peines d'après leur valeur relative. L'étalon étant unique, tout se

---

1. Richard, *Idée du dr.*, p. 172 s, 183, 166: La pression des besoins détermine à la fois les délits et l'indulgence pour les délits: elle détruit le
droit. Mais le droit correspond à une douleur à éviter et en indique le
moyen. « Si l'homme était indifférent à la douleur [s'il pouvait l'être à ses
conditions de vie], il ne serait pas devenu un être juridique. »

ramène à la quantité : le plus grand bonheur pour le plus grand nombre, voilà l'idéal suprême [1]. — Les utilitaires, dit M. Fouillée, procèdent comme des économistes (qu'ils sont pour la plupart) : la valeur d'une marchandise, simple « relation » de désirs de vente et d'achat, n'est pas un terme fixe, mais il s'établit une moyenne, un prix normal, sur lequel je n'influe pas directement et qui possède par conséquent une existence objective par rapport à moi ; de même les qualités sont l'objet d'une moyenne sociale d'appréciation ; à cette valeur en soi, il ne nous est pas loisible de substituer notre estimation personnelle.

Critique [2]. Ces obligations, comme toutes celles qui résultent de l'intérêt, sont des *nécessités de fait*, toutes *relatives* et *conditionnées*, tandis qu'on prétend fonder une nécessité morale. Pour qu'il en soit ainsi, il faudrait que la société possède « une valeur comme telle et une valeur suprême ». Or, si nous lui en attribuons une, c'est parce que nous la supposons chez les hommes, attendu qu'une société d'animaux ne nous paraît pas plus inviolable qu'aucun de ces membres ; et dès lors que le plaisir collectif n'est pas d'autre essence que les plaisirs constituants, pourquoi sacrifierai-je le mien ? Nous sommes loin du fameux : Pereat mundus, fiat justitia.

A vrai dire, l'idéal contempteur de l'utilité serait aussi peu souhaitable qu'insuffisant le sentiment du devoir sans l'appui de l'intérêt. Mais il n'en résulte pas que ce guide ou cet aide constitue le fondement des institutions juridiques. Nul ne conteste que le devoir et le droit, loin d'exclure le plaisir et l'intérêt, présentent avec eux d'étroits *rapports*. L'accomplissement du bien nous donne des satisfactions, et le bien accompli nous procure des avantages aussi bien qu'à nos obligés, mais, si nous le considérons comme tel, ce n'est pas à raison des jouissances qu'il apportera. Le droit, dans son ensemble est utile ; ses principes et ses applications présentent la même correspondance générale ; les institutions humaines sont, en grande partie, le produit du calcul et la mission des législateurs semble être

---

1. *Pr. de lég.*, t. I, p. 3, 41 ; E. Halévy, *Form. du radic. phil.*, t. III : « La morale des utilitaires, c'est leur psychologie économique mise à l'impératif. » Pourtant, optimistes jusqu'au laisser-passer absolu en économie politique, ils se montrent pessimistes et autoritaires comme législateurs. — J. Mill ; St. Mill, *Dissert. a. disc.* et *Util.* ; A. Bain... — Laplaigne, *ib.*, p. 9, 53, 54 : harmonie, bonheur, utilité ; Novicow, *Just. et exp. de la vie*, p. 4, 357 : limitation de droit = de vie.

2. Fouillée, *ib.*, p. 169-212 ; *El. sociol. de la mor.*, p. 286, 291 : Le plus grand bien du plus grand nombre n'est nullement précis. La qualité importe surtout. Avec les animaux, le nombre est plus grand, mais les intérêts humains sont noyés.

de transformer en lois les nécessités sociales, autrefois voilées sous
un prestige surnaturel, aujourd'hui invoquées comme « bien public » : par eux l'utile devient juste et désormais il est utile d'assurer
le respect de la justice [1].

Cette coïncidence de fait, toutefois, n'est pas universelle, et beaucoup d'actes intéressants, de besoins individuels ou sociaux, considérés comme trop importants ou trop secondaires, n'ont pas besoin
d'être encouragés par les idées de devoir ou de droit.

Le respect du droit, avons-nous dit, est indispensable, même si
quelqu'un s'en trouve lésé : une violation permanente de ses règles
entraînerait l'insécurité, la ruine, la perte de la nation. Mais tel
n'apparaît pas le seul *mobile* de leur exécution, notamment lorsqu'elle est spontanée ; cum hoc, non propter hoc. Et ce n'est pas
non plus à la recherche éclairée de satisfactions personnelles ou collectives que sont directement attribuables la genèse et le développement des concepts juridiques. — Au point de vue théorique, il n'est
pas davantage douteux que le droit doive être combiné de la façon
la plus profitable à tous et avec le minimum de sacrifices pour chacun. Mais à la formule étroite de l'intérêt, il vaut mieux substituer
celle des « conditions de vie ».

Les règles juridiques, parce que générales, peuvent avoir, dans
des circonstances particulières, des conséquences blessantes. Les
idées de droit et de devoir sont loin aussi de correspondre toujours
à un *intérêt réel*, même indirect et inconscient : elles ne distinguent
pas selon les cas concrets et souvent se portent sur des actes indifférents ou se maintiennent à l'égard d'actes devenus nuisibles. Elles ne
coïncident pas plus exactement, par elles-mêmes, avec l'*intérêt conçu
et recherché comme tel :* lorsqu'elles portent sur le même objet que
ce dernier, elles en sont plutôt complémentaires, l'un cessant là où
l'autre commence. Dès qu'on aperçoit l'utilité ou dans la mesure où

---

1. Les classifications des biens (meubles et immeubles...) ont une base
utilitaire déformée par la logique ; celle des « res mancipi et nec mancipi »
a une origine historique, influencée par l'utilitarisme. — Planiol, *Dr. civ.*,
t. II, p. 387, 395, 445...: Il n'y a plus à hésiter sur la *légitimité* de la validité des stipulations pour autrui: elle est devenue une *nécessité pratique*
absolue. La jurisprudence, qui ne vit pas d'abstractions et se forme au milieu des réalités des affaires et des intérêts, considère comme couverte la
nullité de la vente de la chose d'autrui... — Il serait paradoxal de dire que
le meilleur système juridique est celui qui se préoccupe le moins des principes. Pourtant le principal progrès du droit a consisté à tempérer le rigorisme primitif par des raisons de commodité. Sans doute les transformations viennent de ce que des rapports nouveaux (par ex. formés consensu)
viennent à paraître respectables, mais ce respect tient à l'utilité.

on l'apprécie, il ne s'agit plus de droit ou de devoir. Il n'est pas
exigé que la loi soit établie ou obéie par vénération pour elle-même,
mais le motif n'en importe pas moins à la qualification de l'acte envisagé. La conscience publique, non seulement admire celui qui met
son devoir au-dessus de son utilité, mais elle considère que c'est
abaisser le bien que de l'accomplir par calcul et non par désintéressement. Or, puisqu'il s'agit ici surtout de l'idée, cette voix mérite
considération. Qu'est-ce donc qui constitue la nature propre de l'obligation morale ou juridique?

Au lieu d'être une variante de la notion d'utilité, elle comporte
essentiellement un sentiment d'obligation intérieure, de *désirabilité
en soi* de son objet, qui imposent observance. Même dans les devoirs
de l'individu ou de la société envers soi, cet élément ne se confond
pas avec le désir pur et simple ni avec aucune des formes de l'égoïsme,
— plaisir, crainte, prudence, souci de l'opinion ; quant aux droits
d'autrui, aux devoirs que nous nous reconnaissons envers lui, l'altruisme, la bienveillance, ne suffisent pas à les expliquer. Droits et
devoirs ne répondent peut-être à rien d'absolu, mais, paraissant
tels, c'est un trait de leur constitution, un mode particulier de leur
action. Pour critiquer la prétendue « vertu par profits et pertes », il
n'est même pas besoin d'invoquer sa grossièreté, qui supposerait
admis d'avance les critères moraux; il suffit qu'elle soit inexacte en
fait et non souhaitable au point de vue même de l'intérêt. Or, lorsque nous entendons agir par devoir, nous ne calculons pas, ni, le plus
souvent, n'avons calculé antérieurement, même en la personne de
nos ancêtres. Nous ne pourrions peser les répercussions de toutes
nos décisions sans diminuer notre activité ou nous tromper aussi
souvent que l'instinct. Sans supposer que notre réflexion est vouée
à demeurer inférieure à l'intuition instinctive, savons-nous par expérience directe ce qui est utile? Suivons-nous les conséquences de
nos actes à plus de quatre pas? Notre devoir est souvent plus net
que notre intérêt et, comme il exprime l'expérience de la race, nous
pouvons en accepter la direction.

Quant aux *conséquences* de l'utilitarisme, s'il venait à se réaliser,
elles n'ont rien d'attrayant. Si on se place au point de vue *individualiste*, l'idéal se réaliserait-il par le « libre jeu » des intérêts égoïstes?
L'analogie est lointaine avec la liberté limitée par celle d'autrui, car
l'intérêt n'est borné par rien. Si rien n'est désirable que l'utile, l'intérêt collectif ne peut s'imposer que par la force et nous pouvons
légitimement lui résister. Bref c'est la lutte de tous contre tous. —
Si l'on donne la préférence à l'intérêt *social*, n'est-ce pas instaurer

le « salus populi, suprema lex » et le sacrifice de l'individu [1] ? Pourquoi celui-ci ne se rebellerait-il pas ? Si l'intérêt est le principe suprème, au nom de quoi me demande-t-on de mettre au-dessus du mien celui d'un autre ? Essaiera-t-on de me persuader que, jouissant des avantages sociaux, il est logique que je n'attente pas à son bien-être et accomplisse ce qu'elle attend de moi ? Je répondrai, en bon utilitaire et en bon logicien : Je reste dans mes prémisses car je place mon « intérêt avant tout ».

On ne manque pas de soutenir que l'utilité bien comprise de chacun se *lie* à l'utilité publique et qu'une société rationnelle serait organisée de façon que personne n'ait avantage à nuire. Mais nous sommes loin encore de cet idéal et les exceptions inévitables suffisent à ce que la règle manque son but. De ce que l'acte utile à la société profite à l'individu, il ne suit nullement que, en chaque cas concret, on retire un avantage du sacrifice consenti au profit d'autrui. Si je profite d'un privilège, sa suppression me sera-t-elle indifférente ? Les réactions de la société contre ses agresseurs n'ont pas lieu immédiatement ni avec certitude. Mon intérêt, dites-vous, s'accorde avec celui de tous ? Alors, je commence par moi-même, c'est le plus sûr ! Au nom de quoi m'interdirez-vous le plaisir immédiat, la vengeance, le renoncement ? Ceci même prouve que la réflexion n'est point un phénomène général.

La nature humaine n'est point aussi étriquée qu'on le donne à penser. L'*homo œconomicus*, assujetti au principe hédonique, est un type imaginaire, nulle part observé. « Donnez-moi, s'écrie Bentham, le plaisir et la douleur et je créerai tout un monde moral et social : je produirai non seulement le désir du juste, mais la générosité. » Eh, sans doute ! l'homme est un être sensible, soumis à la recherche du bien-être, insigne de vie; sans doute aussi, comme le disait La Rochefoucauld, l'intérêt parle toutes sortes de langues, même celle du désintéressement; mais il ne s'ensuit nullement que l'égoïsme soit son lot et sa loi, qu'il soit « le seul sentiment primitif et que tous les autres s'y rattachent ou s'en dégagent » (Jhering). Non seulement c'est souvent à son insu et indirectement que l'intérêt est pour-

---

1. Du moins le citoyen manquera de garanties, de sécurité, biens indispensables et estimés. — Si l'esclavage des catholiques assurait le plus grand bonheur...? Il faudrait l'instituer immédiatement, répond la logique forcée de Bentham. Mais, s'empresse-t-il d'ajouter, l'hypothèse est invraisemblable, à cause des embarras et peines suscités. L'Etat, qui ne meurt pas, a avantage à ménager l'avenir ; il voit de haut et envisage le bien commun. Toutefois toute mesquinerie, tout intérêt de parti ou de classe, ne sont point bannis du gouvernement. A l'égard d'une minorité infime, que ne se permettrait-on ?

suivi, mais le calcul est *loin d'être universel*. Outre le plaisir, il y a la vie, dont le plaisir n'est qu'un imparfait indice et qui nous meut parfois malgré lui; en la nôtre agit celle d'autrui; l'activité réfléchie, mode dérivé, suppose l'impulsion; à côté de l'intérêt, il y a le désintéressement. Ce que, sans s'en douter toujours, l'homme cherche dans la jouissance et fuit dans la douleur, c'est l'augmentation ou la diminution de vie. L'égoïsme pur n'est donc ni un fait ni un idéal. L'hédoniste est plus loin de la nature que l'animal. Souvent le résultat se retourne contre son aspiration au bonheur, — la vie exigeant certaines duretés envers soi.

« L'homme n'est pas *un être utilitaire*. Il est meilleur et pire, moins médiocre et plus absurde que ne le voient les utilitaires. » (G. Richard). L'histoire ne s'explique pas plus par le calcul que la vie par le plaisir. Si l'humanité préférait la sécurité et la jouissance personnelle, les guerres seraient moins rares, les œuvres philanthropiques moins nombreuses. Le désir nous pousse directement à une foule d'actes, relatifs à autrui aussi bien qu'à notre personne; nous inclinons à dépenser la vie pour elle-même autant qu'à l'épargner, nous aimons le jeu, le risque, mais sommes prêts aussi à nous dévouer, ou au moins éprouvons des sentiments tels que l'admiration ou le dédain d'objets ou de personnes qui ne nous touchent pas, d'actes accomplis depuis des siècles, ou la sympathie envers une victime inconnue, et il serait difficile d'y découvrir un calcul. Mille gestes manifestent notre humanité et notre abnégation. Prétendra-t-on que l'amour maternel n'existe qu'à raison des satisfactions qu'il procure ou que le sauveteur se « plaît » à se dévouer? Cette récompense, parfois coûteuse, est-elle notre mobile, même inconscient? « Aimer, disait Leibniz, c'est être heureux de la félicité d'autrui, mais la félicité d'autrui n'est qu'un intermédiaire par lequel nous poursuivons encore avec ou sans conscience, notre propre félicité. » Dans le sacrifice, il se passe quelque chose comme lorsque l'aiguille d'une boussole est détournée par une influence magnétique : elle suit encore le courant; ici, les deux pôles, toi et moi, sont intervertis (Fouillée). Ou plutôt je suis un instrument, une machine mue de l'extérieur. Sans doute je ne saurais « sortir de ma peau » (Stirner), mes mobiles seuls meuvent ma volonté et moi seul suis son sujet, mais je pense les autres [1], par les autres, je ne me distingue pas d'eux, je jouis de leurs joies et souffre de leurs douleurs.

Le fanatique qui consacre sa vie à une œuvre, à une « cause »,

_____

1. Fouillée, *Morale contemp.*, p. 5, 263 s: De ce que j'ai une activité individuelle ne résulte pas qu'elle se prend elle-même pour fin.

lutte encore, dit Stirner, pour un but et en réalité pour un but à lui. N'est-ce pas que ce but le possède, qu'il *se met à notre place*, de même que, dans l'acte spontané de « sympathie », la personne d'autrui semble agir en nous : d'où le nom d'altruisme. On en conclura peut-être que le désintéressement n'est que l'égoïsme... des autres, et que c'est la collectivité qui le suggère et l'impose par une « culture » appropriée. Mais n'apportons-nous pas en naissant, ou n'acquérons-nous pas par expérience personnelle, des dispositions aussi impérieuses? Congénitales ou inoculées par l'homme, elles donnent un moyen simplifié de profiter de l'expérience passée et, tenant compte des aspirations communes, de nous accorder avec notre prochain, comme cela est nécessaire à notre propre développement. Les méconnaître, c'est s'attaquer au mécanisme des *associations héréditaires ou traditionnelles d'idées*, pourtant fondamental en psychologie : lui seul permet le jugement rapide sans remonter, au moindre propos, jusqu'aux principes premiers ou descendre jusqu'aux conséquences lointaines. Si l'on ne s'arrêtait à mi-chemin dans les pourquoi, la vie serait impossible; si la coordination de certains phénomènes psychiques était sans cesse remise en question, ce serait la folie (infra : Nécessité du devoir). La preuve que toutes ces tendances : affection, dévouement, ne sont pas le produit d'un calcul personnel ou étranger, c'est qu'elles se rencontrent chez les bêtes. « L'oubli de soi est donc bien spontané et primitif. La réflexion est pour les grandes circonstances. Le reste du temps, on va devant soi, sans regarder à droite et à gauche, par vitesse acquise, par besoin d'aller. L'homme calculateur est un monstre, une chimère [1]. »

L'altruisme est réel, conviendra-t-on, mais, la vie étant radicalement égoïste, la sympathie n'est-elle pas, comme le prétendait Schopenhauer, une *diminution* de nous-mêmes, le commencement du renoncement à la vie? Rien n'est plus faux. « Lequel vit le plus, de celui qui concentre sur lui-même tous ses désirs, toutes ses pensées, toute son activité, ou de celui qui, par la science, l'art, le travail, la famille, la guerre (?), mêle son existence à celle d'un grand être permanent? La question renferme la réponse [2]. »

Est-ce donc qu'il y a *coïncidence* entre l'altruisme et l'égoïsme, entre le devoir et l'intérêt? Il en est ainsi dans une large mesure et ce trait doit encourager les utilitaires à se conformer à l'éthique. Quant à savoir si l'altruisme *dérive* de l'intérêt personnel et comment l'homme a pu s'élever de l'intérêt personnel au pur désintéres-

---

1. Fouillée (*Mor. de Kant et amor.*, p. 211, 216) réfute La Rochefoucauld.
2. G. Richard, *Orig. de l'idée du dr.*, p. 67, 24.

sement, ce passage est vraiment « une sorte de Rubicon pour les systèmes de morale ». La volonté suit, dit-on, toujours la ligne de plus grande pente, le choix va toujours dans le sens du plaisir maximum; mais cet axiome prétendu est-il équivalent de cette proposition, évidente aux yeux de tous autres que les partisans du libre arbitre : la détermination incline du côté du mobile le plus fort? De même que l'action de la pesanteur enlève le ballon et précipite le caillou, de même le principe hédonique, s'il était universel, n'exclurait nullement l'altruisme.

Si l'on entend influer sur les gens, les amener à un acte donné, la méthode la plus sûre n'est donc pas toujours de les empoigner par leur cupidité, de leur montrer qu'ils en tireront profit. Il est bon d'indiquer que morale et droit correspondent dans leur ensemble à des intérêts sagement entendus; mais cette formule n'est point exacte dans tous les détails et ne suffit pas à l'éducation, notamment des personnes qui comprennent mieux l'excellence en soi d'une chose qu'une relation quelconque.

A ces divers points de vue, l'utilitarisme est insoutenable sans les compléments et corrections de l'*évolutionnisme* : ce dernier, au point de vue objectif, propose des fins et moyens conformes mais non confondus avec l'intérêt et, au point de vue subjectif, ne tient pas, sans le bannir, l'intérêt pour un mobile universel; il élucide le problème des rapports de l'égoïsme avec l'altruisme, met en relief les particularités des sentiments éthiques et leur mode d'action en dehors de l'idée d'utilité. D'un monde inférieur il fait sortir un monde supérieur et laisse l'espérance d'un progrès social indéfini : tout en comptant sur le processus naturel, il exhorte à la patience, mais n'exclut nullement l'intervention rationnelle de l'homme.

Avant cette *téléologie*, où la fin est loin d'être entendue au sens strict, nous rencontrons une forme plus simple où *le but est supposé toujours connu* par l'homme et par la société.

G. Tarde [1] a juxtaposé aux syllogismes intellectuels, logiques, des *syllogismes* moraux, téléologiques, issus de la combinaison d'un désir avec une croyance : je désire faire mon salut, or le jeûne est un moyen de se sauver, donc je dois jeûner, c'est-à-dire tâcher de le

---

1. *Transf. du dr.*, p. 128 s ; *Log. sociale*, p. 1 s, 53 s. — Mme Cl. Royer, *Le bien et la loi mor.*, *Éthique et téléol.*; G. Palante, La téléol. soc. et son mécan., *R. phil.*, août 1902. — Spencer, *Mor. év.*, p. 4, 20: la conduite est l'ensemble des actes adaptés à des fins; les actes sont bons ou mauvais suivant qu'ils sont bien ou mal appropriés à ces fins (conservation personnelle). — Droit, rectum, indique la direction vers un but.

vouloir. L'un et l'autre syllogismes aboutissent à une nécessité, à un *devoir* : d'affirmation dans le premier cas, d'action dans le second. Pour déterminer la valeur du devoir, il faut tenir compte de l'intensité du désir et de la croyance. Dans certains cas, la majeure est représentée par un désir d'une intensité telle que l'obligation contenue dans la conclusion est ressentie en quelque sorte infiniment et revêt un air absolu, impérieusement dominateur. « C'est là le devoir moral proprement dit, devoir pur et simple qui a perdu le sentiment de sa parenté avec le rapport de finalité, d'où pourtant il dérive... L'obligation juridique n'est qu'une espèce dont le genre est l'obligation morale, espèce elle-même d'un genre plus vaste, formé par les devoirs de « finalité ». De l'identité de conclusion, même issue de prémisses différentes, naîtrait l'idée de dette chez le débiteur, de créance chez le sujet actif, de droit chez le législateur, qui y ajoute une sanction lorsqu'il la croit utile. Le processus s'appliquerait aux obligations involontaires aussi bien qu'aux contractuelles...

Souvent il y a lutte entre deux ou plusieurs syllogismes, dans un même cerveau, dans deux esprits distincts, entre deux groupes : suivant la violence et l'irrémissibilité de l'opposition, il y a hésitation ou folie, discussion, procès ou rixe, conflit, réclamation ou guerre. A ces *duels* logiques succèdent des *hymens*, préférables, car ils entraînent une moindre déperdition de forces, qui s'annihilent en se contrariant : ils se nomment paix et accord avec soi, paix sociale, paix internationale. Ce sont des fins de ce genre qu'il convient de déterminer, les plus générales et compatibles avec le maximum algébrique de puissance, et sur ce désirable objectif doivent se modeler le désir et la croyance quant à leur objet et à leur intensité. On peut donc pécher de bien des manières contre ces desiderata. Les variations de nature et d'énergie du but et des opinions expliquent la diversité des législations et de la proportion des obligations morales consacrées en liens de droit.

Ce système n'est pas moins éloigné d'un idéalisme outrancier, dédaigneux des réalités sociales, borné aux données immédiates et prétendues universelles de la conscience, que d'un positivisme étroit où l'idéal est exclu ou ramené au calcul de l'intérêt. Les théories « arbitraires » se référaient à la volonté et les aprioristes à la raison : combien plus féconde et suggestive est l'idée de tirer le devoir du *désir* d'une fin conçue comme *désirable* en soi ou relativement, et de la *croyance* en l'adaptation plus ou moins parfaite d'un moyen à cette fin. C'est là un procédé courant de notre activité. — Mais lorsqu'aucune des prémisses n'est conditionnelle, la conclusion prend normalement la forme d'une *véritable volition* catégorique et non d'un simple désir de désirer. Sinon, consistant en une simple exigence logique et subordonnée à une fin et à un moyen acceptés par le sujet, elle serait susceptible de nuire aux devoirs et incapable de les expliquer tous.

S'il est permis de ramener l'éthique théorique à une téléologie proposant à l'homme des fins et des moyens, il n'est pas aussi désirable que, en toute circonstance, l'homme calcule ses fins et ses moyens : ce serait non seulement la « mort de la conscience juridique » à bref délai, mais le règne de l'utilitarisme pur. « Quand je me sens obligé à quelque chose, prétend M. Tarde, c'est toujours parce que je *désire* obtenir un avantage ou éviter un préjudice et que je crois atteindre ce but en accomplissant cette chose. » Cette proposition n'est pas seulement inexacte (infra), elle est dangereuse, car, malgré l'intention de l'auteur, on pourrait en conclure que, le désir cessant, nous ne sommes plus obligés : or il s'en faut que nous ne soyons tenus qu'en vertu de désirs éprouvés par nous-mêmes, fussent-ils même non égoïstes : nous le sommes non seulement par des désirs dont nous sommes le sujet (au moins comme émanation de l'être social) sans en être l'objet (désirs altruistes, sociaux), mais même par des désirs qui nous sont totalement étrangers aux deux points de vue. — « Parfois on cesse d'avoir *foi* dans le moyen, alors qu'on s'est obligé juridiquement : on n'est plus obligé moralement, on l'est encore juridiquement. » Ne serait-il pas choquant que le droit contrarie ainsi la morale, et l'idée de Tarde n'encouragerait-elle pas, au détriment de la sécurité des conventions, à bouleverser notre système des nullités par la prise en considération non seulement de toute erreur sur les propriétés et qualités, mais même du changement de désir ou d'opinion de l'un des contractants (même celui qui doit recevoir un prix)? Dira-t-on que la société nous impose de respecter nos engagements ? Mais alors, s'il n'y a pas d'autre élément que la logique (ne fût-ce que la commodité, la stabilité, la loyauté), ne se mettrait-elle pas en contradiction et ne pécherait-elle pas elle-même, puisque « la législation annule l'obligation quand le désir n'est pas personnel, mais suggéré, imposé (violence) ou quand la croyance est erronée (erreur, maladie...)

Le caractère en apparence absolu de la conclusion peut tenir à l'*intensité de la mineure*, qui peut être aussi impulsive (foi), aussi invétérée (tradition) que la majeure : certains buts appellent impérieusement et immédiatement la notion de tels moyens, comme par une association irrésistible et indissoluble d'idées. Mais même avec ce complément, la conception de Tarde est encore incomplète. L'idée de désirabilité en soi correspond sans doute parfois à la conclusion d'un syllogisme dont les prémisses ont défailli, mais elle est souvent aussi le résultat *direct* d'un instinct, elle nous est donnée immédiatement par l'esprit sans avoir jamais été conçue en vue d'une fin (infra : Genèse) : ce qui nous paraît avoir au plus haut point ce caractère, c'est même le vrai sentiment du devoir, irréfléchi et non conscient d'un but.

La théorie générale de l'activité téléologique, si séduisante, si précieuse en psychologie et en sociologie, comporte une lacune fondamentale : c'est de ne pas laisser soupçonner qu'il existe d'*autres modes d'agir* et que celui-là n'est ni unique ni primitif. Cette insuffisance éclate quand Tarde définit la nation : un grand syllogisme complexe. Avant la réflexion a existé l'impulsion, le désir direct, et, à son tour, s'est superposé à eux le syllogisme dont la majeure porte non sur un cas concret mais sur un genre. Aux trois catégories d'actions qui correspondent à ces mobiles et subsistent côte à côte, nous avons réservé le nom de : jeu, travail et sport [1].

Tarde se plaçait à un point de vue strictement individuel : tout en montrant que les conclusions des syllogismes corcordaient souvent et que l'unité et la constance de but constituaient d'heureuses dispositions, il les envisageait comme portant sur des fins de l'homme et se passant dans le cerveau individuel. D'autres auteurs, juristes et publicistes, surtout de langue allemande, sans considérer l'homme isolé, s'occupent des *fins de la société, de l'Etat* [2]. Déjà, chez Kant, se rencontre la conception du royaume des fins. Suivant Lasson, le droit a pour mission d'écarter les obstacles qui empêchent la réalisation des fins de la société humaine et d'assurer la continuité de l'espèce. Selon Schäffle, c'est une force qui tend à ramener les volontés particulières à l'unité, de façon à ce qu'elles concourent au but poursuivi par le corps social. L'idée se rencontre fréquemment outre Rhin, avec ses deux conséquences, que les actions justes sont celles qui agissent dans le même sens que l'activité nationale, et que, le droit de poursuivre un but emportant celui d'employer les moyens appropriés, l'Etat est légitimement armé du pouvoir de contrainte.

---

1. *Le Rôle de la Guerre*, étude sociologique; *L'évolution sociale dans ses rapports avec l'évolution psychique* (à paraître).

2. Bierling, *Jurist. Principienlehre*, t. 1, p. 21, 25, 29 : Le but dernier du droit est identique avec le but dernier de la société. Le moyen est la norme impérative, c'est-à-dire l'expression « eines Wollens, das seine Vollziehung von anderen erwartet, einer Zwecksetzung... »

Quoique sa base soit essentiellement sociale, ce système ne se confond pas avec celui qui fonde le droit sur le simple fait de l'existence et de la nature de la vie collective : la société est, ici, *limitée par son but*. Ce trait ne constitue d'ailleurs nullement une supériorité quand ce but revêt la forme d'un idéal a priori : perfection des associés, grandeur de l'Etat, etc... Sous l'aspect du maintien et du développement de l'espèce et de l'individu, nous l'accepterons comme principe objectif.

— Jhering [1] a le mérite de ne pas négliger le point de vue *subjectif*. Rien, dit-il, n'arrive de soi : point d'effet sans cause et, dans le monde psychique, point d'action sans *but*. L'habitude même suppose un acte originaire réfléchi, dont la fin cesse, par répétition, d'être perceptible : ainsi la majesté du droit n'est pas la raison de la suprématie qu'il a conquise, c'est au contraire le sentiment juridique qui résulte de son triomphe, car le droit ne connaît qu'une seule source : l'idée pratique du but. Toutes les règles ont été édictées en vue d'assurer les conditions de vie de la société, ou plutôt de l'homme social.

A la différence de ceux qui reposent sur la conscience, sur les sentiments égoïstes ou altruistes ou l'idée simple du but, ce système, voisin de celui de Spencer, présente l'avantage d'offrir un critère *objectif* et non absolu. Pourtant l'explication psychologique qu'il fournit est loin de valoir celle de l'évolutionnisme. La morale et le droit seraient, suivant Jhering, des créations *intentionnées, même à l'origine ;* seulement la plupart des actes créateurs « isolés » remonteraient à un passé si lointain que l'humanité aurait perdu leur souvenir. Opposée, en un sens, à celle de l'école historique, où l'action subconsciente de la masse primait les inventions et calculs individuels, cette conception méconnaît la part de l'impulsion dans l'activité générale et dans l'activité juridique en particulier et celle des mobiles non intéressés. Elle constitue, a-t-on dit, un « utilitarisme perfectionné » où tout se ramène à la balance des intérêts. Or, si maint acte, dont nous avons originairement perçu le but, est, par la suite, devenu machinal, le processus inverse n'est-il pas aussi répandu ? Chaque jour nous découvrons la raison d'actes que nos ancêtres accomplissaient sans savoir pourquoi. L'instinct existe, vraiment originaire, et en lui c'est non un but qui attire, mais une propulsion (Trieb) qui précipite en avant, sans concevoir l'état à venir qui en résultera ni distinguer de

1. *L'évol du dr.*, p. 1 s, 14, 167, 305, 291 s, 295. — Maynz, *Dr. rom.*, 1876 p. 377 : l'élément fondamental de tout droit est la volonté se dirigeant vers un objet.

l'acte même sa sensation. Or une forme non équivoque de l'instinct est le mobile éthique qui nous pousse à accomplir les actes considérés comme éminemment désirables. Le sentiment moral, la plupart du temps, ne dérive pas d'un jugement de finalité.

Si, en écrivant qu'il n'existe aucune proposition juridique qui ne doive son origine à un but et qu'il faut l'apprécier par le but, Jhering entend seulement écarter la conception géométrique ou logique au profit de la *dynamique*, et abandonner en matière d'action le critère de la *vérité*, particulier à la connaissance, — il a raison. S'il vise une fonction *inconsciente*, l'affirmation devient truisme et jusqu'à spécification, une superfluité, car tout fait tend vers un résultat : nous retombons ainsi dans la causalité, dont il prétendait sortir. S'il s'agit d'une fin *consciente*, nous protestons contre la téléologie juridique, contre la finalité dans le droit (Zweck im Recht), car la réflexion n'a qu'une part minime dans la morale et le droit : leur fonction et leur genèse sont, en une large mesure, involontaires et même inconscientes. Dans une première période, la spontanéité, les mœurs, agissent seules, et c'est seulement dans la seconde que se manifeste la réflexion en des textes motivés et par les spéculations des théoriciens.

Nous n'insistons pas sur l'appréciation des systèmes téléologiques : en ce qu'ils ont d'erroné, ils tombent sous les mêmes critiques que l'utilitarisme ; en ce qu'ils nous paraissent avoir de satisfaisant, nous les adopterons.

CHAPITRE II

CONSTITUTION D'UN SYSTÈME DU DROIT

Le réalisme, l'amoralisme contemporains, proviennent notamment de l'athéisme, du déterminisme, de l'évolutionnisme. Pourtant l'absence des *dieux* n'est pas une raison pour que nous nous croyions tout permis : si, à défaut de gardiens, des forçats s'entre-déchirent, nos instincts sociaux, notre intelligence, ne nous amènent pas moins à une conduite plus sage, dont, les premiers, nous profitons. Le *déterminisme* n'est pas le fatalisme : il existe en nous une puissance réactive à qui le réalisme n'interdira pas de se manifester. Quant à l'*évolutionnisme*, il n'empêche pas l'homme d'introduire de nouveaux facteurs dans l'évolution et a fortiori de conserver ceux qu'il possède, tel le sentiment de l'idéal. Bien mieux, il montre le développement de l' « art », son efficacité croissante et finalement la possibilité, pour l'homme, de devenir l'instrument conscient de sa destinée ; avec la sûreté qui s'attache à une méthode d'observation, il permet de prévoir l'avenir, de fixer l'objectif rationnel de la conduite. Produit de la connaissance, l'idéal rencontre aussi une opposition soulevée au nom de la vie, qu'on souhaite plus intense : mais cet objectif offert par les évolutionnistes, c'est précisément la vie, dans son développement, qu'ils nous enseignent devoir être graduel : le moi ne doit pas s'épandre brusquement, sans limites, ou se délayer sous prétexte d'absorber le non-moi, et l'équilibre, l'harmonie, la coexistence maximum des libertés se trouve dans l'action et la réaction pondérées de chaque être et de son milieu. — Ces contestations fixent notre programme.

La possession d'un idéal étant une réalité, nous ne nous demanderons si elle est possible, qu'au point de vue rationnel, c'est-à-dire si elle est fondée en raison, *légitime*. Est-elle *efficace* ? Elle l'est non seulement en ce sens qu'elle tend à se propager, mais encore en ce qu'elle amène à réaliser son objet, sous condition qu'il soit possible lui-même. Est-elle *désirable* ? Sans elle, non seulement nous ne pourrions choisir la voie à suivre, mais nous risquerions fort de nous tromper. Mais ces conditions, — nécessaires, car il serait vain de fixer un objectif irréalisable ou mauvais, — ne sont pas suffisantes : il nous faudra déterminer le caractère de *nécessité* de l'idéal et son *contenu*. En tout cela il n'est point besoin d'en appeler à des concepts absolus : c'est relativement à un sujet que l'idéal vaut et qu'il doit être établi et c'est le pouvoir de ce même sujet qui donne la mesure de sa réalisation possible.

La notion d'idéal a résisté aux assauts plusieurs fois millénaires des criminels et des sceptiques. On l'a abattu et il s'est relevé. Rien ne prouve mieux sa puissance et son caractère indispensable. Le débat ne se restreint pas aux partisans du droit positif et du droit idéal [1] : il s'étend à la *réaction de l'homme* contre le milieu, *contre le fait*. Doit-elle être spontanée ou autoritaire ? facultative ou impérative ? Ou bien peut-elle combiner, à des degrés divers, généralité, obligation et sanction ? Élève-t-elle l'homme, ou bien, lorsqu'il croit pouvoir, comme un dieu, régenter la nature, n'entraîne-t-elle pas sa déchéance ? En une position extrême, Nietzsche s'interroge : la science, l'idéal, le travail, l'appréciation, l'adaptation aux fins anthropocentriques, toutes choses qui ont lieu en vue de notre vie et de notre bien, tout ce par quoi l'humanité s'enorgueillit de se différencier de l'animal, réalise-t-il son but mieux que les forces cosmiques qui, en dehors de l'homme, y tendent inconsciemment ? Atteint-on plus sûrement son objectif en le visant qu'en ne s'en souciant pas ? La téléologie est-elle supérieure à l'instinct ? — Cette philosophie présente l'inconvénient de conseiller une inertie relative, un amoindrissement de nos modes d'activité. Elle renverse l'évolution : cela même est dans la nature, que l'homme ait une réactivité propre.

L'attitude inverse, ambitieuse et modeste, a été prise par les pères du *positivisme* : Saint-Simon et Comte croient à la possibilité d'une réorganisation rationnelle de la société. Spencer [2], il est vrai, suppose que de meilleurs résultats seraient obtenus si on laissait agir les forces naturelles, mais il admet pourtant que l'humanité vise systématiquement à remplir ses conditions de développement. C'est merveille, en effet, de voir comment le progrès s'est accompli par

---

1. Saleilles, École hist. et dr. naturel, *R. trim. du dr.*, 1902, p. 80 s. Théoriciens déductifs et historiens ont, un moment, fait triompher un empirisme sans cœur : juges, juristes et législateurs devaient se borner à appliquer, analyser, enregistrer ce qui existait. On revendique pour la science le droit de juger ce qui est, pour la législation d'établir ce qui doit être et même pour la jurisprudence de s'orienter d'après un but de justice (Gény, *Méth. d'interpr.*) et d'opportunité.

2. *Just.*, p. 290...; *Soc.*, t. III, p. 881 : On peut ne pas entraver le progrès, on ne peut y aider. Nous ne pouvons inventer de traitement qui accélère le développement d'un être ou d'une institution, mais rien n'est plus aisé que d'en adopter un qui les atrophiera ou détériorera.

une multitude d'expériences, de tentatives, d'échecs, de leçons, d'éliminations individuelles: le problème de l'adaptation d'hommes divers à un milieu si varié était bien trop complexe pour être résolu par quelques principes ; il exigeait la collaboration des intéressés, de tous, dans les mille circonstances de la vie. Mais de tout ce labeur, chaotique d'abord, puis mieux ordonné, se sont dégagées des lignes de conduite. Il eût été vain ou dangereux de confier le destin de l'humanité à Platon ou même à Aristote, à Marc Aurèle ou encore à Montesquieu et il est douteux qu'il y ait avantage à laisser aux savants le soin de décider de notre avenir: « aux pires moments de la Révolution, le sort d'un peuple était en somme entre les mains d'assez bons philosophes » (Mæterlinck). A constater la lenteur des étapes qu'il a fallu parcourir pour parvenir à l'état actuel, d'ailleurs si différent de leur rêve, on mesure combien étaient impraticables les élaborations de ces théoriciens, combien trop simpliste, pour satisfaire aux exigences infiniment variées de la réalité, demeure la conception d'une humanité brusquement libérée. Mais l'habitude de la méthode d'observation, une pénétration plus exacte des possibilités et des conditions de viabilité des systèmes sociaux, ont rendu plus prudent, plus réservé dans les innovations proposées. Les sociologues ne visent pas, comme les idéalistes anciens, à transformer la société de toutes pièces par un coup de baguette. Est-ce pauvreté d'esprit? Si le penseur est de moins en moins intuitif et imaginatif, de plus en plus positif, c'est que son idéal se rapproche des facteurs du réel à mesure que s'étendent ses connaissances notamment des conditions de l'évolution, de la vie et de la société. Son influence, d'accord avec le « génie de l'espèce », son effort réfléchi confluant avec l'action de la masse sociale, seront mieux accueillis, plus efficaces, que s'ils en contrecarraient la marche.

En choisissant un but, l'homme n'assume-t-il pas un risque en surcroît, tandis qu'en laissant arriver le futur il serait sûr de ne pas se tromper ? On est allé jusqu'à soutenir que nous devions ne pas *apprécier* le présent, en prévision d'un processus analogue, pour la nature morale, à celui qui s'est déroulé pour la nature physique : « à mesure que la réalité sociale deviendra davantage objet de science, elle sera moins objet de sentiment » [1]. Une « partialité résolue en faveur de ce qui est », l' « amor fati », seraient-ils, comme le prétendait Nietzsche, le mètre propre à apprécier la grandeur d'un esprit ?

Il est anormal, sans doute, d'éprouver des sentiments éthiques à

1. Lévy-Bruhl, *Mor.*, p. 252; J. de Gaultier, *De Kant à Nietzsche*, p. 123.

propos de tout, mais il ne l'est pas moins d'en être dépourvu, de manquer d'instincts moraux, complétant la notion des qualités des choses. Nous ne reviendrons pas sur l'idée que, l'idéal étant une forme de la réaction de l'être contre son milieu, l'interdire équivaut à supprimer une réalité, à offrir un idéal. Nous convenons d'ailleurs que le futur et l'idéal tendent tous deux à l'économie et à l'harmonie des forces, mais cette adaptation n'a point rapport à *nos fins particulières* : que notre monde soit bien agencé, cela nous évite-t-il de prendre souci de nous-mêmes, de faire nos propres affaires, de « nous pousser » et n'est-ce pas précisément de la multitude des efforts semblables que résultent les qualités de cette société ? La science nous conseille de ne pas prétendre adapter le monde à nous sans nous adapter à lui, elle pose des limites à notre expansion ; mais, dans ces limites assez larges, l'accroissement du savoir n'empêche nullement un sujet quelconque d'imaginer des états non réels et de les préférer, relativement à lui, à tel état actuel ou futur qui ne lui paraît pas le meilleur possible et auquel cette idée suffit parfois à les substituer. Nous ne nous contenterons donc pas, pour savoir, de décrire et prévoir, mais, pour pouvoir, nous essaierons d'apprécier notre situation actuelle et d'inventer les moyens d'améliorer notre sort. Aux pronostics doivent se joindre des idéaux.

Nous tombons ici en une seconde embûche. La science ayant exclu la *finalité* anthropomorphique du domaine de la nature, par la raison que celle-ci n'agit pas à la façon de l'homme, le principe a rejailli sur le monde de l'homme, d'où précisément était tirée la distinction. A l'inverse des errements anciens, le mécanisme a été transporté de la physique à la biologie et de là à la psychologie, bannissant ainsi la téléologie de son propre domaine, c'est-à-dire de l'activité humaine volontaire, où son action est certaine. Cela équivaut à nier la réalité et la spécificité de tout travail, de tout acte accompli en vue d'un résultat préconçu. Or, la conscience peut être un épiphénomène et les événements se passeraient sans doute de même si nous ne les voyions pas ; mais la question de la finalité est autre : le phénomène physiologique qui accompagne la préconception d'un état est différent de celui qui nous y pousse directement et pourtant il nous amène aussi à sa réalisation, à l'adoption des moyens d'y parvenir, alors même que la conscience des « motifs » disparaîtrait ultérieurement, comme il arrive fréquemment dans la morale et le droit.

L'homme, sans doute, n'a pas une mission à remplir, mais il tend vers un but et peut s'en assigner un ou plutôt une multitude, comme

tout sujet de pensée, en vertu de son autonomie et pour son bien.
Fussent-elles conformes à la causalité naturelle, ses décisions n'en
remplacent pas moins, dans leur domaine, les forces inconscientes
de la nature. Il leur est même loisible d'en différer : l'évolution n'est
pas un Fatum où tout, même la vitesse, serait réglé invariable-
ment et une fois pour toutes ; elle comporte une marge pour le possible et l'homme peut s'y mouvoir à son profit. Fût-elle prédétermi-
née, ou, du moins ses phases ne sauraient-elles anticiper l'une sur
l'autre, il ne serait pas moins praticable d'en seconder la marche,
d'*abréger* les temps. Souvent, d'ailleurs, une influence minime détermine une déviation amplifiée par le prolongement et sans redresse-
ment possible. Les révolutionnaires et même les utopistes ont, quoiqu'on dise, exercé une action ; elle eût pu être meilleure et, par
cela même, plus durable, mais c'est à nous d'améliorer l'idéal sans,
pour cela, le supprimer. Loin que cette intervention suppose une finalité transcendante et une harmonie préétablie, il suffit qu'un sujet
possède un critère de valeurs relatives à soi, pour apprécier ce qui
est et proposer les fins qui doivent être.

Or, aucun être *ne peut se contenter du fait*, prendre le monde tel
qu'il est : le monde, quoique dise Faust, ne lui rendrait pas la pareille. Tout moi a son bien, ce qui lui est favorable, et il ne saurait
le juger comme son mal ni agir de même envers lui, sous peine d'être
brisé et d'entraîner son aberration dans son néant. Qu'au point de
vue absolu, il n'y ait ni rationnel, ni irrationnel, qu'importe ? L'homme ne vit et ne peut continuer d'exister qu'à la condition de rester
dans le relatif, de se prendre sinon comme but, du moins comme
mesure de valeur. L'approbation de tout, la négation des valeurs
positives et négatives, peuvent servir à l'amusement métaphysique
de quelques philosophes. Elles ne sauraient entrer dans un système
pratique. « Il n'y a de limite aux droits de chacun que dans l'impossibilité physique ; tout ce qu'on peut faire possède une valeur égale ;
il n'existe que des nécessités de fait » : à ces trois propositions nous
opposons les plus formelles négations. Il est *mauvais*, avons-nous
dit, *de faire tout ce qu'objectivement on peut faire* dans une circonstance donnée ; nos actes ont une valeur relative qui n'est point toujours identique ; enfin, à côté des nécessités physiques, logiques et
économiques, il faut des nécessités d'idéal. Le maintien et le développement de l'être ne sont point inconditionnés : et leurs conditions
ne sont nullement indéterminées : partout où il y a vie, il existe des
limitations à la vie, et elles sont conformes à l'intérêt vital de l'individu et de l'espèce.

Le possible pratique comporte deux ordres de restrictions au possible concevable. Le premier correctif au pouvoir réside dans l'intérêt conscient, mais ce tempérament utilitaire n'est pas le seul : l'idéal, le droit et la morale, poussent à tenir compte d'intérêts inconscients ou insuffisamment sentis, parce que futurs, lointains, indirects, hypothétiques ou concernant en premier lieu autrui, la collectivité ou la descendance. Loin de contenir l'apologie de notre caractère, de suivre nos inclinations et calculs, l'idéal s'élève fréquemment contre eux, au nom de nos conditions de vie. C'est une force et pourtant il se fonde et fonde le droit en dehors de la force. Certains actes sont désirables relativement à un individu ou à un groupe : ils le paraissent en soi lorsqu'on n'en découvre ou n'en admet pas la raison. Ces « absolus » sont indispensables tant que leur rôle n'est pas rempli par des mobiles contingents ; ils évitent que nous englobions dans le même jugement, dans la même aspiration, ce qui, sans que nous le sachions, nous nuit ou nous profite.

Pour mesurer l'*étendue des restrictions aux pouvoirs effectifs*, on n'a qu'à comparer à la multiplicité des ordres et défenses de nos codes et de nos morales, la simple devise de l'abbaye de Thélème : Fais ce que voudras, ou celle des Haschichins et de certains anarchistes : Tout est permis. Loin de nous la pensée d'encourager la complication, mais, chacun en bénéficiant à son tour, tout le monde gagne au compromis. La réglementation même correspond parfois à un accroissement de liberté : une liberté non reconnue ne donne pas lieu à beaucoup de dispositions législatives !

En résumé, tout être ayant son bien et son mal, leur objet prend naturellement la forme d'un but chez l'homme, doué de la faculté de se diriger d'après des images préconçues. De là la distinction, absente du reste de la nature, où elle n'a que faire, mais depuis longtemps établie dans nos semblables, entre ce qui est et ce qui doit être, entre les lois physiques de causalité et les lois morales de finalité. Les nécessités de fait (ceci sera) sont intransgressibles ; les préceptes impératifs (fais ceci), inviolables en théorie, ne le sont pas en fait : leurs barrières peuvent être franchies, bien que, par leur nature, elles réclament de ne l'être pas. Jusqu'à quel point l'idéal est-il donc *efficace* et réalisable ?

— Nul doute que la contrainte ait une influence en vue de propager ou d'atteindre un idéal donné, mais elle n'est pas le procédé le plus sûr et se borne souvent aux actes extérieurs (dont l'habitude ou la désuétude modifient toutefois la manière de penser). Elle-même, dans notre cas, est dirigée par l'idée et, en ce qu'elle a de matériel, sort de notre sujet.

Supposons donc l'idéal admis [1]. Il est certain que la puissance créatrice du droit s'exerce dans les limites restreintes. Le législateur n'est pas le dispensateur de bienfaits qu'imagine volontiers le vulgaire, et il échappe à l'action des textes de changer de fond en comble l'ordre social. Mais, de ce qu'il ne dépend pas de nous d'atteindre telles utopies qu'a produites une imagination déréglée, il n'est point légitime de conclure que l'idéal n'*influe* pas sur la réalisation des choses qui dépendent de nous.

Nous nous trouvons ici en présence de nouveaux adversaires, en la personne de certains *déterministes*. « Des règles impératives, proclame Schopenhauer, supposeraient la possibilité de changer le caractère, de rendre bon le méchant : c'est comme si l'on ordonnait au chat de ne pas manger les souris. » Prétendre nous réformer par des états de conscience, n'est-ce pas être aussi dédaigneux des lois de l'organisation et de l'hérédité que vouloir nous doter d'ailes ? « Les morales sont aussi vaines qu'elles sont belles. Elles ne sont qu'à la portée des gens qui n'en ont pas besoin et leur effet est nul dès qu'elles ne sont pas renforcées par les leçons du catéchisme et par la crainte de l'enfer [2]. » Du côté des partisans du *libre arbitre*, nous entendons la contre-partie : « Supposez [3] que l'homme ne soit pas libre : ou bien il serait contraint d'accomplir la loi par une nécessité irrésistible et dès lors la loi est *inutile* ; ou bien l'agent serait empêché par la même nécessité d'accomplir cette même loi, et dans ce cas, elle est *absurde*. Il est inutile de dire : Fais cela, à celui qui ne peut s'empêcher de le faire ; et il est absurde de le dire à celui qui est dans l'impossibilité de le faire. » On oublie, répond M. Fouillée, que « la loi promulguée, avec ses motifs et mobiles influant sur l'intelligence et la sensibilité, peut devenir un des facteurs de sa propre réalisation ; un ordre, tout comme une menace, n'est donc ni inutile ni absurde dans l'hypothèse du déterminisme, puisque c'est un des ressorts possibles de l'automate intelligent et sensible ».

Le libre arbitre n'est donc pas indispensable ; il suffit du choix conscient des mobiles. Bien mieux, c'est, non pas, comme les mora-

---

1. En le dénigrant à cause des bornes qu'il oppose à l'égoïsme, on reconnaît implicitement sa puissance. Stirner (p. 64) rit au nez des gens qui invoquent leur sainte liberté au lieu de la prendre. Mais lui-même admet ailleurs que cette sainteté entraîne le vouloir et procure la force. — On dresse tout le monde à être moral, alors qu'on ne le tient pas pour susceptible d'être musicien ? Cela prouve que personne ne peut subsister sans idéal.

2. Laplaigne, *Morale d'un égoïste*, p. 9.

3. P. Janet, *Psychol.*, p. 303 (Fouillée, *Mor. cont.*, p. 282).

listes, sur la liberté, mais sur le déterminisme, que nous comptons. Plus on est convaincu que le mobile prépondérant l'emporte, plus on manifeste de confiance dans l'idéal. Un fait étant donné, tel autre s'ensuivra : cette loi n'exclut nullement, mais plutôt entraîne la possibilité de changer la conséquence en modifiant l'antécédent. Si quelqu'un fait bon marché du déterminisme, c'est bel et bien ceux qui prétendent que tout se passe de même avec ou sans l'idéal ou contestent l'efficacité des idées-forces.

Il importe, pour modifier l'état extérieur, de changer, avant tout, la teneur de la *pensée* humaine. Sans doute cette pensée est elle-même une résultante et toute transformation des conditions matérielles d'un individu ou d'un peuple affecte son tempérament et ses possessions intellectuelles. Mais le phénomène psychologique se trouve au point de *convergence*. L'idée est donnée, mais elle donne à son tour ; elle rayonne et réagit sur les faits, en les adaptant à elle. De même la loi se modèle sur les mœurs, mais façonne aussi la structure et les relations sociales. Entre les deux extrêmes, de conformer sa vie à l'idéal ou de justifier par des principes son tempérament et ses actes, l'homme n'est pas enserré comme entre les deux alternatives d'un dilemme : il reste place pour une solution intermédiaire qui consiste à suivre des maximes mises en rapport avec les conditions théoriques de la vie. Il est impossible d'exagérer l'importance que possède pour un individu ou un groupe, l'admission d'un but distinct de développement, conforme à ces desiderata, fût-ce la simple révélation de leurs vagues désirs de réforme.

Nier l'existence distincte et l'action de l'idéal, c'est se refuser à l'une des *constatations* les plus générales et les mieux établies de l'humanité. La psychologie confirme et explique le pouvoir d'arrêt ou d'impulsion que possèdent les idées. De tous côtés, on observe la chasse à l'idéal et il est peu probable que, sans elle, les choses eussent été semblables. La considération d'un acte comme désirable, son rejet pour cause d'immoralité, d'injustice, jouent le rôle, incontestablement moteur et directeur, de la notion d'utilité ou de nocuité : ils poussent à l'accomplir ou bien, matériellement possible, à s'en abstenir, ils dirigent la force dans un sens alors que sans eux elle aurait agi dans un autre. Que de tentatives le respect de la légalité n'a-t-il pas retenues !

Persuasif ou impératif, l'idéal est une force qui commande l'obéissance. Il ne se présente pas seulement sous l'apparence charmeuse d'un « but qui attire et sollicite l'effort », mais aussi sous l'aspect plus sévère de la parole d'un *maître*. Longtemps avant que les évo-

lutionnistes aient vu dans notre esprit l'image de l'appareil justicier,
la voix publique appelait le sens moral notre juge et notre bourreau
intérieur. « Tout Prussien porte en lui son propre gendarme » :
cette remarque d'un officier allemand est vraie de la plupart des
hommes. Il n'est pas de contrainte plus sûre, de peines plus cuisan-
tes, que celles de la conscience : son action est préventive, tandis
que les agents de la force publique mettent rarement la main au col-
let du malfaiteur au moment où le délit va être consommé. Ce n'est
pas que la légalité ne possède point d'autres garanties que l'idée tendant à réaliser son règne ; mais la contrainte exige que l'autorité
accepte la loi, et la prévision de cet effet, c'est-à-dire la « crainte
du gendarme » se ramène en grande partie à la crainte de la déconsidération. Loin que l'idéal individuel soit dénué de forces, il est
plutôt à redouter, à notre époque, que les administrés, le judiciaire,
l'exécutif ou même le législatif, s'attachent trop exclusivement à
leurs conceptions personnelles, d'élévation variable. Les mots d'ordre triomphent dans la masse, étroits dans leur concision, même
s'ils empruntent à la raison et à la justice un peu de leur éclat et de
leur force. Rien ne prouve mieux la puissance des mots et des idées.
Certes il serait vain d'espérer transformer le monde par la vertu des
formules, mais n'ont-elles pas fomenté des révolutions, dressé des
barricades ? Qu'elles cachent ou non des intérêts, les idées ont, de
tout temps, mu et dirigé les peuples comme les individus : leur empire s'étend sur toute l'humanité.

Voyons donc de plus près leur mécanisme.

L'objet d'une aspiration n'existe que dans l'esprit, mais c'est une
virtualité qui sera peut-être une réalité demain et sa conception
même favorise cette « réalisation ».

Cette action est-elle propre aux sentiments ou s'étend-elle aux
simples concepts ? Spencer (*Science sociale*, ch. xv) amoindrit le rôle
de l'idée. D'une part suivant lui, la *connaissance générale pure* ne
produit pas l'action, n'affecte pas la conduite (ivrognerie, imprévoyance, et, inversement, sauvetages...). On pousse à l'instruction,
parce qu'on croit l'ignorance cause du vice et du crime : cette conviction est erronée et, a priori, absurde : pourquoi la géométrie ap-
prendrait-elle à se bien conduire ? D'autre part l'*enseignement moral*
supposerait que l'acceptation d'un principe par l'intelligence en assure l'obéissance : le prêtre, le maître d'école, ont échoué en cette
œuvre. « L'habitude morale ne s'acquiert que par le sentiment. » —
Il nous semble pourtant que l'idée, dégagée de tout élément sensible, exerce une double influence, soit comme idée-force d'après

M. Fouillée, et spécialement sous la forme de la désirabilité d'un état ou d'un acte, soit comme croyance intervenant dans un syllogisme téléologique, ainsi que nous avons tâché et tâcherons de le montrer.

Aucune *théorie* morale, prétend un adepte de la science des mœurs, n'a produit une révolution mentale analogue à celle qu'opéra Galilée. — C'est, répond M. Fouillée [1], faire bon marché de Bouddha, Confucius ou Jésus, de leurs « inventions » morales et de l'opposition qu'ils ont apportée à la pratique, au lieu de la suivre. « Les mœurs données ne sont pas tout : les idées relatives aux mœurs possibles et à leur valeur sont elles-mêmes des forces capables d'amener le possible au réel, le désirable au désiré, le désiré à l'accompli. » Telle est la philosophie expérimentale des *idées-forces*, souvent opposée par le maître à celle des idées-reflets, sans force, qui émane de la vieille conception des facultés séparées. D'autres ont dit : image kinesthésique ou raison automotrice. Nulle idée n'est un état de conscience simplement représentatif, toute idée comporte un élément d'impulsion, *toute image tend à l'action*, à sa propre réalisation ; elle se projette au dehors sous forme d'objet, de manière à donner la croyance à sa réalité et à engendrer un changement externe. Il n'est point de pensée qui ne produise un mouvement cérébral (après l'avoir elle-même reçu) et ne tende à s'exprimer par nos membres (ex : si l'on songe à un motif musical), dans notre activité extérieure. Bref l'idée n'est qu'une action commencée.

Sans doute, plus la représentation s'éloigne de la sensation pure, comme il arrive dans les notions morales, plus l'élément moteur est faible ; mais son pouvoir reparaît quand le contenu (devoir, honneur...), au lieu d'être envisagé abstraitement, surgit à la conscience en présence d'un cas concret, d'une action sur le point ou en train de s'accomplir : sa relation avec toute la masse de nos autres conceptions et sentiments, avec le complexus de tendances qui constitue le moi, avec le caractère, lui communique une force considérable d'impulsion ou d'inhibition. « Les *idées abstraites*, qu'on prétend incapables de rien mouvoir, se montrent souvent plus puissantes encore que les autres, par la force latente qu'elles ont extraite de tout le reste, emmagasinée, rendue prête pour l'action. » Plus grande encore, naturellement, est la puissance de celles qui portent sur des actions et les encouragent comme désirables. Si toute idée incline à

1. *Elém. sociol. de la mor.*, p. VIII, 25-32, 44, 250, 320 ; *Mor. cont.*, p. 20 ; *Idée du dr.*, p. 236 ; *Sc. soc.*, p. 114, 172 ; *Liberté et déterm.* ; *Psych.* et *Évol. des idées-forces.*

l'acte et que l'acte répété suscite l'instinct, on conçoit que la variation des croyances change non seulement des actes et des préceptes
isolés, mais l'idéal personnel, la conduite et même le caractère.

« A la force de la spontanéité naturelle, nous devons ajouter ou
opposer la force de la réflexion volontaire. La morale rationnelle est
donc la connaissance des moyens par lesquels nous pouvons *assurer
la force de certaines idées*, par rapport à d'autres idées et aux appé-
titions spontanées et sentiments naturels. » On peut non seulement, à
un désir, substituer un désir ou donner une satisfaction plus affinés,
mais supplanter un sentiment par une idée : par là, on obtient, non
le libre arbitre ni quelque chose d'approchant, mais un résultat qui
supplée à la liberté en satisfaisant à la nécessité qui la fit postuler, à
savoir l'*accomplissement du bien*. La pensée, communicable au moins
par le langage, met en rapport avec la société et l'espèce et place
sous leur influence. Elle permet de tenir compte de circonstances,
éventualités et conditions non perçues ou « éprouvées » par soi-
même, c'est-à-dire des connaissances, expériences et aspirations des
associés. Les fins individuelles et sociales, celles de l'évolution, tendent ainsi, comme tout idéal, à se réaliser par cela même qu'elles
sont conçues; l'idée de leur désirabilité ajoute son action à celle-là
et aux impulsions dont elles sont l'objet. Telles sont, dans le domaine
social, certaines notions d'intérêt et de bonheur communs, de coopération générale, et à ces idées se rattachent « celle d'honneur familial, corporatif, national, celle de gloire commune, celles enfin de
puissance et de richesse collectives » (Fouillée).

Puisqu'il y a là de véritables idées-forces qui correspondent à des
virtualités et qui peuvent, sous des conditions déterminées, les transformer en réalités, la moralité est non pas une réalité donnée, mais
« *une réalité qui se donne elle-même*, une valeur qui se crée par
l'idée qu'elle a de soi ». La morale purement scientifique, de son
côté, n'étant qu'un système rationnel d'idées-forces dirigeant la conduite, le problème consiste à « trouver leur véritable hiérarchie selon
leur valeur et à leur assurer l'efficacité pratique », selon le déterminisme universel.

Il s'en faut pourtant que le possible coïncide avec le concevable.
Pour qu'une conception revête ce caractère, elle doit remplir la double condition d'être *réalisable objectivement et subjectivement*. Certaines choses, dont les rapports sont fixés, demeurent absolument en
dehors de notre pouvoir (par exemple transformer un être d'un genre
en un être d'autre genre, être à la fois les contraires...). D'autres dépendent de l'idée ou du désir que nous en avons, et à cela rien ne

sert d'objecter que les précédentes n'offrent pas la même faculté. Cette indispensable condition peut d'ailleurs être remplie de diverses manières : sans désirer une chose pour elle-même, nous pouvons croire qu'elle est adaptée à telle fin que nous désirons et cela suffit parfois à sa réalisation.

Encore faut-il que le phénomène psychique ait lieu. Comment peut-il se produire sans le libre arbitre? Il n'est pas au pouvoir de l'homme de se créer de toutes pièces des mobiles, d'aspirer à ce qu'il ne désire pas, de libérer sa volonté ou, si l'on veut, de la déterminer en dehors de toute volition. Néanmoins nous avons l'*idée de notre pouvoir sur nous-mêmes* et de cette idée dérive, sous certaines conditions, ce pouvoir même. « Il y a toujours, dit M. Fouillée [1], un certain degré de liberté là où il y a vision de plusieurs actes possibles, conflit d'idées-forces, ambiguïté au moins apparente des futurs, absence d'une spécialisation qui enferme l'être dans un seul genre d'actes, comme l'insecte qui ne peut bâtir qu'un seul genre de cellules. »

Complétant cette propriété, qui n'est ni le libre arbitre ni une étroite détermination, il existe une certaine *indifférence* subjective et une « *interchangeabilité* » objective, qui confèrent une quasi-liberté. L'homme peut non seulement préférer une chose qui ne lui plaît pas à une qui lui déplaît davantage, mais encore vouloir, en vue d'une chose qu'il désire, une chose qu'il ne désire pas, et cela, non par comparaison et choix entre les deux termes d'une alternative, mais comme un moyen pour une fin. Tandis que la première particularité est commune avec les actes impulsifs, la seconde est propre aux actes finalisés, à but spécifique ou générique.

Lorsque le *désir* porte *directement* sur un objet, l'efficacité d'un idéal contraire est, toutes choses égales, moindre que si l'objet, non désiré par lui-même, est voulu *en vue d'une fin extérieure*. Dans le premier cas, il n'y a pas deux modes de satisfaction possibles et, s'il s'agit d'empêcher l'acte, il faut supprimer ou remplacer le désir ; cet acte étant préféré, dans son individualité, de toute la puissance de l'appétition dont il est l'objet, un mobile différent devra, pour triompher, posséder une grande force. On ne peut ici compter que sur la faiblesse de l'impulsion (en intensité absolue) ou sur l'existence d'impulsions concurrentes ou contraires (intensité relative).

1. *Ib.*, p. 99; *Idée du dr.*, p. 248, 255; *Lib. et dét.*, 2ᵉ p. : Si, au moment où la passion m'entraîne, je conçois la possibilité de modifier cette direction pour atteindre une fin meilleure, cette idée de ma puissance est en moi le commencement d'une puissance réelle; c'est une force opposée...

Supposons au contraire un *syllogisme téléologique* : je désire tel
but, je crois que tel moyen est approprié, le mieux approprié, donc
je veux ce moyen. Il suffit de *changer la conviction* pour modifier
l'objet de la volonté résultante. Chez tout homme réfléchi, la démonstration de l'inadaptation d'un procédé, de la meilleure adaptation d'un autre, aura comme résultat de substituer le second au premier, par hypothèse, non désiré. Or la modification d'une croyance,
simple affaire de compréhension, est plus facile que celle d'un besoin
ou d'un désir : tout se ramène à la possibilité d'une démonstration
par la science positive. — Outre ce rôle directeur, la croyance, sans
affaiblir précisément le pouvoir moteur, rend la volonté moindre que
le désir ou au plus égale et la préférence moindre que la volonté ou
au plus égale. L'intensité de la conclusion est fonction des prémisses; or, même si la foi dans le moyen est absolue, elle ne saurait at-
tacher à lui plus fortement qu'au désir initial. D'autre part, tandis
que l'impulsion directe tend à faire passer immédiatement à l'acte,
la délibération entraîne une sorte d'indécision momentanée; aussi la
tendance des sensations à se transformer en actions va en décroissant
à mesure qu'on s'élève vers un type humain supérieur : la vie individuelle et sociale peut ainsi être d'autant mieux organisée, c'est-
à-dire harmonisée en elle-même et appropriée aux nécessités extérieures. Moins spontanés, moins isolés, les phénomènes psychiques
sont mieux coordonnés : la cause qui produit un sentiment « réveille
immédiatement toute une série de sentiments antagonistes » (G. Le
Bon). L'hésitation, compagne de la réflexion, rend en même temps
la conduite plus indépendante de l'accident, moins fatalement unie
aux circonstances, aux mobiles surgis isolément. — Tandis que le
désir tend exclusivement à se satisfaire par l'accomplissement de son
objet, le fait qu'un but se cherche un moyen rend *moins fatal* tel ou
tel procédé, à moins qu'une association impérieuse d'idées ne les lie
l'un à l'autre. Dans tous autres cas, ce seul fait ouvre une alternative. L'objet voulu « médiatement » l'est par une opération détachée,
même s'il s'impose à première vue : on définit le but, on apprécie le
moyen. La volonté n'a plus le même caractère de fixité; son objet
(comme son intensité) varie à raison des changements du désir et de
la croyance, et cet effet se multiplie à mesure que s'allonge la chaîne
des syllogismes où la conclusion de l'un est majeure de l'autre. Une
proposition ou un ordre survenant, opposés, on cherchera une autre
issue au désir, et on s'y conformera d'autant plus volontiers que le
premier acte conçu n'était pas recherché pour lui-même. Générale-
ment on ne croit pas que l'adaptation de tel moyen soit absolue ni

qu'elle soit exclusive de tout autre, et la civilisation nous donne sans cesse davantage de modes de satisfaction; en cette hypothèse courante, on peut *vouloir* avec force « un » des moyens (mais non *préférer* de beaucoup tel d'entre eux envisagé dans son individualité) et en même temps être disposé à reporter ce vouloir sur un autre.

L'inégalité d'intensité entre la volonté et la préférence est encore plus grande dans le syllogisme à *but générique*, dans l'acte voulu comme unité de la catégorie à laquelle il appartient par ses effets généraux : dès lors que de nombreux moyens s'offrent avec des aptitudes et avantages égaux, le choix est presque indifférent. Le moindre obstacle révélé, tel le caractère antisocial de la première décision ou la réaction à subir, changera la détermination. Plus générale est la fin poursuivie et au maximum chez l'homme qui aurait effacé tout désir particulier au profit du désir de vivre conformément à une conduite rationnelle, plus docile sera l'obéissance du mécanisme de direction. Aucun ordre de satisfactions n'étant, comme but ou comme moyen, recherché dès l'abord à l'exclusion de tel autre, la plupart des actes dépendraient des croyances. L'idéal constitué scientifiquement, d'après des vues générales et non au gré des circonstances, obtiendrait le maximum de chances de succès. Si de nombreuses alternatives sont ouvertes, on peut aisément se diriger dans le sens le moins dommageable ou le plus agréable à autrui et même aller au devant de sa volonté, de ses aspirations, c'est-à-dire agir selon la loi et la morale du groupe. Conjointement à l'utilité personnelle, il se peut qu'on poursuive une fin sociale, qu'on remplisse une fonction de la collectivité : lorsqu'on arrive à se concevoir comme partie d'un ensemble ou du Tout et à agir comme tel, on devient, sans cesser d'exister individuellement, plus social et plus sociable.

L'idée affecte encore autrement le désir : non plus en lui attachant un moyen, mais en le rattachant lui-même à un but. En général, le désir se suffit à lui-même et nous n'avons pas conscience de la fin vers laquelle il se dirige. Lorsqu'on me démontre que le moyen est mal approprié à mon dessein, je l'abandonne, mais persiste dans ce dessein. Toutefois si l'on parvient à me montrer que mon but même n'est qu'un moyen pour une fin jusque là absente de mon esprit et qu'il existe d'autres alternatives, son objet pourra aussi être abandonné, si je cesse de le désirer en lui-même. Même si je lui conserve mon attachement, *l'acquisition de la notion de sa fonction* n'est pas indifférente : elle permet de constater comment il y satisfait, — et ainsi de suite, jusqu'au but final, à la vie du sujet individuel ou social, — et tend ainsi à proportionner son intensité au désirable, à la rendre au plus égale à ce qu'elle était ou à la diminuer, de même qu'elle tend à conformer la croyance au croyable. L'idée de la désirabilité ou de l'indignité de tels ou tels états aboutit au même résultat (infra : Fonction). — L'idéal objectif occupe donc ici le premier rang.

Ces développements n'auront point été inutiles s'ils ont réussi à convaincre de l'*efficacité croissante* de l'idéal, à mesure qu'on s'est élevé jusqu'à l'état présent et de la garantie ainsi offerte pour son avenir. De ces diverses manières, les conseils et commandements de l'éthique peuvent viser, sinon à modifier la base première de notre activité, qui est la vie, du moins à appliquer et proportionner le désir à la « vitalité », à introduire la réflexion là où régnait l'impulsion et, dans ce cas, à encourager les procédés les mieux adaptés. L'éducation acquiert ainsi un rôle sans cesse grandissant pour diriger, réformer, supprimer les impulsions recueillies à notre naissance, ou nous en inoculer d'autres, et l'instruction rend plus exact le rapport du moyen à la fin.

Chaque sujet doit procéder à son propre dressage et à celui d'autrui. Il peut opposer ses inclinations les unes aux autres afin d'obtenir une sorte de liberté, les combiner de façon à accumuler les influences heureuses et à éliminer les défavorables. L'homme n'accroît pas seulement sa puissance sur le monde extérieur, il parvient à se maîtriser en dominant ses passions : perfectible, il rend la société perfectible.

Est-il besoin de rappeler le *rôle historique* de la recherche systématique du mieux-être? Et si l'ignorance ou la méconnaissance des lois de l'évolution sociale ont engendré les pires conséquences, n'est-il pas à espérer que leur admission améliorera le sort de l'humanité? Loin que l'idéal soit inefficace, il y a plutôt lieu de se plaindre, avec Comte, que les peuples aient « d'ordinaire trop avidement accueilli les moindres principes de réorganisation, auxquels, par un empressement funeste, ils voulaient sacrifier des droits qui ne leur semblaient plus qu'onéreux ».

Quant à savoir si tel système juridique, tel projet de construction sociale, est *désirable*, c'est une question d'espèces, dont les principes généraux de solution seraient peu expressifs. S'accommodant d'un plus ou d'un moins, le critère de *viabilité* est encore moins précis. Au point de vue pratique, on peut donner le vague conseil de tenir compte à la fois de la réalité et de l'idéal final. On se gardera de l'utopie en combinant les facultés actuelles ou virtuelles et les aspirations conditionnées par le milieu et l'influençant à leur tour. Quant

aux préceptes concrets, ils varient selon le caractère : conseiller l'initiative serait excellent à l'égard de traditionalistes, leurrer de principes et de logique les novateurs, déjà oublieux de l'histoire et des
traditions, présenterait au contraire des dangers. Il ne convient ni de
se décourager ni de concevoir d'illusoires espérances. On ne saurait,
en un jour, rendre parfaite une humanité qui a mis des dizaines de
milliers d'années à parvenir à un état assez médiocre, mais de grandes améliorations ne se sont pas moins effectuées, souvent plus vite
qu'on n'osait l'attendre. L'utopie de la veille est devenue la réalité
des lendemains. « Il y aurait folie, disait naguère un juriste éminent,
à se flatter d'atteindre l'idéal, mais il y a sagesse et dignité à entrer
dans sa voie et à avancer vers lui de quelques pas. »

L'éthique n'est pas une science d'observation, portant sur des choses faites, ni seulement une façon de « coordonner aussi rationnellement que possible les idées et les sentiments qui constituent la
conscience morale d'une époque déterminée[1] »; rien n'empêche un
sujet quelconque d'apprécier l'idéal actuel, en son nom et au point
de vue des conditions que lui impose sa vie propre, de prévoir l'idéal
futur et d'abréger les voies qui y mènent. Il peut même s'en construire un, d'après sa conception du possible et du désirable. A quels
desiderata doit satisfaire son objet, quelle est la hiérarchie de ses
éléments ?

La tâche est ardue, qui consiste à trouver un critère de l'idéal en
dehors du réel, un signe du droit en dehors du fait. Les aspirations
d'autrui ou de nous-mêmes sont des faits et, même irréfléchies, émanent de l'expérience. Voici le *schéma du fondement* que nous acceptons : 1° le sujet pose son moi ; 2° il cherche à réaliser *son* bien, sa
conception du bien, légitimes pour lui ; 3° le contenu de cet idéal lui
est fourni par sa conscience et sa réflexion personnelles, au besoin
appuyées sur celles d'autrui, toutes deux exprimant l'expérience de
la race au sujet des conditions de vie générales et particulières ;
4° à ces limites qu'il se donne, autrui en ajoute d'autres, au besoin
imposées, sous forme de systèmes juridiques en vigueur, mœurs, morales et aspirations des personnes avec qui il se trouve en relation ;
5° il ne reste plus qu'à déterminer ce que devrait être l'objet de ces
volontés et ce qu'il a été au cours des siècles[2]. Ainsi semblent récon-

1. Durkheim, *Année sociol.*, VIII, p. 381 ; Fouillée, *El. soc.*, p. VIII, 44.
2. M. Fouillée résume à peu près ainsi sa remarquable *Idée du droit*
(p. 265-273): 1° Point de départ: le moi pensant, la conscience. 2° Relativité
des connaissances et ignorance de partie de l'universalité des phénomènes.
3° Ce principe est rationnellement restrictif de l'égoïsme théorique et pra-

ciliés ou du moins conciliés le réalisme et l'idéalisme. Le moi indi-
tique. La réalité objective est inconnue et inconnaissable de la part du
sujet. La modestie métaphysique est ainsi le principe de la dignité morale.
Socrate avait raison de le dire: nous sommes grands par l'idée de ce que
nous ignorons, plus que par ce que nous savons. Concevoir une limite, c'est
aussi concevoir un au-delà. Despotes et « papes », par leur orgueil, sont
l'image de Satan. « N'agis pas envers les hommes comme si tu savais le
fond de l'homme et des choses, identifié avec le plaisir, l'intérêt, l'égoïsme.
Etre qui n'as point la science absolue, ne pratique point, érigé en Dieu,
l'absolutisme envers tes semblables; ne dogmatise pas en pensées et en
actes » (*Mor. cont.*, préf. et p. 394). L'*x* irréductible qui subsiste en dehors
des formules mécaniques et que nous ne pouvons égaliser à zéro, suffit à
« nous arrêter avec inquiétude, comme au bord d'un abîme, devant les
actions qui impliquent une solution pratique du problème. Frapper, cela
signifie : le fond absolu n'est que force et matière. » — Cette conception
fonde uniquement des limites et conseille seulement l'abstention. M. Fouillée appuie la charité, qui demande des actes positifs, non pas sur l'unité,
la communion de toi et moi en un être social qui dirige ses membres,
mais sur l'incertitude qu'autrui ne soit pas moi. — Une telle relation entre
la pensée et l'action est fort attrayante: la justice répondrait moins à la
connaissance des devoirs qu'à l'ignorance de ce qu'est la conscience et à
la limitation inévitable du savoir. Ce parallélisme entre les restrictions
de la spéculation et de l'activité n'a pas la prétention d'être historique.
Que les devoirs se rétrécissent à mesure qu'on descend l'échelle des êtres,
constitue une objection « à côté », de même que serait purement apparent
l'argument tiré de l'abondance du mystérieux, du « fas » et du « jus », chez
les sauvages, car la suspension de jugement ou d'action résulterait tout
au plus, non de l'ignorance, mais de la conscience de l'ignorance. Encore
le sentiment moral n'a-t-il pas attendu qu'on sache qu'on ne sait rien ou
combien on ignore. Et les deux ordres de dispositions ne sont pas exactement parallèles : le fat peut être modeste en action et l'orgueilleux, contenu,
prendre sa revanche sur autrui. La notion de ce qu'on ignore s'accroissant
à mesure qu'on apprend, serait-ce une raison pour que nos devoirs augmen-
tent en même temps que notre science? Ces objections exactes n'atteignent
pas le système de M. Fouillée. — Le devoir, envisagé dans son bénéficiaire,
croît, en fait comme en théorie, de l'inorganique au vivant, qu'on est impuissant à créer par synthèse. On ne se sent pas tout permis envers autre
chose que la matière brute. Mais cette base fournit trop exclusivement
des devoirs, trop illimités, envers trop de personnes: l'animal n'est-il pas
aussi incompréhensible que l'homme, le simple que le complexe, la matière
et la force que les fioritures qui en ont été tirées? Le problème par excellence n'est-il pas celui des origines du monde? Le Cosmos, dans son ensemble, n'est-il pas mystérieux? Surchargé ainsi de devoirs par l'extérieur,
l'homme n'est-il pas rapetissé, condamné à l'inertie? Les actes prescrits
par charité éviteraient-ils l'immobilité? Si j'ai tant de limites et dois rester
humble, pourquoi développerais-je autrui, ignorant comme moi? Telle
n'est pas la pensée de M. Fouillée, mais celle-ci n'aboutirait-elle pas, en
certains cas, à une sorte de résignation fataliste? Si un tyran s'impose,
dois-je, démocrate, m'abstenir de le combattre parce que j'ignore si son
avènement ne résulte pas d'un décret de la Providence? Si on me blesse,
si on blesse ma conscience, défendrai-je ma vie, mon idéal bafoué? —
M. Fouillée, il est vrai, n'indique pas plus de préceptes pratiques que d'applications historiques. Reste le principe. Sa profondeur n'est pas méconnaissable. Son habileté consiste à transformer une impuissance de *fait* en
devoir de respect ; encore est-ce en passant d'un domaine à un autre: or

viduel ou social reste à la base, comme centre d'action et de conscience, malgré les influences externes d'autres moi, de l'ascendance
et du milieu. La pénétration réciproque n'est pas destructive de l'individualité : c'est toujours le moi qui cherche son bien.

Il y a un droit et pourtant il n'existe pas dans la nature : il lui faut
un *créateur* qui lui 'donne sa valeur, rapportée à ce dernier. Il en
est deux concevables : les dieux célestes ou quelques dieux terrestres,
moi individuels, étatiques (Hegel) ou sociaux. Nous ne connaissons
pas ceux des Olympes, nous ne savons s'ils existent et pouvons encore moins les prouver que les nier, ni surtout « nous mettre en leur
peau » pour juger. Les autres s'écrient : Dieu est mort, je suis dieu !
Le résidu de la connaissance et de l'action après un criticisme ou
nihilisme intellectuel, universel et provisoire, c'est le *moi pensant et
agissant*, avec sa vérité et son bien. Il est la suprême thèse qui s'affirme (θίος, τίθημι?), et ainsi il joue le rôle que remplissaient les divinités dans les morales théologiques. C'est d'ailleurs un absolu tout
relatif. Mais ce sujet, qui reste à préciser, suffit, en se prenant pour
base, à remédier à l'amoralisme, à établir un tarif estimatif des
choses, qui ne nécessite nullement une fin objective de valeur hyperphysique. C'est un fait : l'homme est le centre de ses connaissances ;
de même l'éthique doit être et est effectivement « égocentrique ».
Tout dérive du moi.

Qu'il soit esprit ou force, libre ou déterminé, un ou composé, unique ou multiple, peu importe. Ce peut être le sujet humain ou, s'exprimant en lui, le sujet social. Comme toute chose vivante, il possède ses désirs et ses aversions, son bien et son mal. Ceux-ci sans
doute n'ont rien d'absolu, mais il ne saurait en être autrement : l'idée
de valeur en soi supprimée, il ne reste que des valeurs *relatives*,

---

si la spéculation et la pratique ne sont pas dissociées, si l'on passe du premier au second, pourquoi ne pas interdire inversement de penser sur ce
qui échappe à notre influence? — Revenons à la suite du résumé : 4° Le
sujet conçoit par la projection de soi un idéal positif de liberté individuelle et de société universelle, — idéal à la fois cosmologique, social et
moral, et d'autre part rationnellement persuasif. 5° Idées-forces. 6° Fondement d'une valeur supérieure. Droit restricteur : justice ; droit persuasif : fraternité. 7° Liberté extérieure ; laisser à chacun la spontanéité intérieure, la faculté de se diriger d'après ses idées-forces. (Spencer attribue
a chacun les *conséquences* de *sa* conduite.) 8° Cette limitation se déduit de
la limitation des intelligences. 9° L'égalité se déduit de la liberté. 10° L'é-
galisation progressive des conditions économiques et naturelles est une
conséquence ultérieure, amenée par la nature même et le progrès social.
11° Le droit idéal et réel devient le maximum de liberté égale, compatible
avec le maximum de force et d'intérêt pour l'organisme social. — P. 290 :
faits, idées (droit), influence des idées sur les faits.

existant par rapport à un sujet. L'idéal relatif est même en progrès
sur la morale qui reposerait sur un absolu insaisissable. L'être qui
penserait et jugerait d'après de prétendus noumènes mourrait promptement ; celui qui se borne à un idéal fait pour lui, vit ; or, si la
Vie n'est pas un Bien, du moins sa vie est-elle son bien. De là ressort
la nécessité, posant la relativité de toute valeur, comme de toute
connaissance, de bouleverser l'éthique théorique.

Niant tout bien et tout mal, c'est cela qu'une autre révolution
nous enlèverait, en contradiction avec le lot de tout être vivant!
L'homme, forcément est anthropocentrique. Pas plus que rechercher l'absolu, il *ne peut faire abstraction de soi*. Condamner les
idées d'utilité et de nocuité, de désirabilité, cela équivaut à nier la
sphéricité de la terre et les propriétés de la sphère, sous prétexte
que cela n'existe que par l'esprit. Le droit existe par la vertu des
moi, mais pour ne pas préexister en dehors de nous, il n'en correspond pas moins à des rapports objectifs. Le caractère absolu, superposé par les morales et purement apparent, ne contredit nullement à
ces conclusions. Il n'y a pas de droits et devoirs en soi. Toute valeur, par définition, est, non une qualité intrinsèque, mais sa « relation » avec une base d'appréciation. (Une même chose est donc susceptible d'être, à la fois, bonne et mauvaise.) En réalité les morales
même les plus générales et impersonnelles d'aspect ne sont pas dans
leurs préceptes pratiquement similaires, autre chose que des idéaux
personnels, alors même qu'elles n'exprimeraient pas seulement des
dispositions naturelles ou acquises ou des réactions contre ces mêmes influences. Sous les conceptions communes, chacun fait rentrer
les siennes propres. Proposer des idéaux relatifs à l'homme et à la
société, ce n'est donc que systématiser l'état actuel.

Chacun est dieu et souverain dans sa sphère. Est-ce à dire qu'il
possède une *valeur* absolue et une sphère illimitée, sans compte à
rendre à personne ni restrictions à imposer au prochain? Il n'est
point nécessaire qu'un sujet ait une valeur pour en créer une par
rapport à soi. Il n'en a peut-être aucune, mais les choses en ont certes pour lui : un objet ne peut-il présenter relativement à un sujet
un caractère dont celui-ci n'est pas doué? Le moi, comme le monde
sous ses formes successives, est envisagé ici sans valeur en soi,
comme ni bon ni mauvais. Il n'a point à éprouver quelque vanité de
son caractère divin, à s'adorer lui-même, à se confondre avec le
Tout, mais seulement à croire qu'il est le centre de ses relations
avec le monde, la base de ses impressions, de son activité et de sa
science (et nullement le but de l'univers).

En appliquant à un sujet quelconque, indéterminé dans son identité, les attributs prêtés aux Dieux, à l'État, à l'Individu, cette conception diffère de ces dernières en ce qu'elle repose, par hypothèse, sur une *réalité* et non sur une supposition, une entité ou une abstraction, et en ce qu'elle n'y reconnaît aucune valeur propre ou fin en soi. Pourquoi l'idéal, simple fait, s'imposerait-il? Au lieu d'avoir à justifier d'une inconcevable autorité supérieure envers autrui, il s'impose à son sujet, précisément parce qu'il existe, qu'il est en lui et que le sujet le veut, et à tous par l'idée de sa respectabilité, par la réflexion intéressée, par symétrie et réciprocité. — Que le moi ait une valeur *absolue ou nulle*, les conséquences logiques sont d'ailleurs à peu près les mêmes. Mais, théoriquement inexacte, nous ne devons pas méconnaître ce que la première conception avait d'utile : sans doute, si le moi se considérait comme absolu, il serait tenté de n'accepter aucune restriction, mais s'il reconnaît à tous le même caractère, il est poussé à respecter le droit à l'intégrité; il en est de même si, inversement, il n'attribue de valeur à personne, à lui pas plus qu'aux autres, mais il peut être alors tenté de satisfaire tous ses besoins et aspirations sans tenir compte d'autrui. Nous verrons toutefois que des influences compressives ne laissent pas cet inconvénient sans remède.

Si l'être agissant ne suffit pas à fonder l'idéal, est-ce donc le moi psychologique qui le crée? Mais alors n'est-on pas ramené aux systèmes aprioristes et borné aux êtres raisonnables? Et si, au contraire, on n'y voit qu'un épiphénomène, ou une collection d'instincts ou encore l'instinct vainqueur, ce n'est qu'une variante de Nietzsche et consorts. — Pour posséder un idéal, il faut vivre, être conscient (dût son objet être influencé par des êtres dépourvus de conscience, tel l'organisme social?) et exercer un choix parmi ce qui est ou vouloir une chose non réelle. Vie, conscience, volonté, ne sont d'ailleurs en soi pas plus estimables que la puissance de l'atôme. — Pourtant ce système n'a rien de commun avec le culte de la force, car le sujet considère tout au plus la sienne ou celle d'autrui comme un bien relatif. Sans doute il arrivera que la force brutale triomphe, mais avec quelle théorie n'en serait-il pas de même? Quel idéalisme empêcherait tout crime? Loin d'écarter les limites à l'emploi de la force, le nôtre les exige au contraire. L'idéal a posteriori présente en outre cet avantage, non d'être à la portée d'un plus grand nombre que les Absolus, mais de satisfaire les esprits critiques et l'« égocentrisme » est une position provisoire très forte à l'égard des réalistes. — A fortiori nous écartons l'amoralisme. Au lieu de : rien n'est moral, nous affirmons des valeurs relatives, des faits qui, par rapport à un sujet, sont plus que des faits. Nous ne supprimons pas l'idéal, nous le rendons individuel ou plutôt nous le constatons tel, en principe, fût-ce dans la majorité qui s'approprie simplement les maximes courantes, les clichés moraux.

Il n'y a pas de bien en soi; l'idéal a pour origine le moi, n'a de valeur que pour lui, de cours qu'en lui : telles sont les propositions démontrées. Dans cette « économie » fermée, où le cercle de la production coïncide avec le marché, quoi d'étonnant que le producteur prenne pour objectif les qualités qui lui sont favorables et se transforme ainsi en bénéficiaire? *Le moi devient but* de l'idéal. Or le sujet qui se prend pour fin est avant tout un être vivant. Dès qu'il conçoit cette essence, il peut poser comme thèse première : *pour moi, ma vie est mon bien,* je dois et puis légitimement développer ce qui constitue et conditionne mes aptitudes vitales. Qui peut dire cela : « Moi, mes conditions de vie »? Toi, nous, la société, l'espèce. Avant qu'il en ait conscience, l'homme agissait comme s'il avait eu cette notion et certains de ses actes lui paraissaient désirables. Tout individu étant égoïste, par hérédité et sélection, ce qui est conforme à ce desideratum lui paraît bien, mais il est tellement porté à le rechercher que l'encouragement de la morale n'a pas besoin d'être sensible, sauf chez les êtres déchus. Ainsi les moyens réels ou supposés de la vie sont devenus objet de l'idéal.

Quel critère peut-on tirer de là? Le *degré de vitalité.* Ce qui est vital est moral. Le droit à la vie totale, à son évolution entière, active, sensible, intellectuelle, constitue le droit primordial. L'homme a le droit de se conserver, de se développer, de se reproduire. Qu'est donc la vie? Elle se compose d'actions et réactions de l'être et du milieu. Or, si, dans le monde inanimé, la réaction, parfois très vive, n'a pas à nous « en imposer » moralement et si, en dehors de l'intérêt, nous y suivons jusqu'au bout notre fantaisie, — il n'en est pas de même parmi les êtres animés et en particulier dans le monde social. Consenties ou forcées, les *restrictions à l'activité* y sont beaucoup plus importantes. D'abord le moi et les autres moi ne s'opposent pas : or la solidarité engendre la bienveillance et les concessions mutuelles, et chacun gagne ainsi ce qu'il perd et au delà. De plus une lésion, chez l'homme, met en jeu les instincts de vivre, la vanité, etc., qui multiplient parfois la force de réaction (vengeance et peine ajoutées aux suites naturelles). Le choc en retour des associés et la crainte qu'il inspire limitent chacun bon gré mal gré et, à la longue, on finit par devancer la conséquence en réprimant soi-même,

instinctivement ou par calcul, ses tendances antisociales. La survie
est propice à ces dispositions, plus sûres dans l'intérêt de la masse
que la sanction aveugle, impuissante ou déjouée. Le développement
vital souhaité par l'individu exige le respect égal de la vie d'autrui :
c'est son intérêt bien entendu et s'il ne le comprend pas, l'évolution
se charge ou de le faire agir comme s'il l'admettait ou de l'éliminer.

Dès avant de connaître les desiderata de sa nature vivante, l'homme
s'est créé des *idéaux* qui, sous une apparence étrangère, en étaient
dérivés. Non également satisfait de tout ce qui lui arrive et de ce
qu'il peut faire, le moi, comme législateur, en vertu de son indépendance et pour son plus grand bien, formule, à son usage, une règle
de conduite. Rien ne l'empêcherait de le décider, et cela suffit à rétablir, contre les réalistes, la légitimité de l'idéal : il peut ne pas
vouloir se limiter, mais c'est une faculté pour lui de le faire, sans
que ses droits y mettent obstacle, et en même temps c'est une sage
politique : si rien n'était sacré, il en résulterait l'anarchie, dont il
souffrirait comme tous. Fût-on maître de soi, il faut savoir l'être :
cette disposition est si indispensable que, à défaut de la conscience
du danger de réaction, un respect instinctif y supplée.

Fût-il son but à lui-même, le moi consent à *tenir compte* de la
personne et des aspirations *d'autrui*, et tout l'y pousse. Il n'est pas
l'Égoïste de Stirner : l'Unique n'existe pas, et si le sujet est dieu ou
se conduit à la façon d'un Etat, c'est à la façon des dieux du polythéisme, enchaînés par le fatum et limités par leur pluralité, ou des
gouvernements policés qui reconnaissent une loi au-dessus d'eux
et entre eux des droits et des devoirs. Il existe, à côté de lui, d'autres êtres qui sont souverains à sa manière, se jugeant réalité
suprême et possédant leur bien et leur mal; il les conçoit semblables à lui, et la sympathie, l'équité, la logique de son intérêt, l'obligent à leur reconnaître, non la supériorité, mais le même pouvoir
légitime de se développer et, par là, à restreindre le sien, à leur attribuer des droits et à se reconnaître des obligations, sans attendre
d'y être forcé. L'expérience ou l'intuition conseillent de ne pas heurter autrui, d'être bienveillant à son égard, sous peine de n'en recueillir aucun service, mais plutôt quelque chose en retour. La
science montre que l'activité en tous sens serait contraire à ce
qu'exigent les conditions de vie, et, si on l'oublie, le lésé, l'autorité
sociale, la nature même, se chargent de le rappeler.

Ainsi, par soi, par autrui, chaque sujet reçoit des restrictions. Au
point de vue du fondement, l'autonomie, — qui n'est pas l'anarchie,
puisqu'elle met en relief l'idée de loi, — s'achève dans l'hétérono-

mie (tandis que la genèse débute par l'hétéronomie). A chacun son idéal, sans doute, mais il importe d'en *socialiser* le contenu. Toute personne incapable de bâtir elle-même sa règle de conduite a d'ailleurs un intérêt capital à s'en référer à la morale courante. Après avoir placé le moi au point de départ, nous arrivons ainsi à trouver en lui des fins, les plus générales possibles, les *fins ultimes du vouloir*.

L'existence d'un sujet de pensée et d'action fonde la légitime possibilité de qualifier moralement les actes humains, puis, l'idéal d'autrui étant conçu comme analogue au sien, d'acquérir l'idée qu'il existe un bien collectif. Ce fait donne à l'idéal sa valeur, mais n'en indique pas la *méthode* de fixation ni le contenu, lequel correspond à quelque chose d'objectif et relève de l'observation extérieure. Ces deux éléments, moi et conditions de vie, sont indispensables et intimement liés : sans sujet, qui prétendrait qu'il existe un bien et un mal? Et l'impossibilité ne serait-elle pas aussi grande, à défaut de différence des qualités extérieures? La connaissance n'a de vérité que par rapport au sujet, et pourtant il y a une science avec ses méthodes et ses résultats, qui s'imposent à la pensée jusqu'à preuve contraire; de même les idéaux individuels se fondent en un idéal impersonnel dont il convient de dégager les procédés d'élaboration et les conclusions, obligatoires pour l'action de tout sujet.

L'idéal peut-être intuitif, porter instinctivement sur des états qui paraissent désirables en eux-mêmes (infra), ou bien dériver de la *téléologie* rationnelle, de l'adaptation réfléchie d'un moyen à une fin (conçue comme absolue, ou comme valant pour un sujet, mais, en tout cas, objet de motion ou de désir). Rien ne saurait empêcher de poser des nécessités conditionnées. Constatant ou supposant un but, il est permis de chercher et d'indiquer les procédés propres à l'atteindre; toutes les techniques, un grand nombre de nos actions, le supposent : je vais à tel endroit en vue de telle chose, etc. Si je vise tel résultat, si vous le visez, tel moyen, le mieux adapté, doit être employé : cette conclusion s'impose avec un caractère de nécessité logique et économique dont l'obligation morale est un succédané instinctif ou un substitut habituel. L'adaptation systématique, nullement incompatible avec le positivisme, n'implique pas seulement la *liberté des moyens*; l'être réfléchi, non content de les choisir, *fixe aussi leurs buts*, fût-ce d'après des nécessités inéluctables : le contester équivaudrait, en absurdité, à affirmer que l'homme détermine seulement les matériaux et l'agencement de ses voies et non leur itinéraire, encore que des principes indispensables président à ce tracé.

On objecte que l'acte du criminel est adapté aussi à son but, donc logique, légitime, d'après ce critère. Non pas! La téléologie, pour n'être pas illusoire, doit rattacher le but à son but, jusqu'à la *fin ultime*, inconditionnelle et vraiment finale, ou du moins la plus haute à laquelle nous puissions remonter. Sans doute celle-ci se transforme dans le temps et même est ignorée de la plupart des êtres. Mais ici intervient l'observation scientifique : elle constate les fins du passé, influencées par le milieu et triées d'après leur adaptation à l'évolution générale, elle prévoit celles de demain et nous propose d'y tendre. Là prennent contact l'idéal et la réalité future, et non point dans les buts dérivés et partiels ou encore moins dans les moyens, comme le prétend la science des mœurs. En somme le sujet doit se conformer au rythme du devenir universel et le devancer dans l'avènement de ses procédés : il peut même, dans ces limites, perfectionner le devenir effectif par rapport à lui-même. Cet idéalisme se résume dans la belle parole de Clifford : « Sois un agent conscient dans l'évolution de l'univers. »

Un but n'est pas un idéal? L'idéal n'est pas autre chose qu'un but proposé; il n'a pas plus de valeur absolue, encore qu'il possède une grande valeur relative parce qu'il condense des fins et des désirs particuliers très nombreux.

L'éthique, ayant pour mission de constater le but ultime de l'activité des sujets donnés et de rechercher théoriquement les moyens de l'atteindre, constitue donc à la fois une science et un art. Il se présente, par suite, pour la connaissance positive, deux manières de rationaliser la conduite : en définissant le principe d'action et en fournissant les matériaux aptes à fonder une opinion quant aux voies et moyens (propriétés spécifiques ou génériques des actes, etc.). Elle remplit, vis-à-vis du moteur de l'activité, le même rôle que la croyance par rapport au désir dans le syllogisme téléologique : elle sert à déterminer les procédés appropriés à un but dont elle éclaire les contours, mais qu'il ne lui appartient pas de modifier [1].

Ce n'est pas à dire qu'on doive se borner à changer les croyances par l'instruction, sans faire l'éducation des désirs, qui, au fond, sont seulement des moyens au service du vouloir-vivre fondamental, mais le but ultime du sujet s'impose et ne se discute ni ne se démontre : c'est sa vie même, source et terme de l'activité. Nous avons vu en quoi les idéaux anciens (imiter Dieu, se perfectionner) y contredisaient et verrons dans quelle mesure ils recouvraient cet inévitable

---

1. La connaissance conçoit et fixe le but; les inclinations, la volonté, lui donnent sa valeur en y adhérant; l'intelligence détermine les moyens.

idéal. La controverse capitale porte sur la question de savoir de quelles vies et de quels sujets il s'agit. Pour chacun, c'est sa propre vie. Or, les hommes la possèdent certes, et si la société est un être à part, elle a aussi ses buts particuliers : peut-être même la poursuite des intérêts personnels aboutit-elle à la création d'intérêts collectifs, de même que l'égoïsme se résout en altruisme.

Pour *apprécier* un acte quelconque, il sera nécessaire et suffisant d'examiner son but, son degré d'appropriation et ses rapports avec les autres buts poursuivis, en ayant soin que chacun se rattache à la fin suprême. Celle-ci consistant dans la vie individuelle et sociale, dans l'évolution cosmique (appelées autrefois : nature humaine, ordre social, ordre du monde), sera bon ce qui est réellement conforme aux conditions de vie de l'espèce, de la société et de l'individu, c'est-à-dire susceptible de promouvoir le processus vital et évolutif.

On ne manquera pas de dire : « Quelles sont les *garanties*, l'autorité d'un tel système, qui suppose une fin préalablement acceptée ? Évidemment, qui veut la fin veut les moyens, mais il s'agit de faire vouloir la fin. » Qu'on veuille bien observer que, recherchant ici un procédé d'élaboration de l'idéal, nous n'excluons nullement les idéaux intuitifs, qui en sont l'expression plus ou moins exacte. L'objection, d'ailleurs, ne part pas seulement d'une idée préconçue : on conteste une démonstration à cause de résultats pratiques dont la crainte est illusoire. Il ne s'agit point de déchaîner l'individualisme, ni tel désir particulier, puisque le sujet en question peut être la société, et que le but est, par hypothèse, ultime. Enfin, si la fin est constatée, comme nous le supposons, c'est qu'elle *existe* et s'impose, et dès lors on ne saurait nous reprocher que deux choses : ou bien qu'elle est en fait mauvaise et nous n'y pouvons guère, ou bien que nous n'en suggérons pas une autre, meilleure, mais le terme dernier vers lequel nous tendons est tel parce qu'il ne peut en exister relativement de meilleur. Sa présentation comme idéal nécessaire ne pourra d'ailleurs que renforcer la tendance qui pousse vers lui, et à son tour il suscitera des idées-forces dérivées.

Dira-t-on que cette *nécessité de fait*, intransgressible, à la façon des lois physiques, n'a pas le caractère moral qu'engendrerait la *liberté d'infraction* ? C'est, retournant l'objection, reprocher la sécurité à ce qu'on accusait d'incertitude, mais au fond le reproche émane du même parti pris d'exiger un fondement absolu. La fin en soi, ou plutôt dernière, que constitue la vie évoluant, pour ne pas être rattachée à un principe théologique ou métaphysique, ni rayonner comme un impératif catégorique, n'en est pas moins efficace. L'être dont

les conditions d'existence sont à la fois naturelles et sociales finit par
« concevoir, vouloir et aimer ces conditions, dont les unes empruntent à leur universalité sa puissance » (Comte, Fouillée).

Nous n'insisterons pas sur la corrélation de cette *relativité* avec
celle de la connaissance, ni sur l'avantage de ne pas donner un même
idéal concret à des sujets de catégories différentes. L'idéal ne vaut
que relativement à l'un d'eux et est conditionné par lui, mais c'est
la seule manière de lui conférer quelque prix. Il n'y a que le relatif,
ou du moins, s'il existe un fondement métaphysique, nous n'en savons
rien. Remarquons d'ailleurs que cette nécessité logique, économique
et essentiellement hypothétique, prend un caractère *absolu* quand la
notion de la fin est disparue et qu'elle nous apparaît ainsi en pratique, la plupart du temps. De plus, si le sujet transgresse l'idéal, il
s'expose à en subir les *suites*.

Mais, pas plus que le sentiment de l'obligation ne crée une obligation absolue, la sanction naturelle n'est une *sanction* morale. Ainsi,
chacun des sujets ne saurait adapter le milieu à soi plus qu'uniquement s'adapter à lui : l'action et la réaction sont nécessaires sous
peine d'inexistence [1]. Mais c'est là quelque chose comme un conseil
d'hygiène. — Qu'importe ! On ne transgresse pas impunément une
telle consigne : la nature, comme la société, a de terribles sanctions
et il n'est pas question d'y abolir la peine de mort. — Toutefois,
suivre notre nature, n'est-ce pas un précepte commode, susceptible
de couvrir tous les vices et toutes les lâchetés ? Notre nature est pla-
cée dans la Nature et nous devons, sous les mêmes menaces, y jouer
notre partition. — Qui m'y obligera contre mes intérêts personnels ?

---

1. Fouillée, *El. soc.*, p. 95-104 : Rien n'est moins exact que d'imaginer l'ê-
tre comme une suffisance interne. La vie plus intense ne peut pas ne pas
devenir plus expansive, ne pas se répandre au dehors, non seulement pour
exercer son action sur autrui (Nietzsche), mais pour s'unir à lui. L'être
a toujours besoin d'accumuler un surplus de force, même pour avoir le
nécessaire. La surabondance se manifeste par le besoin de fécondité, intellectuelle, sensible, et non pas seulement génésique. La vie a deux faces :
nutrition et assimilation, production et fécondité; plus elle acquiert, plus
il faut qu'elle dépense. C'est la loi : l'expiration suit l'inspiration. Et la
puissance se déploie mieux dans l'union que dans la lutte : la vie individuelle communie avec la vie universelle. La biologie, au nom de laquelle
on soutient l'égoïsme, est synthèse, solidarité, sympathie. Vie, société, moralité, recouvrent une identité profonde. (Cp. Novicow, *Just. et exp. de la
vie*.) — P. 98 : l'action qui a ses antécédents dans l'organisme tend à le rendre plus organique, à l'élever; l'influence extérieure fait que l'organisme
agit comme s'il était inorganique, comme la poussière soulevée. — Mais la
valeur ne s'attache pas qu'à la première catégorie. L'être sans doute a forcément un idéal en réaction contre le non-moi : la réalité, toutefois, comprend le non-moi comme le moi, l'adaptation passive comme l'active.

Mon intérêt mieux compris, celui de mon groupe ou de ma race, dont je me sens solidaire, — et cette formule embrasse mes instincts (infra : Nécessité du devoir).

Les conditions, avons-nous dit, sont subordonnées à la fin, mais acquièrent la nécessité qui leur manquait, dès que cette fin est elle-même une nécessité de fait, étant donnée la constitution du sujet. Or celui-ci non seulement *désire sa vie*, mais ne peut pas ne pas la désirer. Cette tendance est le produit inévitable de l'évolution, car si ses ancêtres ne l'avaient possédée, l'être actuel n'existerait pas, et les circonstances sont rares où il est besoin de lui faire de la vie un devoir.

Prétendrait-on *rationaliser* le moteur de la vie, en subordonner l'existence aux conclusions favorables ou défavorables d'un raisonnement, de l'intelligence? Cette vue, inexacte, tendrait à renverser *l'ordre naturel de subordination*, à ériger en principe le subordonné et à abaisser la cause finale au rang de dérivé. Si la rationalité coïncide avec la vie, c'est qu'elle est influencée par celle-ci, et se rend à son ordre. Kant, déjà, convenait que l'homme a pour fonction d'*agir* et non pas tant de savoir [1] et qu'il est incapable de connaître le dernier mot : aussi donnait-il la prééminence à la volonté, sous le nom de raison pratique. Après lui, Comte proclame qu'il faut « penser pour agir ». Loin que la vie ait à se réclamer d'une fin, elle constitue la mesure de la valeur, la source des idées-forces : l'objet à mesurer coïncide avec l'étalon. Toute justification extérieure est une émanation d'elle-même et ne saurait la justifier [2]. Elle seule est assez vaste

1. Ce n'est pas tout à fait le mot de Bonald, retourné par Comte : « L'homme est un organisme servi par une intelligence ». La vie animale a-t-elle pour unique fin la vie végétative? Nous disons seulement que ce qui est « survenu » a besoin du support qui le soutient et dont il est actuellement un moyen, et non qu'il ne constitue pas la fin dernière. (Comte lui-même dit ailleurs que le supérieur explique l'inférieur.) Le développement complet de l'esprit exige la vie sociale, mais celle-ci présuppose l'esprit; la connaissance est aujourd'hui la servante de la vie organique, mais la psychologie ne s'absorbe pas dans la physiologie. Toutefois la société implique l'individu, et il n'y a pas de vie intellectuelle sans vie animale, ni de vie animale sans vie végétative.

2. Fouillée (*ib.*, p. 104, 275) rattache le prix de la vie au sentiment de jouissance qu'elle entraîne. — Et si elle douloureuse, à charge? Nous préférons faire reposer le besoin sur la vie, le psychologique sur le biologique, car la vie ne s'accompagne pas toujours de sensations. On ne saurait lui donner de valeur qu'à la condition de savoir ce qu'elle est et par la métaphysique : c'est la subordonner au mystère ou au moins obliger à en attendre l'éclaircissement. Donc, ne pas poser la question et même refréner le souci de rationalisation, qui demande à tout des raisons; laisser la vie s'affirmer comme une force, — c'est encore la plus puissante, la moins discutable, la plus « demandée ». Le plaisir n'est apparu que comme un

pour rendre compte d'elle toute. En elle la cause coïncide avec le but et le résultat. La vie a une fin, mais elle est sa fin à elle-même ou plutôt c'est encore elle, mais amplifiée. Pourquoi vivre? La vie est un fait amoral dont la nécessité est indémontrable au point de vue absolu, mais qui s'impose de lui-même et, comme doué d'une élasticité imprimée à l'origine, *tend à se développer*, à se dilater. Elle-même tire sa puissance d'une coordination plus exacte des forces, par suite de l'adaptation croissante qui résulte de l'opposition universelle. De même que toute existence s'affirme, tout être animé cherche à accroître sa vitalité. L'objet de l'idéal et ce qui le postule sont deux moments d'une même chose dans son évolution.

Non seulement l'existence des hommes suppose l'attrait de la vie chez leurs ancêtres, mais forcément les mieux adaptés, qui ont survécu, ont dû transmettre à leurs descendants les tendances à la fois *égoïstes et altruistes* dont ils tenaient leur supériorité. L'idéal ainsi fondé est donc individuel et social, même si la société n'a pas une vie ou des instincts propres. La morale est indépendante du savoir, non lorsqu'elle détaille ses préceptes relatifs aux moyens, mais dans son principe initial, qui est objet direct de motion, de désir et que la science constate seulement.

Recevant malgré nous notre impulsion première, non seulement l'intellect n'a pas à intervenir dans la motion, mais il est permis de se demander si son intrusion y serait heureuse. Mus et devant agir, de par les nécessités de notre nature, de notre existence, il n'est *pas toujours bon que nous y réfléchissions :* la machine marcherait-elle, trouverait-elle une raison de fonctionner, si elle se prenait à philosopher? Cela est dangereux; n'y pensons pas et passons. Peut-être le sentiment, en ce qu'il a d'égoïste, est-il moins à craindre que la connaissance abstraite, dans ce qu'elle a de plus désintéressé : c'est que, précisément, cette « pureté » est périlleuse pour le principe de vie, dès qu'elle prétend à s'en émanciper [1]. Aussi inclinons-nous à faire

signe de la vitalité. Notre moteur, la vie, notre but, l'amplification de vie, ne se confondent ni avec l'aspiration au bonheur, ni avec la volonté d'expansion brutale et dominatrice. — P. 351 : l'impératif conditionnel est subordonné à la persuasion préalable de l'individu et a besoin, pour entraîner des êtres raisonnables, qu'on justifie la fin et donne une raison d'y contribuer. — Il suffit qu'elle s'impose. Ne pourrait-on dire, à l'inverse : la réflexion, chez des êtres vivants, doit acquiescer à la vie?

1. La connaissance est une forme d'assimilation et l'idée réagit à son tour. Mais précisément parce que ces deux influences, essentiellement coordinatrices, s'étendent beaucoup plus loin que nos moyens d'assimilation et de réaction effectives, ne tendent-elles pas à nous absorber dans le tout, à nous diluer, à nous dépersonnaliser?

appel à la vie, à l'instinct, pour détourner et presque corrompre la spéculation, plutôt qu'à la raison, à la métaphysique même, pour violer l'égoïsme [1].

Ces données contiennent-elles un *principe de progrès?* Un tel caractère ne suppose point que le progrès possède une valeur morale : il suffit d'une évolution irréversible (dont l'ampleur de courbe et la vitesse ne sont point, pour autant, fatales). Suivre son cours, dans ce cas, ne procurera peut-être aucun surplus de bien-être ou de bien, mais, à coup sûr, rebrousser chemin serait pénible. — Or la *vie* remplit bien ces conditions : elle tend à devenir ce qu'elle n'est pas encore, à s'intensifier, à se surpasser [2] ; c'est essentiellement, non pas un état statique, mais une tendance dynamique, un facteur de transformation. Aussi le conseil de se conformer à la nature vivante n'équivaut-il nullement à celui de rester ce qu'on est. La vie, dans sa forme actuelle, tend encore à la vie, mais en des incarnations différentes et supérieures. — « La règle, objecte-t-on, ne peut être l'activité naturelle telle qu'elle existe, puisque c'est elle qu'il s'agit de régler. » Mais on peut donner comme idéal à la vie moins intense la *vie plus intense,* l'amener à devancer sa propre évolution virtuelle et, pour cela, lui imposer des restrictions.

Progressif, cet idéal l'est encore en la personne de ses *titulaires.* Il est, à cet égard, conforme à la loi d'intégration des masses. Sans doute la cité antique, en n'accordant de droits qu'à elle-même et non

1. Il convient surtout de le diriger. L'idéal ascétique, qui consiste à supprimer le besoin, est juste à l'opposé de l'idéal de vie intense; celui-ci s'accommode toutefois de la substitution d'un besoin à un autre et d'un dérivatif à une satisfaction. Morale peu exigeante, faiblesse trop humaine? Un but absolu, impraticable ou trop éloigné, amène le scepticisme, le découragement, le pessimisme, ou c'est une vaine apparence, hypocritement violée. Nous n'admettons d'ailleurs pas qu'on transige avec la conscience, sauf en ce que l'intransigeance a d'antisocial, d'anarchiste.

2. Un peu à la manière, d'ailleurs exclusive dont la puissance actuelle aspire, selon Nietzsche, à une puissance plus grande (*Wille zur Macht*). — La vie ayant un aspect physiologique et un aspect psychique, le précepte n'est-il pas ambigu? La vie matérielle est peut-être un instrument de la vie spéculative, mais son existence et son perfectionnement y sont indispensables: il faut les développer toutes deux, sans sacrifier le corps ni l'esprit ou les laisser empiéter l'un sur l'autre. Instinct et réflexion ont aussi chacun leur domaine, mais se complètent et se corrigent. — Cette vie « la plus complète qui soit possible » ne constitue-t-elle pas un critère purement quantitatif? Guyau, à l'inverse de Nietzsche, y ajoute l'idée de fécondité. Fouillée traite la question en termes de conscience. — Si l'on prend la vie pour base, est-il possible d'accorder une plus grande valeur à une catégorie de manifestations, celle en laquelle elle s'achève et dont le reste n'est que le piédestal: la vie intellectuelle? Fouillée, sur ce point, contredit Comte, qui abaissait la contemplation pure, et établit ainsi (p. 100) la gradation: force, vie, conscience.

à l'individu contre elle, a complètement sacrifié la personnalité humaine ; mais il faut bien remonter à un moment où, à l'exclusion d'un « être social », l'individu existait seul, sinon, lorsqu'on est évolutionniste, on serait forcé d'admettre que les animaux isolés n'ont qu'une « âme collective » ! Sans doute aussi les manifestations actuelles de la solidarité et de la socialisation ne sont pas les premières, mais nous n'apercevons aucune raison d'admettre que la société est antérieure à l'individu et croyons au contraire, avec le bon sens, qu'elle suppose préexistant l'individu, qui en a été jusqu'ici la fin. A vrai dire, on ne peut guère concevoir l'un sans l'autre. Ainsi ont successivement agi comme des « moi » les *unités*, puis les *collectivités*. L'espèce, l'humanité, est une abstraction non organisée, mais elle répond à quelque chose d'objectif et, à ce titre, influe aussi sur l'idéal : la personne humaine entre dans la sphère du droit. Et même, comme l'a fort bien montré M. Fouillée, nous sentons que nous ne pouvons nous livrer à tous nos caprices envers un être animé quelconque. Ainsi s'accroît le nombre, comme l'ampleur, des sujets qui peuvent être titulaires de droits. Chacun doit poursuivre la vie de lui-même, de ses compagnons, le développement de l'humanité et même l'harmonie universelle.

On voit en quoi ce système diffère de chacun des précédents. Parti du subjectif, qui donne à l'idéal sa valeur, il aboutit à l'objectif [1], qui en fournit le contenu. Création de la pensée, l'idéal n'en est pas moins conditionné par des rapports du monde extérieur (ce qui ne signifie pas qu'ils sont directement observables par les sens et ne demandent pas à être réalisés) : il convient maintenant de les préciser d'après l'expérience, sans laquelle la conscience et la réflexion sont insuffisantes. — Le sentiment même de cette faillibilité, qui, s'il ne fonde pas le droit, conseille au moins la tolérance, pousse à accorder une large place aux règles objectives. Plus il entre d'arbitraire dans la fixation de l'idéal, plus on s'éloigne des conditions du devenir, sinon du réel effectif, — plus aussi on « met en péril l'accord des consciences » (Duprat). Le remède consiste à « s'efforcer de réduire la part de la subjectivité (sans espérer la réduire à néant) et à augmenter sans cesse la somme des connaissances scientifiques ». Celles-ci doivent, non seulement ne pas s'écarter du positif, mais ten-

---

1. Un acte, selon la science des mœurs, ne froisse pas la conscience parce qu'il est criminel, il est criminel parce qu'il froisse la conscience. — Mais la blessure correspond à une incompatibilité (même non conçue) avec les conditions de la personnalité et de la société.

dre à des fins qui ne soient pas placées en dehors du monde sensible et vers lesquelles on soit effectivement porté, dans leur généralité [1].

Quel est donc le *critère* du désirable-possible et, en particulier, de la justice? Cette recherche, pour être fructueuse, implique que le bien et le mal, même s'ils correspondent à des propriétés intrinsèques et sont directement percevables par intuition, ne sont pas du moins des qualités simples, échappant à l'analyse, à la définition et par suite à la discussion. Nous essaierons de les exprimer en d'autres termes, de les ramener à des rapports. La plupart des systèmes déjà mentionnés ne répondaient pas, au contraire, à ces desiderata. Le « juste » et l' « utile », par exemple, n'ajoutent rien au subjectif, puisqu'il s'agit de les décomposer. « A chacun ce qui lui est dû, suivant le plus grand intérêt commun » : mais que lui est-il dû, en quoi réside l'utilité générale?

Pour n'être ni apriorique ni étrangère au devenir passé et futur, la formule du bien doit se rapprocher des exigences de l'évolution. Aussi Spencer, avec tous ceux qui ont cherché une justice dans la nature, alors que celle-ci ne tend qu'au maintien et au développement de la vie, l'a-t-il vue dans les *conditions de vie* [2]. « La justice, dit-il

1. Afin d'éviter les interprétations arbitraires, il convient d'ailleurs de détailler les conditions générales de l'activité, les moyens qui répondent aux fins de l'homme et de la société. L'abstraction des circonstances particulières est toutefois inévitable ici. Les morales antiques, qui s'adressaient à des êtres semblables, sinon égaux, pouvaient procéder par préceptes spéciaux et catégoriques. Pour s'appliquer aussi aux activités de sociétés différenciées (à la fois prédatrices et productrices, etc.), les formules doivent renoncer à l'universalité et à l'immutabilité ou sinon au caractère non hypothétique et concret. Il y a autant et plus de séries de maximes à donner que de sujets, individuels ou collectifs, différents. N'y eût-il qu'un mode d'adaptation réciproque dans chaque cas, la diversité resterait encore infinie comme la variété du milieu.

2. *Justice*, p. 175... — Cela est plus et moins large que : satisfaction des besoins, intérêts. — Jhering (*Ev. du dr.*, p. 292) et son adversaire Dahn (*Vern. im Recht*) emploient les mêmes termes. — Beaussire, *Mor.*, p. 211 : individu, société, humanité. — Vaccaro, *Bases soc. du dr.*, p. 452 : adapter les hommes au milieu social en déterminant les conditions de leur existence. [Étroit : l'adaptation ne doit pas être uniquement passive, ni relative au seul milieu social; la coexistence doit se compléter par la coopération (Tanon, *Ev. du dr.*, p. 65, 97)]. — Cette fonction est à la fois réelle et idéale. F. Puglia, *Funz. del diritto nella dinam. soc.*, 1903 : les normes juridiques sont nécessaires à l'existence de la société, les morales sont favorables à son perfectionnement. (Autres bases de distinction : justice et charité, devoirs négatifs et positifs...) La fonction du droit est de prévenir ou de supprimer les conflits qui dissoudraient la société. Pour coordonner les forces individuelles, il ne suffit pas de fixer des limites à la liberté; il faut imposer à tous d'aider les membres faibles mais aptes à rendre des services (v. *Année soc.*). — *Just.*, p. 18 : Le degré de justice et le degré d'organisation marchent de pair. — *Mor. év.*, p. 62, 84, 128 : au point de vue

lui-même, n'est autre chose que l'aspect éthique sous lequel se présente la *loi biologique* en vertu de laquelle la vie en général s'est maintenue et a évolué vers des formes supérieures : cette loi est donc revêtue de la plus haute autorité possible. » Elle prévaut sans calcul dans le monde animal, et c'est vers elle que s'efforcent plus ou moins habilement les législations humaines, la conscience et la plupart des morales théoriques (les variations apparentes s'expliquant par le changement des sujets, non moins que du milieu, et par les corrections apportées à notre conception) ; vers elle aussi la réflexion nous conseille de tendre. Il n'est donc pas étonnant que le système de Spencer soit seulement un perfectionnement des idéaux traditionnels, sa supériorité résidant en ce qu'il a pleinement conscience des conditions indispensables à remplir : il combine la vieille maxime [1] d'*égalité de liberté* avec le principe moderne de la *survivance des plus aptes*. Pouvait-il en être autrement ? C'est par leurs actions et réactions et par la sélection, que les formes vivantes s'adaptent au milieu et se surmontent elles-mêmes; or la nature, dans l'ensemble, ne se trompe pas dans ses procédés de perfectionnement automatique et l'être réfléchi ne peut mieux faire que de les suivre, en les améliorant à son point de vue.

Le maintien et le développement de l'espèce [2] résultent du *triomphe des mieux adaptés* et le requièrent. Or celui-ci suppose et exige la *parité des circonstances concomitantes* entre les concurrents, afin que le résultat de la lutte ou de la rivalité indirecte exprime exactement les véritables et personnelles aptitudes comparatives de chacun et non point les dispositions extérieures accidentelles ou même les qualités momentanées et inessentielles des sujets. Les procédés brutaux violent ces desiderata, parce qu'ils multiplient les effets d'une légère supériorité relative et rendent définitifs les résultats d'une lutte fortuitement inégale. Un acte isolé devrait n'être prohibé et ne désavantager que s'il était significatif de graves particularités ou avait

---

physique : équilibre des activités coordonnées ; — biologique : balance des fonctions (et le plaisir coïncide avec l'état normal des fonctions); — sociologique: diminution de la guerre et de la coopération forcée, qui y est adaptée.

1. Du droit naturel et de Kant. Mais la voie est plus sûre : au lieu de l'énoncer comme une exigence a priori indépendante de toute fin utile, Spencer y voit une condition de vie en général et de vie sociale en particulier.

2. Spencer part de ce point : « Dans la hiérarchie des obligations, la préservation de l'espèce prend le pas sur la préservation individuelle. » Le bien-être de l'espèce — simple agrégat — n'est une fin que parce qu'il collabore au bien-être de ses membres; mais la disparition de l'espèce emporte celle des individus, tandis que celle d'un grand nombre d'individus laisse subsister l'espèce, c'est-à-dire la possibilité de réaliser le but final.

une tendance à se généraliser ; en lui, on vise son développement
virtuel. Les bons effets exceptionnels des moyens brutaux se trouvent, à la longue, mieux assurés par une multitude de petites lésions
ou de petits profits appliqués à chaque manifestation d'une disposition favorable ou défavorable. La longévité, chez les hommes et en
particulier les civilisés et chez les nations, tend à rendre superflus
les procédés brusques, en multipliant les avantages d'une tendance
conforme aux conditions de vie.

Une bonne sélection, suivant Spencer, et par suite le développement de l'espèce, impliquent une *relation* étroite *entre la conduite et
ses conséquences* [1]. Cette corrélation existe sans conteste et sans exception dans le règne animal et en assure la prospérité. Dans le domaine social, elle s'affirme par le principe que tout individu doit être
à même de recueillir, et recueillir effectivement, les avantages et inconvénients inhérents à sa nature et aux actes qu'elle lui impose.
Envers les solitaires, il n'y a pas d'autre *exception,* que l'assistance
et la subordination qui résultent de la faiblesse du *jeune âge* et favorisent l'éducation de la progéniture. « Durant l'enfance des animaux, avant que l'auto-sustentation soit possible, les avantages gratuits leur sont accordés en raison inverse de leur aptitude à s'aider
eux-mêmes (si elle correspond à une plus grande jeunesse ; sinon,
pourquoi soutenir les faibles à égalité d'âge ?) ; à l'âge adulte, la part
est en raison directe du mérite, celui-ci étant mesuré par l'adaptation
aux conditions d'existence (plus loin : à l'échelle du pouvoir d'auto-
sustentation). Telles sont les deux lois auxquelles une espèce doit se
conformer pour durer. Si les petits étaient rémunérés selon les services rendus et les adultes en raison de leur faiblesse, l'espèce dépé-
rirait et s'éteindrait : 1° par la perte d'individus supérieurs, 2° ensuite
par la propagation d'êtres inférieurs entravant celle des supérieurs. »

La loi sociale idéale n'est pas autre chose que cette loi biologique
mise à l'impératif, car elle demande à être respectée dans notre propre intérêt. Spencer voit là la « justification » d'un « devoir ». La
notion de désirabilité reste, en effet, utile, malgré la tendance conforme, lorsque celle-ci est insuffisante.

Pour que cette loi produise ses pleins effets, elle doit s'exercer sur
tous les adultes ; c'est la *restriction de la liberté* de chacun par celle

---

1. *Ib.,* p. 3, 7, 12, 21, 18 : « Il n'a que ce qu'il mérite ! » Déjà dans son *In-
trod. à la sc. soc.,* ch. XV, il montrait les effets choquants de la violation
de ce rapport : l'imprévoyance des Anglais vient de ce que la loi les protège
contre les conséquences de leurs désordres et oblige les travailleurs régu-
liers à soutenir les fainéants. — *Soc.,* § 322.

de tous, par l'*égalité* : tout individu, en évitant les dommages et en poursuivant sa propre sustentation et son développement ou ceux de sa progéniture, doit ne pas gêner ses congénères dans l'accomplissement des mêmes actes, ne pas les empêcher de recevoir les suites naturelles de leur force ou de leur faiblesse.

Tels sont donc les deux premiers préceptes de la justice : ne pas être privé du fruit de ses actions ni se décharger sur autrui de leurs conséquences fâcheuses ; ne pas mettre obstacle à leur observation par autrui. Tandis que le premier s'étend à tous les êtres, le second, dans l'ordre du temps et de l'autorité, est *particulier aux créatures qui vivent en commun* : c'est la forme que prend le précédent en présence de la vie grégaire, dont c'est souvent une condition de maintien. Il est encore plus impérieux chez l'homme, car la nécessité de l'association y est plus grande.

En dernier lieu, apparaît cette condition, cette maxime : puisque *la surcharge ou le sacrifice de quelques membres* peut être favorable à l'ensemble (ou plus utile que la poursuite de leur avantage particulier), il est des circonstances qui légitiment une telle conduite. C'est une seconde restriction à la loi fondamentale. Elle suppose que l'espèce a des ennemis ; chez l'homme, cette subordination totale ou partielle de soi est réclamée en outre par la lutte contre l'homme lui-même, mais elle s'arrête à la guerre défensive.

Telle est, interprétée librement, la remarquable construction juridique de Spencer. Quelques éclaircissements et corrections compléteront et défendront la nôtre.

On a adressé à Spencer les *reproches* les plus opposés, souvent à la fois injustifiés. Il fonde une *nécessité relative*, mais d'une grande autorité. Pourtant on l'accuse de ne donner que de simples conseils ou, à l'inverse, de distinguer, comme un partisan du droit rationnel, parmi les faits et de n'admettre pour base que l'ordre stable. Mais à quoi rimerait un idéal portant sur les conditions de vie de quiconque et en toute circonstance ? Il faut bien limiter ces exigences contradictoires et le mieux est encore de rechercher la plus grande somme de vie des sujets envisagés. Le bien de l'espèce n'est d'ailleurs pas présenté comme un désirable absolu, mais comme une fin très générale, sinon ultime. L'évolutionnisme, en repoussant l'idée de création séparée et de nature distincte des espèces, ne saurait donner de la valeur de l'individualité la notion traditionnelle, mais cette différence ne l'empêche nullement d'admettre des droits de l'*individu*, même « contre l'Etat » (p. 130), en donnant pour raison que l'homme dans le superorganisme, à la différence de la cellule, est centre de conscience. Il prévoit même le terme du progrès dans l'individuation, dans la différenciation des unités spontanément intégrées.

Spencer n'admet pas l'*égalité*, en chiffres absolus, de la rétribution, ce qui supposerait l'équivalence des facultés, mais l'égalité des avantages que le droit procure, « l'égalité dans le droit au Droit », selon l'expression de M. Picard. Les idées de liberté et d'égalité se tiennent ainsi de près : la personnalité, son corps, son patrimoine, ses sentiments, sont respectables, mais en autrui comme en nous. C'est cette égalité de liberté que promet la devise républicaine et que donne la démocratie : par là est réalisé un grand progrès, et c'est une autre question de savoir s'il est suffisant, si le désir d'égalisation effective répond à quelque nécessité, si les majeurs ont une obligation plus positive que de laisser les moindres s'élever à eux.

La loi d'égale liberté, objecte M. Tanon, est, comme la maxime de coexistence, toute *formelle* et vide de contenu. Le respect de la personne, dit-on encore, est un terme fort vague. — Il est facile de préciser la manière de le manifester. La déférence, l'hommage extérieur, sont insuffisants et l'admiration intérieure ne saurait faire l'objet d'une dette [1] : l'autorité se contente de l'intégrité effective, même si celle-ci est due à son intervention et manque de la spontanéité souhaitable. La véritable difficulté est de déterminer en quoi consiste cette intégrité. En l'abstention de délits contre ma personne et mes biens, répond M. Richard. Mais n'existe-t-il pas des lésions légitimes et lesquelles ? Quant au respect de mes biens, il suppose un rapport fondé, entre eux et moi. La seule manière de préciser est l'*énumération*, après examen de chaque catégorie d'actes. M. Richard y procède lui-même : laisser jouir autrui du fruit de sa conduite consiste, suivant lui, à éviter les lésions corporelles et économiques, à accorder la sécurité et même à ne pas donner d'alarme, car le danger se mesure d'après l'imagination, le tempérament, l'âge, le sexe, la position et l'expérience. Spencer s'est livré à un plus long mais attrayant examen des conséquences de son principe (infra : Fonctionnement).

[1]. Richard, *Idée du dr.*, p. 152, 169, 188 — Lui-même qualifie superficielle et incomplète sa formule : « le pouvoir garanti de satisfaire ses besoins sans commettre de délit ». Ne pouvant les satisfaire tous, il faut les discipliner et, faits réels, leur opposer un autre fait réel (et non une idée). Le besoin collectif, le calcul utilitaire ? Non : la sympathie et la solidarité consciente. — Des juristes précisent ainsi la « coexistence des libertés » : Ce n'est pas la possibilité de l'usage par autrui de sa liberté, mais l'usage antérieur et effectif, qui me limite. C'est nier l'existence de droits généraux non conditionnés par l'accomplissement d'un fait, telle la liberté de conscience. — « Le minimum et l'égalité de sacrifices » de la part de chacun restent imprécis et demandent des calculs compliqués.

L'égalité, telle qu'il l'entend, ne comporte pas essentiellement la faculté de se nuire également, que le talion eût réalisée. La fin étant « la plus grande somme de bonheur », « nul ne peut pénétrer dans la sphère de son voisin en alléguant que celui-ci à la même faculté de pénétrer dans la sienne. Au lieu de justifier l'agression et la contre-agression, la formule a pour objet de fixer une *borne* que nul ne devra dépasser ni d'un côté ni de l'autre » (p. 53). La première tendance est celle des primitifs, lorsque le réflexe, la colère ou le désir de vengeance, qui vont plus loin, sont déjà maîtrisés : œil pour œil, dent pour dent. De la pénétration dans la sphère d'autrui, et de sa réaction violente, résultent un double mal, une double déperdition de forces ; aussi les oscillations diminuent-elles jusqu'à ce qu'il n'y ait plus de contacts ou plutôt qu'il reste seulement des relations utiles à tous deux (services, échanges dans l'équilibre et la paix).

Si l'on se limite ainsi spontanément ou obligatoirement, où est l'*avantage*? La faculté juridique est souvent plus étendue que le pouvoir que l'on aurait sans l'instauration d'un système de droit. Rationalistes et évolutionnistes s'accordent à proclamer que le but du droit est de parfaire la personne, de fournir à sa vie un complément par l'élargissement du cercle de l'activité. Les hommes ne créent pas les limites, mais les précisent et ils ne se bornent que pour s'accroître ensemble du terrain limitrophe, demeuré improductif, et même par le reste de leur domaine, mieux exploité. A l'imposition de termes extrêmes, au devoir négatif de respect, trop exclusivement vus par Kant et même par Spencer, s'ajoutent en effet, comme une condition positive du droit, le complètement mutuel, le concours de chacun au développement de tous, pour le profit commun, car l'union rend possibles des actions impossibles à des isolés et plus grand le rendement de toutes. A la maxime de coexistence se superpose celle de coopération.

Les « conséquences de la conduite », c'est là un aspect nouveau de l'antique adage : à chacun ce qui lui est dû, *cuique suum*. Il suppose déjà résolu le problème de savoir quelles sont ces *conséquences* ; or le lien de causalité, emmêlé à d'autres, est souvent difficile à saisir, au moins jusqu'au bout : l'individu même qui l'a attaché ou d'autres le rompent à tout instant par des actions incidentes. Et qu'est *sa* conduite, sa part propre, non pas de responsabilité ni même d'imputabilité, mais d'influence personnelle dans son activité? On compare l'opération du juge qui rend la justice à celle du savant qui attribue à chaque facteur d'un phénomène son rôle exact, « ce qui lui revient » : la comparaison est attrayante, bien qu'à la constatation s'ajoute ici une répartition, une rémunération; mais tout moteur est mu... Sans rechercher si d'autres que le sujet, la société même, ont ou non commis des « fautes »[1], n'exercent-ils pas une pression sur l'individu, alors même qu'un « être collectif » n'agirait pas en lui ? Des influences externes, de la part du milieu même inorganique, et des dispositions momentanées n'impressionnent-elles pas sa conduite ? Au moment où l'on prétend retirer à l'individu les profits de ses « propriétés » sous prétexte que chacun n'est libre ni de sa destinée ni de ses actes, régis tous deux par les conjonctures sociales et cosmiques (Lassalle), on est mal venu à laisser chacun « se débrouiller » des inconvénients et même des avantages de sa conduite. C'est là une question de logique et de perspicacité. Il en existe une seconde, d'exactitude et d'opportunité.

Spencer indique que sa formule de la corrélation entre les services et la rémunération, de l'auto-adaptation, s'étend même à la justice sous-individuelle, sous forme de balance entre la dépense et la nutrition : dans un organisme, muscles, glandes, viscères inactifs, s'atrophient et à l'inverse chacun reçoit du sang à proportion de son activité. (Chez l'homme, la rémunération peut devancer l'acte afin de le provoquer et normalement, sa préconception le détermine.) Mais *effort et « service »* sont-ils donc égaux ? Et si la proportion des « aliments » et du fonctionnement est exacte pour un même organe, le reste-t-elle entre organes différents ? Des organes n'absorbent-ils pas suivant leur appétit, ne rendant que suivant leurs aptitudes ? Lequel des deux modes assure la vie collective la plus intense ? Ou plutôt tous deux ne sont-ils pas nécessaires ? « De chacun selon ses facultés, à chacun selon ses besoins » : telle serait la formule de la justice dans sa plus haute expression, ou du moins cette dissociation du doit et de l'avoir constituerait la condition de la plénitude de vie. Qu'a Spencer à craindre de cette maxime, puisqu'il affirme le rendement égal à l'absorption ? Et si, au contraire, on peut donner à l'un ce qu'on a reçu de l'autre, par exemple à la société ce qu'on a reçu de la nature, ses conclusions ne sont plus fondées. Même sous ce régime, la rémunération n'est-elle pas la conséquence de la conduite ? Ce n'est plus, répond-on, une conséquence naturelle. Mais

---

1. Au point de vue utilitaire, la faute et la responsabilité, ou même la distinction entre aptitudes organiques et importées du dehors, importent moins que le danger objectif ou l'incorrigibilité; l'intention même est prise en considération à raison du caractère antisocial qu'elle décèle. La faute de l'un ne supprime pas le caractère antisocial de l'autre : on peut détruire ou « corriger » l'être nuisible ou s'en préserver, quitte à détruire ou corriger l'institution qui l'a rendu tel.

l'artificiel ne rentre-t-il pas dans le naturel? La collectivité opère un prélèvement ; mais n'a-t-elle pas collaboré à la production, et, en cela, ne se conforme-t-elle pas à la nature, qui ne laisse pas à l'agent tout le profit de ses œuvres?

Entre espèces différentes, les moins adaptés de l'une d'elles courent plus de risques; d'autre part, dans l'état grégaire, si les empiètements des uns sur les autres s'accentuent, l'association peut cesser d'être profitable : Spencer en conclut que c'est une condition de vie (et ici intérêt et justification sont tout un), de laisser s'exercer l'action de la sélection sur chacun, réduit à ses *forces personnelles*. A chacun selon ses aptitudes, se traduit ici : chacun pour soi. Nous sommes loin de contester qu'il soit résulté de là un progrès, une amélioration de la vie; mais cette loi, souveraine chez les animaux, leur est-elle si profitable, qu'ils restent au-dessous de l'humanité, en laquelle elle reçoit mainte *restriction?* Certes le devoir des parents de sacrifier à leurs enfants plus qu'ils n'en retirent matériellement, celui de la génération présente de ménager les intérêts des futures, y compris celles dont elle ne retirera rien, ne se confondent pas avec le fait du savant qui distribue la science aux ignorants, du fort qui secourt le faible, de l'homme qui protège la femme, de la société qui assiste le particulier; mais le « aide-toi toi-même » n'est-il pas, même dans l'animalité, tempéré par l'*entr'aide?* Il est encore, objectivement, moins vrai et moins souhaitable dans le monde humain. Il s'y opposerait à toute « intervention », non seulement collective mais individuelle, dans une séquence de la conduite personnelle. Or le progrès social est composé de tels actes. Loin de ce complet laisser-passer, on constate une tendance vers « un pour tous et tous pour un ». Et qui, individu ou collectivité, aurait à s'en plaindre? Sans doute les excès de l'intervention, même privée et charitable et a fortiori par les rouages compliqués et déperditeurs de l'Etat, deviennent nuisibles, mais autre chose est l'abus et autre chose l'usage. Or Spencer ne met en relief qu'une exception à la rétribution proportionnelle : le sacrifice de l'individu à l'espèce ou au groupe, dans l'intérêt de ceux-ci. Cependant ce même intérêt n'exige-t-il pas parfois l'exception inverse, d'un privilège accordé à certains membres, non seulement en escomptant les services futurs que cet avantagement facilitera, mais encore si le maigre salaire mérité les amenait à une déchéance plus nuisible à la collectivité que ne lui coûtera le supplément?

Si Spencer néglige un peu le devoir d'assistance aux faibles, c'est que, philosophe de l'évolutionnisme, il conçoit pourtant un peu les conditions de vie comme *une fois données*, ainsi qu'il arriverait si le progrès, au lieu d'être indéfini, avait une terminaison ; or elles sont plutôt les *desiderata des formes actuelles de vie pour parvenir à des formes plus complètes*, plus parfaites, d'une perfection qui elle-même va en s'améliorant et s'éloigne à mesure qu'on en approche, car ce n'est pas une « limite » fixe.

Ainsi l'idéal d'une époque où les hommes, inaptes à la coopération volontaire, étaient contraints d' « asservir » leurs voisins pour profiter de leurs services, ne convient plus à un temps où la solidarité effective rend superflue et nuisible l'exploitation forcée et commande l'entr'aide. Aujourd'hui encore, les exigences externes ne sont pas les mêmes que les internes, et le progrès s'effectue par l'extension des mœurs intra-nationales, c'est-à-dire de l'organisation et de la coopération. — D'autre part, inférieure ou supérieure, la situation de l'unité, dans les *collectivités* qui se sont formées, est certes différente de celle de l'*unité isolée* : alors que celle-ci peut s'efforcer d'être une individualité intégrale, le groupe établit forcément, pour se développer à son tour, une certaine division du travail et des profits, oblige ses membres à y remplir une fonction spéciale et à y accepter certaines charges. Dira-t-on que l'homme peut se soustraire à ce processus, qui ne réalise pas ce qu'il y a de mieux pour lui ? Ce dernier point est douteux ; en tout cas, l'instinct social nous persuade du contraire et l'action collective nous entraîne dans son mouvement, sans que nous y pensions. Peut-être la réflexion, qui reste individuelle, engendrerait-elle ici quelque danger ; mais, si l'on ajoute, à l'idée de force sociale s'imposant à nous, celle de la vie harmonieuse s'accordant avec l'évolution universelle, il peut plaire à l'individu de participer à ce beau concert plutôt que de jouer en dissonance. Le mieux, en l'état actuel, est de ne sacrifier ni l'individu ni la société et de poursuivre simultanément leur développement. Deux formules légèrement différentes rapprochent à ce point de vue l'individualisme et le socialisme : soit se développer en tous sens, mais exercer surtout une aptitude et une fonction spéciales, soit remplir un office spécifié et remédier par « sport » à l'atrophie des autres facultés : ceci est le minimum que doive laisser la société à l'individu pour qu'il puisse utilement perpétuer la race. Or tout cela impose coordination, échange de services et même mutualité et services gratuits. Est-ce le meilleur moyen de jouir ? C'est le seul moyen de vivre, et c'est la vie, non le plaisir, qui nous meut.

Il est encore une autre cause à l'insuffisance de Spencer. Père de la théorie organiciste de la société, il passe ici sous silence tout un ordre d'idées qu'il développe ailleurs. Superorganiques ou non, les sociétés ne forment pas moins des ensembles qui entrent, comme tels, en contact et en opposition les uns avec les autres. Il en résulte une *sélection collective* (guerrière ou non, quoique dise M. Stein-metz). Cette sélection favorise les groupes au total les mieux adaptés, c'est-à-dire non nécessairement composés d'individus tous supérieurs. Or une condition essentielle du triomphe, c'est l'accord de ces uni-tés en vue du but collectif, et la loi de Darwin n'a donc pas à s'ap-pliquer avec une extrême rigueur à l'intérieur. D'où la nécessité de la spécialisation des fonctions et l'avantage de corrections même onéreuses apportées aux dispositions individuelles de nature à nuire gravement au groupe. A fortiori peu importe le prix de la conser-vation d'un être indispensable à la collectivité. Pour la société, la condition essentielle de vie, c'est d'obtenir en vue de la lutte la plus grande puissance et pour la vie la plus grande vitalité, par une répartition interne quelconque (mais non anti-économique) des tâ-ches et des récompenses.

Toutes ces remarques ne renversent pas le principe de la rémuné-ration selon les œuvres, mais elles *atténuent* un laisser-passer, dont la désespérante intransigeance viserait à un bouleversement des ins-titutions sociales plus profond que ne le rêvent des nihilistes. Elles fondent, dans l'état de société, la paix interne et l'aide mutuelle, comme une condition de vie du groupe. Il est même essentiel au rôle du droit et de l'Etat de ne pas laisser se commettre les crimes, sous prétexte qu'ils expriment un rapport d'aptitudes personnelles, et de mettre la force de tous au service de chacun, incapable de se proté-ger lui-même. Spencer réduit la fonction de la collectivité à la dé-limitation générale des droits et à leur application aux cas concrets, à la préservation contre les agressions du dehors et du dedans, c'est-à-dire à la *garantie* de la justice et des conditions de vie, *sans leur réalisation*. — Or, est-ce assez de la tâche négative d'assurer le li-bre exercice des activités individuelles et n'existe-t-il pas des buts communs plus positifs, que les initiatives privées ne suffisent pas à réaliser? La *socialisation* (non l'« étatisation ») de leur entreprise ne paraît pas entraîner par elle-même une infraction à la loi d'égale liberté ou au rapport normal entre les actes et leurs résultats. Il reste même, à l'heure actuelle, une place pour le status à côté du contrat. Que la coopération volontaire doive l'emporter sur l'exploi-tation forcée et que l'autonomie soit un idéal moins compliqué et plus économique que l'hétéronomie, nous n'en doutons pas; mais nous sommes encore bien loin de cette anarchie idéale, et le moyen le plus sûr d'avancer vers elle, n'est pas de l'instaurer, même en partie, prématurément.

— L'idéal étant, non pas de s'entre-nuire ni de se dépouiller, mais de réaliser la plus grande somme de vie par la convergence des efforts, il convient qu'à la solidarité réelle corresponde une solidarité pensée. A côté des fins rationnelles, il faut examiner quelles ont été les *fins réelles* poursuivies jusqu'ici, en quoi a consisté le bien subjectif, en quoi il différait du bien objectif idéal, comment l'appréciation répondait à la valeur, l'idée de désirabilité au désirable et l'évolution interne aux exigences de l'évolution externe, et par quels procédés il est possible de les rapprocher encore.

Une explication objective est en effet forcément incomplète : sans doute les conditions de vie s'imposeraient, même si elles n'étaient pas conscientes ni seulement objet de tendances instinctives, mais les causes extérieures agissent ici surtout par l'intermédiaire de l'esprit. Le *subjectif* jouit même d'une certaine indépendance et nous constaterons mainte violation de l'idéal par les mœurs : la conscience connaît des perversions, comme l'imagination possède ses incohérences.

Toutefois, et malgré l'imprécision qui nous a forcé à chercher un critère plus stable, ces données fourniront d'*utiles indications* en vue de l'application. Car les exigences véritables et impérieuses de la conservation sont telles, par hypothèse, que la conscience ne peut pas ne pas en tenir compte. Lorsqu'elles ne sont pas évidentes, la sélection conserve les êtres qui s'y sont mieux adaptés par instinct et intuition (notamment par l'idée de désirabilité) et élimine ceux chez qui ces dispositions en diffèrent par trop [1]. Bien qu'ils ne portent pas sur tout le désirable et portent parfois sur autre chose, ou souvent sur le bien d'un autre sujet, les sentiments juridiques et moraux, formés sous l'empire des conditions de l'existence individuelle et sociale, en résument les lois les plus essentielles, dans les circonstances données. Faillibles dans les détails, ils ne sont pas erronés dans leur ensemble. Et peut-être si, vaniteux, l'homme prétendait se libérer de leur autorité, fût-ce au nom de ses connaissances, encore imparfaites, cette science insoumise se retournerait-elle contre la vie.

---

1. On demande: Si la morale est tellement et seulement utile, pourquoi tous les êtres n'en ont-ils pas? Ils s'adaptent par d'autres procédés (notamment des instincts directs, tel celui de l'allaitement, sans l'idée de la sainteté de la famille) et précisément l'absence de satisfaction aux desiderata auxquels répond la morale est une des causes de ce qu'ils ne s'élèvent pas plus haut. — Le caractère accessoire de ces sentiments explique que les actes ni trop ni trop peu désirés n'ont nul besoin de cet appoint. Nous ne songeons pas dans l'action à l'excellence de certains faits que, spéculativement, nous reconnaissons indispensables.

LIVRE II

NATURE, FONCTION ET GENÈSE DES IDÉES DE DROIT ET DE DEVOIR

CHAPITRE I

NATURE DES IDÉES DE DROIT ET DE DEVOIR

Quand on considère le bien dans l'esprit de l'homme, un trait, dès l'abord, amène à douter de son identité d'objet avec l'idéal que nous venons d'indiquer et auquel le caractère inexpliqué de la vie ne confère pas une autorité transcendante, ou avec tout autre de valeur relative : c'est qu'il se trouve en nous à l'état de notion simple, première, et s'impose avec un caractère absolu et impératif. « Tu dois, tu as droit... » : la « voix intérieure » proclame inconditionnellement ce qui doit être. — Que sont donc cet attrait et cette répulsion?

Ne nous arrêtons pas à la proscription de l'*observation interne* comme ne constituant pas une observation : l'introspection est particulièrement légitime quand il s'agit d'examiner comment une idée opère en nous. Tentons donc l'analyse du phénomène moral tel qu'il se présente, sauf, s'il y reste rebelle, à nous éclairer ensuite par ses origines. Et sous le vocable de « phénomène moral », nous entendons les concepts absolus, droits et devoirs, sous l'aspect actif aussi bien que passif. Nous les qualifierons d'ailleurs : instinct, sentiment, idée-force, — non que nous confondions l'inné avec l'acquis ou une disposition d'ordre sensible avec une idée générale, même motrice, mais parce que ces divers éléments se rencontrent dans le droit et que le tout peut être désigné par la partie.

Il semblerait, au premier abord, que le bien doive apparaître sous l'aspect de la résultante d'un syllogisme téléologique : Si tu souhaites tel résultat et que telle voie y mène, tu feras bien de la suivre. Cette conclusion s'impose comme un devoir, mais sans autorité propre; nous remontons à ses fins, jusqu'à ce que nous arrivions à une fin en soi, considérée comme ayant une valeur en elle-même, et c'est ce terme, ultime en apparence, qui paraît proprement moral; les buts dérivés en sont seulement des applications. Ce n'est pas par déduction, mais par *affirmations immédiates* que procède la conscience. Bien que parfois juxtaposées, l'obligation morale n'est pas une nécessité logique conditionnée par un désir personnel, et l'adhésion que nous lui accordons ne résulte ni d'un calcul utilitaire, ni d'une inclination pure et simple, ni même d'un désir de désirer : elle a un caractère spécial. Qu'y a-t-il donc de vraiment moral dans nos divers mobiles ?

Procédons par élimination. Pas plus qu'il ne convient de prendre pour réalités les fictions juridiques inventées pour légitimer les postulats des instincts éthiques ou les exigences de la pratique, il faut éviter la confusion entre les mobiles sincèrement moraux et les *sophismes* par lesquels nous justifions, d'avance ou après coup, nos actions; bien que, tranquillisant la conscience, ces raisons ne soient pas dépourvues d'efficacité, nous nous en tiendrons aux mobiles réellement déterminants.

Parmi la foule de nos tendances et aspirations, nous nous prononçons en faveur des unes, d'abord en vertu de l'*intérêt*. Peut-être n'est-ce pas le mobile le plus général, mais c'est celui qui nous frappe le plus, car il est, par hypothèse, conscient. Les utilitaires ont raison, en ce sens que la justice présente une correspondance effective générale et une coïncidence théorique avec des utilités objectives ; par contre, la première *idée* ne se décompose pas en la seconde ni n'en provient. Même quand elles portent sur un objet identique, elles sont distinctes et même exclusives l'une de l'autre. Dès qu'on invoque, pour obtenir obéissance, l'intérêt de quiconque, il ne s'agit plus de devoir, à moins qu'on ne présente cet intérêt comme éminemment respectable. Ce n'est pas que l'intérêt n'existe et n'agisse pas dans les institutions juridiques et que le droit n'ait jamais à lui faire légitimement appel, mais leur essence et leur mode d'action ne sont pas les mêmes. La convenance, la prudence, conseillent et n'obligent pas ; surtout, elles ne commandent pas d'un ton impérieux, à la façon de ce sentiment que Darwin définit en disant qu'il faut lui obéir. Ce n'est pourtant pas plus l'ordre d'un maître que le précepte technique enseigné à l'apprenti ; la notion de fin ne s'y rencontre pas (ou plus) et l'infraction nous paraît mauvaise en soi.

Plus près des idées de droit et de devoir se trouvent les sentiments « *pro-moraux* », c'est-à-dire ceux qui les ont suppléées et les aident encore dans leur fonction : sentiments religieux, en tant que suggestion du bien plus que comme crainte de Dieu, appréhension [1] de toute

---

1. Dans le respect, remarque Stirner (p. 86), il y a autre chose que dans la crainte, laquelle n'empêche pas qu'on veuille se délivrer, par ruse, de ce

réaction ou sanction, y compris la déconsidération aux yeux des autres ou de soi-même et le remords, et inversement la recherche de
l'approbation ou de l'admiration de sa propre conscience ou de l'opinion... A un ordre plus élevé appartient tout un faisceau de tendances psychologiques qui produisent l'estime de la vertu, le mépris du.
vice et du crime : tels le sentiment de la *dignité*, de l'honneur, la
loyauté, l'émulation dans le bien. Ils peuvent dériver du sentiment
moral, mais ne s'identifient pas avec lui, même s'ils sont étrangers à
l'espoir d'une récompense ou à la prévision des inconvénients du
déshonneur et de la honte. Peut-être moins proches des mobiles juri-
ques, mais les aidant à triompher d'un égoïsme borné, diverses tendances *altruistes* permettent à autrui d'agir en nous, par sympathie.
Même s'il s'accompagne de bienveillance et de pitié, le droit en
diffère profondément et il n'est même pas souhaitable qu'on le fonde
sur elles.

Nous sommes aussi poussés au bien par plaisir, par besoin, ou
encore par un *désir simple*, un instinct, une habitude, et écartons le
mal par dégoût ou répulsion. Ce n'est pas encore le mobile moral.
Si on laisse de côté la question — étrangère à cette analyse — du
mérite et de l'approbation accordés à l'agent qui résiste aux passions
contraires, l'honnête homme qui accomplit son devoir sans y songer
se trouve, par hypothèse, exclu. Déniant aux idées de droit et de devoir une nature transcendante, nous ne prétendons pas, pour autant,
qu'en dehors des besoins physiologiques et de l'instinct fondamental
du vouloir-vivre, il y a seulement des états psychologiques complexes
« dont l'énergie impérative se traduit par la conscience très vive
qu'il faut faire telle action, s'abstenir de telle autre » (Lévy-Bruhl,
p. 255). Le désir fort, le trouble indéfinissable éprouvé en présence
de certaines situations, sont loin de s'accompagner toujours du sentiment de devoir, de s'ériger en loi. Loin d'être conçus comme des

qu'on redoute. « Ici l'on ne craint pas seulement, on rend aussi hommage. »
— Kant, *Crit. de la raison prat.*, p. 254 s : le respect n'est pas un sentiment
de plaisir, car l'obligation blesse notre amour-propre et nous coûte à exécuter, ni un sentiment de peine, et s'il triomphe nous ne nous lassons pas
d'admirer la majesté de la loi (mais l'admiration s'applique aussi à des
qualités brillantes, étrangères à la moralité). Le respect nous abaisse et
nous élève. — On connaît l'apostrophe célèbre (p. 269): « Devoir, mot grand
et sublime, toi qui n'as rien d'agréable ni de flatteur et qui commandes la
soumission sans pourtant employer, pour ébranler la volonté, des menaces
propres à exciter l'aversion et la terreur, mais en te bornant à proposer
une loi qui, d'elle-même, s'introduit dans l'âme et la contraint au respect
(sinon toujours à l'obéissance) et devant laquelle se taisent tous les penchants, quoiqu'ils travaillent sourdement contre elle, — quelle origine est
digne de toi? »

désirs personnels, les mobiles moraux servent même de raison à des actes auxquels nous n'en découvrons aucune autre : nous accomplissons telle action, par ailleurs indifférente, parce qu'elle est « bonne », et inversement ; si une inclination nous y engage, elle-même nous paraîtra bonne, mais l'impératif adjacent à ces tendances directes ne se confond avec aucune d'elles.

Toute activité résulte de forces d'attraction et de répulsion. Une forme très particulière de ces forces consiste dans le *désir de désirer* qui s'oppose au vouloir de ce qui paraît irrationnel. C'est presque le mobile que nous cherchons...

Nous restons en présence de la seule considération de *désirabilité* ou *respectabilité en soi*, indépendamment de la prévision des conséquences, de l'intérêt et de l'inclination personnels. Tandis que la valeur économique résulte de la croyance à l'aptitude d'une chose à satisfaire un besoin, l'idée de la valeur morale implique que nous n'établissons aucune relation entre un moyen et une fin et se réduit à une affirmation immédiate de l'esprit ; elle se présente comme absolue et non comparative. Le bien est en-soi (Ahrens) ou plutôt il apparaît tel subjectivement, malgré la relativité de l'idéal objectif, et notre mobile n'est moral, à proprement parler, que lorsque nous accomplissons le devoir pour le devoir (mais cette exclusion doctrinale n'emporte pas proscription).

L'idée du bien, dans la conscience, sinon à la réflexion, ne comporte pas la notion d'une correspondance objective à la façon du *vrai*. Elle semble indéfinissable par d'autres termes, irréductible à d'autres éléments. Et pourtant, malgré ce caractère commun avec le *beau*[1], malgré une égale exclusion du raisonnement comme source directe, malgré enfin la similitude des plaisirs et peines associés, dans les deux cas, au jugement approbateur ou désapprobateur, le sentiment éthique diffère du sentiment esthétique, autant que l'action de la contemplation. Le premier concerne et détermine l'activité.

Telles choses paraissent louables, respectables, « à faire », et les autres blâmables, sacrilèges, « à ne pas faire », sinon répréhensibles et punissables. Deux traits caractérisent donc extérieurement les idées morales : l'*irréductibilité* et la *nécessité absolue*. Nous allons voir combien furent excusables les auteurs que trompa cette difficulté de

---

1. Sur l'art, l'esthétique et la morale : Durand de Gros, Brunetière, Herckenrath, Wulf, Berdyczewski, Sertilanges... — Van Bemmelen, *Not. fond. du dr.*, p. 15 : par le jugement esthétique, nous apprécions, par rapport à nous, l'impression des choses sur nous-mêmes : élément subjectif et personnel ; le bien, au contraire, est objectif et altruiste.

décomposition : seul l'examen expérimental de la fonction et de la genèse en dévoilera la nature cachée.

Nous sommes — il faut bien en convenir — impuissants à séparer le sentiment moral en divers éléments. On a beau le retourner sous toutes ses faces, l'examiner dans ses plus infimes détails et ses manifestations les plus diverses : sous des aspects légèrement différents, sa substance est bien toujours semblable à elle-même dans toutes ses parties.

A tous, la réalisation du bien, même si on entend par là le mal, semble *éminemment souhaitable*. Il inspire à chacun humilité et vénération, « crainte sacrée » (Stirner). Sa violation est partout en horreur, elle éveille l'idée de souillure. Son autorité ne tend pas à interdire de critiquer les dispositions de la norme, d'en proposer la mise à jour, pas plus que la légalité n'exclut la modification de la loi dont elle proscrit la violation ; mais du moment où elle existe et surtout dans la masse, la règle, morale ou juridique, est considérée comme respectable en elle-même. Nous aimons la justice, la vertu, suivant notre conception, et, comme l'objet de tout amour, nous les supposons supérieures, elles nous en imposent. Nous n'en disposons pas, elles sont intangibles. « L'Etat, dit Stirner (p. 270), ne peut abandonner la prétention que ses ordres soient sacrés » ; et si ce n'est l'ordre lui-même, c'est l'autorité d'où il émane, roi ou nation, qui possède la souveraineté, la majesté, presque la divinité. L'Eglise avait le péché ; les prescriptions laïques ont les crimes et les « immoralités », avec tout le cortège d'idées qui accompagnent ces mots. « Ne pas haïr celui qui a porté atteinte à une chose sacrée est déjà un crime » (Stirner). Nul n'entend avec indifférence, ne profère sans émoi ces « mots auréolés » — tels que : justice — qui, ayant mille fois, au cours de l'histoire, « résumé les aspirations des opprimés ou les résistances des oppresseurs », remuent aujourd'hui tout un fonds émotif hérité des ancêtres (Letourneau).

Il n'est pas étonnant qu'une psychologie simpliste n'ait cru pouvoir expliquer les idées correspondantes que comme des tendances *innées*, « implantées dans l'âme humaine par une puissance extraterrestre ». Du moins l'éclat des maximes idéales emprunte-t-il à la majesté de leurs auteurs : « dieux », princes, peuple souverain, conscience. Que la religion (en dehors de l'adoration d'une divinité) se caractérise par « le fanatisme au service d'une cause ou d'un être qui devient le but et le guide des pensées ou des actions » (G. Le Bon) ou seulement par « la foi dans le surnaturel particulier » (G. Sorel), il faut convenir que l'idéal présente un caractère *quasi-religieux*.

Comme les êtres des légendes et des fables, il paraît être fantôme, pure illusion, représentation toute subjective, œuvre d'imagination.

« Vaine sonorité, mythe verbal, erreur, superstition, mensonge », il n'en posséderait pas moins la *puissance* magique des idées et jouerait son rôle aussi efficacement qu'une vérité ou une réalité. A la différence des idoles qui se contentent de l'admiration ou de l'adoration, il exige et obtient l'*action* ou l'abstention, il tend à l'*obéissance* et à la soumission. Selon les effets envisagés et les comparaisons, on y voit un « lien » qui garrotte notre esprit, une « chaîne » invisible qui nous rive au bien, une « barrière de paille », pourtant infranchissable, dressée devant le mal.

Ce bien inconditionné, sacré par lui-même et doté de valeur en soi, devient une nécessité absolue, garantie par le sentiment moral et la raison ; d'où résulte une sécurité subjective ajoutée à l'objective. Quels sont donc les caractères et le mode d'action de ce processus ?

Le bien et le mal ne plaisent ou ne déplaisent pas seulement, ils sont objet d'approbation ou de blâme, et ces jugements s'accompagnent du sentiment d'*obligation* et, par là, finalement, d'une motion ou d'une inhibition. La conscience exprime une pressante injonction, apriorique en apparence, alors même qu'elle est, par ailleurs, déduite. La société, le moraliste, qui prêchent le devoir, c'est la mère qui dit à l'enfant [1] : « Mange tel mets », ou bien : « Ne prends pas le bien d'autrui ! » — « Pourquoi ? » — « Parce qu'*il le faut.* » Qu'on pardonne cet exemple trivial : toute la théorie du devoir et celle du droit, son envers, sont contenues en ces paroles, que, par une admirable intuition, prononcent les personnes les plus incultes. Tout est là : la nature de l'idée, sa manière d'agir, son origine en un être supérieur ou sa source dans l'expérience passée d'autrui, sa raison d'être personnelle et générale, son insuffisance devant une curiosité naissante (et l'on devine la regrettable attitude qui peut en résulter), puis la découverte de la fin cachée et dès lors l'effacement, la moindre utilité du commandement en cet ordre d'activité.

Or la *négation* précède forcément le rétablissement, et, comme elle exige une moindre compréhension, il arrive qu'on s'en tienne là.

1. Nous rencontrons, après coup, dans un recueil d'extraits anonymes le résumé suivant de toutes les leçons de morale qu'on adresse et peut adresser aux enfants : « LE MAITRE: Il ne faut pas faire cela. — L'ELÈVE: Et pourquoi ? — M.: Parce que c'est mal fait. — E.: Mal fait ! Qu'est-ce qui est mal fait ? — M.: Ce qu'on vous défend. — E.: Quel mal y a-t-il à faire ce qu'on me défend ? — M.: On vous punit pour avoir désobéi. — E.: Je me cacherai... Je mentirai. — M.: Il ne faut pas mentir. — E.: Pourquoi ne faut-il pas mentir ? — M.: Parce que c'est mal fait, etc... » Voilà le cercle inévitable. Sortez-en, l'enfant ne vous entend plus. Ne sont-ce pas là des instructions fort utiles ? Que pourrait-on mettre à la place de ce dialogue ?

Peu d'individus ont assez de perspicacité et de plasticité pour concevoir et s'approprier les raisons profondes des actes et de leur réglementation. Ces raisons existent bien, mais elles ne sont pas à leur
portée, au moins en chaque occasion. Aussi donne-t-on toutes sortes d'*explications qui n'en sont pas* et qui sont destinées seulement
à endormir la curiosité. Parfois la mère ajoute : « Il faut faire telle
chose parce que Dieu le veut, parce que cela est bien, t'en abstenir,
parce que c'est laid et digne d'un enfant mal élevé ; tu te comporte-
ras comme une grande personne, comme une personne raisonnable,
supérieure. » Ou bien elle invente quelque avantage ou inconvénient
imaginaire, naturel ou social : « Cela te grandira. Tu feras plaisir à
telle personne. Tu perdras tel organe, telle faculté, la vie. Les loups-
garous, les gendarmes te puniront!... » En tous ces cas, on fait *appel à un désir plus puissant*, on rattache un fait à un souhait préexistant, on met une inclination, une crainte naturelles, au service de fins
étrangères, — tromperie d'ailleurs bienveillante et bienfaisante.
L'essence du procédé reste d'ailleurs la même, qu'on promette ou
non un châtiment : la sanction n'est pas caractéristique.

Sur ces données, sont bâtis, en plus grand et en plus varié, pour
toutes sortes de situations ou d'actions, des *systèmes de morale et
de droit* qui ne sont pas d'essence différente. Ils s'adressent à des
hommes, il est vrai, mais combien seraient aussi incapables que des
enfants de saisir l'ætiologie et la téléologie juridiques! Ce n'est pas,
d'ailleurs, leur affaire : c'est celle des savants, des législateurs. Et
ceux-ci, souvent, à la différence de la mère, sont sincères et de bonne
foi et ne commettent aucune supercherie, même bien intentionnée.
C'est qu'eux-mêmes n'en savent ou n'en cherchent pas plus, si même
ils ne veulent ignorer la finalité individuelle ou sociale des nécessités
a priori. Maint philosophe, interrogé, répond tout court, comme
l'enfant : « Parce que. »

Kant n'a rien inventé de plus et l'impératif catégorique ne satisfait
pas davantage l'investigateur. Les principes, dit-il, qui, pour triompher,
font violence à d'autres motifs, sont des impératifs. Il en est trois
espèces : « Le premier exprime une nécessité relative à un but particulier qu'on peut poursuivre ou négliger (l'étude du droit pour telle
profession) ; le second se rapporte à un but nécessaire pour tout être
intelligent et sensible (la vie, le bonheur ?) ; enfin le troisième est conçu
en lui-même, indépendamment de toute espèce de but, comme la loi
nécessaire d'un être raisonnable. Les deux premiers, subordonnés à
un but, sont des impératifs hypothétiques ; le troisième est l'*impératif
catégorique* [1]. » Tandis que l'exigence d'une action à titre de moyen

1. *Métaph. des mœurs*, p. 47 ; *Rais. prat.*, p. 177. — Beaussire, *Mor.*, p. 64.

pour atteindre une fin donnée puise sa force dans le désir de cette fin, la loi morale pose des nécessités absolues, universelles, invariables. Elle n'exprime pas un conseil de la prudence, mais une « obligation » indépendante de toute condition, et veut être obéie pour elle-même.

Et cela est assez exact. Sans doute le mal ne se commet pas seulement par ignorance et la vision consciente du bien ne suffit pas à sa réalisation. Le poète, depuis longtemps, l'a remarqué : « Video meliora proboque, Deteriora sequor »; et les psychologues ont montré que l'on accomplit souvent le mal que l'on connaît et que l'on hait, de même que, parfois, on est impuissant à réaliser ce, vers quoi on aspire. Mais, tendre vers un résultat n'est pas l'atteindre, et le fait que l'idéal ne triomphe pas n'est pas une objection contre la réalité de son *principe actif*. L'existence d'un mobile, n'impliquant nullement l'absence ou la disparition des contre-mobiles, n'est point infirmée par la prépondérance de ceux-ci. — Il convient aussi de distinguer notion et motion, appréciation et appétition. Mais l'estimation suit de près la vision d'un acte, puis la conception de sa bonté en entraîne approbation, et celle-ci engendre le mouvement vers sa réalisation. Ainsi le sentiment de l'obligation [1] est intimement lié à l'idée de la désirabilité ou de la respectabilité; l'une appelle l'autre, immédiatement.

On a pourtant souvent distingué ces deux choses pratiquement *inséparables*: l'idée du bien, de la justice d'un précepte, et le devoir de s'y conformer, la promulgation de la loi morale en l'esprit et l'injonction d'y obéir. « La conscience, dit-on, est connaissance, et le respect est sentiment; tout au plus la première excite-t-elle le second. » Mais qui dit loi dit autorité, et de même la notion de bien contient celle de devoir. C'est seulement à l'analyse que l'établissement des maximes est distinct de celui de leur valeur. — « Autre chose est de sentir qu'un ordre est donné, autre chose qu'on est tenu de l'exécuter. » L'objection est exacte en elle-même, mais dès qu'on reconnaît à l'injonction un caractère éthique, on sent qu'elle demande d'être suivie, même si l'on éprouve le désir de s'y soustraire [2].

---

1. Contra : le livre si captivant de Guyau: *Esq. d'une morale sans obl. n sanction.* — Quelques auteurs y voient une obligation relative. Certains s'en tiennent à une obligation envers soi (Malapert, *Mor.*, p. 287); d'autres, envers la société, à l'égard de personne (Duprat, *Mor.*, p. 39).

2. Mon Dieu, quelle guerre cruelle !   Mon cœur te soit toujours fidèle.
    Je trouve deux hommes en moi: L'autre, à tes volontés rebelle,
    L'un veut que, plein d'amour pour toi,   Se révolte contre la loi.

Louis XIV, paraît-il, s'écria, à la lecture de ces vers de Racine: « Voilà deux hommes que je connais bien. » Qui n'en dirait autant?

Nous revenons ici à la question, voisine, du *pouvoir moteur* et de l'*efficacité* des sentiments moraux et juridiques. On compare tour à tour le « sens intime » à un flambeau, à une boussole, etc., et, remarque-t-on, l'itinéraire tracé n'a rien de commun avec la force mécanique qui nous aidera à le parcourir. — En réalité, la conscience n'opère pas à la façon de la lumière qui, projetée sur la voie, facilite seulement la marche, ni même à celle qui attire les papillons ! Laissons ces images hasardeuses pour examiner le phénomène en lui-même.

Il n'est pas douteux que le droit, alors même qu'il ne déterminerait pas la volition, l'action, contribue à les diriger. En nous montrant le plus droit chemin (*directum*), il invite à le suivre. La conscience, comme la raison dans le domaine spéculatif, exerce un choix, une élimination. Elle fait plus, et l'on parle, à juste titre, de sa « poussée » : par impulsion ou inhibition, elle favorise l'action ou l'abstention. Ses manifestations sont des idées, et toute idée est motrice. Loin d'être inactive, la représentation d'un état tend à en amener la réalisation (Ex. : images ou imaginations obscènes ou sanguinaires). Et la puissance du droit et de la morale ne repose pas seulement sur la pure conception de possibilités ; elle se rattache à de nombreuses idées-forces de qualité, réductibles à celle de désirabilité [1]. Des éléments moins intellectuels, plus sensibles, s'y mêlent parfois ; à la longue, en résulte un désir, un besoin, ou une habitude. La crainte se fonde parfois sur l'éventualité, non de châtiments matériels, mais du mépris public, c'est-à-dire de l'idée qu'autrui possède du bien [2] ; les pénalités elles-mêmes et toute sanction, et, par suite, la peur salutaire qu'elles inspirent, se rattachent en grande partie à la même origine. La contrainte exige la présence de la moralité, et souvent le droit n'a pas d'autres garanties (Préf. ; La force et le droit). Même

1. « Autant croire qu'une leçon de mécanique amènera un wagon à quitter sa place, qu'espérer la mise en mouvement de la volonté par la puissance de l'impératif catégorique. » La volonté n'est pas une faculté logique et a besoin d'une impulsion. « Une volonté sans intérêt est une volonté sans motif, un effet sans cause » (Schopenhauer, Nietzsche). — Idée banale et persistante, et pourtant encore plus fausse que : Aucun acte sans but.

2. L'opinion d'autrui a sur nous un grand empire. La nôtre aussi : c'est même à cause du prestige de l'opinion d'autrui auprès de la nôtre, que nous nous inclinons devant elle. Nous lui donnons sa puissance par notre résignation à la subir, par le respect humain, et elle réagit sur nous : il y a là circuit de forces, plutôt que cercle vicieux ou pétition de principes. « La pudeur à exprimer les sentiments immoraux, par laquelle on explique l'autorité des règles morales, est elle-même, dit-on, un contre-coup et un autre aspect de cette autorité. » Il n'y a là qu'un seul fait et il s'agit d'une simple constatation.

lorsqu'il les possède, l'idée de respectabilité exerce encore une double influence : en nous poussant à réagir contres les lésions de notre droit et à obéir spontanément à ce que nous considérons comme celui d'autrui. Elle ne se borne pas à favoriser le respect de la règle établie : elle contribue à son élaboration, en fomentant l'activité législatrice et lui fournissant la matière sur laquelle celle-ci opère. De l'idéalisme personnel, on passe facilement au prosélytisme, à l'effort de réalisation de notre idéal par autrui. Placés dans un certain rapport avec les choses, nous prétendons à ce que tout le monde pense et agisse en conséquence.

Bien entendu, l'idéal n'influe pas avec une puissance égale sur tous, ni à propos des mêmes objets. Il ne concerne même pas tous les actes et ne se présente pas chez tous les hommes, ni à tous les stades de l'humanité.

CHAPITRE II

FONCTION DES IDÉES DE DROIT ET DE DEVOIR

Les idées de droit et de devoir n'ont *pas toujours existé* : à l'origine, toute notion équivalente était absente. Elles ne sont pourtant pas de celles qui ont « germé le plus tard [1] ». Lentement développée, sensiblement différente de la nôtre, la conception du bien remonte très haut dans le passé ; les légendes religieuses, dès une antiquité reculée, en contiennent la mention et celle du principe inverse, qui englobe le mal physique, moral et intellectuel (obscurité, douleur, méchanceté, ignorance). Toutefois elles contiennent le vestige d'un règne originaire de l'amoralisme et de l'apparition, après coup, du mal, et ceci est exact, si l'on entend par là l'idée du mal, car il faut bien que la moralité soit survenue à un certain moment. Cette *apparition*, qui est une transformation plutôt qu'un commencement absolu, n'est d'ailleurs pas incompatible avec l'évolutionnisme : de même que l'impressionnabilité a donné naissance au plaisir et à la douleur, de même le fait s'est décomposé en valeurs positives et négatives.

Il subsiste d'ailleurs un domaine qui *échappe à cette distinction*. Tous les actes ne sont pas, à l'heure actuelle, l'objet de règles juridiques ni seulement d'appréciations éthiques. Peut-être ceux qui y échappent sont-ils le plus grand nombre : leurs lois et sanctions naturelles ne sont pas corroborées par les lois et sanctions sociales. Une multitude d'actes de la vie individuelle sont légitimes, en ce sens que personne n'a le droit d'y mettre obstacle, mais nous n'y songeons pas et autrui non plus. Par contre, les actes plus importants ou affectant la manière d'être d'un tiers favorablement ou défavorablement, sont l'objet, à côté de jugements tirés de l'utilité, d'une distinction entre bons et mauvais, justes et injustes. Or, si cette catégorie d'apprécia-

1. Acollas, *Idée du dr.*, p. 5. (P. 18 : inscrites aux entrailles de la nature humaine.) — Bagehot, *ib.*, p. 125 : Une moralité perfectionnée eût assuré une telle supériorité qu'elle aurait subsisté chez les sauvages. — D'Aguanno : âge quaternaire (?) ; Stammler (*Wirtsch. u. Recht*, p. 305) : milliers d'années ; E. Ferri : invention moderne. — Leur rôle explique, s'il ne prouve, leur antiquité. — Ancienneté des guerres de retaliation : Ruyssen, *La g. et le dr.*, *R. de métaph.*, 1906, p. 803 s ; Letourneau, *La g.*, p. 71, 134 ; J. Lagorgette, *Le Rôle de la Guerre*, p. 292.

tions ne se ramène pas à la première, si elle est étrangère à l'intérêt, à quoi rime-t-elle et quelle est sa *raison d'être*?

Les premières conclusions de la critique ne sont pas favorables. Des désirs et croyances étudiés par la sociologie, les uns sont liés à certains états ou rapports extérieurs, tels ceux d'utilité, et conçus comme relatifs ; d'autres *semblent ne correspondre à rien* d'analogue. On comprend sans effort qu'il y ait intérêt à accomplir telles actions, mais pourquoi est-ce bien ou mal ? Ne serions-nous pas dupes de quelqu'un qui y trouverait un profit caché ? Nous doutons du caractère désintéressé de qui nous prêche le devoir et tout ce qui nous pèse ; à peine concevons-nous l'avantage d'y sacrifier, et alors nous nous demandons à quoi bon ajouter à cette raison une idée de dignité ou d'indignité. Dans certains cas, enfin, l'idéal ne semble répondre à aucune fin, à l'utilité de personne.

Serait-ce une vaste illusion ? Nous serions possédés : « Notre créature est notre maître », un peu à la façon des dieux. On pourrait même se demander si cet état quasi hypnotique n'atténue pas le mérite ou la responsabilité, suivant qu'il pousse à des actions héroïques ou criminelles. La liberté est supprimée ; nous nous empêtrons dans les liens que nous tissons et qui nous retiennent captifs. Et il ne s'agit pas seulement de la suggestion dans la propagande, dans l'application du devoir à tel objet ou dans l'éducation, même laïque, comme moyen de gouverner : ce serait la source initiale du droit, son principe. Comme l'hallucination serait générale, inaperçue, nous nous trouverions en présence d'une « véritable énigme ». — La religiosité fait supposer réel l'objet d'images purement subjectives ; l'idéalité n'est-elle pas plus étrange, qui met en tête des choses devant être réalisées ? Les hommes, dit Stirner (p. 89, 97), « ont des conceptions de l'amour, de la bonté, de l'Homme..., qu'ils voudraient voir effectivement existantes. Il faut y comprendre aussi toutes les intentions de devenir bon, noble, aimable. Or ce que j'aime, ce vers quoi j'aspire, est *pure idée* et n'existe que dans ma pensée. » Bien plus, commandement non motivé, peu importe que l'idéal provienne de ma volonté ou de celle d'autrui : hétéro- ou auto-, ce serait toujours suggestion. De là le respect, — secret de la passivité devant l'obligation. Nous forgeons des « personnalités de respect » : l'homme, — son corps inviolable, alors que je puis le blesser, — son avoir intérieur, convictions et sentiments, que je pourrais bafouer, — et par dessus tout, synthèse de son activité et de son désir, prolongement de son être physique et psychique : son avoir extérieur (car les reproches adressés au droit s'appliquent surtout à la propriété, droit absolu par excellence). Tout cela subsiste par notre résignation, notre humilité, notre renoncement, puisque nous n'en voyons pas l'intérêt.

Cette critique a le mérite de montrer que le sujet n'est *pas conscient* d'une utilité à laquelle correspondrait le droit. La conscience n'est pas « l'exercice de la prévoyance » qui, montrant les conséquences avantageuses ou funestes des actes, ajouterait : Fais, ou : Ne fais pas. Le remords n'est pas non plus « la crainte ou l'horreur du châtiment [1] », ni le dépit d'avoir été déjoué, ni même l'honneur humilié ; il se rencontre même après les actes dont l'impunité et le profit sont assurés et chez des gens sans aveu. Les mauvaises actions, sans doute, sont sujettes à des retours fâcheux et l'égoïsme bien calculé les condamnerait, en même temps que la conscience ; néanmoins les deux ordres de faits semblent distincts et irréductibles. C'est précisément ce qu'on reproche le plus au « bien » : son influence, en même temps que l'humiliation, commence dès que l'ordre est non *plus motivé*, mais pur et simple, « impératif ». « Quand, dit Stirner, je crie à quelqu'un de s'écarter d'un rocher qu'on va faire sauter, je n'exerce aucune action morale. Quand je dis à l'enfant : Si tu ne manges pas ce qu'on t'a servi, tu seras privé de dîner, ce n'est pas une influence morale. Mais si je lui dis : tu prieras, tu honoreras tes parents, tu diras la vérité, etc., car c'est là le propre de l'homme, sa mission, la volonté de Dieu, — alors l'influence morale est accomplie. » Le droit se présente sous le même jour que le devoir : « Droit en soi, absolu ! Ainsi donc, sans rapport avec moi-même ? Le droit est obligatoire pour moi, parce qu'il est institué par la raison humaine, contre laquelle ma raison est déraison. Autrefois on tonnait contre la faible raison humaine au nom de la raison divine ; aujourd'hui c'est au nom de la forte raison humaine qu'on rejette la raison individuelle. Et pourtant il n'y a pas d'autre raison que cette déraison... La pensée du droit est originairement ma pensée, elle a son origine en moi. Mais dès qu'elle est sortie de moi, dès que le « mot » est prononcé, elle devient chair. » La créature des hommes leur échappe ; elle est plus que le créateur, elle est en soi et pour soi (p. 256).

Telle est la satire que dirigent contre les idées de droit et de devoir leurs négateurs, et ils s'en tiennent là. Après avoir détruit, ils ne rebâtissent pas et se moquent de ceux qui le tentent. Il leur échappe que le fondement absolu des idéaux cache une raison d'être relative,

---

1. Laplaigne, *ib.*, p. 102: A force d'entendre parler de la conscience, bien des gens se figurent qu'effectivement elle existe.

une *fonction*, qu'il nous reste à établir. Leurs critiques montrent tout au plus que le droit et le devoir sont difficilement explicables, et la méprise est excusable, puisque de plus habiles et de mieux intentionnés y ont été pris : sans parler de Kant, qui laisse inexpliquées les causes efficientes et finales de l'éthique, les meilleurs explorateurs de l'ætiologie et de la téléologie juridiques ont eu recours, pour se tirer d'affaire, à des notions hyperphysiques, sinon mystiques[1].

Fût-il une erreur universelle, comment expliquer le droit, sa naissance, son rôle ? Car enfin il est bien difficile de faire admettre qu'on obéisse « pour obéir » à une loi dont on ignore l'origine, le but et la valeur intrinsèque (Fouillée). Il ne convenait sans doute pas de demander les « conditions » du devoir à ceux qui le posaient comme inconditionnel. Mais est-il présomptueux de vouloir percer le soi-disant mystère moral, alors que l'évolutionnisme enseigne qu'aucune institution durable n'a existé, avec un tel caractère de généralité, sans *des raisons* non accidentelles et relevant par suite, de l'explication positive.

A côté des auteurs qui bannissaient d'avance, comme immorale, la décomposition des notions morales, d'autres les déclaraient irréductibles parce qu'ils n'en tentaient pas sérieusement la réduction ou y échouaient après un essai direct. « C'est, disaient-ils avec un semblant de raison, un impératif catégorique, un absolu, non utilitaire mais transcendant. » L'*observation interne* ne nous a, en effet, rien fourni de plus. Mais ce résultat n'épuise pas la curiosité. Soit un corps qui *paraît* « simple », parce qu'il résiste à *l'analyse*, c'est-à-dire parce que nous ne réussissons pas à en dissocier les éléments : notre impuissance prouve-t-elle qu'il soit réellement indécomposable ? Nullement. Elle résulte souvent d'un défaut de méthode, ainsi qu'il apparaîtra si nous parvenons à produire ce corps par *synthèse*. Si, incapables d'analyser l'idée de désirabilité en soi, nous en opérons la reconstitution par l'examen de son *rôle* et de son *origine*, nous aurons par là même établi qu'elle n'est ni simple ni primitive et se ramène à des phénomènes plus élémentaires[2]. Dans le « beau », on a découvert l'unité, l'harmonie... ; de même nous chercherons si

1. Picard (*Dr. pur*, p. 66) cherche, au droit, des causes plus profondes que la cérébralité humaine : il existerait aprioriquement, en dehors des hommes, dans l'ordre universel et la raison intrinsèque des choses. — M. Fouillée n'exclut pas la métaphysique, mais ne table pas principalement sur elle.

2. Dissection, vivisection, éclairent moins la nature de la vie que l'étude de ses origines et de son évolution. De même le fruit détaché paraît une individualité à part ; ses antécédents et son développement montrent qu'il se rattache à la plante et lui donne naissance.

les conceptions éthiques ne poussent pas à remplir certaines conditions de vie, comme la solidarité, l'harmonie sociale, et ne se ramènent pas à quelque vérité intuitive, à quelque utilité instinctive ou à
toute autre forme de l'expérience. Malgré leur aspect illusoire, nous
acquerrons la conviction qu'il n'est pas mauvais d'y sacrifier et
même que nous avons intérêt à en accepter la suggestion pour nous
y conformer. Si ce n'est point là un fondement absolu, ce sera du
moins une suffisante satisfaction à la sensibilité et à l'intelligence :
en cela, comme en toute autre chose, nous aspirerions en vain à
dépasser le relatif.

Quoiqu'inférées des modalités des moyens appliqués à leur poursuite, nous exposerons d'abord les diverses fins effectives (et non plus
idéales) des idées de droit et de devoir, puis le processus de leur
naissance et la façon dont elles pourvoient à la réalisation de leur
but. Partant de l'état où les idéaux étaient absents, nous les verrons
successivement à leur naissance, en vie, à l'état d'hypertrophie et
de survivance, et nous en induirons leur avenir probable et souhaitable. — Les divers *appoints* qualifiés sentiments moraux et juridiques
répondent à certains *desiderata*, renforcent certains états psychiques,
par des *procédés* à préciser : ce sera la matière de ce chapitre. La
genèse des phénomènes en question apparaîtra ensuite dans la sélection de variations avantageuses, l'habitude, etc... Leur *fontionnement*
pratique montrera dans quels cas ils correspondent à une condition
de vie, dans quels autres ils sont superflus : ils remplissent, mais imparfaitement, leur fonction. D'*autres moyens* les y aident ou se substi-
tuent à eux dans ce rôle ; nous verrons en quoi consiste leur supériorité ou leur insuffisance et la raison d'être qui, par suite, reste aux
idéaux.

Les critiques adressées aux idéaux subjectifs reposaient surtout
sur la forme qu'ils revêtent. Il eût suffi, pour avoir une idée plus
exacte, d'en envisager la manière d'agir et l'objet : ceux-ci nous
fourniront, en même temps qu'une réponse, un préambule au rôle
du droit et du devoir.

Le *mode d'action* fait soupçonner qu'il y a une fonction à remplir
et même prévoir quelle elle est : puisque les sentiments éthiques
jouent comme un encouragement tantôt à l'action, tantôt à l'abstention, c'est qu'il y a un appoint à fournir, donc qu'il existe un défaut
d'adaptation des impulsions et inhibitions quant à leur objet ou à
leur intensité. Quant au *contenu* des idéaux, il laisse à entendre leur
utilité sociale et individuelle ; du moins, il donne à penser qu'ils sont

non point une conception transcendante ni une création toute subjective à laquelle nous nous soumettons alors que nous pourrions nous y soustraire, mais au contraire une manifestation de tendances psychiques dirigées vers une fin objective, corrélatives de réalités auxquelles nous ne saurions échapper et, sous des dehors absolus, relatives à un sujet qui est nous-mêmes ou auquel notre sort est lié.

Les idées de droit et de devoir ne relèvent ni d'une suggestion occulte ni d'une création intentionnelle de l'esprit humain. Leurs causes sont biologiques, psychiques, sociales. Instinctives, elles ont pourtant un but, ce sont des moyens qui, modelés, dans le passé, à remplir une fonction, anticipent l'avenir. Leur *finalité, inconsciente,* consiste en des conditions de développement que nous ne percevons pas ; aussi devaient-elles forcément revêtir l'apparence de « préjugés », de jugements aprioriques. Mais, par le fait que nous ignorons leur raison, appréciations et maximes n'en sont pas dépourvues : la persistance et la profondeur de leur influence la font présumer. Elles en ont une, cachée, spéciale, et précisément à cause de cela, semblent a priori. Par certains côtés, la conscience est, en morale, l'équivalent de « l'autorité » en matière intellectuelle et a de même, ses avantages et ses excès. De même que la mère sait le pourquoi des commandements qu'elle adresse à l'enfant, de rares privilégiés savent les raisons des devoirs. Nous sommes à cet égard de grands enfants : nous ne pouvons tout comprendre ; et, ici, les maîtres eux-mêmes n'expliquent pas tout. Il n'y a donc pas lieu à froissement en présence de ce « Il faut » qui ne nous donne pas de justifications. A défaut d'une expérience personnelle impossible en un champ aussi vaste, nous devons nous référer au sentiment de la collectivité, à celui des moralistes.

Cette domination semble, dans quelques cas, ne subsister que par notre bon vouloir : nous pourrions matériellement être criminels et peut-être impunis. Mais, sans notre contrainte interne, qui nous empêcherait de recommencer dans d'autres cas? Et les règles dont l'intérêt personnel nous échappe, les plus absolues, correspondent à des relations éclipsées ou sous-jacentes : l'un des termes n'étant pas présent à l'esprit, l'autre semble exister isolément, par soi et pour soi. En résulte-t-il qu'elles soient mauvaises pour nous et que, les imitant, nous pourrions ne « mettre notre cause en rien »? A côté de ce qui, à ma connaissance, me sert ou me nuit, il y a ce qui présente les mêmes caractères sans que je le sache : ne le concevant pas comme désirable ou haïssable par rapport à ma personne, je l'apprécie tel en soi. De même, par intérêt, je tiens compte de l'intérêt

d'autrui, mais lorsque je conçois sa réaction comme moins probable
et la ressens moins pénible qu'elle peut l'être, l'idée que sa personne est inviolable tient lieu d'une plus exacte impression de mes
intérêts. Les « préjugés moraux » sont donc indispensables à l'individu comme à la société. Variations conservées par la sélection, c'est
une chance de plus pour qu'ils soient avantageux à chacun comme à
tous.

Le droit, le devoir, se ramènent au fond à des *intérêts vitaux*, individuels ou sociaux. L'idéal, par un détour, nous conduit à l'utile,
et cette voie n'est pas la moins sûre. Si on la borne à l'ensemble solidaire des droits et des devoirs et qu'on ne calcule pas leur profit
dans chaque cas concret, cette réduction n'est pas dangereuse, puisque le mobile utilitaire est des plus puissants. Les suggestions morales ne sont telles que parce qu'elles présentent un intérêt ; on n'a
donc pas à craindre de les dévoiler. La société ne serait nullement
menacée, elle serait plutôt consolidée, si l'on parvenait à substituer
la recherche systématique de son développement aux tâtonnements
de l'empirisme, de même qu'elle n'aurait point à souffrir de la suppression des notions surannées de culpabilité et d'expiation, si on les
remplaçait par un principe de préservation sagement appliqué. Enfin, eût-elle ses inconvénients, — auxquels il n'est pas impossible de
remédier (infra), — la démonstration de la présence de l'intérêt dans
le droit et la morale, serait un pis-aller, dans l'état actuel de la pensée; car, des deux critères d'appréciation du fait — l'utilité et le
bien —, on convient que le premier répond à des réalités, tandis
qu'on est porté à croire que le second, à moins de se réduire au premier, ne correspondrait à rien de constatable ou démontrable en
l'état actuel, et l'à priori ou le métaphysique sont inopérants, autant
sur les esprits communs que sur les positifs. Il vaut mieux remplir
d'utilité ce concept que le laisser vide ou tournant sur lui-même :
« Une chose est bonne, car c'est une forme du bien, etc... », — puisque ces mots sont précisément en question.

Mais peut-on donner une formule assez complète pour *englober
tous les éléments* de l'idéal subjectif ? Les croyances morales, prétend-on, auraient leur explication, comme leur origine, dans des événements historiques qui, même non accidentels, ne seraient pas
susceptibles d'être exprimés en lois, dans l'état présent de la science
des mœurs. L'incapacité ordinaire d'avoir leurs fins générales présentes à l'esprit dans les circonstances quotidiennes n'en implique
pourtant pas l'inexistence objective. L'historien, l'ethnographe, sans

nul doute, peuvent concourir à leur découverte, mais aussi le psychologue et le sociologue, pour reconstituer les états d'âme des personnages et les exigences des circonstances. C'est l'exception, que l'énigme résiste à des recherches persévérantes; encore est-ce sans doute par défaut de subtilité. Aussi ne désespérons-nous pas de compléter la présente esquisse des fins de l'éthique.

« Ne *savons*-nous pas, — sans besoin de longues études d'histoire, de jurisprudence et de religion comparées, — pourquoi nous ne devons pas tuer, voler, violer, rendre le mal pour le bien, fuir quand nous gardons un poste, pourquoi nous avons des devoirs envers notre patrie, envers tous nos semblables, pourquoi nous reconnaissons une valeur à la personne humaine? Quelles sont donc ces obligations et institutions inexplicables? Est-ce le culte d'une mère ou d'un père, l'affection fraternelle, le respect des enfants et de leur pudeur, la fidélité à accomplir une promesse, l'honneur rendu au courage? [1] » Tous ces devoirs, — et même la sympathie, sous forme d'assistance, — ne se traduisent pas seulement par des maximes morales, mais en prescriptions et prohibitions législatives, et à fortiori ceux qui concernent le droit à la vie, la propriété, etc... Leur mystère, souvent, ne paraît impénétrable que parce qu'on se méfie des explications simples. Ce qu'on respecte, par exemple, dans la pudeur, c'est l'enfance, la personnalité, la maternité future, l'intérêt de la race par conséquent. Si un fils frappe la mère qui lui a prodigué ses soins, n'y a-t-il pas là « renversement de rapports normaux, naturels » ?

Toutefois ceux-là même qui montrent comment la réprobation va à ce qui présente quelque chose d'illogique, aux manquements aux « définitions » du tien et du mien, ne se contentent pas de reculer ainsi le problème : ils cherchent pourquoi tel fait paraît illogique et telle chose mienne.

La question est complexe, puisque les idéaux sont changeants. Pourtant leur avènement n'est point chaotique et la diversité des solutions tient à ce que leur principe est relatif à certaines conditions et fins qu'il reste à déterminer. Malgré cette diversité et des exceptions la plupart plus apparentes que réelles (infra), la fonction des idées de droit et de devoir, comme leur nature et leur mode d'action, est *formellement la même* [2].

1. Fouillée, *ib.*, p. 247, 263: L'homme de certains sociologues est inférieur au chien qui rosse le congénère qui lui a pris sa proie. — Cp. Spencer, *Justice*.

2. Nous n'entendons pas dire que l'évolution du droit est unique et passe partout par les mêmes stades. G. Tarde proteste contre cette conception,

Voici quelques-unes des *raisons* qui guident, à notre insu, notre appréciation et nous apparaissent seulement en tant qu'observateurs. Si l'acte envisagé est susceptible d'amener une réaction directe, humaine ou même naturelle (les sociologues insistent peu sur celle-ci), fût-elle proche et infaillible, — la répulsion éthique aurait encore un rôle à jouer, car l'image d'une peine non présente est moins vivement sentie que la gêne actuelle de la sollicitation du désir. A fortiori en est-il de même si la conséquence fâcheuse est future ou éventuelle (telle celle qui résulte du fait de violer un contrat : réparation ou peine, gêne du déshonneur et du remords...). Mais cet inconvénient subsiste et, par conséquent, l'idée de devoir conserve une puissante raison d'être utilitaire, chaque fois que l'acte, immédiatement avantageux, nous entraînerait à nous imiter nous-mêmes, peut-être même à en prendre l'habitude, ce qui nous exposerait à des risques multipliés : combien de personnes commettent ainsi une malhonnêteté qui leur paraît exceptionnellement avantageuse et qui, précisément parce qu'impunie, leur inspire une déplorable confiance et les amène à recommencer, jusqu'à ce qu'elles soient « prises » ! Or ce danger ne bannit-il pas toute infraction, même isolée, au droit ou à la morale? Qui pourrait être sûr de la répercussion d'un acte aussi grave sur sa mentalité, sur son caractère? Qui affirmera d'avance que l'infraction le laissera indemne d'indulgence pour le mal et de mauvaises inclinations ou, à l'inverse, des tourments du remords? Notons aussi que notre exemple, en bien ou en mal, imité par autrui, nous expose à ce qu'on se conduise de même envers nous : ceci exclut toute tromperie, toute fraude, tout dol, toute violation de personnalité, toute gêne apportée aux conditions de la coexistence et de la coopération. Bien plus : tout ce qui est susceptible de blesser les sentiments sympathiques est contraire à notre propre jouissance, car il est indispensable à une vie intense de partager des émotions extérieures. Les conditions de perfectionnement et de bonheur du groupe, de l'espèce, sont les nôtres propres, car si nous y manquions, notre part des conséquences s'accroîtrait du danger de réaction. Pour tirer profit et plaisir de la société, il faut se montrer bien disposé à l'égard des associés, leur prouver qu'ils n'ont rien à craindre de nous et peuvent compter sur nous quand notre concours sera né-

car l'évolution du droit dépend des évolutions économique, politique, religieuse, philosophique. Mais il écrit aussi (*Transf. du dr.*, p. 198): «Le génie inventif est aux ordres des besoins, qui lui posent ses problèmes, lesquels se ramènent à un petit nombre de chefs, toujours les mêmes: faim, amour, conservation, reproduction. » D'où l'analogie des solutions, tempérée par les différences de circonstances.

cessaire : s'il nous arrive de dissocier, des avantages sociaux que
nous acceptons, les charges corrélatives, nous ne serons pas seulement discrédités à leurs yeux, mais il « compteront » avec nous ou
nous refuseront toute prévenance et même toute assistance. Il n'est
pas jusqu'aux obligations les plus désintéressées en apparence (telle
celle qu'impose la mémoire des morts) ou celles qui paraissent exclusivement à charge (comme, à certains, la procréation et le souci
des générations futures), qui ne présentent, au moins pour la société, un intérêt (tel celui de la sauvegarde de la tradition ou de la
sociabilité).

Qu'on excuse ce qu'un tel aperçu a forcément d'étréci et de mesquin. Mais le procédé présente au moins cet avantage de faire soupçonner aux égoïstes endurcis, que *les actes les plus gratuits* en apparence ou même les plus onéreux et les plus gênants *ont des avantages
insoupçonnés* et qu'inversement les plus avantageux ont des revers ;
que ces conséquences cachées sont des plus importantes, car un
même acte peut figurer à plusieurs titres dans chacune des catégories d'intérêts — individuel ou social — ; et enfin que les idées de
droit et de devoir ne sont pas autre chose dans l'immense majorité
des cas, que des appoints en plus ou en moins aux mobiles d'activité
et qu'elles remplacent l'action d'intérêts insuffisamment sentis. Elles
existent, précisément parce que cette corrélation est inconsciente ;
elles interviennent non en tant que la chose nous paraît propice à
nous-mêmes, mais pour le surplus. Si nos sentiments moraux nous
évitent des écueils, c'est ceux que nous n'apercevons pas.

Leur fonction fondamentale est d'appliquer l'activité aux *objets*
désirables et de proportionner l'*intensité* de l'impulsion ou de l'inhibition à ce qu'il est souhaitable qu'elles soient en une bonne économie, c'est-à-dire ni plus fortes ni moindres que la valeur vitale de
l'objet pour l'individu ou la collectivité. Par leur côté positif, ces
mobiles poussent à des actions avantageuses qu'on n'accomplirait pas
sans eux, car elles constituent des moyens dont nous ne nous approprions pas le but ou dont nous ne saisissons pas le lien avec notre
désir. (Par exemple, l'idée d'inviolabilité attachée à nos facultés nous
engage à les soutenir [1], en même temps qu'elle favorise leur respect

---

1. Aussi a-t-elle une raison d'être envers des êtres qu'elle n'affecte pas
passivement, parce que dépourvus d'idées. Le primitif, qui ignore la classification de l'inanimé et de l'animé, considère comme respectables sa vie
et ses volontés même à l'égard des choses. — Spencer, *Just.*, p. 174: Nous
n'avons aucune éthique du mouvement sidéral, des végétaux. Ce n'est qu'à
l'éveil de la *faculté de sentir*, c'est-à-dire dans le monde animal, que nous
approuvons ou désapprouvons certains actes et souhaitons que chacun re-

par autrui.) Par leur côté négatif, ils renforcent les inhibitions, notamment chez les hommes impulsifs, insusceptibles d'éprouver assez fortement la crainte des sanctions, cachées, indirectes, lointaines, improbables : ils sont donc indispensables dans l'intérêt même des obligés. Sous les deux aspects, ces mobiles représentent des *intérêts* qu'on ne voit ou ne sent pas, qu'ils évitent de peser à chaque occasion ou dont on ne tient pas suffisamment compte [1], tout cela parce que *généraux, futurs, médiats, hypothétiques, ou concernant autrui* (notamment la descendance), ou parce que l'éventualité de succès ou d'échec paraît plus certaine qu'elle ne l'est, ou encore parce que notre désir ne se conforme pas au désirable, ou enfin parce que notre activité mentale n'est pas inépuisable et que la répétition du calcul et de la réflexion serait superflue.

Il nous reste à préciser d'où provient le défaut de coïncidence et de proportion entre la propulsion et la résistance psychiques et ce qu'il serait désirable qu'elles soient. C'est un des points les plus négligés de la question et il ne suffit pas d'y répondre que la sélection a conservé des variations avantageuses : il faut rechercher, ce qui en crée l'avantage et pourquoi elles ont une forme particulière.

Les *desiderata* auxquels répondent les divers correctifs moraux et juridiques [2] résultent du contraste existant entre les conditions extérieures du développement humain et l'état psychologique de l'homme lui-même.

La fonction principale de ces sentiments a consisté, de tout temps,

çoive la conséquence de sa conduite (Supra : Lévy-Bruhl). — Lazarus, *Leben der Seele*, t. III : Notre nature psychique perçoit *tout acte humain* accompagné d'un sentiment d'approbation ou de blâme.

1. *Le Rôle de la G.*, p. 245, 256, 291, 314 : les idées de droit et de devoir combattent l'attraction de plaisirs égoïstes, grossiers ou immédiats, à raison des conditions définitives de satisfaction. — Les chocs en retour sont graves surtout si les victimes ne restent pas réduites à leurs forces personnelles, si elles sont conscientes de leurs droits et de la nécessité de les soutenir énergiquement. Du moins l'infraction fait courir des risques, destructeurs de sécurité, c'est-à-dire de tranquillité et de prospérité. De plus les excès individuels entraînent le désordre du groupe, dont chacun souffre et dont l'auteur est souvent puni.

2. Caractérisés par l'idée de désirabilité. La même explication vaut pour le droit et le devoir ; nous ne chercherons pas lequel est né le premier. Elle s'étend aux sentiments d'honneur et de honte, de mépris, au désir de gloire, à la vanité, et à toutes ces armes morales — haine, soif de vengeance, bienveillance... — qui renforcent de même la tendance à agir ou à réagir et qui sont les succédanés d'autres mobiles (notamment du calcul de l'intérêt). Sans elles, l'homme, qui se demande s'il doit réprimer les lésions, secourir son compagnon, etc... et qui ne peut en calculer toutes les consé..ences, serait bientôt éliminé.

mais plus ou moins habilement, à découvrir et à remplir les *conditions du développement individuel et social* [1]. Pour chaque sujet, ils tendent à l'équilibration normale des actions et réactions entre le moi et le non-moi. Ils encouragent à l'action les inertes, au calme les impulsifs, mais tout en tenant compte des tempéraments, eux-mêmes conditionnés par les exigences de la vie personnelle. En un mot, ils réagissent contre l'état de fait, mais en le prenant en considération et dans la mesure des possibilités.

En général on ne met en relief que l'*aspect restrictif* du droit et de la morale sur la personne, la contrainte externe ou interne[2]. Ils ont pourtant aussi un *pouvoir expansif*, fort bien élucidé par Jhering : ils donnent le vouloir, la force de conserver une situation ou d'accomplir un acte. Ils ne négligent pas plus l'individu que la société. L'État lui-même et la loi s'expliquent par l'utilité des membres, envisagés aussi bien isolément que dans leur ensemble : ils préservent des dangers externes et internes et organisent des services mutuels. La notion de nos devoirs tempère l'égoïsme, celle de nos droits atténue la tendance à la non-résistance, au dépouillement de soi : les hommes n'auraient pas vécu, si leur maxime unique avait été : vivre pour soi, ou : vivre pour autrui. Aussi la presque unanimité des législations pratiquées ont introduit un compromis heureux entre ces extrêmes, avec des concessions plus ou moins larges à chacun. La condition de vie de la collectivité étant la coordination et la coopération, il n'est pas étonnant que la morale, comme le droit, soit un exposé des modes de conduite qui s'adaptent à l'association (Spencer).

La fonction réelle, ainsi constatée, se trouve, comme c'est naturel, *coïncider*, dans son ensemble, *avec la fin idéale* que nous avons posée. Qu'est-ce à dire, sinon que l'intuition a devancé ce que la science positive a rendu conscient et raisonné, en même temps qu'elle l'a précisé ? Et ceci n'a point lieu d'étonner un évolutionniste, puisque le réel tend vers l'idéal et réciproquement, et que, marchant l'un au devant de l'autre, ils doivent se rencontrer. Mais tandis que, pour la « science des mœurs », l'idéal effectif doit avoir le dernier mot, nous n'y voyons que la corroboration de l'idéal posé en premier lieu.

Les exigences de la nature humaine et de son perfectionnement, les conditions sans lesquelles aucune existence en commun ne sau-

1. Spencer, *ib.* ; *Mor. des diff. peuples*, p. 53 : les conditions dont l'accomplissement assure le bonheur ou écarte la souffrance.
2. Richard, *Idée du dr.*, p. 232 : L'idée de droit est une répression interne de certains mobiles (et besoins), ou elle n'est rien.

rait subsister, présentent, comme celles de toute construction, un caractère d'*urgence* et de relative *uniformité* [1] et doivent impressionner semblablement des consciences similaires : ainsi s'explique la *quasi-universalité* et la *quasi-immutabilité de quelques règles essentielles.*

Pourquoi donc ne se sont-elles pas dès l'abord et directement imposées à l'intelligence et aux aspirations humaines? Le gouvernement, dit Spencer, est une fonction corrélative de l'immoralité de la société. De même la nécessité des idées de droit et de devoir réside dans les *imperfections de l'esprit humain*, qui ne sont pas essentiellement une privation et un mal positifs, une infériorité par rapport à l'animal, mais plutôt un empêchement à un plus grand bien, à une vie aussi intense que possible. Ces imperfections tiennent elles-mêmes, non pas à une chute originelle ou à des instincts pervers et corrompus, mais aux *postulats du progrès.* En ce sens qu'elles sont exigées par l'infériorité relative de l'homme par rapport à son état actuel ou futur, ces idées ne répondent pas à sa nature totale et encore moins à ses caractères supérieurs. Aussi, au lieu d'exposer, à la suite des philosophes du droit naturel, ses facultés constitutives, rechercherons-nous, à titre d'indication, quelques « défauts » du primitif et du sauvage, de l'homme moderne et de l'homme en général, défauts auxquels les sentiments moraux et juridiques apportent un correctif.

Il n'est plus nécessaire, à l'heure actuelle, de réfuter l'erreur « égomorphique » qui reporte dans le passé les sentiments et idées modernes (homo œconomicus et moralis) ; la difficulté est plutôt de fixer quand commence le règne humain. De l'humilité de nos origines, les sauvages actuels, survivants de l'*état primitif*, donnent une imparfaite idée [2], ainsi que les enfants, si l'on retranche leur « acquis ». En tout cas, l'élévation morale de nos premiers parents était

---

1. Par la pression sociale et les nécessités naturelles. Théoriquement, les notions de droit et de devoir n'ont pas besoin, pour avoir une raison d'être, de deux personnes ni même de deux volontés en présence. Aussi conçoit-on des devoirs et droits de l'humanité envers elle-même : n'est-elle pas, selon Pascal, comme un homme immense qui vivrait toujours et toujours apprendrait? Dans l'hypothèse absurde où elle se fût composée d'un seul homme, les mêmes nécessités extérieures n'auraient pas engendré les mêmes dispositions psychiques, car la sélection n'eût pu s'exercer. La pluralité d'individus, la lutte et l'accord, l'état de société, ont la plus large part dans le besoin d'idéaux: ceux-ci sont surtout des produits sociaux. — Les devoirs envers soi sont de sagesse plus que de justice et la plupart ont un aspect social (ivrognerie, débauche).

2. Bagehot, *Dév. des nat.*, p. 19: Les sauvages ont le caractère de l'enfant, avec les passions et la force de l'homme: monde simple et violent. — Spencer, *Soc.*, t. I, ch. v s...

peu considérable. Or on peut imaginer les inconvénients de l'*absence normale du sens moral* en observant ce qui advient au cas d'oblitération ou de réapparition morbide, atavique des caractères ancestraux ; si les effets en choquaient moins, c'est qu'ils étaient plus répandus, ce qui était loin d'atténuer le mal. Et que donnaient les autres mobiles ? Suivant une formule résumée de Howard Collins, les traits émotionnels du primitif consistent dans « une correspondance moins étendue et moins variée avec le milieu, une moindre faculté représentative et des manières d'agir moins éloignées de l'action réflexe ».

De la rudesse de son organisme résultait une difficulté d'agir, une vie *peu active*, peu multipliée et une tendance excessive à l'*action immédiate* (Bagehot). Paresse et impulsivité rendaient indispensable un surcroît, tantôt à l'impulsion, tantôt à l'inhibition. Peu nombreux, immédiats, les désirs régnaient trop exclusivement, ils étaient excessifs en eux-mêmes et insuffisamment ou imparfaitement contrebalancés par d'autres mobiles, parce que l'homme ne prévoyait pas les réactions et risques provoqués par ses actes et que le complexus de dispositions qui constitue le moi n'était pas, chez lui, très marqué. Or on ne saurait survivre si l'esprit n'est impressionné au moins proportionnellement aux inconvénients éventuels ; les sentiments moraux, qui contribuaient à ce résultat, étaient donc éminemment favorables à leurs titulaires. Dans une sage économie, il convient aussi que le désir ne s'exagère pas l'importance vitale de l'acte. Plus est forte la tendance des impressions à se traduire en actes, — plus aussi, l'impression étant donnée, est fatale l'action correspondante et moins grande la « liberté » ; tenant alors peu compte de la personne et des aspirations d'autrui et même de ses propres aspirations générales, on s'expose à des déboires et lésions sans nombre, à des contradictions pratiques, c'est-à-dire à des pertes d'efforts. Un idéal prédéterminé et abstrait présente au moins l'avantage de donner une direction fixe, sinon invariable, à la conduite et à la vie, au lieu de « tourner à tout vent ».

Lorsque les habitudes, les associations traditionnelles d'états psychologiques, sont faibles, le premier désir survenant s'impose, sans en appeler d'autres par contraste. Tel est bien le trait qu'on a partout observé chez les sauvages : *impulsion subite*, irrésistible, disproportionnée avec l'intérêt en jeu. Maints actes brutaux signalés à l'actif des primitifs doivent être regardés « moins comme des exemples de cruauté réfléchie que comme le fait de l'étourderie et de la spontanéité enfantine ». La victime n'est pas seule à pâtir de cette impulsivité : celle-ci retombe sur son possesseur et lui aliène ses compagnons, à moins qu'ils ne soient aussi légers que lui, auquel cas l'insécurité rend impossible toute société : « On ne peut avoir aucune confiance dans les promesses des Esquimaux : non pas tant qu'ils ont l'intention de tromper qu'à cause du caractère inconstant et mobile qui leur est commun avec d'autres sauvages [1]. » Ceux-ci n'apportant point en naissant « d'habitudes apprises, d'entraves salutaires, » les superstitions multipliées, les prohibitions des tabous et du nefas, la nécessité de propitiations, jouaient le rôle de régulateur de l'activité.

En l'absence de calcul, de sursis à la réalisation du désir, une *satisfaction directe et unilatérale* était seule possible. De là notamment la fréquence du vol et du pillage. La réaction dépassait toute mesure. L'idée de droit et de devoir contribue heureusement, avec la crainte, à empêcher ce double empiètement. Ne s'abstenant que sous la menace ressentie d'un grand danger, la rigueur était indispensable dans les sanctions humaines : flétrissure de l'opinion et peine.

Les primitifs, guidés surtout par l'instinct, avaient aussi *peu de réflexion* qu'étaient dominateurs leurs émotions et désirs (Lubbock) : sur quoi, d'ailleurs, l'eussent-ils exercée, puisqu'ils n'avaient pas de connaissances acquises? Ils ne possédaient pas ou guère d'idées générales, ni la notion de loi ou seulement de causalité naturelle. Il leur était donc *impossible de prévoir*, au moins les conséquences non immédiates, de saisir les rapports difficiles à comprendre. Sans prévision, *aucune prévoyance* n'est possible, si elle n'est instinctive ; ignorant les suites et risques d'un acte, on ne saurait chercher à les éliminer. Sans la notion de cause, pas de notion de fin, pas de téléologie, d'utilitarisme : les idées de désirabilité et de respectabilité remédiaient à l'*incompréhension des devoirs logiques et des intérêts*, lesquels exigent une finesse relative. Les actes du sauvage n'ont, pour ainsi dire, pas de but, et quand ils en ont, c'est le but prochain, la sensation liée à l'accomplissement du fait. Son activité se rapproche du jeu (K. Bücher). Or l'obligation morale remédie à l'absence et à la spécialité du but. Honneur, gloire, vanité, soutien-

---

1. Lubbock, *H. préh.*, p. 468, 521 s, 528 : Quelque récompense qu'attendissent les Indiens Dogribs, on ne pouvait compter sur eux pour porter une lettre : la cause la plus futile les détournait indéfiniment. Les passions des sauvages s'expriment avec soudaineté et violence : on ne leur a jamais appris à dissimuler ou à étouffer ce qu'ils sentent, (à avoir la maîtrise de soi). N'ayant pas l'habitude de penser (qui rappelle sans cesse le passé et anticipe l'avenir), ils se livrent à toutes les impressions et impulsions du moment et réfléchissent la couleur du temps. « Ils n'ont point de ces projets que l'on poursuit de jour en jour. » — Cook cite le cas de sauvages qui, de bonne foi, acceptent des échanges, ou font des présents, et réclament l'objet livré, dès que le besoin leur en rappelle l'utilité.

nent le courage, préventif ou répressif de lésions. Une susceptibilité pointilleuse, un point d'honneur relativement affiné, tiennent lieu de la théorie de la « lutte pour le droit ». L'inviolabilité de la personne d'autrui équivaut à l'appréhension des retours à endurer. Ne connaissant pas ses véritables intérêts, au nom de quoi sinon de suggestions morales, eût été limitée l'activité de l'homme inculte ?

Ce n'eût certes pas été par les *intérêts de l'espèce ou de la collectivité*, pourtant solidaires avec les siens, mais qu'il n'appréciait pas davantage. Les voir, d'ailleurs, n'eût pas suffi : il eût fallu que la sensibilité se les appropriât.

Le primitif, comme le sauvage et l'enfant, est loin d'ignorer les actes désintéressés. Leur pratique cadre d'ailleurs parfaitement avec son caractère impulsif, avec l'unilatéralité de ses désirs, avec son naturel non économique. Il accomplit des fonctions sociales, d'ailleurs non organisées ; mais c'est par instinct, et non par conscience de la solidarité qui lie les parties à l'ensemble. Les notions de *valeur*, d'unité, de mesure et de comparaison sont beaucoup trop compliquées pour entrer en des cerveaux aussi frustes. Les présents, voire réciproques, sont possibles et pratiqués bien avant les *échanges* : ils en tiennent lieu, avec le vol et les rapines mutuelles, seuls moyens de se procurer ce qu'on ne possède pas, en l'absence de production et de commerce. Aussi n'est-il point étonnant que tous ces actes soient d'abord fort appréciés, ainsi que les combats et les vertus guerrières, tandis que plus tard la morale consacre l'état inverse.

L'homme n'est point d'abord l' « être *social* » qu'on s'est plu à représenter comme notre modèle. Il ne possède originairement ni le sentiment de la solidarité avec autrui, dans l'espace ou dans le temps, ni l'idée de l'union nécessaire des volontés individuelles pour concourir au but social. En un mot le principe de la moindre contradiction des efforts, l'économie des forces, souffrent d'aussi graves échecs dans les relations avec autrui que dans la vie individuelle. A peine la sympathie, l'instinct maternel, l'amour de la descendance, suppléent-ils tant bien que mal à la notion des nécessités les plus urgentes pour la conservation de l'espèce [1]. Ne concevant pas le consortium qui lie chacun à tous, l'individu ne prenait pas en considération l'avantage (d'ailleurs croissant avec le perfectionnement social)

1. Infra : supériorité, infériorité de ces deux mobiles. Des auteurs exaltent l'animal, d'autres abaissent l'homme au dessous de lui. Nous ne contestons ni les beaux traits des sauvages (décrits avec complaisance par E. Reclus, *Les Primitifs*) ni les mauvais côtés de notre « civilisation ».

qu'il avait à ne pas nuire à la communauté. Tout le monde agissant de même, il en serait résulté un état pire que celui de l'animalité et on ne voit pas comment l'humanité en serait sortie, — personne ne voulant faire le premier pas, — si cet état n'avait contenu en lui-même le germe des améliorations. De la lutte même est issue la survivance des mieux adaptés, qui est un principe de progrès.

Hier encore, les sauvages donnaient le spectacle de la *férocité*, du cannibalisme, des sacrifices, infanticides et rapts, de la polygamie, de la domestication des femmes, de l'esclavage, des razzias, meurtres et vendettas. L'homme traitait l'homme comme et en bête féroce. Quelle association eût été possible dans ces conditions, si on l'avait conçue? Aussi n'est-il point étonnant que lorsqu'on cherche des traces de la société primitive, on trouve... « une absence presque complète de groupements sociaux » (Bücher).

On objectera que l'*idée de bien a été appliquée à toutes ces institutions*, à cette absence d'institutions même, et a servi à les consolider [1]. — Elle a eu certes ses perversions, ses abus, mais il ne faut pas oublier que maint usage dont la barbarie nous choque, a eu sa raison d'être relative, sa supériorité par rapport à un état antérieur ; peut-être même a-t-il été, dans des circonstances données, une condition indispensable pour passer outre au développement postérieur. Cette idée a participé à la persécution des dissidences, à l'établissement de coutumes rigides, de traditions propices à la stagnation ; mais elle a servi essentiellement à *promouvoir l'évolution*, à ouvrir de nouveaux champs d'activité, à assurer une satisfaction plus large de besoins plus nombreux, plus variés, plus « élevés » et notamment intellectuels, à rendre la vie plus intensive et expansive, meilleure à vivre.

Souvent elle a méprisé les faibles et donné le droit à ceux qui possédaient déjà la force, facilité la résignation des impuissants. Mais, pour une part, ce processus a favorisé l'élimination des déchets sociaux, et l'utilisation de capacités d'abord inemployées, telles celles des femmes, a, d'autre part, fini par faire admettre une

1. Les conditions de vie externes et internes, réellement différentes, ont pu pénétrer l'une dans l'autre: par ex., la permission du vol et du meurtre s'infiltrer du dehors au dedans, la condamnation des moyens extrêmes, aujourd'hui non prématurée, s'étendre en dehors du groupe social (Spencer, *Mor. des diff. peuples*). — Ne porte pas davantage l'objection tirée de la préconisation successive d'états différents ou opposés: ils ont pu paraître et être utiles (Subjectivité et relativité des conditions de vie), corriger des excès inverses; tantôt ce furent des ébauches historiques, tantôt l'esprit de système prit à contre-pied les préceptes mauvais, etc...

certaine « capacité » en faveur de leurs titulaires. Le développement des sentiments juridiques a tempéré le pouvoir absolu, la force brutale, châtié les crimes, par la reconnaissance d'un plus grand nombre de sujets de droits et leur égalisation devant la loi.

Le remède est né des excès du mal et, en ce sens, il n'est point paradoxal ni tautologique de montrer que les idéaux étaient utiles parce qu'ils faisaient défaut : la constatation de leur absence manifeste leur « manque », corrélatif de tendances insuffisantes ou nuisibles par quelque côté. Or le *dénuement moral* des sauvages est le digne pendant du dénuement matériel et intellectuel précédemment esquissé [1]. Malgré toute indulgence, Lubbock est forcé de reconnaître que les sauvages sont moralement inférieurs aux races plus civilisées et que la vie et les propriétés sont, chez eux, moins en sûreté que chez nous. Le vol, la vengeance, le viol, le meurtre, dans bien des circonstances, constituent des actes naturels, non des crimes, si même ils ne sont estimés, recherchés comme moyens de distinction, racontés comme exploits, rappelés par des trophées et enseignés aux enfants (Sioux).

Tasmaniens, Tongans, Indiens de l'Amérique du sud, ou bien n'ont *aucune conception religieuse,* ou bien ne croient nullement à des châtiments et récompenses futurs. Il ne sied pas de voir là une preuve de supériorité philosophique : la religion, superflue en de rares esprits, y eût joué un rôle favorable. Ailleurs l'idée d'un dieu distributeur de faveurs et de condamnations à perpétuité ou à temps a remédié à l'imperfection de la justice humaine, plus encore à raison des moyens d'investigation que de la gravité et du caractère immédiatement impressionnant des sanctions.

Nulle part n'éclate mieux aux yeux les moins prévenus, l'amoralisme et ses inconvénients qu'en cet exemple, rapporté par Eyre : « Les Australiens n'ayant aucune notion du juste et de l'injuste, leur seule règle de conduite est de savoir s'ils sont *numériquement ou physiquement assez forts* pour braver la vengeance de ceux qu'ils provoquent ou offensent. » Et sommes-nous aussi loin qu'on le pense de cet état ? Les apologistes de l'État « au-dessus duquel il n'y a rien, — ni droit ni morale », — nous donnent-ils un autre idéal des relations internationales ? Nos alliances, notre « équilibre » de puis-

---

1. Lubbock, *ib.,* p. 475, 485, 494; 527, 523 ; *Or. de civ.,* p. 383, 387-400. Certaines peuplades n'ont « aucune impression morale ». Les Tongans n'ont pas de mots pour : vertu, justice, humanité. Chez les Soors, les Santals, en Afrique orientale: ni conscience, ni remords ; le seul repentir est d'avoir manqué l'occasion d'un crime (Burton).

sances cachant le dessein de prépondérance, ont-ils une autre raison
d'être que le désir de se conformer à cet idéal ou la crainte de ce que
les autres nations ne profitent de leur supériorité de force? Cette morale de rôdeurs, au-dessous de celle des anarchistes, n'était-elle pas,
hier encore, celle de l'Europe divisée? Chez les Comanches, à en
croire Schoolcraft, si aucun acte ne constitue un crime, il existe du
moins un commencement de restriction à l'arbitraire individuel :
chaque homme a reçu du grand Esprit le privilège d'user de ses facultés et de se conduire comme il l'entend, « à moins que quelque
pouvoir supérieur, celui d'un chef populaire par exemple, n'exerce
son autorité sur lui ».

Ainsi, l'homme primitif ne soupçonne nullement que, pour atteindre à une vie plus intense, à des satisfactions plus nombreuses, il a
avantage à s'imposer ou à accepter des limites, à se conformer aux
conditions moyennant lesquelles la liberté de chacun s'accorde avec
celle des autres. Si cette lacune de l'esprit ruine la prétendue innéité des sentiments moraux, elle établit du moins l'incontestable supériorité du règne du droit. Ici nous percevons la grande différence
séparant la *soumission extérieure* et l'*adhésion intime* à ce qui paraît désirable, — sentiment qui parachève l'œuvre de la pression sociale. « Quoique l'idée de la *loi* soit familière à certaines races inférieures, celle du *droit* leur manque totalement. » Chez les Cafres,
dans l'Afrique centrale, la moralité repose sur l'ordre politique :
quand le chef n'est pas là, les « administrés » se croient tout permis. Rien ne montre mieux combien le respect accordé aux chefs à
raison de leurs qualités de sorciers, thérapeutes, constructeurs ou
administrateurs de la cité et l'obéissance à la loi pour elle-même
sont préférables à l'autorité appuyée sur la force, à la monarchie
d'origine exclusivement guerrière, supplantée pour ce motif.

Si telles étaient les seules raisons du droit et des devoirs, ceux-ci
n'eussent pas tardé à diminuer d'importance et à disparaître, à mesure que se développait l'esprit humain. S'ils subsistent, c'est qu'ils
répondent à des besoins plus profonds, qui se rencontrent même
chez *l'homme moderne*, parfois sous la forme inverse des précédents
et dont certains paraissent communs à toute l'humanité telle qu'elle
fut jusqu'à présent.

D'une part, *le primitif survit en nous* à beaucoup d'égards. Nous
nous laissons encore guider par la première impulsion ; nous prati-
quons l'exploitation unilatérale, l'autoritarisme, la guerre ; les femmes se plaignent de l'infériorité sociale superposée à leurs infirmités

naturelles ; quelques inégalités choquantes persistent, partout les libertés sont précaires. C'est là un vaste champ ouvert à l'effort réformateur du moraliste et du législateur. — D'autre part, la possession d'une vertu absente chez les sauvages se trouve souvent balancée par *l'acquisition d'un vice correspondant* et, d'une manière générale, chaque progrès présente un « autre côté ». Peut-être même (Wallace, Reclus), avons-nous distancé les sauvages plus par l'intelligence et la civilisation matérielle, que par le progrès moral. Par certains raffinements nous sommes peut-être inférieurs. Et c'est encore un terrain où peut s'exercer l'action bienfaisante du droit.

L'impulsivité et le goût du risque présentaient des dangers ; la *réflexion*, le calcul, l'amour de la sécurité, ont leurs inconvénients et diminuent parfois l'énergie active. Après avoir combattu l'agressivité et l'obstination en des luttes futiles, l'idée morale et juridique tend à se substituer dans leur rôle en nous engageant à soutenir énergiquement le moindre de nos attributs, à combattre pour un droit quelconque comme si tous étaient menacés. Les apologistes de la vie intense, voire de l'amoralisme, prêchent, contre l'inertie, le culte de l'énergie, du surpassement de soi, du surhomme : ils ont à la fois raison et tort, en ce que le bien se trouve à égale distance de ces extrêmes, dans une juste proportion entre l'influence du milieu et la réaction [1].

On dira que l'animal subit et combat les influences extérieures, sans avoir besoin d'idéal. Mais il n'a pas la curiosité, *l'esprit critique* ; or, si le primitif péchait par insuffisance de raisonnement, les abus de la *logique* ont bien leurs défauts aussi. L'apparition de l'intelligence a, momentanément, jeté le trouble dans les instincts, jusqu'à adaptation aux conditions de vie, sinon asservissement à l'instinct vital. Par faux calcul, l'homme a sacrifié un côté de lui-même, activité ou passivité. Heureux encore si son téméraire examen ne s'est pas porté sur le principe de son existence. Pourquoi vivre ? Le

---

1. Il y a danger à insister sur l'idée de liberté personnelle, qui nous encourage dans nos volontés sans ajouter un principe de limitation. L'égoïsme en formules amorales est toujours étroit et antisocial, car il ne peut guère calculer et prendre en considération que les intérêts proches. Des devoirs et du droit combinés résulte un égoïsme moins grossier, qui tient compte des intérêts lointains, hypothétiques et collectifs. La vie trop intense use l'individu et la race, et l'excès de puissance (et de talent, suivant le docteur P. Jacoby) compromet leur avenir. L'être dont l'action vers l'extérieur dépasse trop l'action de l'extérieur sur lui n'est pas équilibré. Un homme rompant avec la tradition obtiendrait à peine un surplus de vie éphémère ; a fortiori une race d'amoralistes ne saurait exister : le type tend à disparaître à mesure qu'il renaît et ne peut être qu'anormal. Seuls survivent les hommes de devoir.

devoir et le droit de vivre apparaissent quand la manie de la connaissance et l'exigence de « raisons d'être » s'exercent aux dépens de la vie, à laquelle on ne saurait donner une fin, car elle est un but ultime, un but sans but. Ils suppléent en outre à l'insuffisance de l'impulsion vitale ou de l'attachement à l'existence et à l'indifférence devant la mort, telles qu'elles se rencontrent chez les Chinois, Fijiens et Indiens du Paraguay.

La vie de l'individu tient à celle de *l'espèce*. Or l'individu n'est pas toujours aussi attaché à celle-ci qu'à la sienne, comme l'exigerait le maintien de la race. Et ici encore, une intelligence rudimentaire peut entraîner des dommages. Vivre pour quelqu'un, à cause d'autrui, donne pourtant la plus impérieuse raison de vivre, celle qui supplée à l'amour de soi. En autrui chacun s'aime lui-même outre tombe ; il goûte des satisfactions infinies et infiniment douces en la personne de ses proches et de son prochain. Mais malgré les instincts familiaux et sociaux et les véritables conditions du bonheur, il reste place aux notions de devoir vis-à-vis de la progéniture et de la collectivité, pour sauvegarder l'intérêt de la race contre les suggestions de cet égoïsme mauvais calculateur qui dit : « Après moi, le déluge ! »

Il arrive aussi que des instincts conformes, en un temps, aux conditions de l'existence deviennent, en *s'attardant*, opposés à ces mêmes conditions : là également les correctifs ont un rôle à jouer. Nous avons encore trop une mentalité de primitifs, par exemple en ce qui concerne la gloire militaire et le mépris du travail, qui est cependant le moyen le plus sûr d'acquérir le bien-être pour soi et le plus compatible avec celui d'autrui. Il est vrai que nous sommes encore peu conscients de la solidarité qui nous lie ; mais la tâche de l'idéal n'en devient que plus urgente. Après avoir sanctionné l'idée d'homogénéité et d'antagonisme, il doit y faire échec par celle d'harmonie dans la division du travail. Ayant accentué l'inclinaison de la balance d'un côté, il importe, quand les circonstances demandent qu'elle prenne une position différente, de porter l'appoint de l'autre côté.

La vie active est essentielle ; mais, dans son intérêt même, les desiderata *intellectuels* prennent de l'importance : les instincts moraux, comme les autres, *suppléent à la science* en défaut, à la connaissance du désirable ou même à la coordination et à la hiérarchie conscientes entre les désirs d'une personne ou d'un groupe. Tant bien que mal, ils remédient à l'absence de notions positives sur la *valeur vitale* de certains actes pour l'espèce, sur les inconvénients physiologiques ou autres des « vices » ; ils pallient le défaut d'ignorer ou de négliger les lois de la survivance des mieux adaptés, la nécessité de l'adaptation directe au milieu ou de la collaboration systématique au progrès. Il existe en effet mainte utilité ou nocuité méconnues ou dont on n'a pas trouvé le secret ; si quelques techniciens sont éclairés à ce sujet, le public l'ignore, — et tout le monde, à son tour, est « public » dans les domaines qui ne sont pas le sien. Le rôle des idéaux tout « confectionnés » croît ainsi, comme celui de l' « autorité », parallèlement à la spécialisation des connaissances, qu'ils conseillent d'ailleurs d'atténuer.

A mesure que se multiplient les traces héréditaires du contact avec le monde et que s'augmente le trésor des connaissances, la motivation des actes se complique. Tandis que primitifs et esprits simples jugent catégoriquement et agissent d'un trait (Laplaigne), il naît des *esprits compliqués* qui, tiraillés par toutes sortes de mobiles et de « pourquoi », ne savent pas exercer une préférence et prendre une décision. Il importe pourtant davantage d'agir que de réfléchir ses actes : le droit, le devoir, nous poussent à agir sans réflexion.

Nous parvenons ainsi aux *desiderata généraux* auxquels ont répondu, dans le passé et le présent, les idées de droit et de devoir (sauf à étudier plus loin leur nécessité future).

Le premier qui frappe est l'*insuffisance de l'intelligence* en étendue, en profondeur, en rapidité.

Les instincts, notamment moraux, sont des phénomènes élémentaires dont la mise en jeu ne demande aucun effort cérébral. Il faudrait à chaque homme une *expérience* plus consommée que celle de tous les techniciens réunis, pour calculer en chaque occasion toutes les répercussions heureuses ou fâcheuses des alternatives que le développement matériel et psychique de l'humanité offre plus nombreuses. De tels problèmes embarrassent les assemblées, qui statuent pourtant par voie générale et ont du temps devant elles pour examiner le pour et le contre : combien serait-il plus difficile à l'individu de les solutionner quand les circonstances pressent et plus mauvais de les résoudre hâtivement ! Toutes les opérations ne pouvant être instantanées et devant être renouvelées en présence de chaque fait à accomplir, notre activité et notre vie seraient réduites à rien, sous prétexte de leur donner la sécurité. Les idéaux forcément abstraits, établis une seule fois pour une certaine durée et un nombre indéterminé de cas, simplifient les choses et permettent une vie plus intense au total, alors même qu'ils causeraient de menues gênes. — Les hommes gagnent à se concéder réciproquement (et même aux

faibles, dont on a souvent besoin) une liberté générale et des droits
particuliers, quelque incertaine que soit l'étendue de l'usage qu'en
fera chacun et le profit qu'il en tirera. En se reconnaissant mutuel-
lement la personnalité juridique, c'est-à-dire (l'idée-force comblant
la différence de forces) une égalité fictive, ils évitent de rechercher
en toute hypothèse s'ils sont réellement égaux ou d'éprouver leurs
forces et ils préviennent de nombreuses luttes pour le plus grand
profit de tous. Les anciens considéraient l'homme comme un moyen
pour eux-mêmes ; peut-être est-ce exact, mais il est bon pour soi-
même de le traiter comme s'il était une fin.

L'utilité des mobiles éthiques est démontrée par la perdurance des
états auxquels ils remédient : *inappropriation des impulsions en
nombre, intensité ou direction*; insuffisance ou excès de contre-moti-
vation; aversion ou amour du risque ou de la sécurité ; imprévision
inévitable.

Les notions morales suppléent surtout à la *téléologie*, à la connaissance des buts de l'activité personnelle et sociale et notamment de
ce but suprême qu'est la vie de l'individu dans celle de l'espèce et
dans l'évolution universelle : on accomplit comme bons des actes
qui sont, sans qu'on le sache ou s'y attache, utiles à la vie. Or la téléologie est forcément réduite et nous sommes incapables de transformer en fins préconçues le terme inconscient de la plupart de nos
actes. Les conditions de réalisation des fins ultimes ne peuvent être
toutes en même temps *présentes à l'esprit*, soit qu'elles l'aient été,
soit qu'elles soient appelées à le devenir. Il serait superflu et fati-
gant de reconstituer la chaîne par laquelle chaque acte se rattache à
ces mêmes fins. Une tendance fort économique et répandue nous
pousse vers les moyens de vie, ou bien par un désir direct, ou par
le désir de leur fin immédiate. Grâce à elle, notre activité peut être
mise au service de *buts que nous ne désirerions pas*, que nous rejet-
terions même, par suite de faux raisonnements, s'ils étaient connus.
Par exemple, l'individu accomplit de nombreuses fonctions sociales
(procréation, entretien des enfants...) qu'il serait tenté de délaisser
dès qu'il les dissocierait de ses satisfactions égoïstes, s'il n'était en-
traîné par l'instinct, renforcé par le sentiment du devoir.

Moins le résultat à obtenir est susceptible d'impressionner, plus sa
relation avec un moyen est difficile à saisir, comme cela a lieu lorsqu'il s'agit d'accomplir un acte à raison des *effets généraux* qui lui
sont communs avec tous les actes de sa catégorie, — moins aussi il
y a de chance qu'on y pourvoie consciemment : le « jeu », alors,
supplée au « sport ». L'idée de légitimité ou d'obligation, attachée

à la satisfaction d'un de nos désirs, a notamment pour utilité de remplacer le mobile générique tiré de la nécessité de lutter pour nos volontés comme telles.

On voit par ces derniers exemples qu'il ne suffit pas de l'existence d'un intérêt, ni de sa connaissance, pour que l'activité s'y conforme ; il faut en outre qu'on désire sa réalisation et qu'aucun mobile plus puissant ne s'y oppose. Inversement, *en présence de mobiles d'ordre sensible*, il ne suffit pas toujours d'idées relatives à leurs conséquences, pour les contrebalancer. Dans les deux hypothèses, pour pousser à l'action, ou pour s'opposer à des impulsions fortement motrices, comme celles des passions, ou sinon les détourner de leur objet, *il faut des mobiles qui se rapprochent du désir* : c'est la croyance en la désirabilité ou la haïssabilité de l'objet.

Ce *rôle moteur* est plus grand qu'on ne le croit. Ce ne sont pas seulement les sauvages, mais toutes les races qui craignent le changement et opposent à tout mouvement une force d'inertie. « Si l'on devait compter sur l'initiative des hommes, il n'y aurait jamais, dit Novicow (*Justice*, p. 322), aucun progrès social. Nous pouvons même aller plus loin et dire que, si cela dépendait d'une action consciente et délibérée de l'humanité, le progrès serait impossible. Fort heureusement, il y a de grandes forces cosmiques, des principes inconscients qui travaillent pour le progrès contre la résistance éternelle établie par la structure sociale. » Peut-être ces éloquentes paroles couvrent-elles quelque exagération, mais on ne saurait méconnaître le rôle indispensable de l'instinct et des principes non téléologiques — tels que ceux du devoir et du droit — dans cette promotion de l'évolution.

Ici s'achève l'exposé embryonnaire des raisons de l'idéal subjectif. Il n'a rien d'exclusif. Nous souhaitons au contraire qu'il en ressorte l'impression de la *variété* et de l'*opposition des rôles* joués par le même mais multiforme phénomène. Tour à tour, il secoue notre paresse d'esprit et de corps ; il supplée au désir qui meut, à la science qui constate, à la raison qui apprécie. Il pourvoit à la solution d'une foule de problèmes que nous ne nous posons même pas ; c'est un principe de découverte en même temps que de tradition. Il nous dote de maximes de conduite ; le sens moral simplifie la tâche d'en appliquer aux cas concrets les principes abstraits. Le champ de la philosophie est beaucoup trop vaste pour être exploré dès l'abord ; il faut pourtant à la conduite un guide immédiat : les instincts et idées moraux nous le fournissent. Après avoir remédié à l'insuffisance de la connaissance et de la réflexion, ils nous mettent en garde contre l'abus qu'on en fait, contre les « pourquoi » posés, contre la critique, le doute et l'irrésolution. Ils nous confèrent le dogmatisme, la décision nécessaires à l'action, tout en réprimant d'autre part les excès de l'impulsivité de la foi ou du désir. C'est une des formes multiples de l'instinct de vie, qui nous pousse, comme des machines, à l'activité, malgré l'intelligence qui proclame la vanité de toutes choses. Ce dernier instinct force à se cacher le pessimisme et le désespoir platoniques ou pratiques, en pensée ou en action, qu'engendrerait la science s'il ne l'empêchait de s'appesantir sur l'absence de raison d'être du monde et sur ses vilains côtés ; il donne à l'homme, sinon l'espoir de fins métaphysiques, du moins le devoir de vivre, de vivre à cause des êtres chers, à cause de l'humanité.

Tous ces contrastes entre les conditions de vie et l'état psychologique sont autant d'obstacles au progrès. Mais la nature du primitif, du moderne, de l'homme en général, ne comporte pas la possibilité d'acquérir *directement* ou immédiatement les dispositions mentales postulées : la faculté de raisonnement, la prévoyance, les sentiments individuels et sociaux, etc., et, somme toute, une juste proportion dans les mobiles. Il eût fallu, pour cela, que le primitif fût le moderne et que l'homme imparfait fût exactement adapté aux conditions de son mieux-être. Le résultat important plus que le moyen, il est nécessaire mais suffisant au perfectionnement, que l'homme agisse *comme* s'il possédait ces attributs, ces désirs, ces idées. Les choses étant plus ou moins propices à ses fins, alors même qu'il ne le sait pas, il convient, dans ce cas, qu'il agisse *comme* s'il connaissait leurs qualités favorables ou nocives. Comment l'évolution naturelle aboutit-elle à remplir ces desiderata, à établir la coïncidence et la proportion entre la propension à tel acte et sa valeur vitale réelle pour l'individu et pour l'espèce ? L'idée de désidérabilité en soi ou de respectabilité *en soi* et l'idée inverse poussent à poursuivre ou à éviter leur objet suivant leur utilité ou leur nocuité et *comme si* nous concevions, d'après ce précédent caractère leur désirabilité *relative* à un intérêt ou à un désir et la nécessité de les accomplir ou de s'en abstenir. Ces tendances remplacent, renforcent ou combattent un désir direct ou une aversion absents, insuffisants ou excessifs, ou encore une « volonté », lorsque la croyance en l'adaptation du moyen est trop forte ou trop faible. Nous sommes poussés vers ce dont nous apprécions l'utilité personnelle, mais nous ne l'apprécions pas toujours ni exactement ou bien d'autres mobiles s'y opposent :

c'est dire que les mobiles moraux et juridiques doivent être eux-
mêmes des forces, des *idées-forces*. Il faut également au bien social
un principe actif pour triompher des passions et spéculations égoïstes. Ainsi s'expliquent les idées de nécessité et d'obligation. D'une
manière générale, le droit et le devoir *transforment des nécessités
physiques* (travail...), *des conditions de fait, en obligations morales*.
A cet égard, les idées de droit et de devoir agissent de même, étant
restrictives ou motrices chez autrui ou chez soi. On conçoit aussi
qu'elles opèrent simultanément et se combinent de diverses manières.
Et dans toutes ces manifestations, elles exercent une influence bienfaisante...

CHAPITRE III

GENÈSE DES IDÉES DE DROIT ET DE DEVOIR

D'un examen superficiel, il semblerait résulter que les idées et sentiments éthiques soient sui generis, irréductibles et innés. Mais de ce que la perception qu'en a la conscience ne semble pas analysable, il ne suit nullement qu'on ne puisse opérer la synthèse de ses éléments. Telle la sensation de blanc, malgré son aspect propre, est produite par la fusion des sensations des couleurs élémentaires. Les psychologues évolutionnistes se sont, dans le domaine moral, efforcés de montrer de même la composition des prétendues idées simples.

Du même coup, ils ont établi qu'elles sont des idées, non pas premières, mais *dérivées*, et qu'il n'existe aucune « nature » juridique ou morale originelles, constituant une propriété et une nécessité fondamentales de l'esprit humain. Avant ces philosophes, on voyait en la conscience, sinon, avec Rousseau, une infaillible voix céleste, du moins, avec les Ecossais, un sens distinct et primitif. Si inconsistante que fût cette manière de penser, elle fut admise parce qu'elle contenait l'ébauche d'une théorie plus exacte. A une époque où la préhistoire et l'ethnographie étaient rudimentaires, il semblait que les hommes seuls et tous les hommes possédaient des intuitions morales. Or, s'il a existé et s'il existe encore des exceptions, il n'est pas moins vrai que *tout individu normal et adulte*, dans la presque unanimité des peuples, sait qu'il doit faire certaines choses et peut-être même quelles choses il doit faire [1]. Le sentiment moral (sinon les sentiments moraux) est donc *actuellement inné* en nous, et son absence serait vraiment pathologique chez l'homme ou le groupe

1. Lévy-Bruhl, *Mor.*, p. 195, 236 : à la façon dont nul n'est censé ignorer la loi ou dont le chien sait qu'il doit arrêter : cette connaissance ne doit rien à la réflexion et n'a rien de commun avec la Science. — Ce n'en est que plus probant en faveur de l'innéité actuelle. Contre celle-ci, il est inopérant d'objecter qu'elle devrait se manifester par quelque loi élémentaire, par des idées directrices et dominatrices : les enfants nés de parents de mentalité et idéalité éloignées ont le sentiment de l'existence d'un bien et d'un mal, mais sans indications intuitives sur leur objet. Des individus différents peuvent se servir différemment des mêmes instruments... Les sentiments moraux, réduits à peu de chose chez l'enfant, sont peu à peu révélés par l'intervention éducatrice qu'exerce l'entourage le plus amoral (par les préceptes et exemples) et l'expérience personnelle.

« développés », bien qu'il n'ait rien d' « un prétendu archétype invariable, éclairant toujours et partout et dont les idées morales sorti-
raient toutes formées » (Ribot). Et ce mode d'hérédité n'a rien de
plus surnaturel que la transmission entre vifs de génération en
génération ou que les acquisitions personnelles. Pour que disparaisse
tout mystère, — nullement dissipé par l'appel, qu'il provoque, à
une faculté providentielle ou innée, — il suffit de s'enquérir des
« sources » : l'inné actuel n'est tel que parce qu'il est *de longue date
acquis*, et, pour expliquer création et transmission, il suffit de l'influence du milieu, de la sélection et de l'hérédité.

Bien que les phénomènes moraux, absents chez les primitifs,
n'aient pas surgi sous une forme accomplie et que leur naissance
soit intimement liée à leur vie antérieure et postérieure, nous nous
occuperons davantage de leur *apparition originaire* que de leur application ultérieure à tel ou tel objet, de leur extension par imitation
et suggestion ou de leur développement par des modes variés d'innovation. Il serait curieux de chercher à quelle époque et par suite de
quelles circonstances sont apparus (ou disparus) les divers droits et
devoirs, mais nous nous bornons à expliquer le droit et le devoir en
général. Les mêmes questions se poseraient, dans l'existence individuelle, de savoir quand et comment se forme la conception des
facultés et obligations d'autrui ou de soi et quelle part y prennent
l'hérédité, le caractère et les sentiments prédominants, l'éducation,
l'opinion générale [1] : nous ne posons le problème que *dans l'humanité*, pour les sujets actifs ou passifs (bien qu'il y ait lieu de distinguer parfois droit et devoir).

La causalité, la *psychogenèse*, nous retiendront plus que la forme ou
l'autorité, — dieux, « soldat heureux », tribu victorieuse, co-contrac-
tants. De même la vague formule du « produit spontané de la vie
sociale » recule seulement le problème : elle ne dit point par quels
actes psychiques s'est opérée cette production. Si la notion de commandement moral s'est dégagée du commandement divin (après que
les dieux, devenus bons, considérèrent comme bien ce qui améliore
le sort de leurs adorateurs — et quelques autres choses), pourquoi

---

1. Post, *Grundlagen des Rechts*, p. 23 s : Les premiers aspects du droit
apparaissent à l'enfant par les petits événements de la vie domestique
(propriété, présents, achats, louage, services, dommages, blessures..), puis
à l'école, (à l'atelier) et dans la vie publique, par une foule d'événements
occasionnellement vécus et observés, de comparaisons instinctives, en des
cercles constamment élargis. C'est quelque chose d'acquis par expérience
externe, par le choix inspiré de la conscience de classe, de parti, dont peu
d'hommes savent se détacher ensuite.

certains hommes avaient-il usurpé le rôle de dieu ou la fonction de vicaires et obtenaient-ils obéissance? Si le vainqueur a reconnu, avec la vie, quelques droits au vaincu, si les hommes se sont concédé des facultés et obligations, comment leurs mobiles, de non-juridiques, sont-ils devenus juridiques ? Car nous ne saurions accepter, comme une genèse de l'idéal, la force [1] mise à son service ou la coexistence et la limitation mutuelle des individus, lesquelles en sont seulement la condition : il faudrait expliquer pourquoi ces principes paraissent subjectivement sacrés. Sans nier les causes cosmiques, sociales et économiques ni le lien des causes efficientes et finales (la fonction favorisant, par action directe et par survivance des formes les plus aptes, l'appropriation des moyens), — nous observerons le processus le plus immédiat de la formation des phénomènes moraux, c'est-à-dire les influences qui s'exercent sur l'*esprit humain*, et les procédés de genèse distincts de la fonction, à savoir l'adaptation téléologique, lorsque la notion du but vient à disparaître.

Ayant ainsi posé et limité la question, nous éliminerons quelques *solutions qui n'y répondent pas* du tout ou pas exactement.

La théologie satisferait à peine ici une curiosité peu exigeante. L'école historique n'est guère plus explicite: que nous tenions nos idéaux d'un dieu ou d'une conscience collective, leur origine ne se perd pas moins dans le vague et l'obscur. On n'en sort pas, lorsqu'on fait appel à un instinct spécial, tel celui de sociabilité, qui a d'autres manifestations dont on ne distingue pas celle-ci.

Les *écoles apostérioriques*, matérialistes, ethnographiques, etc... ont pris leur revanche sur l'a priori, la métaphysique et l'abstraction. Tentant d'expliquer le monde social et moral par la matière et la force, elles réduisent les phénomènes les plus complexes aux plus simples (le psychique au physiologique) et négligent un peu les caractères spécifiques.

L'origine du droit, suivant Letourneau [2], est *biologique* : elle gît,

---

1. Ni la force coïncidant avec l'intérêt (R. de la Grasserie, *Genèse sociol. de la pénal.*, p. 1 : la force utile « se change » en droit). — Suivant de nombreux Allemands, le droit est une création de la force, d'abord répressive, de l'Etat. — A. Menger, *Bürg. Recht*, p. 1 s : la coutume, dans l'intérêt des seules classes privilégiées, car, dans les conflits d'intérêts, les plus forts ont triomphé.

2. *Evol. jur.*, p. vɪ, 7 s, 15, 101, 488 s, 501 ; cp. *Evol. de la mor.*, et autres ouvrages faits avec les mêmes documents et idées préconçues. — R. de la Grasserie, *Sociol. glob.*, p. 257. Origine mécanique : mouvement inconscient de frapper, même lorsque la vie n'est pas en danger; puis, force emmagasinée (vendetta), rectifiée par la société.

non dans un concept inné, mais dans une action réflexe, dans la contraction musculaire répondant à l'excitation d'un nerf. Ce mouvement résulte d'un besoin de défense si urgent qu'on le rencontre chez d'humbles animaux, comme la grenouille, même décapités ; sous peine de disparaître, leurs ancêtres, comme eux, l'ont accompli et, tout acte laissant une empreinte, ce processus finit par l'automatisme de l'instinct, sans aucune intervention de la volonté. Chez les animaux supérieurs, l'instinct de défense se transforme en passion de vengeance, sorte de défense différée et préventive : mais la vengeance à long terme ne leur donne pas l'idée du juste, parce que les crimes sont rares dans leur entourage (!). Du moins n'est-ce qu'au contact de l'homme qu'ils accomplissent des actes impliquant le sentiment de la propriété (le chien n'ose toucher aux aliments du maître et défend sa chose) et la conscience de la faute. Chez l'homme, l'évolution se poursuit. L'individu, d'abord, se venge et à son gré, seul ou avec des intervenants ; puis le clan s'efforce de régler, de refréner les représailles et d'imposer la composition, le duel judiciaire, l'arbitrage. Le goût de la propriété fait consentir à commuer la vengeance en une profitable indemnité. Appliquée par le groupe, la réaction cesse d'être réflexe et entre dans le domaine de la conscience : l'instinctif « coup pour coup » devient le talion, avec une idée de justice. Chacun, à l'origine, pensait : « Quand je prends, c'est bien ; quand on me vole, c'est mal » ; plus tard l'égoïsme des chefs — consacrés par la légende, appuyés par les prêtres, s'ils ne l'étaient eux-mêmes — monopolisa la mesure du crime ou de la vertu et punit chez les autres ce qu'il se permettait : fut désormais louable ou répréhensible ce qui leur agréait ou ce qui atteignait l'un de leurs tributaires. D'accord avec la coutume, qui limitait leur autorité, ils contribuèrent pourtant, à leur insu, à transformer le besoin primitif de retaliation en une notion moins égoïste (pour les autres) de la justice abstraite. A la tendance impulsive à rendre (même aux animaux) tout préjudice reçu, se substitue l'idée du crime, du tort injustifié, de la responsabilité. Après avoir détrôné la justice communautaire, l'ordre redevient loi. « La détente nerveuse est devenue une fleur de la végétation morale. »

Est-il besoin d'insister sur ce qu'il y a de *partial*, d'étroit, d'exclusif, dans cet exposé? Letourneau exagère la perfection des démocraties d'un hypothétique âge d'or, puis le rôle, dans l'élaboration du droit, de souverains qui, malgré leur infériorité, les auraient renversées. Tout n'est point inexact, mais cette histoire, plus *externe* que cérébrale, explique à peine les mouvements par les mobiles et non ces mobiles eux-mêmes[1]. Cette justice sauvage (Bacon, Jhering), animale, du réflexe individuel ou social, de la défense privée et de la vengeance, sans l'idée de respectabilité, précède le « droit de punir », mais ne rend pas compte de tout ce qui y est inclus, et notamment de l'idée d'inviolabilité, qui appartient à un ordre supérieur. Sans doute le châtiment engendre, à la longue, une répulsion à l'égard de l'acte châtié et la perpétration de la punition « pénètre l'âme d'un sentiment de tranquillité qui correspond au rétablissement de l'équilibre social »[2]. Mais aucun désir, aucune aversion purs et simples, n'expliquent comment l'idée de désirabilité s'est portée sur eux.

Letourneau envisage surtout le côté *pénal* de la justice, dont il conçoit l'origine dans l'équilibre des maux. Or la balance, qui en est le symbole, a sans doute servi de bonne heure à peser des bienfaits réciproques, c'est-à-dire à fonder la *justice distributive*. La violence et l'exploitation ont souvent dominé dans les relations externes, mais de tout temps et par hypothèse, la coopération a régné à l'intérieur d'un même groupe[3]. L'idée d'égalité s'est manifestée dans le talion,

1. La propriété des choses et des femmes, dit-on, commença par la conquête, le pillage et le rapt, lorsque les forts refusèrent de partager ; la répression du vol et de l'adultère se borna longtemps aux « biens » des plus puissants, et la protection s'opéra par la force, à la façon du crime. Tout cela explique des états de fait et non point l'attribution, à la domination, de la qualité de juste.

2. A cette racine physique, Post (p. 9, 22) en ajoute de biologiques et sociologiques sous la forme de l'instinct de conservation et de reproduction. Les données de l'expérience sont instinctivement étendues aux cas analogues. — Richard, *Or. de l'idée de just.*, p. 5, 17 : Loi et coutume sont une collection de sentences arbitrales devenues permanentes. P. 70, 55 : L'idée de droit commence par la conscience du délit, c'est-à-dire de l'opposition aux fins sociales (p. 56, 61 : révolte de nos sentiments sympathiques les plus profonds) et se continue par la conscience d'une restauration de la société. L'intelligence des fins sociales est postérieure à la conception de prérogatives personnelles et à la réaction contre les lésions. Pourquoi le contraste et le rétablissement signalés ne nous produisent-ils pas la même impression qu'un antagonisme physique ou une réaction chimique ? — L'idée abstraite de droit résulte-t-elle de « nombreuses notions de ce que des faits particuliers sont des délits », le mariage monogame de la prohibition de la bigamie, la propriété de la répression du vol ? Il est douteux que le droit contractuel soit « un aspect ou une transformation du droit pénal ou coercitif, et que le « contrat » dérive de la « contrainte » (p. 135) en passant par le quasi-délit et le quasi-contrat. (Le sergent des *Plaideurs*, qui suppute la valeur des coups qu'il reçoit, montre que l'infliction d'un dommage peut être désirée comme une source de bienfaits.)

3. Tarde (*Transf. du dr.*, p. 14) trouve une seconde base de la justice dans l'instinct de sympathie et la communauté des émotions. Souvent, dans les livres anciens, la vengeance est maudite. La punition a lieu fréquemment à l'instar d'une correction paternelle (bastonnade ?).

mais aussi par les présents mutuels, qui s'appellent à la façon des coups, et par l'échange qui en est issu. Et, à vrai dire, la symétrie de préjudices égaux et semblables et de services égaux mais toujours dissemblables n'est qu'un temps de la justice [1] : la satisfaction unilatérale, suivie de vengeance, répondait à l'impulsion ; avec la réflexion est survenu l'échange avec réciprocité de prestations concrètes (équité) ; enfin, si le but est moins d'obtenir telle prestation que d'obéir à la nécessité de donner et recevoir l'aide les uns des autres, on considère moins la quotité de la contre-prestation que son existence.

La fonction du droit et du devoir explique suffisamment, combinée avec la sélection, qu'ils profitent à la fois aux sujets actifs et passifs, sans que ce soit une *suggestion* des uns ni une obsédante auto-suggestion des autres, en fait également inconscients de l'intérêt de cette machination. C'est ultérieurement qu'on les a inculqués ainsi aux enfants ou que dominateurs et sujets ont invoqué leur droit au trône, aux privilèges ou à la liberté. Mais cette application ultérieure de l'idée déjà acquise ne saurait rendre compte de la situation, toute différente, où elle était à créer. — Droit et devoir ne sont pas plus le produit de la *réflexion* que du mécanisme physiologique subconscient. Et si la conscience morale suppose la conscience psychologique, sinon la faculté d'évaluer et de comparer, elle n'isole pas l'homme plus que le langage ou la religiosité : elle s'est substituée à des succédanés préexistants chez l'animal et laissera derrière elle des équivalents. C'est un mobile parmi de plus ou moins analogues, un moyen d'adapter le subjectif à l'objectif. Il est impossible de saisir pratiquement le *moment de sa naissance*, bien que, théoriquement, les deux façons d'établir une valeur — par le désir ou par l'idée, indépendante, de désirabilité — se distinguent avec netteté. A l'origine les notions d'u-

---

1. Tarde, *Oppos. univ.*, p. 412; Spencer, *ib.*, p. 101. — Lafargue (Or. de l'idée de just., *R. social.*, 1899, II, p. 95 s) ajoute le sentiment d'égalité au geste mécanique qui engendre la passion de la vengeance, sanctifiée et divinisée comme toute passion et érigée en devoir. La loi impassible est sortie de la passion vengeresse, l'ordre de l'inévitable désordre belliqueux. Le propriétaire accepte des marchandises ou de l'argent au lieu de sang. César constata les partages égaux en Germanie ; un Fuégien déchira une couverture en lanières, afin que tous les membres de sa communauté reçoivent même traitement. La justice distributive naît de la répression, par la guerre, de l'instinct préhenseur, puis, à l'intérieur, par les totems et tabous et par la notion de l'intérêt commun. Les restrictions s'accentuent, avec la constitution de la propriété privée familiale : il est nécessaire de procéder au partage selon des règles arithmétiques (Nomos, loi ; Némésis, justice distributive, de nem, partage). — G. Ferrero, Genèse de l'idée de justice, ordalies, *Nouv. R.*, mai 1893.

tile et de bien [1], les conseils de l'intérêt et les prescriptions de la justice, la prudence et la sagesse, se confondent en une masse homogène qui revêt en même temps un aspect religieux.

Contrairement à l'opinion ancienne et suivant les évolutionnistes, la naissance du droit n'a pas attendu celle des plus hautes facultés de l'homme et en particulier de la « raison ». Il est apparu comme un *instinct* et c'est plus tard seulement que la réflexion put intervenir à un moment quelconque du processus : soit pour fournir les données initiales qui, par la suite, deviennent habituelles, soit pour travailler sur les données de l'instinct. L'adaptation systématique s'est ajoutée à la spontanéité. Dans la morale, comme dans la plupart des disciplines, la pratique a devancé la théorie, l'art a précédé la science. — Mais quelle *part* revient-il *à chacun des facteurs* qu'on démêle dans l'élaboration des idéaux : instinct, hérédité et innéité, habitude, imitation, suggestion, éducation familiale ou sociale, par les idées ou par les faits, expérience personnelle ou d'autrui (ascendance, parents, collectivité, maîtres, savants)?

D'abord, qu'est un instinct et comment se produit-il? Darwin [2], qui a jeté un jour nouveau sur ces problèmes, avoue qu'il éprouva mainte difficulté à appliquer la *distinction* de l'instinct, de la conscience, de la volonté, de l'intention : des actes dont le résultat est originairement prévu et désiré, deviennent habituels ou héréditaires et peuvent alors se produire malgré la volonté ; inversement, d'autres, dont la fin nous apparaît clairement aujourd'hui, ne servaient pas primitivement comme moyens. En tout cas, il convient de faire de l'instinct non une faculté spéciale, mais un phénomène *complexe*, produit, conformément aux lois de l'économie, par des actions répétées. Entre ses deux sources concevables : la *sélection* de dispositions utiles, mais n'ayant jamais été réfléchies, et la *défaillance de l'intelligence* (lapsed intelligence) dans des actes originairement accomplis en vue d'un résultat voulu, il n'y a point incompatibilité. L'un des principaux résultats du darwinisme est d'expliquer, sans l'intelligence, des faits qui sembleraient l'exiger ; en fait, on constate des actes instinctifs chez des espèces trop basses pour qu'ils proviennent de l'expérience, et on observe des habitudes non réfléchies, transmissibles par hérédité, variables, et dont les variations, également héré-

---

1. Les Tongans appliquent le mot vertu à un homme ou à une hache. N'a-t-il pas de même un double sens en notre langue ?

2. Essai sur l'Instinct (Romanes, *Ev. ment. chez les animaux*, p. 153, 258-267); Scia cia, *Psicogen. dello ist. e della morale sec. Darwin*, p. 9 s ; Mantia, *Psic. del dir.*, 1893 ; Schultze, *Ev. Ethik, Zsch. f. Socialw.*, 1900, p. 325.

ditaires, peuvent se fixer et s'intensifier dans un sens avantageux. D'autre part, il est hors de doute que des adaptations conscientes deviennent automatiques par répétition et se transmettent comme telles. — Malgré la différence qui sépare des tendances purement animales les sentiments juridiques et moraux, ceux-ci naissent, se développent et poussent à agir de même. Ils proviennent de dispositions involontairement ou volontairement adaptées à des fins par l'influence directe et héréditaire des conditions de vie.

La *sélection* conserve les variations avantageuses, fût-ce des idées, qui viennent à se produire. Or nous avons déjà montré à quelles utilités inconscientes, pour l'espèce et ses membres, correspondent le droit et le devoir, et nous n'avons pas à développer ici le mécanisme de la survie des plus aptes ; il suffit de constater qu'il s'opère un triage des idées comme des variétés et des individus, ou plutôt que ce dernier s'effectue notamment à raison des tendances psychologiques. D'une manière générale, les êtres dont les sentiments et conceptions étaient le mieux en rapport avec les conditions de leur existence et spécialement avec les nécessités sociales ont dû, toutes choses égales, s'accroître, multiplier et évincer les moins bien doués (Spencer). Il en est résulté une adaptation progressive du subjectif aux conditions objectives de vie : les individus qui regardent ou poursuivent leur bien comme leur mal cèdent incessamment la place à ceux qui comprennent et pratiquent mieux les exigences du milieu. L'observation montre, se poursuivant encore sous nos yeux, l'élimination des aberrants et des criminels, qui ne respectent pas l'inviolabilité d'autrui. Il s'est produit, au cours des âges, un phénomène complexe qu'on peut ainsi schématiser : les hommes qui, par une variation fortuite ou non, présentaient une tendance à agir selon les besoins de leur vie et de l'espèce, faisaient seuls souche durable et transmettaient à leur descendance ces heureuses particularités, tandis que les inadaptés s'effaçaient et disparaissaient. Il en est résulté une disposition à accomplir *sans se rendre compte du pourquoi et comme désirables en soi* les actes favorables à soi-même directement ou par la collectivité. Jointe aux désirs et corrigée parfois par la réflexion, l'intuition nous donne ainsi des mobiles assez exactement proportionnés au degré de vitalité des actes correspondants.

Elle nous apprend que nous ne devons pas heurter notre prochain, mais au contraire rechercher son bien en même temps que le nôtre. Elle est ainsi l'*auxiliaire de la sympathie*, par laquelle nous éprouvons les sensations agréables ou pénibles d'autrui. Est-elle donc étrangère aux *mobiles* et à la *sensibilité personnels?* — L'homme est appelé par le plaisir, c'est incontestable. Mais s'il ne l'était, s'il se faisait une règle de ne l'être, que par les plaisirs résultant des conséquences intrinsèques de ses actions, il écarterait maint acte utile à la vie; car le rapport du plaisir et de l'intérêt n'est pas universel et ne fournit pas un critère infaillible : il y a des jouissances nuisibles, des douleurs propices à la vie. Les conditions de l'existence ne sont donc accomplies, que si des variations conservées par sélection les accompagnent de satisfactions morales ou y joignent une idée-force appelée à contrebalancer les mobiles opposés. Inversement, en présence d'une éventualité prometteuse, l'homme pourra se soustraire à son attrait, s'il pense : « C'est défendu, je ne le puis moralement. » Ainsi se conçoit, sans infraction au caractère personnel de l'activité, l'alliance héréditaire du plaisir et de l'obligation éthiques à des actes vitaux, mais demeurés pénibles en eux-mêmes, indifférents ou insuffisamment désirés.

Le processus suppose déjà née l'idée de bien et nous avons par conséquent à rechercher d'où elle venait, comment elle est apparue en premier lieu, pourquoi elle a affecté la forme de la désirabilité, par quelles voies elle s'est propagée et, dans tous ces processus, quelle est la part de l'influence du milieu et celle du calcul.

Elle a pu naître, sans doute, fortuitement, de circonstances accidentelles, mais il est probable que, dans la plupart des cas, cette élaboration a été *soumise à des lois*.

L'idéal ne procède d'aucun de nos sentiments *égoïstes* en particulier, ni du conflit de tels ou tels mobiles intéressés avec le désintéressement. Par dessus tout, il importe de ne pas le confondre avec une manifestation déterminée de *l'altruisme*. Quoi qu'il comporte des restrictions à nos fins propres, apporte un frein à nos désirs et ne s'explique point par l'égoïsme seul, il ne s'ensuit pas qu'il soit issu de la tendance opposée, et d'ailleurs indispensable, de la sympathie [1]. — Cet apparent dilemme n'en est pas un et le troisième terme consiste dans des dispositions qui ne sont *ni la compassion ni le calcul*. Non seulement la bienveillance et la crainte, auxquelles

---

1. Richard, *ib.*, p. 24; Tarde, *Tr. du dr.*, p. 14. — Toute autre est l'idée que « le sentiment d'obligation morale est le *substitut* de l'élan sympathique » et qu'il revivifie, lorsque les bons sentiments viennent à manquer, ceux que nous avons éprouvés en des circonstances analogues. — Nietzsche explique le devoir, sans égoïsme ni altruisme, par un sentiment pathologique : ce serait une transformation de la jouissance procurée par la cruauté envers nous-mêmes, contre nos penchants naturels.

on attribuait autrefois séparément le droit et la société, ont pu se mêler en des proportions variables, mais si les sentiments éthiques proviennent surtout du contraste entre l'imperfection de l'esprit et les exigences de l'évolution, beaucoup d'autres facteurs peuvent être cumulativement admis, comme le résultat soit de l'impression spontanée d'influences extérieures, soit de l'adaptation systématique.

Le *désir fort* est souvent accompagné d'une idée de légitimité [1]. Il est assez rare que la sensibilité éprouve une aspiration puissante et constante, sans que l'intelligence, se mettant à son service, ne proclame qu'il est convenable d'y satisfaire et que la méconnaissance en est injuste. Il arrive aussi que nous nous inclinions, comme par devoir, devant le désir d'autrui, reflété en nous. — Pourtant l'idée de désirabilité ne se confond pas avec la force du désir personnel et elle n'en est pas une conséquence directe, même lorsque la réflexion s'exerce sur lui. Bien souvent, au contraire, elle s'oppose à de violentes passions ou favorise l'essor d'un souhait faible ou naissant.

L'*habitude individuelle* ou sociale joue dans la genèse de l'idéal un rôle analogue, ni moindre ni majeur. Le remords, prétend-on, ne serait autre que la gêne engendrée par la violation d'une habitude, qu'il s'agisse soit d'un acte accoutumé auquel on ait manqué, soit d'un acte inaccoutumé qui ait troublé la marche ordinaire. L'action criminelle « place l'individu, vis-à-vis de ses semblables et même s'il en a déjà commis, dans une situation exceptionnelle, sinon nouvelle, car les occasions où il se conduit comme tout le monde sont plus nombreuses. Or l'esprit de l'homme, comme son corps, se sent à la gêne quand il est dérangé de sa position ordinaire [2]. » — Est-ce là le malaise du repentir ? Sans doute la sensibilité morale s'émousse à mesure qu'on s'enfonce dans le vice. Mais sa vivacité, parfois persistante, parfois nulle dès le début, n'est pas toujours en raison inverse du nombre des mauvaises actions. La répétition affecte, tout au plus, son degré, et

---

1. Spencer, *Just.*, p. 328 : les sentiments directeurs. — Guyau, *Mor. sans obl.*, p. 42 : l'obligation est la prévision de la durée indéfinie d'un penchant, l'expérience de son indestructibilité. — Nietzsche : tempérament... — Rolf Lagerborg, Nature de la moral., *R. int. soc.*, 1903, p. 377 : « L'approbation et le blâme dépendent toujours du caractère et de la force de la tendance dominante. » Sa force explique le caractère surnaturel qu'on lui prête. P. 388 : le sentiment de l'obligation diffère à peine de l'impulsion résultant de toute tendance forte et constante.

2. R. de Gourmont, *Culture des idées*, p. 65 ; Lagerborg, p. 375 : La norme des jugements moraux est toujours la tendance habituelle et dominante La faute morale se distingue des fautes logiques, grammaticales, en ce qu'elle se produit contre l'attente générale. — Sièrebois, *Mor. fouillée dans son fond.*, p. 256.

la suppose préexistante, car c'est quelque chose de distinct. Accumulez des *désirs* utiles ou nuisibles et vous n'aurez pas la *notion* du bien et du mal. La lésion d'une attente naturelle, la privation ou la cessation d'un état normal, ne donnent pas non plus, par elles-mêmes, l'idée d'illégitimité, d'obligation violée, ni celle de faute, personnelle ou non. L'exemple, qu'on donne, des souffrances de l'exilé montre précisément que les deux hypothèses ne sont pas analogues. Si, au contraire, le malfaiteur endurci arrive à se repentir de bien faire, ce n'est pas à cause du dérangement apporté à une direction déjà suivie, mais parce qu'il a un idéal à rebours, qui demande lui aussi à être élucidé séparément de l'habitude. Quant à expliquer l'appréhension du « péché » social par l'accoutumance à l'estime des compagnons, c'est supposer le problème résolu, et déjà existants le besoin d'approbation, la crainte du mépris, l'approbation et le mépris eux-mêmes, engendrés autrement que par la répétition de l'acte.

Ce que l'habitude individuelle est impuissante à éclairer, l'*habitude sociale* y suffit-elle? Serait-ce la seconde nature de l'homme, sa nature idéale? Droit et morale sont essentiellement traditionalistes et règlent d'avance l'activité selon des lois établies. Ils nous recommandent la pratique habituelle du bien, propice à son exécution. Morale ne vient-il pas de « mores »? — On ne saurait faire de la conduite, ou de la continuation de celle qui est ébauchée, une règle à la conduite : il y a des mœurs et des habitudes vicieuses, et beaucoup de préceptes idéaux qui ne sont pas couramment pratiqués, — ce qui n'empêche pas de les reconnaître bons. Et ceci montre que la correspondance n'est *pas plus exacte que souhaitable*. « Agir d'après les coutumes de son pays, dit-on, c'est être moral. » Peut-être, mais pourquoi est-ce moral et pourquoi coutume? Il y a dans la coutume une idée de plus que dans l'usage : celle de la respectabilité. C'est une habitude non pas seulement impérieuse, mais impérative. Ce qui est ou devient ne semble pas, même répété, ce qui devrait être.

Même relief donné à l'élément conservateur et absence analogue d'élément progressif, dans la théorie qui présente l'idéal comme une résultante de la *tendance à considérer les faits existants comme normatifs*, en négligeant l'effort, qui est essentiel, vers le mieux-être. Sans contredire que l'idée de loi soit passée de l'ordre social à l'ordre naturel, nous convenons que les « rapports nécessaires » de l'activité et de la vie n'ont pas été plutôt connus qu'ils ont donné lieu à préceptes. Ils ont même été, par des solutions fragmentaires, érigés en lois sociales avant d'être connus comme lois physiques. Nous ne méconnaissons pas davantage l'*influence adaptatrice des nécessités ambiantes,* des 'faits cosmiques, biologiques et psychologiques qui s'imposent à nous. La doctrine de l'évolution implique que les organismes ont été en se perfectionnant, en se conformant aux exigences de la vie. Simultanément, dit Spencer [1], « des modifications nerveuses ont produit le développement de sensations, d'instincts, d'émotions et aptitudes intellectuelles nécessaires à l'usage approprié de ces organes... L'adaptation régit la structure cérébrale. Comme les fonctions physiques, les fonctions mentales tendent à s'adapter aux nécessités ambiantes. » Suivant son disciple Clifford, « les lois mêmes du mécanisme aboutissent à une différence de *valeur* entre les actes des êtres vivants, selon qu'ils *favorisent* ou non le déploiement de la *vie*... » Toute nécessité morale, poursuit M. Fouillée, enveloppe une nécessité vitale ; la morale est une interprétation supérieure des lois de la vie : les vices sont des contre sens biologiques et les vertus des conditions d'existence. « Sois moral, ou meurs dans ta race », tel est le dilemme posé par la nature et la société.

De ces prémisses, Spencer tire cette conclusion, non moins exacte en elle-même, que l'aspiration à maintenir leur liberté d'action s'accentue chez les êtres supérieurs et qu'en outre ils éprouvent à un certain degré le *sentiment correspondant à la nécessité* (de fait), imposée à chacun d'eux, de n'agir qu'en respectant les limites établies par les actions d'autrui. Cette disposition à percevoir les rapports de justice atteindrait son développement maximum dans une société pacifique, déshabituée de fouler aux pieds les droits des hommes qui n'habitent pas le même territoire. Enfin naîtraient les institutions qui correspondent « aux nécessités dont la satisfaction permet aux activités sociales de se déployer avec harmonie ». Ainsi ces tendances psychologiques auraient une double origine objective : dans les *conditions de vie antérieures à l'état social,* et dans les *conditions de la vie sociale.*

Nous ne nions point que ces résultats ne concordent avec l'observation. La législation, comme la théorie, a graduellement reconnu le droit à l'intégrité physique et psychologique, depuis la condamnation de l'esclavage jusqu'à la liberté de conscience. Mais si le droit et le devoir ont bien pour fin le maintien et le libre développement des sphères d'activité, pourquoi cette fin n'est-elle *pas consciente?* L'action des rapports extérieurs sur la mentalité de l'homme est réelle; le milieu, sans lequel nous ne serions rien, fournit les facteurs de nos désirs et de nos volontés, mais encore notre cerveau

1. *Ib.,* p. 26, 176, 56; *Mor.,* p. 266, 26. — Fouillée, *El.soc. de la mor.,* p. 96, 101.

ne fait-il pas qu'enregistrer des empreintes, simplement revivifiées sous forme d'impulsions et d'idées-reflets, et les facultés et règles conçues par l'homme ne sont-elles pas la simple traduction des propriétés et lois physiques. Il opère un choix parmi ces relations et en pose seulement une partie comme idéaux, par intuition ou délibérément. Ces derniers ne sont pas toute la biologie, toute l'anthropologie, toute la sociologie, mises à l'impératif.

Les idées et les sentiments s'adaptent au *mode prédominant d'activité*. Un genre de vie guerrier encourage une morale agressive au-dedans, ou du moins s'accorde mal avec l'appréciation de la vie humaine en général : il semble étrange de condamner ici les coutumes homicides (duel, boxe...), au nom d'un principe qu'on viole autre part. Par contre, la paix favorise les occupations productives et engendre, de l'intérieur à l'extérieur ou réciproquement, l'esprit de justice et l'honnêteté. Les hommes qui y sont assujettis restreignent leur liberté à raison de celle d'autrui, si même ils ne recherchent une coopération harmonieuse. D'une manière générale, le respect se porte sur le *caractère prédominant des mobiles, des fonctions, des structures* : l'impulsif estime l'impulsivité, l'égoïste l'égoïsme... Chaque époque tend à honorer, à présenter comme honorable, la forme d'activité qui lui est particulière et cette idée l'y encourage encore. On remarque des différences analogues entre les peuples : les théoriciens eux-mêmes confondent le droit, en Allemagne avec la force, en Angleterre avec l'intérêt, en France avec l'idéal. Ceci se ramène à l'affirmation que le désir de désirer, l'idée de désirabilité, le devoir, le droit, font appel à des désirs plus profonds de l'être et en rapport plus intime avec ses tendances générales. — Or l'idéal n'est pas seulement la justification d'une façon habituelle d'agir et de penser : il se porte aussi sur des mobiles de choix, exceptionnels, distingués du reste, sur une partie de soi. Et même les conceptions les plus expressives du tempérament réagissent à leur tour sur le tempérament réel.

Parmi les *influences directes* qui ont contribué à la création des idéaux, il y a intérêt à distinguer celles qui s'exercent *sur l'individu en dehors de l'action sociale* et celles qui résultent de cette dernière. La discipline du monde extérieur précéda même la discipline sociale, et l'expérience fut individuelle avant de s'accumuler dans les générations. Dans l'hypothèse fantaisiste où l'humanité se fût composée d'un seul être, de génération en génération, les idées de bien et de mal restent concevables, puisque chacun aurait eu son bien et

son mal. Du moins la moralité, qui a une fonction, des fins personnelles et collectives, ne s'absorbe pas plus dans la société que dans
l'individu isolé : c'est encore dans l'homme qu'elle trouve son origine. Et la moralité sociale est une image agrandie, par ondes d'i-
mitation, de moralités individuelles, plutôt que celles-ci ne sont le
reflet de celle du groupe.

Nous devons toutefois accorder à l'*influence collective*, de la famille, de la cité, de la société, de l'humanité, une place proportionnelle dans cet exposé à celle qu'elle occupe dans la réalité, c'est-
à-dire de beaucoup prépondérante. Sans elle, les restrictions à
l'égoïsme individuel, que comportent les idéaux, sembleraient sans
cause et sans raison; elle seule explique le triomphe de la sociabilité dans le droit et le devoir.

Le seul fait de l'état grégaire entraîne, à raison de la contiguïté,
des limitations d'ensemble (polyplastides de Le Dantec). A fortiori,
toute *association* impose, corrélativement à la solidarité et au besoin
d'entr'aide, des restrictions à l'activité de ses membres (qu'elle développe par ailleurs). Partout où des hommes sont réunis, la tendance à satisfaire unilatéralement leurs inclinations, non contreba-
lancées et dont chacune irait droit devant soi, sans s'occuper des
autres, entraînerait des oppositions d'idées, des froissements de sentiments, des rivalités de désirs, c'est-à-dire des déperditions de forces, contraires au but de l'union. Cette contradiction est si formelle,
cette nécessité si impérieuse, que les associations de criminels, pour
mieux échapper aux limitations légales, s'en donnent à elles-mêmes. La prévision des sanctions, la compréhension de la nécessité
d'obéir et du besoin de respect réciproque dans l'intérêt individuel
et commun, jouent assurément un rôle dans la formulation de l'ordre social. Mais la présence, dans les unités composantes, de la
conscience psychologique ne suffit pas à expliquer qu'ils y voient
une obligation, c'est-à-dire autre chose qu'une nécessité de fait, et
qu'ils s'y conforment spontanément sans attendre la coercition effective. Mais l'économie réalisée par cette *reproduction interne et préventive du mécanisme extérieur et répressif*, qu'elle rend inutile,
laisse deviner que la première est un *succédané* et un *produit* de
l'autre.

Les premières influences que nous avons subies, celles qui se sont
exercées sur nos ancêtres, tracent de profondes empreintes en notre cerveau et nous laissent des dispositions habituelles ou héréditaires, qui agissent souvent *malgré nous* et comme si nous n'étions
pas maîtres de notre activité, mais mus par une personne étrangère.

Les actes suivis fréquemment de peines quelconques, et en particulier de châtiments, inspirent naturellement une *répulsion* transmissible, tandis que les réactions heureuses contre les pressions sociales éveillent le sentiment et le désir de la *plénitude*. Cet écho n'a rien d'étonnant en lui-même, sauf à élucider comment nos ancêtres ont acquis ces impressions et comment chacun, aussi bien que nous-mêmes, y a ajouté sa part.

Elles comportent une idée de *supériorité* et une idée d'*obligation*. La première leur est liée, selon Spencer, à raison de ce que, dégagées d'un grand nombre de cas particuliers, elles exercent l'empire le plus général et le plus constant. La seconde leur vient de ce qu'elles sont la réduction interne du processus de la coercition externe.

Les êtres, dit à peu près Spencer [1], sont gouvernés par des sentiments qui répondent aux suites de leurs actes. Ces suites étant complexes, un sentiment simple laissera l'être sous la menace des conséquences auxquelles il ne correspond pas. Le guide le plus parfait, sauf exception, sera celui qui *correspond au plus grand nombre de résultats et aux plus lointains*. Si plusieurs sens sont affectés par un objet extérieur, l'acte qui s'ensuivra sera mieux ajusté que le mouvement réflexe. Chez l'homme, il y a un motif de retenue renfermant non seulement les idées de châtiment, de déshonneur et de ruine, mais aussi l'idée des droits et de la souffrance d'autrui : le tout est joint à une aversion générale pour les actes nuisibles aux autres, aversion qui naît des effets héréditaires de l'expérience. « Aux freins constitués par les représentations mentales des *effets intrinsèques* des actions, s'ajoutent des freins résultant des représentations mentales d'*effets extrinsèques*, sous la forme de pénalités politiques, re-

---

1. *Bases de la mor. évol.*, p. 91 s, 112; *Just.*, p. 28 s : L'indigestion produite par un mets détermine la prise en aversion de ce mets, — phénomène qui montre comment l'expérience crée des associations qui influent sur la conduite. La maison où nous avons perdu un parent, subi une maladie, reste si intimement liée à un état mental douloureux, que nous persistons à l'éviter. Quant au sentiment égoïste de justice : Bouchez les narines d'un animal, garrottez-le, il fera, pour se dégager, des efforts proportionnés à la vitalité de l'atteinte. Rendez-lui la liberté, sa satisfaction atteste le prix qu'il y attache. L'homme éprouve des sentiments analogues, mais d'une manière plus étendue, plus variée, relative à des entraves plus indirectes, moindres. Le sentiment de justice débute par le contentement de faire usage de la force physique et de recueillir les avantages qu'elle procure, s'associant à l'irritation qu'excitent les empiètements directs ou non. Quant au sentiment altruiste, il est d'abord suppléé par les pro-altruistes : crainte des représailles, de l'aversion sociale, de l'autorité, des ancêtres. Ces sentiments amènent le respect d'autrui et la coopération, qui engendrent l'altruisme, favorisé par une vie pacifique.

ligieuses et sociales. Avec l'évolution de la société (rendue possible par des institutions qui maintiennent l'ordre et associent dans l'esprit le sentiment de l'obligation avec l'idée des actes prescrits et de la cessation des actes défendus), sont nées des occasions de voir les conséquences mauvaises qui découlent naturellement d'une conduite interdite et les bonnes qui suivent une conduite commandée. De là ont fini par se développer les aversions et les approbations morales, — l'expérience des effets intrinsèques venant nécessairement ici plus tard que l'expérience des effets extrinsèques. Les pensées et sentiments qui constituent ces aversions et approbations sont toujours dans une étroite connexion avec les pensées et sentiments qui constituent la crainte des pénalités politiques, religieuses et morales et, par suite, ont été accompagnées aussi du sentiment d'obligation. »

L'abandon d'un bien immédiat et spécial en vue d'un bien éloigné et général est le trait cardinal — en même temps que de la retenue morale — de celles qui ont leur origine dans la crainte de l'autorité, visible ou invisible, ou de la société en général : on sacrifie le désir passager à la peur de la vengeance, de la punition légale, du châtiment divin ou de la réprobation publique (p. 99). Toute la vie de l'individu est ainsi soumise à une *pression extérieure*, simplement sanctionnatrice, ou éducatrice également, si elle vise à le réformer par suggestion et raisonnement et à raison d'une expérience antérieure. Toujours nous imitons la *communauté*, elle nous moule à son image : c'est le gouvernement « le plus despotique et le plus minutieux, le plus rigoureux et le plus obéi » (Tarde, de la Grasserie). Qui ose lui résister ? Qui est capable de supporter le blâme constant de sa coterie ? Malgré nous, nous finissons par adopter le jugement qu'elle porte sur nous et à nous y conformer [1]. L'appréhension de la colère du chef, le contrôle politique, se différencie du contrôle moins défini d'une crainte mutuelle. A mesure que se développe la croyance aux esprits, on arrive à redouter d'offenser ces puissances omniscientes, omnipotentes et impitoyables. Ces trois sortes de freins se rapportent d'abord à cette fin, alors capitale, que constitue le succès à la guerre, puis à l'accord intérieur, nécessaire à la victoire, et jusqu'aux moindres délits.

Ce n'est pas encore le mobile moral, mais sa *préparation* : on obéit aux commandements non à cause de leur rectitude, mais parce que c'est l'ordre et qu'on serait puni si l'on désobéissait ; ce qui retient,

---

1. Lagerborg. p. 379 s. — P. 372: La loi morale, comme les autres, est l'expression de la volonté générale : on n'approuve ou ne blâme quelqu'un que parce qu'on a quelque chose à exiger de lui (?) — Cp. Westermarck.

c'est non pas les suites de l'acte dans l'ordre naturel, mais ses conséquences artificielles, dont l'impression, d'ordre inférieur et plus tan-
gible, était d'abord seule susceptible d'émouvoir. Les freins moraux
en diffèrent et pourtant ils en sortent. Ils se rapporteraient aux suites naturelles. Spencer concède d'ailleurs que parmi les conséquences, quelques-unes seulement sont habituellement présentes à l'esprit,
tandis que les autres « forment un assemblage de représentations in-
distinctes, accumulées par l'expérience des résultats d'actes semblables dans la vie de l'individu, superposé à une conscience encore
plus indistincte, mais considérable, due aux effets transmis par l'hérédité de semblables expériences faites par les devanciers. Le tout
constitue un sentiment à la fois solide et vague » (p. 105).

En réalité, le sentiment moral est au contraire essentiellement *distinct de la prévision des effets.* Cette vision indiscernable n'en est
nullement une. La caractéristique de ces tendances consiste à ne
point paraître téléologiques. Bien qu'elles résultent d'expériences
accumulées, elles sont, suivant Stuart Mill lui-même (dont Spencer
invoque le témoignage), devenues complètement indépendantes de
l'expérience consciente (de même que l'intuition d'espace, simplement
vérifiée par la géométrie), sinon ce ne serait qu'un sentiment utilitaire. Qu'elles tiennent compte des effets indirects, éloignés et généraux, cela n'y contredit en rien.

Tant que nous tourmente seule l'anxiété des éventualités extérieures, naturelles ou artificielles, il ne s'agit pas encore de contrainte
interne. Le mobile moral apparaît « lorsque, oubliant notre propre
personne, nous accomplissons les actes pour eux-mêmes, parce que
nous leur attribuons une valeur propre et que nous nous sentons
obligés de les accomplir ». Le caractère sacré, absolu, du précepte
est un effet de la *supériorité* et de la *prédominance de l'autorité* qui
l'édicte, de son caractère éminemment respectable, un *succédané de
la nécessité relative* à nous-mêmes à raison des diverses sanctions.
Le commandement extérieur devient intérieur (Lagerborg). Il y a
là une application des *transferts de sentiments,* selon l'expression de
M. Ribot : « Les sentiments laissent des traces organiques liant tel
état intellectuel à tel état affectif et réciproquement ; et, lorsqu'un
état affectif a accompagné un des états intellectuels coexistants, le
sentiment tend à renaître aussitôt que l'un quelconque de ces états
intellectuels se produit. » Dans l'ordre moral, « les actes qui ont été
longtemps associés dans l'esprit à des peines et à des châtiments,
finissent par être considérés avec une répugnance pour ainsi dire désintéressée, car ils paraissent causer de la peine par eux-mêmes.

C'est là un cas analogue à celui de l'amour qu'on finit par avoir pour l'argent. Quand, par un semblable transfert, un sentiment indépendant d'aversion s'est produit, la conscience semble libre de toute sanction extérieure et avoir dans l'esprit un point d'appui qui lui est propre. La conscience alors a dépassé la phase où elle se réfère à l'autorité pour devenir une loi par elle-même. [1] »

La transformation, note M. Lagerborg, a lieu d'autant plus aisément, en morale, que, dès le début, les mobiles d'obéissance y sont très vagues, et non point constitués par les raisons de la règle, et que le spectacle répété de la sanction convainc qu'elle existera toujours et doit exister.

— Avec cette théorie, la métaphore du *tribunal de la conscience* devient une réalité et l'esprit ne serait qu'un petit Etat. L'opinion personnelle supplée à l'opinion publique et le sentiment d'obligation, à la contrainte ou à sa prévision [2] ; et c'est tout profit, même dans les cas qui mériteraient de mettre en branle l'organisme social. Notre activité cérébrale est une imitation, une reproduction, une *projection de l'activité sociale* réduite à un rayon beaucoup moindre. Tiré à nombre d'exemplaires, on oublie que ce cliché correspond à quelque chose d'extérieur. Son image d'ailleurs est plus ou moins fidèle ; il y entre d'*autres éléments* et elle se projette à son tour en actes modificateurs de la réalité sociale : l'autonomie répète l'hétéronomie, mais ce sont des consciences individuelles qui créent les lois. Sans doute même, le respect existait-il avant l'instauration des chefs et la favorisa-t-il.

La civilisation, en se développant, discipline de plus en plus les hommes, en dehors même de l'influence législative ; chacun prend conscience des nécessités sociales et limite en conséquence ses libertés. Notre ascendance a subi ainsi, au cours des âges, une préparation à la vie en société, dont l'importance éclate lorsqu'on songe à l'effort qui serait nécessaire s'il fallait recommencer le dressage. De nous-mêmes, nous évitons de blesser autrui, même légèrement. Nous devenons « nés sociables ».

*   *

1. Bain, *Mental a. Moral Science*, 2e éd., p. 456 s ; J. Mill, *Phenom. of Human Mind*, 2e éd., p. 314 ; Ribot, *Psych. des sent.*, ch. xii ; cités par Lagerborg, *ib.* : le moyen pour une fin personnelle (éviter une douleur,...) apparaît comme une fin en soi désintéressée, car il absorbe l'attention. Ainsi la répulsion s'étend aux mots eux-mêmes.

2. Fouillée, *Mor. cont.*, p. 10. — Lubbock, *Or. de civ.*, p. 404 : l'autorité est l'origine de la vertu et l'utilité son critérium. — Picard, *Dr. pur*, p. 364 : intégration des habitudes légales dans les cellules nerveuses.

En dehors de la répulsion engendrée directement ou par sélection à l'égard des actes nuisibles, en dehors de la pression sociale opérant mécaniquement, il existe encore une source de sentiments moraux, la plus consciente de toutes : c'est l'appréciation, originairement réfléchie, des inconvénients de tels ou tels actes et de la nécessité de ne pas transgresser certaines prescriptions et limites [1].

Tout être tient à la vie, au bien-être et à ce qui assure leur maintien. L'*expérience* a montré à l'homme quels actes étaient ou non appropriés à cette fin. Les actes les plus efficaces, les plus avantageux, ont été « estimés », de manière variable selon les circonstances. On le fit d'abord à un point de vue étroitement égoïste, et c'est pourquoi la spoliation fut d'abord honorée ; puis on transposa son propre bien en faveur d'autrui, et de là vient qu'aujourd'hui encore « après ceux qui vivent bien sans rien faire, les plus considérés sont ceux qui gagnent le plus en travaillant le moins » (Laplaigne); enfin, on se plaça au point de vue général, et dès lors la justice devint une règle, au moins dans certaines relations. La première manière de voir n'aurait su en effet durer avec un caractère universel.

De nombreuses influences ont contribué à faire admettre plus ou moins consciemment la *symétrie* et la *réciprocité*. Les « mobiles de sociabilité » — sympathie, amour... (qui ne sont pas le droit ni son origine) — ont transporté nos appréciations des avantages, des inconvénients physiologiques ou sociaux résultant des bonnes actions ou des vices, aux mêmes actes et dispositions d'autrui. Par logique, les hommes ont admis chez leurs semblables les mêmes attributs et prérogatives que pour eux : on finit par ne plus penser à sa liberté sans songer à celle des autres, qui limite la nôtre. Cette interversion a été favorisée aussi par le calcul. Nos ancêtres n'ont pas été sans remarquer que leur honnêteté était en général récompensée et que celle de leur prochain avait toujours pour eux des conséquences heureuses ; d'une manière générale, ils ont compris qu'ils avaient avantage à se bien conduire et ont pénétré leurs compagnons du devoir de les respecter et même de leur procurer certaines faveurs. Ils ont louangé leurs bienfaiteurs et blâmé ceux qui résistaient à leurs prétentions. Dans toute société, chaque membre, fût-il tolérant, *juge ses associés* et le jugement porté rejaillit sur sa propre conduite. Sans ce détour, nous apprécierions peut-être nos propres actes, mais en

---

1. Ce processus n'est point incompatible avec les sources plus spontanées. Spencer (*Probl. de mor.*, La morale et les sent. moraux) maintient cette affirmation exclusive que le sentiment moral a précédé les constatations d'utilité et les a rendues possibles.

15

nombre moindre et de manière plus égoïste, moins stricte. Des opinions particulières résulte une opinion collective, qui est un puissant
ressort des mœurs. Notre jugement, nos idées sur autrui, sont indépendants de nos mobiles — c'est la paille et la poutre —, mais autrui est de même plus exigeant à notre égard et nous le devenons
aussi [1].

L'idéal est une acquisition de l'expérience non seulement individuelle, mais *sociale*. Cette dernière part est même la plus importante : si nos ancêtres ne nous avaient pas transmis le riche trésor de
leur épargne intellectuelle et morale, notre indigence serait pire que
sans leurs richesses matérielles. Les émotions répondant au bien et
au mal résultent, selon Spencer lui-même, des expériences accumulées d'utilité. Celles-ci, organisées par degré, transmises de génération en génération et engendrant des modifications nerveuses correspondantes, sont devenues, dans l'individu actuel, indépendantes de
l'expérience personnelle consciente [2]. — Ainsi évitons-nous le reproche de confondre l'utile et le juste, la sagacité et la vertu. Ce
mode, parmi d'autres, suppose la réflexion, le calcul, mais seulement à son origine et non dans les résurrections subséquentes des
phénomènes psychiques. Or il peut arriver que l'*acte d'abord motivé
apparaisse ensuite comme bon en soi*.

D'abord lorsqu'un prétexte est *édicté par une personne et appliqué par d'autres*. Ainsi le fort, l'habile, par calcul égoïste, pour ne
pas perdre de sujets et accroître leur bien-être et leur quiétude propres, consolidèrent l'ordre social ; des hommes plus avisés prescri-
virent, en vue du bien collectif, de ne pas tuer les enfants ni les vieillards, de veiller à la tenue du corps et de se nourrir suivant une
hygiène élémentaire, d'inculquer une certaine éducation à la jeunesse. Leurs préceptes, dont l'excellence se fit sentir même si elle ne
fut pas pleinement consciente, parurent inspirés des dieux et dignes

1. Alsworth Ross, Genesis of ethical elem., *Amer. J. of Sociol.*, V, p. 761 :
la moralité générale est supérieure à la généralité des consciences. « Ce
serait le produit d'une sorte d'hypocrisie qu'impose la vie sociale. Les individus n'osent pas exprimer les idées qui passent pour être nuisibles,
mais seulement celles qui ont le plus de chances d'être approuvées. » Celles-ci, seules couramment manifestées, acquièrent une force et une autorité que ne sauraient prendre les autres, constamment refoulées dans le
for intérieur.

2. Bain, *ib.*, p. 722 ; Marillier, Coutume, tabou, *Entre Canar.*, 1901, p. 391 ;
Fouillée, *ib.*, p. 7 : Le plaisir vague de revoir le lieu de notre jeunesse
n'est pas autre chose que les impressions ressenties autrefois et fondues
en une masse indistincte. Lorsque nous accomplissons un acte honnête,
nous nous sentons comme dans notre patrie : notre satisfaction est une
réminiscence, où résonnent en sons vagues les joies de la race entière.

d'être suivis. A tout autre que celui qui en a compris l'opportunité, la règle, n'ayant pas une origine claire, semble posséder une valeur propre. Il en est de même lorsqu'on l'a saisie, puis oubliée.

Dans tous les cas, une fois établie l'adaptation d'un moyen à une fin, il ne reste place, pendant longtemps, que pour des actes de *répétition*. Même chez un sujet unique, la notion du but intéressé *s'efface* et on finit par croire désirable en soi, en dehors de toute utilité présente et consciente, l'acte qui, auparavant, paraissait désirable en vue d'une éventualité donnée. L'impératif hypothétique devient catégorique lorsque la condition (avantage, contrainte...) est oubliée ou disparaît de la conscience. Il ne saurait en être autrement : lorsqu'un des termes d'un rapport cesse d'exister, l'autre conserve en apparence une existence propre, une valeur absolue. De même un jugement semble s'imposer a priori quand les motifs en sont perdus. Malgré le principe de la relativité, on ne conçoit plus ni la base ni la mesure. La nécessité et la valeur logiques et téléologiques du « devoir » prennent un jour moral. Le relatif devient en soi.

Il en résulte une *double abréviation* : nous n'avons pas à remonter jusqu'aux motifs ultimes, ni, eux conscients, à en tirer ceux de notre conduite dans chaque cas. « Le calcul de l'intérêt est remplacé par l'amour du bien et la haine du mal [1]. » De là une économie énorme, commune avec d'autres actes : la téléologie ne concerne que les actes non encore assez adaptés pour se passer d'elle; peu à peu la conduite qui en résulte s'incruste dans les dispositions psychiques, dans le caractère, dans l'organisme et rend superflu le calcul. L'éclipse de l'intérêt ne le supprime d'ailleurs pas; n'en connaissant pas la mesure, il ne triomphe que mieux des mobiles contraires, tout en évitant la recherche des rares cas où la présomption d'intérêt est fausse.

La réalité, la fréquence même de ce processus, ne sont pas douteuses. La défaillance de l'idée du but a même ses *excès* et ses *inconvénients*, auxquels n'échappent pas les idéaux. Nous avons une tendance à nous préoccuper des moyens, à leur donner une valeur propre et indépendante; souvent même, notre connaissance, dès l'origine, se borne aux rapports directs et proches (par ex., les consommations superflues qui « font marcher le commerce »; pris lui-même pour une fin). Le but prochain du négociant est de gagner de l'argent. La recherche des richesses, à raison des satisfactions qu'elles procurent, se transforme parfois en avarice. L'amour du travail pour lui-même est plus rare, mais il existe aussi. Chercher la vertu pour elle-même

1. Novicow, *ib.*, p. 58. Pour lui, c'est affaire d'accélération de l'image.

est, a-t-on dit, « une sorte d'avarice morale héréditaire », mais son utilité est beaucoup plus grande que celle de l'argent et on risque rarement de l'avoir en excès.

En ce qui concerne la genèse du sentiment moral, l'habitude du désir et de l'acte ne suffit pas : une explication complète exige la *mémoire du caractère désirable, combinée avec l'oubli de son motif.* C'est un raccourci de jugement utilitaire. La conscience, loin d'être de l'égoïsme « qui s'éclaire », serait plutôt de l'intérêt obscurci. Sous nos yeux, nous observons que les enfants ne se rappellent pas toujours les instructions reçues, les raisons plus ou moins bonnes qui leur sont données des préceptes, si même on leur en donne [1] : l'acte acquiert ainsi un prestige isolé de toute justification et ils finissent par l'accomplir pour lui-même. Toute manière de juger, devenue habituelle, nous conserve l'impression non circonstanciée de la nature bonne ou mauvaise des conséquences des actes. La reproduction du commencement du processus ressuscite la suite des impressions qui y sont associées et en anticipe même le terme. L'idée seule d'un acte ramène la sensation qui l'a accompagné, alors même que nous avons perdu souvenance de ses circonstances, — de même que nous apprenons le nom des choses qu'on nous a présentées en le prononçant. Nous parvenons ainsi non seulement à imiter autrui, mais à nous imiter nous-mêmes, avec une force croissant parallèlement à l'habitude et qui peut même devenir héréditaire et instinctive.

Les idées motrices de droit et de devoir se distinguent du désir qu'entraîne la répétition d'un acte voulu en vue d'une fin et de la foi qu'engendre la croyance enracinée : ce sont également des phénomènes subjectifs qui correspondent à quelque chose d'objectif, mais plus ou moins exactement. L'intérêt auquel répond l'idéal n'est pas seulement inconscient : il n'est pas toujours réel.

---

1. Si on les rappelle : « Oui, répond-on, c'est bien cela. » — Maint idéal n'a d'autre source que « le préjugé d'une nourrice ».

CHAPITRE IV

FONCTIONNEMENT DES IDÉES DE DROIT ET DE DEVOIR

La fonction effective et la genèse du droit et du devoir n'importent pas seules, mais aussi la *manière dont ils remplissent leur fin* générale dans leurs applications aux cas concrets de la réalité. Le but n'est pas indifférent, mais il faut voir s'il est atteint. De même que le principe de la pénalité peut engendrer des résultats bons ou mauvais à raison de la façon dont les sanctions sont théoriquement distribuées et administrées en pratique aux diverses catégories d'actes, de même les idées-forces et sentiments moraux sont plus ou moins favorables suivant qu'ils correspondent plus ou moins exactement à ce qui, objectivement, est désirable dans l'intérêt individuel et collectif. Relatifs, malgré les apparences, à un but positif, c'est au nom de ce but, de la vie même, et non pas de quelque « absolu », que nous les critiquerons. Dans cet examen nous puiserons des indications sur les défauts des législations morales et juridiques et sur les réformes qu'il y a lieu d'y introduire.

Nous ne reviendrons pas sur l'*efficacité réelle* des idéaux, dont la démonstration comporterait l'exposé de la réalisation du droit et de la morale dans l'histoire. Nous nous bornerons à voir d'abord dans quelle mesure ils sont corrélatifs d'un intérêt vital, et ensuite si, par leur objet ou leur intensité, ils ne comportent pas des imperfections et ne postulent pas, par suite, des adjuvants et correctifs.

Les idées de droit et de devoir enlèvent moins de satisfactions que n'en procure la limitation mutuelle de l'état de société : l'homme, malgré les restrictions que lui impose l'union, est plus développé que s'il était isolé, et il n'a point avantage à vivre en parasite. *Dans leur ensemble*, dans leurs grandes lignes et même dans un grand nombre de détails, ces idées correspondent à des *utilités*. Loin d'être exclusivement *matérielles*, suivant la prétention du matérialisme historique, ces utilités comprennent toutes les satisfactions qui remplissent les exigences de la *vie individuelle ou sociale* ou ajoutent à son agrément. Aussi ne saurait-on prétendre que la réprobation, la notion de délit sont indépendantes de la nocuité, sous prétexte que le meurtre est considéré comme plus grave que la banqueroute [1] : les souffrances et lésions corporelles, loin d'être exclues,

1. Ni parce que les juges sont plus sévères envers les délits dont l'exten-

passent en première ligne si l'on considère que les désirs et fins individuels et collectifs se résument dans le développement de la vie. Les choses n'entrent en considération que par rapport aux personnes, et les dommages pécuniaires qu'à raison des douleurs, des misères qu'ils occasionnent.

Ce qui est moral est utile, mais *tout ce qui utile n'est pas considéré comme moral*. Il n'y a point là non plus d'objection à ce que nos idéaux soient, en fait, soumis à l'influence des conditions de vie. D'où procède donc la distinction entre l'utile simple et l'utile présenté comme bon? L'appoint de cette force a une raison d'être non seulement au cas d'incompréhension complète de l'intérêt, mais encore chaque fois que la propension qui résulte du désir est mal proportionnée à la valeur du but. Inversement tout le désirable n'est pas ainsi encouragé, car, sans compter ce qui ne dépend pas de nous, une partie n'a pas besoin d'appoint en plus ou en moins. Maint acte très utile, parce qu'il est tel, est l'objet d'un instinct, d'une impulsion directe, ou s'impose suffisamment à la réflexion : son défaut d'appréciation ne prouve pas plus contre l'utilité des actes moraux que l'absence de prix de l'air contre l'élément d'utilité et de désir dans la valeur économique. Des actes indispensables paraissent indifférents ou sont désapprouvés parce que l'idée de désirabilité, qui forme bloc, s'appliquerait à la catégorie entière, plus nuisible, à laquelle appartiennent ces actes. Il arrive aussi que des inclinations naturellement trop fortes eu égard à leur raison d'être aient besoin d'être refrénées par des tempéraments éthiques. « Si la morale se ramenait à l'intérêt, comment expliquer, dit-on, que les philosophes se soient, depuis l'antiquité, acharnés contre la richesse? » C'est qu'une tendance séculaire nous pousse à sa recherche. De plus, d'autres que les philosophes l'apprécient exagérément : or, d'une manière générale, tout excès de l'un doit être corrigé par l'autre. Et ainsi la diversité des opinions s'explique par un jeu de contre poids, peut-être compliqué, entre les divers groupes dont elles émanent, de façon à ce que la résultante possède l'intensité désirable.

Que l'assentiment aille, comme aux temps primitifs, à l'autorité dont émane la règle ou, comme aux stades ultérieurs, à son contenu, l'objet des préceptes *correspond* dans une large mesure *aux conditions de vie* [1]. Le « *fas* » semble bien avoir une source autre que

sion n'est pas à redouter, qu'à l'égard de ceux qui sont consacrés par les mœurs (Richard, *ib.*, p. 60). Par accoutumance le mal est moins senti.

1. Reclus, *Prim.*, p. 113, 118 s, 165, 260 s, 348 : chez les Apaches et Inoïts, rites vénatoires, chasses sacrées ; chez les Inoïts et les Monticoles des Nilgherris, troupeaux de vaches divines, étables-sanctuaires, églises-laiteries,

l'opportunité et imposer de lourdes charges en faveur d'êtres imagi- naires : ces sacrifices sont en corrélation étroite avec le respect et l'obéissance, et, par là, des fantômes ont rendu aux hommes l'inap- préciable service de les diriger malgré eux dans la voie du bien. Ils unissent les membres de la cité dans les charges comme dans les profits, ils leur donnent le sentiment de la responsabilité et les mena- cent de peines expiatoires. En même temps que les dieux, l'Etat et les individus jouissent de la protection de la religion. A Rome, « ce- lui qui dégrade les murs, qui déplace les bornes, qui vole nuitamment les fruits, etc., pèche contre les dieux et encourt leur colère. Les principes religieux et les formes ne sont-ils pas parfaitement confor- mes aux buts temporels des Romains? La religion, il est vrai, pro- tège les institutions politiques romaines, mais elle est assez complai- sante pour revêtir, au gré de l'Etat et sur un signe, toutes les trans- formations qu'il réclame d'elle. L'inauguratio peut être retirée si les auspices sont favorables, le mariage conclu avec confarreatio peut se dissoudre par diffarcatio [1]. »

Le besoin d'une idée-force encourageante (de même nature que : je suis dans mon droit) demandait d'obtenir le consentement des dieux à toute action de quelque importance, mais « la doctrine des présa- ges était disposée de telle façon, que ce n'était pas l'homme qui dé- pendait des signes, mais les signes qui dépendaient de l'homme. On enseignait que l'interprétation des signes était entièrement entre les mains de celui qui les avait observés. Il pouvait les accepter, les refuser, ou même changer leur signification : la menace apparente se changeait en promesse. » On se servait des augures pour empêcher les assemblées du peuple, pour inspirer confiance, respect ou obéis- sance au gouvernement ou pour invalider les mesures politiques. « Le principe religieux fut un moyen pour atteindre un but. » Ainsi de- vient objet de calcul mainte donnée primitive de l'intuition. De l'une ou de l'autre manière, les divinités sanctifièrent les idées pratiques et ce fut un des secrets du prestige de leurs représentants. Ce que la philosophie appelle développement des facultés humaines, dit F. Laurent, la théologie le nommait salut. « Dieu le veut » était une formule simple, plus accessible, d'un effet plus sûr, que des justifica-

grand-laitier élevé au rang de dieu ; les baleiniers jouissent d'un prestige surnaturel; au Bengale, liturgie du fer ; les Romains avaient réuni en col- lège sacerdotal leurs constructeurs de ponts ; les Chewsores du Caucase ont leurs prêtres brasseurs et les Todas leurs divins fromagers. Presque partout on accorda le privilège de royauté ou de prêtrise aux guérisseurs et sorciers.

1. Jhering, *Esprit du droit romain*, t. 1, p. 269, 345 s.

tions abstraites. L'ordre qui donne son motif et que l'on raisonne, — donc qu'on peut discuter, dont on perçoit le terre-à-terre, — perd, auprès des enfants et des esprits simplistes, son caractère transcendant et, par suite, une part de son pouvoir de suggestion.

Moins définie que les prescriptions religieuses, mainte exigence de l'*opinion*, qui ne donne pas (ou plus) lieu à réglementation, possède un effet utile plus ou moins préconçu. La première condition pour être sujet de droits et de devoirs étant la personnalité et la dignité, le public exige de chacun la stabilité et le sentiment de l'honneur, comme garantie des rapports sociaux. La réprobation ou la considération s'attachent aux manifestations les plus variées, mais presque toujours utilement. Sans la honte, d'ailleurs parfois conseillère de crime, qui s'attache à la maternité hors mariage, éviterait-on avec autant de soin de procréer sans que fût assuré à la mère et à l'enfant leur soutien naturel, au grand préjudice de tous deux et de la société? De même que la circoncision, les exigences concernant le vêtement sont corrélatives de raisons d'hygiène et de sexualité, qui contribuent à les expliquer. Si les *sanctions indéterminées* du jugement collectif existent presque seules à l'égard des actes de la vie personnelle, elles se cumulent, en ce qui concerne la vie sociale, avec des *sanctions plus précises et plus rigoureuses* : ainsi la lâcheté et l'insubordination, l'assassinat et les coups, le vol, la violation des contrats, — tous actes hautement préjudiciables à la société, — sont-ils sévèrement blâmés et punis.

Dans le *domaine juridique*, la famille, la propriété et les grandes institutions, sans qu'on les aient créées par ce motif, ont été jusqu'ici des rouages essentiels de la société et de la coopération, des moyens de l'éducation, des encouragements au travail producteur. Avant que le droit fût établi — sous une forme non barbare —, il arrivait dans certaines peuplades, inférieures en cela aux bêtes, que la mère laissât tomber à terre l'enfant, sans le ramasser (Reclus), ou que les parents tuassent leur progéniture et, en particulier, les filles pour avoir un plus grand nombre de guerriers. La prohibition de l'infanticide fut un des premiers pas vers le *droit à l'intégrité physique*.

Le *respect de la personne* s'est peu à peu étendu dans des cercles plus vastes : aux vieillards, aux femmes, aux infirmes. On agit désormais à peu près comme si l'on croyait avoir affaire à des *égaux*. Et tout ceci est en parfaite conformité avec l'intérêt individuel et collectif : le préjudice causé à la victime atteignait la société et retombait sur son auteur, exposé en outre au danger de contre-agression. Le droit à la vie n'emporte pas seulement interdiction du meurtre, « considéré comme le plus noir forfait, car il supprime jusqu'au pouvoir d'agir », mais il s'oppose à toute infliction de souffrances et de troubles. On l'étend même à tout ce qui diminue la sécurité réelle ou seulement le sentiment de sécurité. La première application de ces postulats consiste dans la paix sociale et internationale ; on peut même dire qu'elle est la condition sine qua non de toutes les autres applications.

Ce n'est point là la seule conséquence de la loi d'égale liberté, tempérée d'ailleurs par la prépondérance de l'intérêt social, qui justifie parfois des préjudices légalement causés à l'individu [1]. — Le *droit à la liberté de se mouvoir et de se déplacer* a successivement atténué, puis écarté, l'esclavage, le servage et les divers genres d'oppression, d'arbitraire et de privilèges fondés par la guerre et entretenus par l'activité militaire. Sa violation est contraire aux principes de justice et d'opportunité, puisqu'on s'arroge plus de liberté qu'on n'en laisse à autrui, tandis que son respect est compatible avec une plus grande somme d'activités efficaces.

Primitivement la règle ne liait que d'un côté et il existait une grande inégalité entre ceux qui émettaient les ordres et ceux à qui ils s'adressaient. Les différences naturelles étaient artificiellement accrues. Le règne d'un droit valable pour tous, l'égalité devant la loi, substitués à la forme despotique du droit, assurent mieux les conditions directes de la vie. Ils sont également propices en général à une bonne sélection, qui exige la parité des circonstances normales entre concurrents.

Nous touchons ici à un autre point. Le *droit à l'usage des milieux naturels* exprime également une condition de l'existence. Nous ne pouvons priver autrui d'air, de lumière : leur interception est surtout importante à l'intérieur des cités modernes, surpeuplées en des enceintes militaires trop étroites. Aussi la loi concilie les droits des voisins, empêche la production d'air vicié, d'odeurs méphitiques, de bruits irritants ; elle donne aux moulins à vent le droit à l'usage de l'air. Il semble même qu'on devrait assurer à l'homme un peu de terre, faute de quoi il ne pourrait poser le pied nulle part ni faire quoi que ce soit. Jusqu'ici pourtant le droit d'appropriation de chacun n'a été limité que d'une manière insignifiante par celui de tous et on ne l'a pas réservé à la seule société ; bien au contraire, à mesure qu'ils établissaient l'égalité du droit aux milieux autres que la terre, les pays les plus civilisés ont sanctionné la propriété privée du sol et de quelques autres richesses. Faut-il s'en louer ? Ou bien

1. Sur ce qui suit, v. Spencer, *Justice*, p. 83 s, 93 s, 138, 150-204.

ne serait-ce qu'une ébauche non réussie au point de vue de l'existence sociale? Ce seul problème exigerait un examen approfondi. En tout cas, les détracteurs les plus acharnés du système actuel ne sauraient méconnaître qu'il a eu et conserve des effets bienfaisants et que, les faits s'accommodant aux besoins, d'ailleurs non immuables, le bien peut sortir du mal, si mal il y a. Le pouvoir exclusif et complet sur le produit du travail a au moins l'avantage de stimuler l'énergie créatrice; et il est susceptible d'interprétations variées pourvu qu'on ne l'entende pas en son sens étroit et vulgaire. Est-ce le plus sûr moyen d'assurer à chacun la jouissance qui lui revient? Il laisse chacun profiter ou pâtir des effets de hasards qui ne dépendent pas de lui, mais cet inconvénient est largement corrigé par des institutions d'assurance et d'assistance. Au nom même de la relation entre la cause et les résultats, on tente de justifier la socialisation, par la raison que la société collabore à toute production. Mais le régime actuel est largement susceptible d'améliorations.

Les mêmes observations, s'appliquant au produit du travail mental, fondent la *propriété intellectuelle;* elles s'étendent même au droit à la *réputation* méritée.

Le droit de propriété, tel qu'il est conçu aujourd'hui comporte celui de *donner* et de *léguer*, qui aide au bien-être de la descendance ou témoigne de la reconnaissance envers les tiers.

L'échange, la *liberté des contrats et du commerce*, même par dessus les frontières, sont de même des moyens d'assurer la subsistance et la commodité de chacun, moyens infiniment préférables à la spoliation, fût-elle déguisée sous des apparences légales. Comme dans les précédents domaines, l'intérêt supérieur de la société justifie ici (en cas d'antagonisme extérieur ou d'incapacité momentanée d'une industrie) l'intervention, si elle n'est pas appelée à engendrer des conséquences choquantes ou, comme l'imprévoyance, nuisibles.

La *liberté du travail* est essentielle à l'homme pour gagner sa vie. La *liberté de* professer ses *croyances* est profitable non seulement à celui à qui elle est accordée, mais à tous autres, qui bénéficient des idées émises et de leur sélection par la discussion : aussi s'est-elle accrue depuis le temps où il était interdit, sous peine de martyre, de mettre en doute la véracité des religions, jusqu'à la suppression des censures. Malheureusement on n'applique pas toujours la distinction entre les manifestations pathologiques destructrices de l'ordre public et de la décence (anarchie, licence et pornographie publiques) et celles qui troublent seulement la quiétude des bénéficiaires du régime établi, des « néophobes » et des dogmatiques.

A l'égard des *femmes*, si tant est qu'elles présentent une infériorité générale, il est inutile et injuste d'y superposer des incapacités légales, c'est-à-dire des infirmités artificielles. Mais si elles se posent en égales, elles doivent renoncer aux privilèges qui provenaient de leur faiblesse, en même temps que les hommes cessent de posséder les prérogatives que confère la protection. Bref, la liberté et l'agencement spontané assureront le rendement le plus considérable et la rémunération la plus équitable. L'histoire confirme, ici encore, les déductions éthiques tirées des conditions du perfectionnement social. Relativement aux droits politiques, il convient de remarquer que les femmes ne partagent pas les charges du service militaire et que leur tournure d'esprit présente de graves défauts pour légiférer : incapacité de raisonner et d'abstraire, émotivité, tendance à proportionner les titres aux inaptitudes et à leurs manifestations.

Quant aux *enfants*, les parents doivent pourvoir à leurs besoins, y compris celui d'éducation, jusqu'à un âge plus ou moins avancé, et posséder l'autorité nécessaire à l'accomplissement de cette tâche. A mesure que les facultés se développent, on doit se rapprocher de la loi d'auto-sustentation et de liberté qui régit les adultes. En fait le droit de mort, de vente, d'emprisonnement, a fait place à une indépendance que d'aucuns trouvent excessives.

L'*Etat*, sans avoir à jouer le rôle d'un père de famille, ne doit pas laisser l'individu réduit à ses propres forces envers l'injustice et l'adversité. Il se charge de la défense extérieure et intérieure des citoyens; mais c'est une question considérable de savoir s'il doit borner là son rôle. Spencer réduit ses attributions au minimum, à la garantie des conditions de vie, de l'égale liberté, de la justice, sans l'appeler à leur réalisation. Il semble pourtant que la collectivité a la mission, sans cesse élargie par la civilisation, d'intervenir dans les rapports individuels, mais avec la moindre contrainte possible. L'éthique a ici porté des jugements ratifiés par l'économie politique : il n'est ni juste ni opportun de prendre à l'un pour donner à l'autre. Monopoles, prohibitions, protection, réglementation de l'industrie (production, prix...) et a fortiori de la vie privée, doivent se réduire à l'indispensable; peut-être est-ce déjà une tâche assez vaste! Tout est ici question de mesure, de tact, sans qu'on ait à opter en faveur de l'un des extrêmes : étatisation ou anarchie. L'idéal final semble rester l'organisation et la socialisation spontanées, en vue de la coopération la plus efficace et de l'harmonie la plus complète.

Les *droits politiques* sont le moyen de garantir les autres et ce caractère préliminaire explique peut-être qu'on leur accorde une importance prédominante, comme s'ils étaient des fins en eux-mêmes. Ils peuvent servir à établir la tyrannie et à nuire à la société, mais, somme toute, il faut bien qu'ils participent au bien collectif. L'impulsivité première entraînait, par la satisfaction unilatérale et l'exploitation forcée, un mode de vie où prédominait l'autorité; elle est aujourd'hui tempérée par les idées morales et par la réflexion, qui, favorisant les travaux producteurs et l'aide mutuelle, permettent une plus grande liberté.

— A moins que le désordre ancien, l'existence incertaine et précaire, ne soient préférables à l'ordre qui assure aujourd'hui une vie plus ample et plus sûre, il n'est pas niable que l'*évolution de fait*, graduellement réalisée par l'expérience humaine, ne *se soit* dans une large mesure, *conformée aux exigences du développement individuel et social*. Les théoriciens, plus ou moins consciemment, ne se sont pas moins ralliés à ces exigences et ainsi s'explique peut-être que les *morales pratiques* coïncident, quelles que soient les divergences des systèmes qui leur servent de base. Ce trait, fort critiqué, montre précisément leur valeur, leur conformité à d'impérieuses conditions de vie. Plus la justice est conforme à l'intérêt, meilleure elle est.

Ne soyons donc point étonnés de constater que les maximes proclamées par la « *raison* » comme des postulats non susceptibles de preuves sont presque *identiques* à celles qu'on tire de l'*expérience*. Spencer lui-même prend la défense du contenu des théories du droit naturel [1] et convient de la ressemblance entre sa formule et celle de Kant : « Le droit est l'ensemble des conditions au moyen desquelles l'arbitre de l'un peut s'accorder avec celui de l'autre suivant une loi générale de liberté. » Le verdict de la conscience disciplinée par la vie sociale se déduit des conditions de sélection et de vie : il n'y a pas d'autorité ni de sanction plus hautes.

Le parallélisme ne suppose donc pas quelque mystérieuse faculté de divination qu'une Providence aurait accordé à l'espèce afin de sentir comme il le faut pour sa conservation. Il *s'explique* d'une part par la *fonction* qu'ont à remplir les idéaux et d'autre part par leur élaboration réfléchie en vue de cas particuliers et sous le coup de nécessités urgentes. Quoi d'étonnant que les sentiments engendrés

---

1. *Just.*, p. 60 s : On s'en tient trop exclusivement à l'a posteriori. L'induction ne suffit pas à tout. De proposition en proposition, on est forcé de concéder la validité d'un axiôme : à moins d'avoir pour base des notions a priori, les théories n'en ont aucune. Les intuitions tirent leur valeur des expériences, non de chaque homme, mais de la race, dont la multiplicité est tout en leur faveur. Moins fixées dans le domaine social, où elles ne remontent pas à une série incommensurable d'ancêtres, elles nécessitent des contre-enquêtes rigoureuses.

par la discipline de la vie individuelle et sociale soient « en vertu même de leur mode de génération » appropriés aux besoins auxquels ils doivent satisfaire? L'influence des activités modèle l'idéal selon leur réalité et leurs desiderata. Ce n'est pas que les lacunes de l'esprit ou de l'organisation sociale appellent le remède idéal, à la façon dont le vide était censé agir, avant la découverte de la pression atmosphérique : ici aussi l'activité de l'esprit humain et de la société précipite de toutes parts les compléments qui manquent. A côté de cette influence directe qui produit les variations, la sélection élimine les formes inappropriées ou plutôt les hommes dénués d'idéal ou pourvus d'un idéal trop absolu, trop impersonnel, trop faux. Sans aucune expérience préalable, les sentiments moraux sont ainsi introduits et épurés. Il ne s'agit point là de supériorité de l'instinct sur la raison, mais de ce que les formes aprioriques de la volonté et de la croyance répondent à des nécessités que l'homme en général et le primitif en particulier ne pouvaient constater ou apprécier. Les plus fondamentaux mêmes des instincts, tels ceux de la nutrition et de la génération, sont susceptibles d'aberrations, et il n'est pas question de se fier à eux comme à des guides infaillibles.

Les systèmes moraux et juridiques ont d'ailleurs encore d'autres origines. Or suivant qu'ils dérivent de l'influence directe et de la sélection, ou bien de la *réflexion*, ils peuvent être l'objet de deux présomptions nullement opposées, mais différentes, de *conformité aux conditions de la vie ou du bonheur*, et ce dernier ne coïncide que dans ses grandes lignes avec la première. Or les préceptes les moins calculés en apparence ont pu l'être à l'origine, au moins de la part de leurs instigateurs et de leurs protagonistes. Souvent, dans ce cas, ils expriment un intérêt particulier ou de groupe. Beaucoup de pratiques dont la convenance a été vérifiée expérimentalement se surchargent tellement, dans la suite, d'observances religieuses, qu'il est difficile d'en dégager le noyau d'utilité originelle (Lyall). Cet intérêt pourtant paraît quelquefois si clair aux yeux d'un tiers observateur, non imbu des préjugés dont s'entoure l'acte, que le calcul n'est pas douteux. Là ou les veuves, dans certains pays, doivent se brûler : les parents du mari évitent ainsi de subir un usufruit. Parfois les règles sont la généralisation d'une solution donnée dans un cas concret; d'autres fois l'ordre divin recouvre un intérêt permanent de classe.

Des découvertes d'utilité générale sont « présentées comme des révélations d'en haut » ou comme des obligations envers les divinités. Les plus simples concernent l'hygiène. Des réglementations et rites nombreux concernent le choix des mets et la façon de les absorber. Dans l'Inde, les morts de la petite vérole et du choléra doivent être enterrés, parce que « les signes extérieurs de ces maladies décèlent la présence de la divinité ». Chez les Algonquins, défense de s'asseoir sur la terre nue, de se mouiller... Les raisons des coutumes laïques sont de même parfois conscientes chez ceux qui les instituent : chez les Malgaches, il existe des lois contre l'adultère, le vol et le meurtre; chez les Hébreux, la morale recommandait d'éviter une dépendance excessive, d'apprécier une bonne renommée, d'être modéré dans la nourriture et la boisson ; en Egypte, Ptah-Hatep tenta de substituer une morale basée sur l'expérience aux interminables prescriptions en vigueur. Combien de moralistes, plus ou moins sciemment, imitèrent cet exemple ! Qu'on se garde pourtant de penser que, à l'origine de toutes les règles sensées et précises se trouve une observation de nocuité ou d'utilité : leur caractère raisonnable, pas plus que celui des instincts, n'implique qu'elles sont raisonnées [1].

Combien plus facile qu'à la convenance générale se trouve l'obéissance à un ordre divin ou à quelque précepte d'apparence sacrée! L'administration qui, auprès des masses et aux colonies, supplante la divinité dans son rôle, ne le remplit pas toujours aussi bien. Un gouverneur habile vient à la regretter : « Si l'on pouvait présenter la vaccine comme agréable aux Dieux! » Il y a peut-être inconvénient à rompre brusquement la continuité, à couper la morale ancienne à sa base en cessant toute relation avec les dieux : le peuple serait découragé d'avoir, pendant des siècles, « bâti des temples pour des prières infructueuses » (Lyall) et craindrait de sacrifier à de nouvelles illusions ou supercheries. Pourtant le mal ne semble que transitoire, car il résulte du défaut de savoir-faire dans la substitution de l'idéal nouveau à l'ancien, effectuée avant d'avoir redonné un point d'appui à celles des maximes qui « avaient du bon ».

Dans l'examen critique de la manière dont les idées de droit et de devoir font face aux nécessités auxquelles elles devraient parer, il convient de se livrer à des épreuves variées et minutieuses et, dans leur correction, la *prudence* est de rigueur, car elles se rapportent à des relations et à des utilités non conscientes et parfois non concevables. De nombreuses coutumes et croyances n'ont été démontrées conditions de vie que récemment. Suivant Durkheim, la statistique a prouvé que la vie de famille est « un puissant préservatif contre

1. Lyall, *Mœurs d'Extr.-Or.*, p. 118, 139 ; Spencer, *Mor. des diff. peuples*, p. 23.

la tendance au suicide et au crime »; Lester Ward explique de même scientifiquement la nocuité du célibat; et pourtant il n'est pas admissible « que la constitution de la famille ait été déterminée par une connaissance anticipée de ces bienfaisants résultats ». De combien de préjugés ne découvre-t-on pas la raison d'être [1]?

En somme il est permis de poser ce *principe*, sauf à en examiner les exceptions : *tout droit, tout devoir a une fonction.* L'homme qui médite trouvera presque toujours, à côté des causes et des occasions historiques, une raison, sous les espèces d'une exigence de la vie dans sa tendance à se maintenir et à se développer. Cette recherche est l'objectif le plus élevé de la science juridique dans sa partie historique, de même que la position du but idéal est la tâche suprême de sa dogmatique [2]. Que les crimes soient réprimés, que celui qui soigne des bestiaux ou cultive une terre en recueille les produits, cela est dans l'ordre, dans la nature, au moins tant qu'on n'a pas « trouvé mieux ». Toutes les institutions juridiques ont ainsi leur justification primitive, alors même qu'elles subsistent malgré sa disparition. Les manuels en contiennent l'exposé et l'on observe que les considérations d'opportunité y prennent une place plus large aux dépens des principes, déductions et précédents. Ce qui a lieu d'étonner le plus, c'est bien moins la part pour laquelle la conscience et les idéaux remplissent leurs fonctions que les anomalies, bizarreries, prescriptions indifférentes qui s'y maintiennent en dépit des nécessités de la vie. Voyons donc ce qu'il en est de ces exceptions au principe.

I. — *Rentre dans la règle* et non dans l'exception ce que d'aucuns attribuent au droit et qui est simplement dû au *non-droit* et à l'injustice. Puissance morale, le droit oppose, dit-on, autant que la force physique. Ce qui donne lieu à procès, n'est-ce pas plutôt sa violation, sous forme de crimes, de dommages injustifiés, d'erreur sur le caractère fondé de nos prétentions?

D'autres cas ne nous arrêteront pas. L'intérêt du jeûne, du repos dominical, aujourd'hui hebdomadaire, de la prohibition de l'inceste, semble certain. — Quelquefois l'utilité personnelle n'apparaît *pas clairement* au premier abord. La loyauté impose toujours, et surtout après un serment, de dire la vérité, même contraire à l'intérêt (ce

---

1. A quoi bon, dira-t-on, la science, si elle est devancée par l'instinct et l'intuition ? La découverte de la raison des choses satisfait du moins la curiosité qui commençait à les faire délaisser; et le savoir, plus souple que l'instinct, distingue suivant les circonstances.

2. Jhering, *Evolution du droit,* p. 291, 299.

qui est probable, si le serment est déféré). Si improbable qu'elle paraisse, la découverte de la vérité est presque toujours possible : fût-on seul témoin, on peut se trahir soi-même, par exemple en rêve, et on n'est pas sûr que le remords ne contraindra pas à reconnaître le parjure. Or l'homme qui aurait menti sous la foi jurée perdrait irrémédiablement la confiance de tous. Là est son intérêt direct. Mais pourquoi serait-il perdu moralement? Ici apparaît l'utilité collective à ce qu'on dise la vérité, à ce qu'il existe un moyen de l'obtenir. Autrefois la torture jouait ce rôle. Or la souffrance n'assurait pas toujours l'aveu du coupable et amenait parfois l'innocent à se déclarer fautif. Le serment est plus sûr.

Quelques dérogations sont purement apparentes. Ainsi en est-il chaque fois que l'acte indifférent ou nuisible est *utile à un autre sujet*. Par exemple les sacrifices imposés à l'individu en faveur de la société et de l'espèce rentrent dans la règle utilitaire : le bien commun est encore un intérêt. Le droit procède non pas de l'égoïsme individuel seul, même non calculé ni conscient, mais à la fois du moi humain et de la collectivité; l'idéal se conforme aux conditions de vie individuelles et sociales, d'ailleurs intimement liées. Qu'ils limitent l'égoïsme étroit, poussent au travail pour autrui, pour la descendance en même temps que pour soi, cela n'implique donc pas qu'ils soient désintéressés. Ce qui les fait paraître tels par rapport à un sujet, c'est le *défaut d'identité entre la personne à laquelle se rapporte le bien et celle qui le conçoit*, de sorte que ce qui est objectivement désirable pour la société le paraît à l'individu, seul centre de conscience. — Par l'instinct juridique, par l'idée morale, produits de la sélection et de l'éducation, autrui est présent en chacun, la société est en moi. Et ce n'est pas sans danger qu'on s'en détache. Certains triomphes de la connaissance ne s'opèrent qu'au détriment de soi et pour mieux mourir : la dissociation des idées de génération et de plaisir n'est pas moins contraire à une vie expansive de l'individu, qu'elle délivre de soucis matériels mais privé d'infinies jouissances, que préjudiciable à sa nation. Toutes les limitations qu'on prétend imposées en vue de la collectivité seule tournent à l'avantage de ses membres, *solidaires* avec elle, car, en s'inclinant, ils évitent une réaction nuisible et recueillent parfois, outre leur part du bien-être général, une récompense sociale. Ce qui, un jour, a nui à l'un lui profitera le lendemain, car la loi est égale pour tous, et il n'est ni avantageux, ni logique, ni « équitable », de séparer l'actif qu'on en retire, du passif qu'elle impose. Le principe de l'inviolabilité de la personne, qui oblige chacun à ne pas léser autrui, lui évite d'être sacrifié à la raison d'Etat. A mesure que, pour intensifier la vie, les relations se multiplient et s'étendent, la vie et le bien-être de chacun dépendent davantage de la vie et du bien-être de tous, et la sympathie, parallèlement croissante, fait goûter par chacun le bonheur ou le malheur de tous.

Ceci n'empêche pas qu'il y ait autant d'idéaux particuliers que de personnes et de classes. Mais ils doivent se juxtaposer, sinon se fondre, et *non point prétendre se détruire réciproquement*. Le vrai mal commence lorsque les parties d'un tout solidaire se posent en ennemies, et que l'une vise à exploiter ou épuiser l'autre. Parfois une minorité subordonne à son propre perfectionnement le développement des facultés de ses associés, traités sur le même pied qu'une nation, une race ou une espèce étrangères. L'Etat autoritaire se livre à mainte intrusion dans les tâches qui devraient aujourd'hui revenir à l'association spontanée ; il engendre la guerre, organise une mutualité rudimentaire et régit le corps social par des lois rigides.

Uniformes à l'intérieur d'un même groupe en dépit des différences individuelles et des particularismes locaux, les systèmes juridiques et moraux *varient* pourtant dans une large mesure suivant les temps, les lieux et les peuples. Les choses les plus hétérogènes : foi et impiété, haine et amour, cruauté et humanité (Jhering), ont été accueillies comme bonnes, même parmi les modernes et a fortiori si on se reporte à l'antiquité ou aux pays de culture rudimentaire. Le civilisé ne pense pas comme le barbare, ni même l'Anglais comme le Français. S'il est un fond commun, partout identique, il se réduit à bien peu de chose et ceci donne à supposer qu'il n'y a pas de bien en soi.

Fussent-elles divagation et aberrations, les institutions et mœurs des sauvages n'en témoignent pas moins de la recherche de la vérité et de la vie à travers l'ignorance et l'impulsivité. Leurs manières d'agir et de penser leur parurent bonnes comme nous le paraissent les nôtres, et peut-être le furent-elles réellement et y reste-t-il encore quelque chose de bon. En tout cas, nous ne devons pas les prendre à rebours. Efforçons-nous au contraire de percevoir, à travers des maximes grossières, des préjugés et des superstitions, l'existence de l'*idéal qu'ils tendent à exprimer*.

Les *primitifs* ont une *moralité fort éloignée* de la nôtre et, sur beaucoup de points, *inférieure*. Quelques-uns semblent n'avoir aucune notion, même défectueuse et vague, de rectitude morale (Burchell). Chez les uns, la prétendue perversité résulte simplement de

16

l'absence de sentiment sur tels points spéciaux [1]. Pour d'autres, il faut bien en convenir, ce qui nous semble criminel est permis ou obligatoire : l'infanticide est un droit, la vengeance, parfois même sur un membre du clan, est un devoir sacré. Chez tous, l'idée du bien et de la vertu diffère fort de la nôtre : la langue Sichuana ne contient pas d'expression pour remercier, l'Algonquin pour amour ; la pitié, aux yeux des Indiens, est une duperie, la paix un mal, le vol est toléré et l'humilité semble incompréhensible ; chez les Koupouees, le plus grand crime consiste à pardonner à ses ennemis ; les anciens admiraient la ruse d'Ulysse... ; les Néo-Zélandais et Indiens Cree et brésiliens n'apprécient pas ou blâment la chasteté avant le mariage (nous-mêmes sommes plus sévères pour les filles, qui ont à surmonter l'appréhension de conséquences plus graves) [2]. Les relations les plus fondamentales, telles celles qui unissent les sexes, présentent une diversité analogue (inceste, polygamie) [3]. L'esclavage est général, et le travail libre, à peine connu. Partout existent des privilèges, des raisons artificielles d'inégalité. Aux yeux des Patagons et de leurs compagnes il n'est pas digne d'un homme d'aider une femme, même si elle est en détresse. Quant aux prescriptions religieuses, leur fantaisie est inimaginable ; mais un trait domine, c'est que longtemps et presque partout, il y eut des orthodoxies légalement sanctionnées, tandis qu'aujourd'hui nous nous en détachons.

Ce n'est pas seulement au delà d'une montagne ou d'un fleuve que les appréciations morales changent : *dans un même pays*, elles sont inverses suivant le côté où l'on se trouve : le bandit, l'individu sans aveu, se targue de ses occupations comme l'honnête homme des siennes ; suivant qu'on est demandeur ou défendeur, on pense blanc ou noir, et peut-être suffirait-il d'intervertir les rôles, pour retourner demain l'opinion. Qu'est-ce donc qui est immoral, antisocial ? Faut-il désespérer de trouver et de faire adopter un critère du bien ?

Les *conceptions doctrinales*, les formules théoriques ne sont pas

---

1. Lubbock, *Or. de civ.*, p. 400 ; *H. préh.*, p. 518 : les mariages temporaires s'expliquent parce que le temps paraît long ..

2. *H. préh.*, p. 516 : Ni foi, ni espérance, ni charité. — Reclus, *ib.*, p. 161 : Pour les Apaches, la déprédation est un bien ; on les traite de sournois, perfides, appellations qui les flatteraient. — Vendettas, duels, sont aujourd'hui considérés comme préjugés sauvages.

3. *Ib.*, p. 395. Dans plusieurs peuplades, les femmes mêmes se scandalisent de la monogamie. Par contre, de nombreux empêchements au mariage résultent de la différence de classes. — Spencer, *ib.*, p. 136 s : Quelques-uns offrent leurs femmes et même l'honneur de leurs filles comme un devoir de l'hospitalité. — Reclus, p. 337 : au Bengale, l'adultère est bien porté ; p. 117 : les femmes Naïrs conservent la nudité par décence : « Nous ne sommes pas des prostituées... »

plus uniformes. Telle morale s'appuie sur le plaisir, le bonheur, l'utilité, telle autre, plus austère, « proscrit certains plaisirs et n'en approuve aucun ». L'une prêche la recherche des biens de la terre, la vie longue et « bénie d'enfants », l'autre tourne vers la spéculation ou la contemplation tous ses soins. Celle-ci semble sacrifier aux ancêtres la génération présente, celle-là la voue à la préparation des générations futures. Ici, le culte de la Patrie l'emporte ; là, celui de l'Humanité. L'antiquité idolâtrait le corps ; le christianisme le néglige au profit de l'âme ; on nous conseille aujourd'hui le développement intégral.

De cette diversité faut-il conclure à la *contradiction ?* Loin de là. Il semble dans la logique que les idéaux varient puisque les circonstances varient également : c'est le principe de la *relativité des conditions de vie.* Loin que l'opposition des données de la conscience et des mœurs exclue leur coïncidence avec l'intérêt vital, ce serait au contraire leur uniformité qui démontrerait leur inadaptation à un monde « ondoyant et divers », où tout change, où tout passe. Les instincts ne sont pas fantaisistes, les législateurs normalement n'agissent point par caprice : les uns tiennent compte, les autres s'inspirent du bien individuel ou social. Leurs divergences résultent des *exigences du milieu et de l'activité, des besoins et des moyens de satisfaction,* variables selon les latitudes et les degrés de développement, et s'expliquent par eux. — A l'origine, la société étant à peine formée, ses liens ne pouvant être serrés ni profitables, les relations externes et internes, à peine distinguées, étaient l'objet des mêmes appréciations : le vol, comme les razzias et le pillage, était élevé à la hauteur d'une institution. Aujourd'hui encore, sommes-nous bien éloignés des sauvages qui prient leurs dieux pour le succès et associent leur morale à l'extermination de leurs ennemis? Le droit, sans doute, exige et organise l'état de paix, même lorsqu'il réprime et punit ; il refrène, au besoin par la force, la vengeance privée, les luttes entre particuliers, entre tribus, et il condamne les guerres entre les nations, plus préjudiciables encore à l'ordre exigé par le développement des peuples. En cela, il se conforme à l'idéal théorique, car la paix est supérieure en soi à la guerre et, abstraction faite des possibilités, compatible avec une plus grande somme de bien-être. Pourtant, il lui a bien fallu tenir compte des contingences. En des temps où les buts étaient autres et les moyens de satisfaction très rudimentaires, il a sanctionné, sinon promu les agressions et le carnage. La brutalité a donc été un titre de gloire, l'esclavage une institution jugée indispensable, le despotisme estimé comme un bien-

fait et l'obéissance passive comme une vertu. La coopération pacifique et productive vient-elle à s'étendre aux dépens de la rapacité
prédatrice? Le vol ne confère plus le respect et le travail accède à
l'honneur. A mesure qu'on emploie des procédés plus sûrs et plus
économiques, les entreprises aventureuses et malhonnêtes sont peu
ou point applaudies; la justice intérieure est plus soutenue, la contrainte, devenue moins utile, s'adoucit et se restreint : l'adhésion
volontaire aux exigences de la vie sociale préserve plus efficacement
de la désagrégation l'édifice. A son couronnement, la pitié et la charité deviennent objet de prescription. L'homme, au lieu de n'estimer
en son semblable que ce qui lui sert personnellement, finit par voir
en lui une fin. La concorde assure au mieux le même résultat, qui
est la satisfaction individuelle et collective : la civilisation, a-t-on dit,
s'accroît à mesure que l'homme étend son empire sur la nature,
mais ce progrès lui-même est mesuré par l'union entre les hommes [1].

Des précurseurs ont prévu et prêché cet idéal bien avant son
temps; d'obstinés conservateurs, par contre, se cramponnent au
passé. De ces mouvements ascendants et descendants résulte un mélange assez trouble où l'on a peine à discerner le *suranné* du *futur*.
L'inertie de la masse maintient les traditions, régularise le cours des
événements, évite les brusques sauts dans l'imprévu. — D'autres influences atténuent également la corrélation : la différence des connaissances, l'hérédité, la race... Par dessus tout, il convient d'observer qu'un même groupe est soumis simultanément à des *nécessités
inverses*, qui le poussent à des solutions, à des actes de nature intrinsèquement opposée. Il ne faut pas, toutefois, pour le plaisir de la
symétrie, exagérer : les exigences de la vie comportent d'autant moins
un renversement absolu, que, en matière de sociétés, ce qui est
extérieur aujourd'hui, fera demain partie du même corps. Toutefois
la coopération ne s'impose pas au même degré avec l'étranger
qu'entre membres d'une même nation. Cette duplicité a engendré deux
morales (— l'une presque amorale), deux conduites différentes, dont
les domaines naturels empiètent dans des proportions variables l'un
sur l'autre. Il en résulte des confusions et conflits de sentiments et
de devoirs, dont quelques-uns sont illégitimes : c'est ainsi que le guer-

1. Richard, *ib.*, p. 176 : Au delà d'un minimum de subsistances, il y a
conflit même entre ascètes ; « le vrai remède n'est pas la liberté morale de
l'ascète, c'est le travail. Il concilie les exigences du besoin et celles de la
vie sociale. Les plus grands progrès moraux de l'humanité ont été réalisés
le jour où de grandes religions (mazdéisme, judaïsme...) ont recommandé
l'activité laborieuse : « Tu mangeras ton pain à la sueur de ton front...
Celui qui ne travaille pas ne doit pas manger. »

rier, s'il a non pas servi à consommer un attentat, mais à sauver la
patrie, doit être jugé tout différemment du meurtrier qui enlève la
vie aux citoyens. Les morales religieuses varient de même, souvent
importées du dehors, et elles sont concurrencées par des morales
laïques, imprégnées de doctrines philosophiques à peu près aussi
faillibles.

Les *intérêts* sont-ils donc si variables qu'ils puissent aboutir à des
conceptions opposées, comme celles de la non-résistance et celle de
la volonté de puissance? Souvent les extrêmes se touchent : pratiquement, l'abdication de soi de Tolstoï est moins loin qu'elle ne le paraît
de la cruauté envers soi de Nietzsche, et elle facilite également l'élimination d'êtres déchus. Ou bien ces extrêmes se corrigent : l'idée
de force et de lutte évite le mépris chrétien du corps, le renoncement. De plus, bien que soumise à la sélection lorsqu'elles agissent
sur la conduite, les élaborations logiques échappent aux influences
qui disciplinent les instincts, si même elles ne résultent de simples
attitudes intellectuelles.

La « raison pratique », le sentiment moral, ne prononcent-ils pas
aussi des sentences contradictoires? De quelques-unes, simples tentatives vers le mieux-être, il ne reste que le souvenir. Pour une part,
les autres tiennent aux conditions de vie. « L'opportunité est toujours chose relative. Le médecin ne se contredit pas, lorsque, d'après
l'état différent du patient, il ordonne aujourd'hui ce qu'il défendait
hier. Le législateur non plus. Le superflu de l'un devient le nécessaire de l'autre ; ce qui profite à l'un nuit à l'autre ». Jhering
(p. 294) en cite deux exemples. Le premier concerne l'*enseignement*.
Dans quelques Etats à esclaves de l'Amérique du Nord, jusqu'à la
guerre de Sécession, c'était un crime capital que d'apprendre aux
nègres à lire et à écrire : c'est que l'obscurité était vitale dans cet
état de choses. L'Etat a pris successivement, chez nous, trois autres
attitudes, — indifférence, encouragement à l'initiative privée, obligation : il montra par là qu'il considérait l'instruction comme non
utile, désirable ou nécessaire. Le second exemple est relatif au
christianisme, d'abord persécuté, comme dangereux pour la religion
de l'Etat; puis persécuteur, parce que l'Etat ne pouvait vivre sans
son appui ; après des siècles de luttes, le pouvoir arrive à croire que
l'existence de la Société est compatible avec la liberté de conscience
et même impossible sans elle. Laquelle de ces conceptions était
vraie, juste? Toutes, eu égard à chaque époque, à chaque état
social.

Peut-être cette conclusion de Jhering est-elle exagérée, car il

existe des conditions universelles ou ultérieures de la vie, qui tendent
à corriger celles du temps présent, et des justices plus générales,
qui sont en soi préférables aux plus particulières. Mais il n'en reste
pas moins explicable que des sentiments diamétralement opposés
aient justement prévalu dans des sociétés distinctes, ou dans la même,
à la suite de changements de type ou de genre de vie. Ce sont, non
des exceptions, mais d'égales conséquences du caractère intéressé du
droit. La haine de l'étranger, la préférence accordée aux vertus
militaires, sont, pour un milieu barbare, dans la logique de la coopération pacifique des pays vraiment civilisés : d'exclusifs, les intérêts
deviennent solidaires.

Sans cesse approchées, les conditions objectives du bien changent
donc incessamment. Est-ce la seule cause de diversité des idéaux ? Il
semble bien que des solutions divergentes soient proposées dans des
circonstances davantage similaires et que certaines se trouvent en
contradiction formelle avec les vrais intérêts de la société. Ce trait
tient à la *subjectivité des conditions de vie*. Il arrive que le médecin
se trompe dans la détermination du remède, mais, subjectivement, il
tend au but, qui est la conservation de la vie. Le législateur, de
même, peut errer dans le choix des moyens, obéir à des préjugés,
mais il croit [1] assurer ou aider l'existence de la société. « La Loi des
XII Tables interdisait d'attirer par magie sur son terrain les semail-
les d'autrui, de jeter des sorts sur les récoltes » : le paysan croyait
sa propriété en danger, donc la vie sociale. Au moyen-âge, on pu-
nissait les sorcières et les magiciens, on tremblait devant le diable,
leur allié, plus qu'en présence de brigands. Leurs actes paraissaient
contraires à la mission de la religion, menaçants pour les bases de
la société. Or, pour être considérée comme juste (au moins provisoirement), il n'est pas indispensable qu'une chose *soit* condition de
vie, mais *tenue comme telle*. Cette utilité putative a même présidé à
l'élaboration réfléchie de mainte prescription sociale : les humains
qui ont ordonné les propitiations pensaient faire œuvre agréable aux
dieux ou obtenir en retour leurs bons offices ; les sacrifices, qui devaient protéger les vivants, constituaient l'amorçage d'un échange
de services. En Egypte, rapporte-t-on, le plus grand crime consistait dans le meurtre d'un chat ; en beaucoup de pays, le sacrilège, la

---

1. Jhering (*Evol. du dr.*, p. 295 s) ajoute : dans tous les cas. — Cela prouve
de nouveau l'efficacité des croyances dans l'activité. — Il distingue les
conditions : juridiques (qui dépendent de l'homme), extra-juridiques (de
la nature) et mixtes : conservation de soi, propagation de l'espèce (qui sont
aujourd'hui l'objet de simples dispositions négatives, et non pas de prohibitions, par ex. du célibat...), travail, commerce juridique.

profanation, l'incrédulité, furent punies comme des délits : cela prouve l'invariabilité de l'essence de l'idéal. La majeure est toujours la même : l'individu doit éviter ce qui nuit aux intérêts vitaux de la communauté ; or, (ici s'introduisent des modifications et des erreurs, selon les croyances) le meurtre du chat attire la colère divine, susceptible de dissoudre la société ; donc il faut le réprimer. Le sentiment reste identique à lui-même ; seules les applications varient, avec le progrès des lumières, qui les rapproche de l'idéal objectif. Si un acte cesse d'être jugé criminel, c'est donc, au fond, en vertu du principe qui le condamnait antérieurement [1]. — De même, si le meurtre fut puni à l'intérieur et honoré à l'extérieur, ce fut en vertu du même principe, en ce sens que la deuxième disposition elle-même paraissait utile, à défaut de l'être réellement.

Il semblerait, au premier abord, que cette particularité n'influe que sur la partie des idéaux qui est l'œuvre de la réflexion et du calcul. Elle s'accommode pourtant à l'intuition morale : un sentiment, un désir, généraux, fondamentaux ou dominateurs, en commandent, à notre insu, un autre. Si bien qu'il faut élargir la formule traditionnelle des conditions de vie et y compléter, l'un par l'autre, l'intérêt vital et le *désir*, d'ailleurs étroitement liés par la sélection. Tout ce qui a une valeur l'a par rapport à un désir, à une aspiration, à une tendance ; tout ce qui paraît désirable se rapporte au manquant, au désiré.

Or, le désir, l'idée de désirabilité, ne sont pas, au fond, toujours les mêmes, comme le supposent Jhering et Fouillée. Il n'y a pas que des erreurs de la croyance relative à l'effet, à l'efficacité du moyen, mais aussi des *aberrations du désir*, des perversions du sens moral et juridique. Ces dernières sont seulement plus rares : l'homme se trompe moins sur les fins indispensables à poursuivre que sur les moyens, car, si, en visant un but par de mauvais procédés, on l'atteint imparfaitement, il serait bien étonnant qu'on l'atteignît sans le viser.

Il semble même que l'intérêt général, même simplement subjectif, n'ait pas toujours été l'objet des idéaux : souvent une *classe* privilégiée a gouverné à son propre avantage, et on ne saurait démentir la réalité de l'exception en disant que cette classe était la société, ou sa partie essentielle ou son but, ou bien qu'elle se prenait pour telle.

Dira-t-on encore que l'utilité doit se rencontrer *en chacune des parties* et que toute loi, toute prescription juridique ou morale (timbre, enregistrement, déclarations fiscales, contrôles, dénomina-

1. Fouillée, *Eléments sociologiques de la morale*, p. 265.

tion des monnaies, usages de toutes sortes...) devrait, si notre système était exact, correspondre à une condition de vie ? Une telle objection, répond Jhering, ne porte pas plus que ce raisonnement : l'alimentation n'a pas en vue l'entretien de l'existence, car elle ne revêt pas la forme précise que requiert son but. L'alimentation est nécessaire, sa forme est libre : il importe relativement moins qu'on prenne tel ou tel mets, et en telle quantité, l'essentiel est qu'on doit en prendre. De même nous ne prétendons nullement que le prescrit du droit et de la morale soit toujours une condition exclusive et primaire de la société. Il peut exister non seulement des intérêts simultanés en sens contraires, mais, à un même intérêt, deux manières alternatives de sacrifier, deux genres de satisfaction. La collectivité jouit, dans le choix des moyens d'accomplir sa tâche, d'une certaine latitude, doublée quand il s'agit des moyens de se procurer les précédents. Ainsi, des ressources lui sont nécessaires, mais elle peut les tirer de tel ou tel impôt, basé sur telle ou telle assiette. D'ailleurs, une fois l'option exercée en faveur d'un procédé, il devient vital de ne pas s'y soustraire ou de ne pas recourir à d'autres, qui pourraient contrarier l'effet du premier. Quelques dispositions créent, pour ainsi dire, la justice qu'elles proclament : ce sont celles qui statuent sur des sujets qui s'accommodent mal des fantaisies individuelles contradictoires, sinon incohérentes, et demandent une réglementation quelconque afin d'établir une certaine uniformité, une certaine égalité de traitement, mais par des voies indifférentes en elles-mêmes.

Parmi nos usages, parmi les simples contraventions, le chercheur trouverait à peine *quelques curiosités sans raison* à signaler. On n'impose pas, en principe, des servitudes par plaisir : presque toutes ont — ou ont eu — leur utilité. Les règlements de voirie, les moindres mesures de police municipale, ont la leur. Toutefois, il n'est pas seulement conciliable avec l'exactitude du principe des conditions de vie, que l'on pose comme bonnes des *choses indifférentes,* mais il se peut qu'on transforme en bien légal une *somme donnée de mal réel,* même en connaissance de cause : si le perfectionnement de la société, sans lequel elle se prolonge assez longtemps, laisse une marge à l'iniquité (sinon nous ne serions pas où nous sommes), a fortiori son simple maintien est-il compatible avec une certaine dose d'injustice, pourvu qu'elle reste strictement limitée. Cette condition est réalisée lorsque l'État la proclame justice; du moins, s'il décrétait de tuer les sorcières ou les citoyens présentant tel rare caractère, cette monstruosité aurait une moindre tendance qu'un crime ordinaire à se généraliser par analogie, imitation ou habitude : la société vivrait quand même. Cela seul explique (sans le « justifier ») que tant de régimes aient duré malgré ou par les crimes officiels. — Il convient enfin de remarquer que la société est moins menacée si elle *n'encourage pas une condition de vie* en la considérant comme telle, que si elle poursuit comme utile une cause de nuisances : dans le premier cas, il y a faute contre l'économie, dans le second, il y a danger direct. Ainsi se comprend que l'idéal comporte moins de mal véritable qu'il n'omet de bien.

La formule des « conditions de vie » est — on le voit — largement compréhensive. Elle l'est trop toutefois lorsqu'on prétend suffisant qu'une chose soit *tenue pour utile*. Le bien subjectif ne saurait durablement se détacher de l'objectif. En particulier, toute fraction de la nation, qui prétendrait agencer le corps social à sa fantaisie et en vue de son profit exclusif, en sentirait bientôt l'impossibilité, la nocuité : l'État, les gouvernants, ne créent pas les lois, même relatives aux choix des moyens, selon leur caprice. Le droit, la morale, sont l'expression, dans notre âme, du bien objectif, mais imparfaite comme toute expression par rapport à l'idée correspondante. La valeur, est relative aux désirs, et par adaptation directe et par sélection, le désir tend à se conformer à l'intérêt.

II. — Les institutions et mœurs actuellement existantes sont, en conséquence, présumées concordantes avec les besoins et la volonté collectifs, donc bonnes et même les meilleures relativement. Ce sont des faits, pourtant, et tout fait ne saurait être supposé absolument bon. En progrès sur ce qui était hier, il est probable qu'elles sont inférieures à ce qui sera demain, et, même dans un pays libre d'accomplir des réformes, mainte cause les tient éloignées de ce qui devrait être et qu'il faut réaliser. Nous devons confirmer par des « preuves contraires » d'erreurs spéciales cette contre-présomption générale d'imperfection.

Ici, plus qu'à raison de la subjectivité, *l'opposition véritable aux conditions de vie* sera prépondérante. D'avance, nous pouvons annoncer cette conclusion, qu'aucun principe unique ne saurait expliquer des solutions opposées en des circonstances extérieures analogues. L'utilité n'est pas le seul facteur de la genèse des idéaux, ni la sélection son seul processus. L'intelligence entre en jeu, avec ses fantaisies, parfois protégées contre l'épuration de la concurrence. Même sous un régime d'élimination des formes les moins adaptées, il y a place pour les exagérations, les survivances, les innovations déréglées. Avec toute la réserve nécessaire en une matière requérant un examen approfondi (puisque, par hypothèse, l'intérêt est difficile à saisir, inapproprié à attirer l'adhésion), nous rangerons sous les rubriques suivantes les particularités qui ne résistent pas à la critique : 1° imperfections dans la portée (excessive ou tronquée), 2° anachronismes (« préjugés » et « superstitions »), 3° incohérences.

A) L'excès généralisateur dans l'idéal ou la réglementation, leur développement hypertrophique, comme s'ils se suffisaient à eux-mêmes, l'absence de distinctions ou au contraire la subordination des préceptes à des conditions sans raison restrictives, tout cela constitue des *péchés par excès ou par défaut.*

Les êtres qui se contentent de vivre sans penser, l'animal, l'enfant en bas âge, l'homme tout à fait primitif, ne s'inquiètent pas de l'idéal (Stirner). Le sauvage s'en occupe beaucoup et certains modernes en éprouvent le tourment. Ces deux traits inverses ne constituent pourtant pas par eux-mêmes l'exagération telle que nous l'entendons, c'est-à-dire eu égard aux circonstances. Elle se présente au contraire, en des sens différents, chez le non-civilisé pour qui tout est « fas » ou « nefas », sans compter les bons et mauvais présages, ce qui porte bonheur ou malheur, ou chez le contemporain qui éprouverait une parfaite indifférence pour tout ce dont il n'a pas le désir : on prétend voir là la base de la « distinction » entre hommes incultes et cultivés et, à raison de son ignorance des nobles sentiments et de ses infractions au savoir-vivre, on voue au mépris celui qui « pense bassement ».

Pourvoyant à remplacer la notion d'avantages incompris, à en augmenter l'influence ou à contrebalancer l'impulsivité, les idées de bien et de mal ont eu naturellement un développement considérable dans l'*enfance de l'homme et de l'humanité,* dont l'organisation imparfaite ne permettait pas de saisir, d'avoir présents à l'esprit ou d'apprécier les motifs convenables. Autre chose est la floraison exubérante qu'elles présentent parfois chez eux. S'il est improbable qu'elles aient pris d'un seul coup un tel développement et inconcevable que le primitif, sans acquis, sans longues et multiples traditions, ait eu l'esprit embarrassé d'usages minutieux, — il n'est pas moins d'observation courante que les peuples mineurs actuels portent l'idée de respectabilité ou de sacrilège sur toutes sortes de choses indifférentes ou du moins auxquelles elle nous paraît étrangère.

« Ceux qui ont peu étudié ce sujet imaginent volontiers que le sauvage a, tout au moins, cet avantage sur l'homme cultivé, qu'il jouit d'une liberté personnelle de pensée et d'action, beaucoup plus grande que l'étendue compatible avec notre état de civilisation. C'est une profonde erreur. Le sauvage n'est libre nulle part. Dans le monde entier, sa vie quotidienne est réglée par une quantité de coutumes (aussi impérieuses que des lois) compliquées et souvent fort incommodes, de prohibitions et de privilèges absurdes. De nombreux règlements très sévères bien qu'ils ne soient pas écrits, compassent tous les actes de sa vie. Les Australiens se laissent gouverner par un code qui constitue une des plus cruelles tyrannies qui aient jamais existé sur terre. Esclaves de la loi, des coutumes, des précédents, dit l'évêque de Wellington au sujet des Néo-Zélandais [1]. » Si les sauvages n'accordent aucune attention à des actes que nous qualifions criminels, ils en défendent par contre et en ordonnent d'autres, auxquels nous ne penserions même pas. L'abondance se double ainsi de bizarrerie (infra).

Il semble que le primitif conçoive des obligations actives ou passives non seulement envers des animaux, mais *envers des choses brutes* indépendamment de leur rapport avec quelque tierce personne. Il réagit contre les lésions *indépendamment de toute culpabilité* ou plutôt il applique l'idée de responsabilité là où elle n'a que faire : sans doute est-ce inutile et même nuisible dans mainte hypothèse, mais il eût été bien empêché d'établir des distinctions et ainsi l'abstraction de tous autres caractères que la lésion était inévitable, bien qu'inadaptée aux cas concrets. C'est seulement à une époque récente que, même en cas de faute, on a pu concevoir la nécessité d'individualiser, d'atténuer ou d'accentuer la réaction ou la correction, suivant le résultat à atteindre et l'impression à produire en des sujets plus ou moins impressionnables. Une légère réprimande peut réussir ici et là de sévères châtiments échouer. Pourtant tout n'était pas regrettable dans la conduite opposée du sauvage, puisque sa vie était plus menacée que la nôtre et que ses semblables ne se seraient pas arrêtés devant une menace trop mesurée.

Chez lui, ce ne sont pas seulement les actes sociaux, mais les gestes de la *vie privée* qui sont réglementés. La religion, les croyances, sont impératives. Le jeu, la danse, revêtent des formes obligatoires et les mouvements contraires au rythme sont punis. Non seulement les contrats et tous les actes juridiques se caractérisent par des formalités inutiles, mais il semble que *les formalités deviennent l'objet*

1. Sir G. Grey, *Polyn. Researches*, t. I, p. 222; Lang, *Abor. of Austr.*, p. 7; Lubbock, *Or. de civ.*, p. 440, et *H. préh.*, p. 408.

principal, unique de certaines prescriptions et qu'on en crée sans l'ombre d'un prétexte, sans occasion, sans support et comme pour elles-mêmes. L'habileté, la subtilité d'un Spencer, a eu peine à trouver, à inventer peut-être, les raisons originelles des cérémonies et salutations : le vaincu abandonnait ses vêtements et son harnais au vainqueur et maître ou se jetait à ses pieds, — de là l'usage de se découvrir, de se prosterner, de s'incliner, etc... Mais, si elles n'ont été dépourvues de sens dès le début, du moins ces convenances ont-elles pris, par la suite, une importance exagérée, alors que leur raison, au contraire, s'effaçait. Les Egbas, qui sont fort bavards et ont du temps à perdre, ont inventé toute une série de saluts et de réponses applicables à toutes les occasions possibles : suivant qu'on est assis ou debout, etc... En Australie, selon Eyre, les rapports des indigènes appartenant à des tribus différentes sont extrêmement pointilleux (Lubbock). Presque partout la distinction en classes et en catégories amène l'emploi de formules d'une politesse conventionnelle : on se parle à la deuxième ou à la troisième personne du singulier ou du pluriel...

— Les mêmes minuties ne se retrouvent-elles pas chez nous, non seulement en matière diplomatique et protocolaire, mais dans les relations mondaines et même civiles ? Nous devrions avoir assez des restrictions, obligations et gênes qui nous incombent de par le monceau de nos codes et de nos lois et par la politique de notre intérêt. Nous ne nous en contentons pas. « A côté de cette société colossale dont les effets sont si faibles, il en existe une autre qui ne semble qu'une ombre. Elle ne possède aucun moyen de coercition, jamais elle n'a condamné ni à la privation de liberté, ni à l'amende. Elle n'a point de préposés, nulle procédure, nul code. Elle chuchotte, mais ce mot est une loi impérieuse. A la différence de l'autre, elle ne fait jamais connaître ses motifs, souvent capricieux ; elle se plaît à les colorer de quelque apparence d'absurdité pour mieux montrer qu'elle est souveraine. Elle est instable. » Ses effets sont plus merveilleux encore que ses procédés : « Sans contrainte, presque volontairement, tous lui obéissent, vont au devant de sa volonté. Elle prend l'homme à son lever, ne le quitte point jusqu'au coucher, lui dit, minute par minute, ce qu'il doit faire. Un blâme de cette société plus subtile suffit pour nous faire éviter ce que l'autre est impuissante à empêcher par la force. Si elle voulait prêter son concours à l'autre, il n'y aurait plus besoin de lois ni de tribunaux. Pourquoi ne le veut-elle ou ne le peut-elle ? »

C'est le *monde*, c'est la *mode*. Si l'on demande un exemple de leur action quotidienne, on n'a qu'à songer à l'homme qui, par inadvertance ou pour tout autre motif, se promènerait sans chapeau. Celui qui s'aperçoit de l'absence de sa cravate se trouve gêné ; l'élégant qui sort avec des habits démodés se couvre de ridicule. Affronter la risée publique est plus rare et demande peut-être plus de courage que de résister à la réprobation. Procédons donc, avec M. R. de la Grasserie, à l'analyse abstraite de ces importants phénomènes et à leur classement parmi les forces sociales et psychologiques [1].

La société est vigoureuse, mais peu pénétrante ; ses peines sont trop brutes ; elle est massive et difficile à mettre en mouvement. Une multitude de faits exigent d'être réglés plus expéditivement ou ne valent pas qu'on s'adresse à la société, à sa contrainte, ni qu'on se fasse justice à soi-même par la vengeance ou le duel, inséparables de graves inconvénients. Entre le citoyen et l'Etat, se trouve le *monde*, avec son droit à la fois individuel et social. C'est encore la société, mais ut singuli. Il ne règle pas les rapports de deux personnes face à face, ni les droits de tout homme ; il concerne seulement ceux qui ont une condition égale (la Cour...), même peu élevée. Ses mobiles, comme son but, ses prescriptions et ses sanctions, restent dans la sphère immatérielle et idéale. Il n'agit pas par peur et s'adresse plutôt à l'honneur, souvent exagéré ou mal conçu, mais encore avec son élévation primordiale. Ainsi la galanterie a relevé la femme ; le courage, la chasteté féminine, la rigoureuse probité, la bienveillance, ont été renforcés par le même procédé.

Jusque là, le « monde » joue un rôle bienfaisant. Il est plus difficile d'apercevoir son utilité lorsqu'il emprunte les contours de la législation sociale en ce qu'elle a d'extérieur et de vain. En son état premier, elle était remplie d'appareil et de formalités sanctionnées par la nullité ; en droit romain, les termes des actions de la loi étaient hiératiquement consacrés (le plaideur était débouté s'il avait employé le mot chêne au lieu du mot arbre) et notre procédure ne se détache que peu à peu de ce rigorisme et de ces complications. « Le formalisme est un des instincts psychologiques les plus répandus : on ne s'insurge contre l'un que pour lui en substituer un autre. » Dans la législation mondaine, de même, la forme tient le plus de place, elle étouffe le fond. Les cérémonies religieuses ou juridiques n'ont d'égales que les mondaines. « On dirait que l'homme mondain ne vit que pour elles et par elles. A chaque pas une obligation surgit.

1. R. de la Grasserie, *Rôle psych. et sociol. du monde et de la mode*, p. 3-6, et *Riv. di fil. e sc. affini*, avril 1902 : le monde est l'état statique dont la mode est l'état dynamique.

Il ne pourrait plus s'en passer. De petits arrêts rythment son allure. Cela le dispense de penser, de vouloir, de prendre une initiative gênante. Il en éprouve un véritable besoin » (p. 23).

Ces usages ne se cantonnent pas dans les classes supérieures. La toilette, la parure, les bijoux, les cérémonies et marques de politesse, sont surtout aimés par les peuples inférieurs. Mais, au lieu qu'on « retrouve » ces travers chez eux, plus nombreux et plus énergiques, parce qu'ils les « exagèrent », nous avons plutôt une atténuation des leurs ; et si l'étiquette, de la cour, s'est vulgarisée, elle n'en était pas moins une amplification, un raffinement, de la tendance populaire, et sa délicatesse seule empêche qu'on voie dans ces mœurs aristocratiques un retour à celles des sauvages. Leur superfluité, du moins, est égale, dans la plupart de leurs parties. — Nous ne croyons pas non plus que le formalisme et l'amour des cérémonies soient naturels à l'homme et fassent partie de sa nature esthétique : comme l'activité désintéressée, comme l'art et les présents, ils sont antérieurs à la production économique, au commerce, à la science, et, comme la tendance à l'échange, ils ne sont devenus innés que parce qu'ils sont acquis depuis un temps immémorial. Cette restriction posée, nous convenons que les formalités de la procédure sociale plaisent à l'homme, davantage même que celles de la vraie procédure, car, nées non d'un litige mais de rapports sympathiques, elles s'accordent avec son caractère sociable. Aussi se conforme-t-on volontiers à leurs exigences et s'incline-t-on devant les jugements qui les sanctionnent. D'ailleurs elles répondent, en outre, « au goût de l'extérieur, du visible, auquel se réunit celui de l'habituel, de la répétition, de l'imitation de soi-même », et sans doute aussi le besoin de se limiter pour le plaisir de le faire.

La *mode* nous impose des toilettes et même des attitudes souvent gênantes, parfois disgracieuses, fréquemment stupides. Aussi suscite-t-elle quelques révoltés : « une inhumation mondaine les attend ».

Qu'y a-t-il au tréfonds de ces divers phénomènes ? Quelles en sont les racines psychologiques ? Comment *expliquer* cette incohérence et ces exagérations ? Quelle est la mesure de leurs avantages et de leurs inconvénients ? Sans doute l'usage adopté communément et durable paraît raisonnable ; mais ce motif constitue une pétition de principe : pourquoi est-ce l'usage ? M. R. de la Grasserie introduit ici l'idée de normalité, qui elle-même s'analyse en une loi et un besoin d'homogénéité, non exclusifs mais étroitement restricteurs des variations individuelles : l'homme doit ressembler à l'homme, non seulement anatomiquement et mentalement, mais par son extérieur,

par ses paroles et ses actes. L'accord contraint, insuffisant, se complète par l'harmonie. Le besoin d'uniformité se suffit à lui-même,
comme celui de symétrie. Le crime ne serait pas autre chose que
l'anomalie sociologique. En matière de mondanité et de mode, d'ailleurs, la conformité ne s'étend pas beaucoup entre classes ; on y sacrifie selon ses moyens. Toutefois il s'exerce dans toute la société une
influence plus profonde, celle de l'imitation, « ce penchant humain
à se conformer à ce qui a été » et, ajouterons-nous ici, à copier ce
qui est au-dessus de soi.

Ce mimétisme social, cette reproduction et cette « déteinte », non
unilatérales, mais, dans une large mesure, réciproques, qui « empêchent l'originalité », n'expliquent qu'un côté du phénomène : sa
forme et non sa composition ni son principe propulseur. Une sexualité affinée, un sentiment de l'honneur qui fonde une esthétique morale, n'y sont pas étrangers. Mais les convenances, le préjugé du
« chic », dans ses multiples domaines, correspondent surtout à un
souci d'esthétique souvent plus impérieux que les sentiments éthiques.
Je ne sais plus quel humoriste a remarqué qu'un mariage serait
plus sûrement manqué si le fiancé était aperçu en bonnet que si on le
surprenait en train de commettre une malhonnêteté : cet exemple,
trivial et significatif, montre bien qu'on met toutes sortes de considérations au-dessus de la commodité personnelle et même de l'intérêt
social. Il est incontestable toutefois que la distinction du beau et du
laid, du « bien » et du mal, elle-même, procure des jouissances individuelles et collectives : sous la forme des arts comme sous celle
des usages, des cérémonies et des obligations mondaines, elle rompt
la monotonie d'une indifférence égale envers les choses et les hommes, d'une absence d'appréciations, c'est-à-dire de sensations et
sentiments agréables ou pénibles. En différenciant « artificiellement »,
elle donne l'attrait de la variété et peut-être même d'un peu de souffrance, sans laquelle il n'y aurait pas de vrai plaisir. Un grand nombre même de civilités rappellent les servilités (supra : « monsieur »
ou monseigneur...), qui étaient fort importantes sous un régime de
militarisme, de despotisme et de castes : dans notre société industrielle en même temps qu'égalitaire, elles subsistent, sans raison ou
pour varier le type et y maintenir un élément d'activité désintéressée,
un vestige de son passé prédateur. Quelquefois les « considérations
distinguées » constituent un de ces innombrables autant qu'agréables
mensonges sociaux et conventionnels, sans lesquels la vie serait
rendue intenable par l'expression brutale des véritables sentiments.
La bienséance et la politesse, observe finement Jhering, ont pour

effet et pour raison de faciliter et de favoriser le commerce de la vie privée, lequel est utile à la vie intellectuelle et morale des hommes. De telles frivolités non seulement adoucissent les frottements, mais fournissent une matière à l'activité de l'esprit.

Cette fin, en somme utile, de tous les « convenable », « respectable » et « désirable », est *secondaire* relativement aux actes de préservation individuelle ou sociale. A raison de leur peu d'importance et malgré la présence parmi elles de préjugés sans le moindre intérêt, ce qui est disproportionné avec ses obligations, c'est la sanction dont est frappée, comme un sacrilège, leur violation : le ridicule parfois viager, la disqualification, l'infamie ou même le suicide imposé. De telles peines sont si excessives par rapport à l'intérêt en jeu et aux suites naturelles (c'est-à-dire indépendantes de l'idée de désirabilité), que ce surplus, cet énorme appoint, semble à peine approprié et destiné à des hommes grossiers. Aussi est-ce nous traiter comme des sauvages que d'y faire appel : une personne vraiment cultivée n'éprouve nul besoin de cette menace pour avoir une conduite digne [1].

— Lorsqu'on examine comment le *droit* remplit son office de justice, la première aberration qu'on signale est également la *pléthore de sanction*. Elle s'applique ou bien à des cas particuliers ou bien à l'ensemble d'un système ou d'une conception juridique. Nous y comprenons d'ailleurs la *réprobation*, qui frappe fort inégalement les divers crimes. C'est ainsi que certaines tribus mahométanes considèrent le péché de fumer comme plus grave que le meurtre ou l'adultère. Les Cafres méprisent profondément comme incirconcis les Hottentots. — La *disproportion* n'est d'ailleurs *pas absolue* : il convient de considérer le contenu des coutumes comme un tout solidaire ; or le maintien de la coutume étant considéré comme une condition de la conservation du groupe et l'étant réellement dans son ensemble, toute transgression, fût-ce d'une de ses prescriptions secondaires, apparaît énorme ; de même l'homme qui viole, de parti pris, un usage mondain ou autre semble afficher le mépris de la société entière. Des actes sans importance sont rigoureusement interdits aussi, car, à la façon du mensonge par plaisanterie, ils sont nuisibles dans d'autres cas et tendent à se généraliser.

L'exagération de la *contrainte* proprement dite s'observe dans la

1. L'abondance de ces « désirables en soi » est compatible avec le peu d'intelligence et la rareté, chez le sauvage, des relations entre deux états ou deux valeurs. C'est plutôt la moralité, c'est-à-dire l'accomplissement du bien, qui se mesurerait en général par l'élévation intellectuelle : chez les Apaches, par exemple, elle est réduite à ses rudiments.

théorie comme dans la pratique. Il arrive qu' « on l'attache, soit sous forme civile, soit (ce qui est beaucoup plus grave) sous forme pénale, à des devoirs qui ne la comportent pas, ou qu'on l'enlève à des devoirs qui la réclament » (Picard). Or il existe de graves inconvénients à transformer une prescription morale ou religieuse en juridique et réciproquement : des guerres affreuses ont eu pour cause ce déplacement. La démarcation entre le droit et la morale est si flottante, que, de leurs empiétements réciproques, on pourrait tirer un traité de l'impunité (Tarde). C'est un reproche devenu banal qu'on adresse au socialisme (G. Le Bon) de « transformer l'intégralité de la vie sociale en devoirs juridiques »[1].

Vu le mode originaire d'élaboration et d'application du droit, par les puissants et par l'Etat, il n'y a point lieu de s'étonner que la coercition ait possédé, au début des civilisations, une sorte de primauté, qui *va en décroissant*. La guerre privée, le duel judiciaire, la torture, sont un hommage rendu à cette confusion. Aujourd'hui, en dehors du domaine international où l'on nous propose la guerre-procédure, le type brutal s'est mué en type rusé. On conserve le travers de concevoir le droit sous la forme de l'action judiciaire, qui en est une manifestation exceptionnelle. Du passé subsiste, comme un vestige, l'énorme importance attribuée au Palais de justice, au Tribunal, au Gendarme, « dont le nom seul fait frémir »[2].

Ce préjugé suranné survit encore sous forme d'idéal et transfiguré en *théories*, dont le caractère paradoxal donne l'illusion de la nouveauté. Le droit, c'est le commandement garanti par la contrainte, c'est la force, — on va jusqu'à dire que celle-ci est plus que le droit; c'est ce qu'un individu ou une collectivité entend être tel. Dès que la

---

1. Cp. Proudhon, *La just. dans la Révol. et l'Eglise;* Lassalle, *Théorie systém. des dr. acquis,* Conciliation du dr. positif et de la phil. du dr., Giard, 2 vol. — Dalla Volta, La bienfais. au p. de vue sociol., *R. d'éc. pol.,* 1906, p. 201 : L'équité devient le droit et ce qui était la bienfaisance devient petit à petit l'équité. — Fouillée, Qu'est-ce que le social., *Rev. pol. et litt.,* 1906, p. 609 : le socialisme se caractérise par l'intervention, forcément autoritaire, dans un but économique, intellectuel ou moral, et au nom de l'intérêt (et non du droit, comme le réformisme sociologique). — Mais quelle différence sépare de l'intérêt le droit ? (Ex. : dans l'expropriation.) Suffit-il de l'inscrire dans la loi? Alors le socialisme se rapprocherait du réformisme, puisqu'il est forcé de réglementer des intérêts, qu'il ne peut satisfaire tous à la fois. Ou bien est-ce un intérêt plus précis et ayant duré ? Ou enfin ce qui paraît désirable parce qu'on n'en perçoit pas assez l'utilité ou qu'on ne le désire pas suffisamment ?

2. Picard, *Dr. pur,* p. 388 s. On se figure difficilement la Force dans son véritable rôle de servante de la Justice, ne songeant jamais à devenir maîtresse. De la crainte de voir la force contre le droit provient la défiance envers l'armée, indépendamment des horreurs de la guerre.

violence peut parvenir à imposer ses volontés, « peu importe le sujet
(Caligula fit consul son cheval), peu importe l'objet (l'Arabe africain
fit du nègre un esclave), peu importe le rapport juridique (le Chinois
peut noyer son enfant), quels qu'ils soient, ils exprimeront la justice.
C'est le despotisme et tous ses écarts. »

Chacun de ces autres éléments est lui aussi susceptible de devenir l'objet d'aberrations : jetons sur elles un coup d'œil, à la suite de
M. Picard.

Les *rapports* de droit, propriété, créance, puissance paternelle ou
maritale, paraissent et sont éminemment respectables et ils sont res-
pectés. Mais on les protège parfois, « on les choie juridiquement, en
eux-mêmes, indépendamment de leur utilité sociale, indépendamment des personnes et de leur moralité. Le phénomène s'est produit chez les peuples les plus variés et se révèle encore dans l'organisation capitaliste et dans l'intellect des juristes de profession »,
pleins de vénération pour ces entités. Des avantages spéciaux sont
accordés à la propriété et à la créance, notamment à la créance
hypothécaire ou gagée; le non-possédant, le débiteur, ont une situation inférieure devant les tribunaux et l'opinion. Un « préjugé », —
en partie naturel, même de la part de non-créanciers, comme suite
de la conduite et aussi comme stimulant préventif —, s'attache à
l'insolvabilité et à la pauvreté. D'une manière plus irraisonnée encore, quoique mieux contrôlable, les fortunes jouissent de la considération, indépendamment de leur source plus ou moins honnête, de
la moralité de leur bénéficiaire et de leur emploi égoïste, futile ou
mauvais. Propriété et créance sont privilégiées jusque dans la succession; toutefois il est exagéré et un peu contradictoire de dire que
la liberté de tester atteint l'invraisemblance et que les transmissions
sont réglées sans considérer à qui vont les biens : on n'échappe à
l'appréciation concrète de la personne des héritiers par le testateur,
qu'en tombant dans leur appréciation générale par la loi. On peut
donc seulement critiquer le pouvoir conservé par le possesseur au
delà de la mort ou bien la base du choix (parenté..., sans preuve de
capacité) ou même tout régime d'hérédité : mais il ne s'agit plus
alors du rapport juridique. — Quant à la puissance maritale et paternelle, il n'est que trop vrai que le Code Napoléon avait organisé
au profit exclusif du mari et père un despotisme familial : la jurisprudence a mis un siècle à comprendre que, fondées sur le besoin de
protection, ces prérogatives étaient corrélatives d'obligations et devaient fonctionner dans l'intérêt des protégés et non pour la gloire

du principe d'autorité. A côté de cet abus, il en subsiste maint autre dans la procédure [1] et le droit pénal.

Les exagérations relatives à l'*objet* sont moins fréquentes. Jusqu'à une époque récente, on tenait pour viles les choses mobilières et on accordait la prépondérance aux immeubles, car, dans la société féodale, on ne valait que par les terres. Dans les stades pastoral et agricole, les instruments et produits avaient prédominé : le « pecus » avait donné son nom à la « pecunia », qui en représentait l'image et le prix. Par un retour, on accorde aujourd'hui la préférence aux fonds de bourse, aux « valeurs mobilières » et peut-être bientôt, renversant l'adage ancien, dira-t-on : Immobilia vilia. On réagit aussi contre l'indifférence qui frappait les productions intellectuelles et amenait à leur refuser l'aptitude à être objet de droit. Dans le domaine extra-juridique, la « valeur », la mâle « virtus », est canalisée en forces d'un cours plus paisible, après avoir pris le sens d'une « vertu de sacristain ».

« Le *sujet* dominant du droit, c'est l'homme. Les autres éléments sont des moyens pour lui dispenser la justice. Il devrait toujours venir en première ligne, et l'objet, le rapport, la contrainte, en seconde. Il y a aberration à les transformer en principal, à faire de ces moyens des buts. » Les choses n'intéressent le droit que par rapport aux personnes; les droits n'existent qu'au profit et envers des individus; les droits réels ne sont que des obligations passivement universelles, des facultés envers des hommes et à propos des choses. Pourtant le sauvage, semblable à l'animal qui anime l'objet avec lequel il joue, à l'enfant qui parle à sa poupée, ou tout au moins incapable de caractériser et de classifier les propriétés, supposa la vie et l'âme à des corps inanimés, les conserva à des êtres qui les avaient perdues, les donna à des créations fantaisistes de son imagination : et tout ce monde, cette population d'esprits qui hantait son cerveau, devint sujet actif ou passif d'obligations. Aujourd'hui l'analogie, le rapprochement établi scientifiquement entre l'humanité et l'animalité, confère à cette dernière des droits embryonnaires.

1. Les Chinois sont réputés à cet égard. A Viti, les affaires publiques se traitent avec un formalisme fastidieux ; on observe strictement les vieilles formes et on s'oppose à toute innovation (Lubbock, *Or. de civ.*, p. 447). Il n'est pas besoin d'aller si loin pour observer l'œuvre de la bureaucratie, le luxe des paperasses, et les « chinoiseries » administratives. — A Taïti, si le prêtre s'interrompt, omet un mot, en déplace un, tout est à recommencer, même s'il en coûte. (Cette manière de « procéder » ne rappelle-t-elle pas l'impuissance des animaux à continuer le travail instinctif lorsqu'ils se sont trompés ou qu'on a légèrement modifié son dispositif, à tel point qu'ils le reprennent par le début?)

Du génie à la bête, il y a bien des degrés, et malgré son caractère abstrait, la notion de *personne morale*, qui semble s'étendre aux hommes seuls mais à tous, est compatible avec des graduations dans les attributs juridiques. Mais ces titres ont été parfois restreints ou réservés abusivement, de manière à créer un droit anormal, à établir de criantes inégalités juridiques. D'un côté l'être humain a été transformé en esclave ou en serf, c'est-à-dire le sujet en objet. Inversement des prérogatives ont été accaparées par des classes privilégiées, par la noblesse, par le clergé. Il a été proposé de revenir au régime aristocratique qui prévalait encore entre les nations avant les traités de Vienne, et de ne reconnaître de droits qu'aux puissants, aux hommes supérieurs, aux « génies ». Pratiquement, le libéralisme absolu, le laisser-passer, amène, d'une manière aussi sûre, l'écrasement des épuisés et des résignés, à qui l'on dit ironiquement : Mais vous aussi vous êtes libres ! Le droit doit être un moyen d'entr'aide et non de dépouillement, comme le comprend la spéculation. Il serait d'ailleurs aussi injuste d'égaliser, autrement que par la liberté et devant la loi, des êtres effectivement très inégaux, que de refuser d'établir l'équation entre équivalents.

· Des erreurs ou des mensonges se rapportent aussi au *fait juridique*. Quand M. Prudhomme invoque la sécurité des transactions et le « respect dû aux conventions », soyez assurés que presque toujours il s'agit de consacrer une iniquité, une combinaison léonine (Picard). Dura lex! gémissent les hypocrites. Heureux s'ils ne demandent pas qu'on augmente leur portion pour calmer leurs scrupules. Leur « summum jus » n'est souvent qu'un abus du droit. — Parfois plus désintéressé, le culte des institutions, issu d'une sorte de religiosité à leur égard, n'en impose pas moins des sacrifices humains en hommage aux fétiches juridiques. Chacun s'incline devant le prêt et le marché à terme, détournés de leur fonction d'entr'aide ou de commerce et sans qu'aucun service rendu à la collectivité justifie le déplacement de richesse. Des vues plus justes se manifestent dans la rescision pour lésion. — En matière pénale, « l'infraction et la peine ne doivent pas être considérées en elles-mêmes, mais dans l'auteur et avec toutes les circonstances », comme l'établit l'anthropologie criminelle (Picard).

M. Picard dénonce un dernier danger, une sorte d'érotisme, beaucoup moins à craindre que les précédents : l'exagération de l'*importance sociale du droit*. Il ne faut pas, dit-il, qu'un peuple ou un gouvernement soit exclusivement juridique. C'est un conseil superflu et imprudent, de dire aux dirigeants de ne pas s'attarder au respect de la légalité, ou aux peuples, à moins qu'ils ne soient bien flasques, de repousser par la force l'oppression tant interne qu'externe.

Tout différents sont l'*excès ou* le *défaut de généralisation* du droit. Souvent ces deux vices se rencontrent dans un même système, pour des dispositions différentes ; mais, si les deux tendances psychologiques dont ils résultent se corrigent grossièrement, leurs inconvénients ne se compensent nullement. Dans les traditions, les coutumes même non écrites et jusque dans le sentiment moral, on trouve des *restrictions* singulières, analogues à celles qui résultent, dans la jurisprudence, de ce que l'interprète est lié par les textes, parfois restrictivement. Il n'est souvent interdit de frapper que tel être et avec tel objet, — par exemple le cheval avec une bride, chez les Mongols ; de toucher une chose déterminée qu'avec tel instrument, — par exemple de remuer le feu ou de prendre la viande dans la marmite avec un couteau, chez les mêmes populations. La bienveillance, chez nous comme chez elles, ne s'exerce qu'à l'égard de certaines espèces. A moins d'assimiler ces spécialisations à celles qui se rencontrent dans nos usages mondains, on ne peut y voir que des règles d'hygiène, de sympathie, etc.., mais alors on ne sait plus comment expliquer leur étroitesse. Il semblerait que chacun, ici législateur en même temps qu'interprète, n'aurait qu'à modifier la formule ou le sentiment. Sans doute n'aperçoit-il pas jusqu'où s'étend le motif des préceptes, car il en ignore la raison naturelle ; à ses yeux, leur justification réside dans la prescription sociale, que, passif, ne se sentant pas législateur, il n'ose corriger : or la remarque, le conseil de l'ancien, n'ont peut-être porté que sur un objet.

Le plus souvent, c'est la tendance inverse qui se manifeste, sous forme d'*excès de généralité* de l'ordre. Chez les Australiens, où l'on peut voler la femme d'un autre, il est interdit d'en épouser une du même nom que soi, même non parente. Ici la portée du précepte dépasse sa raison d'être et son but, lesquels répondent à la nocuité de l'union entre proches. Dans toutes les exagérations analogues et parce que le motif est inconçu, la règle englobe dès le début, avec avec le cas intéressant, une foule d'autres, ou bien elle s'y étend dans la suite ; à moins que son extrême compréhension ne s'explique par la survivance de ceux qui, sans savoir pourquoi, écartaient l'acte nuisible au milieu d'autres, ou bien que la disposition n'ait été formulée en termes généraux pour éviter les complications de l'application aux cas concrets, pour donner un critère unique, compréhensible et matériel, ou même pour cacher son caractère utilitaire, peu saisi ou peu apprécié, et lui donner un cachet de mystère qui frappe beaucoup plus les esprits populaires. Les usages non écrits sont interprétés, c'est-à-dire modifiés, par « des multitudes incapables d'en comprendre les motifs d'utilité et qui, par conséquent, les expliquent inévitablement par des inventions superstitieuses. Alors la coutume raisonnable engendre une coutume déraisonnable [1]. »

L'insinuante pénétration et les dangers de la tendance extensive du droit se manifestent chez quelques juristes, qui réagissent contre l'asservissement au texte : les sentiments et idées éthiques, par eux-mêmes généraux, indéterminés dans leur étendue et élastiques (au sens ou le sont les gaz), deviennent envahisseurs dès que le raisonnement s'en empare : il les étire, les répand en tous sens par des *assimilations* de proche en proche, si bien qu'ils cessent d'atteindre leur but ou même aboutissent au résultat opposé. C'est aussi absurde, en sens inverse, que cette contrefaçon de la maxime de Kant : pour apprécier un acte (dont la valeur tient peut-être à ce qu'il est unique), voir ce qui arriverait si tous l'accomplissaient ; pour juger la nécessité de la nutrition, l'excellence de tel aliment, supposer qu'on mange sans cesse ! Ainsi l'*égalité* juridique, le devoir de respect de la personnalité d'autrui, excellents et protecteurs de l'individu tant qu'ils sont circonscrits à des catégories restreintes, se retournent contre l'homme, à mesure qu'on étend le mot autrui des incapables et des sauvages aux animaux domestiques et même sauvages : les Doukhobors affranchissent leurs bestiaux et s'attèlent à leur place... Qu'arriverait-il si nous acceptions l'intangibilité de toute parcelle de vie ? Une faculté, un droit, destinés à ennoblir l'homme, finiraient en se dégradant, par l'avilir. Heureusement l'idée de liberté fait de même « tache d'huile » et son action contrecarre la précédente.

Si l'analogie basée sur la raison des institutions offre des inconvénients, combien plus dangereuse est l'*analogie extérieure* ! Elle ne s'arrête pas devant les objections tirées du motif d'opportunité, et, par hypothèse, fait abstraction de certaines différences, — objections et différences qui exercent ici l'action compressive. « L'analogie, qui, (par ailleurs) rend tant de services à la science du droit parvenue à maturité, est le plus dangereux des pièges dans l'enfance du droit. Des prohibitions et des prescriptions limitées à l'origine, — et pour d'excellentes raisons, — à certains actes, deviennent applicables à tous les actes du même genre, parce qu'un homme menacé de la colère des dieux, s'il accomplit un acte, craint naturellement de faire quoi que ce soit qui ressemble à la chose défendue » (Sumner Maine). L'interdiction hygiénique d'un aliment s'étend à

1. Sumner·Maine, *Anc. droit, soc. prim. et idées mod.*, p. 18.

tous les similaires. Les préceptes acquièrent un caractère de généralité, de rigidité, de rigueur, de sainteté, qui ne souffre ni distinctions ni exceptions, alors même que les circonstances, renversées, l'exigeraient : on obtient ainsi l'obligation stricte au repos dominical, au jeûne, à l'abstinence, à l'interdiction constante, périodique ou hebdomadaire, de certains mets, etc.. Ou bien on recommande de procéder à tel acte ou de s'en abstenir plus fréquemment que ce n'est indispensable, si même on ne l'ordonne ou ne le défend absolument, *en dehors de l'occasion qui l'exige ou l'interdit* : le droit et le devoir deviennent, d'hypothétiques, inconditionnés, et de moyens, fins. Ainsi une sage mesure de propreté crée, à la longue, « la routine des ablutions pour la forme », de même, presque tout le cérémonial est une survivance, atténuée, de moyens utiles. La division de la société en classes, — peut-être utile ou inévitable, à une époque troublée, pour défendre l'existence nationale, et tout au moins corrélative de différences originaires de services, de valeur ou d'habilité, — s'accentue ou dégénère en une distinction de castes, « la plus désastreuse et la plus abrutissante des institutions humaines ».

Ce n'est point la seule manière dont l'esprit se dresse contre la nature, contre les conditions du mieux-être général, et retarde le progrès. Dans l'hypothèse précédente, l'analogie était plus ou moins mal comprise, et la détermination des catégories avait lieu, en des esprits peu clairs et peu précis, non d'après des critères et caractères scientifiques, mais par des comparaisons bizarres, des similitudes qui frappaient un peu au hasard, au gré de la fantaisie et de l' « imbécilité » individuelles. Du moins subsistait-il un rudiment de processus logique, qui rappelle l'abstraction, et qui limitait l'extension aux situations voisines. Avec l'*imitation* disparaît ce vestige de rationalité : c'est surtout par l'irréflexion, qu'elle réalise ses bienfaits et méfaits sociaux. Elle ne se limite pas aux congénères, et l'être vivant peut même se conformer à des modèles inanimés. Elle joue un rôle, non pas seulement dans la formation du droit, mais dans sa déformation. Chez les Hindous, par exemple, elle y a introduit une multitude d' « absurdités cruelles », et, ce premier mal déjà accompli, la rédaction l'empira et le perpétua [1].

A l'origine instinctive, coutumière ou imparfaitement expérimen-

---

[1]. Sumner Maine, *ib.* : le code romain a été *rédigé* alors qu'il était encore temps et que les coutumes étaient demeurées saines. Cent ans plus tard, le monde eût été changé (mais ne fût sans doute pas tombé aussi bas que l'Inde). — Cette rencontre de l'invention de l'écriture avec un état juridique plus ou moins avancé montre la part du *hasard* dans la formation du droit.

tale du droit, s'ajoutent ainsi, pour expliquer son excès d'extension et d'expansion, l'imitation, la survivance par tradition et par codification. Il arrive à s'appliquer *au delà du cercle dont il émane et aux besoins duquel il était adapté*, et même dans des pays et en des temps dont les caractères et les exigences sont tout différents. Dans le même sens que ces influences assez peu systématiques, opère une tendance au prosélytisme, au *conformisme* parfois autoritaire, qui, à l'inverse des précédentes, va surtout du dedans au dehors. La « gens » ou la phratrie imposait à son membre de croire et de pratiquer comme elle-même; partout le clan primitif persécute, élimine ou corrige les dissidents en paroles ou en actes.

Ne le voulût-on pas, la loi, le droit, les maximes même individuelles, sont *forcément abstraits et conçus en termes généraux* ; ils ne tiennent donc pas *toujours compte des situations anormales*. Ce caractère, d'ailleurs, n'est pas entièrement mauvais, puisqu'il évite le calcul et les risques ; et, si les prescriptions ne concordent pas dans tous les cas concrets avec le résultat auquel aboutirait la pesée des intérêts, du moins sait-on assez facilement où se trouvent le droit et le devoir. Il arrive que la volonté du législateur prétende à s'imposer par elle-même, qu'elle proscrive en dehors de tout dommage et ordonne sans utilité, par pur caprice : mais il est bon qu'elle paraisse respectable en soi, sinon on s'habituerait à en peser l'opportunité dans chaque cas et elle ne puiserait plus d'autorité que dans sa sanction.

La difformité qui résulte du défaut de distinctions dans les préceptes s'explique moins vraisemblablement et moins communément par le calcul suivi d'analogie et d'imitation — attrayant équivalent de l'instinct né de la téléologie — que par le processus inverse : au début se rencontre, non une réflexion impossible même à l'élite, mais un *instinct* irraisonné que favorise la sélection [1].

Dès l'abord, la tendance porte sur toute la catégorie à laquelle appartient l'acte utile ou nuisible, car on ne naît pas avec une disposition à éviter ou à rechercher tel objet spécial et en subordination à telle circonstance, mais avec une répulsion ou une propension inconditionnées envers une série assez vaste ou assez mal délimitée; il est même difficile de leur donner ultérieurement une forme adéquate. Si nous éprouvons un sentiment ou un désir envers un genre, une famille, une variété (horreur de telle espèce d'animaux, de telle classe

---

1. Il existe dans les institutions une correspondance assez vague, d'un côté entre la part des individus, des grands hommes, et celle de la réflexion, mêlée à l'intuition, et d'un autre côté entre celle de la masse et celle de l'instinct, avec quelques observations rudimentaires. D'ailleurs, des sages se rencontrent dans ce qu'on appelle ordinairement la masse.

de personnes...), nous ne distinguons pas des dangereux les inoffensifs. Normalement, l'acte instinctif ou même simplement habituel se reproduit tel quel, parfois là où il n'y a pas ou plus lieu. Tout instinct est *rigide*. Le sentiment de peur, appliqué par sélection à ce qui est redoutable, est évidemment favorable ; mais l'homme est craintif ou ne l'est pas, et s'il l'est, c'est aussi à l'égard de choses peu terribles. Il en est de même de la religiosité, des superstitions. Le « fas » est destiné à provoquer ou empêcher des actions propices ou non, mais il a pris une extension monstrueuse. Comme la crédulité et une foule de sentiments anormalement développés, *les idées et sentiments juridiques et moraux existent ou n'existent pas*, en bloc, et s'ils existent, ils se portent d'abord un peu sur tout ; leur portée comporte peu de distinctions selon les conjonctures, elle est générale et parfois excessive.

- Ils sont donc loin de toujours correspondre à un intérêt réel. Mais n'est-ce pas là une objection contre l'exactitude de la règle, contraire, de la conformité nécessaire aux conditions de vie ? Elle ne serait probante que si l'on prouvait que la tendance critiquée est formée spécialement en vue du cas envisagé et n'est pas une manifestation d'une disposition générale *utile dans les circonstances plus fréquentes ou plus importantes* [1]. Or le contraire est presque évident : les droits et les devoirs forment un bloc, qui, malgré ce passif, est au total, plus utile que nuisible. En tout cas, si cette tendance n'a pas été originairement heureuse par elle-même, elle fut inévitable, indispensable à d'ultérieurs résultats plus favorables : c'est la poussée exubérante de ce qui nécessite une force puissante pour naître. Plus tard, étant propice, il arrive que la tendance se développe comme si elle était cultivée pour elle-même. Enfin, si l'idéal n'a pas été, dès l'origine, hypertrophique, il le devient, avec son bon et son mauvais côté, par l'habitude générale de se limiter.

Bien qu'on ne légifère ou réglemente pas par plaisir, il existe une *végétation excessivement luxuriante* de prescriptions et de formalités qui compliquent la vie. Cet état provient, en partie, de ce qu'on n'efface pas les institutions vétustes et qu'on y superpose de nouvelles stratifications, dont les dessins entremêlés forment un fouillis inextricable. Une tendance impulsive pousse, en outre, à se limiter en dehors de toute nécessité particulière, de même qu'on éprouve le

---

1. Romanes, *Evol. mentale chez les anim.*, p. 283 : Le suicide du scorpion peut s'expliquer comme acte de défense contre un ennemi imaginaire (?). Quant aux insectes qui se précipitent dans la flamme, il n'y a aucune raison de croire que cet instinct soit spécial à cette forme de la lumière.

besoin d'être conseillé, contredit, ou de se dévouer et de se dépenser. Les théoriciens présentent comme bon qu'on s'impose spontanément des restrictions, à raison de la nécessité et de l'excellence générales de la discipline interne. La poursuite d'un idéal différent de la réalité devient un *but en soi*, dont l'homme semble ne plus pouvoir se passer. La vie sans idéal, sans la « flamme » intérieure, sans l'étoile qui nous guide! On plaint ce matérialisme terre à terre qui poursuit seulement la satisfaction des besoins. Du possible et du réel, le désir de beauté et d'idéalité retranche un certain nombre de choses « laides », afin qu'on jouisse mieux des autres.

Avant de poursuivre l'examen des anomalies de l'idéal, nous donnerons deux exemples, où on les rencontre presque toutes — car elles ne sont pas exclusives — et mêlées à des éléments normaux.

Le *tabou* est une sorte d'interdiction religieuse, de défense, d'embargo, mis sur une chose, une personne, un acte. « Cet interdit était jeté et proclamé par le grand-prêtre, inspiré tantôt de l'utilité publique, tantôt et souvent de ses passions ou intérêts. » « Le trait commun de tous les êtres, de tous les objets et de tous les actes que les Polynésiens regardent comme taboués, c'est d'être des objets, des êtres ou des actes *dangereux*, dont il ne faut approcher ou qu'il ne faut accomplir qu'avec d'extrêmes précautions. » « Des tabous protecteurs interdisaient d'approcher des champs de patates avant leur maturité, d'allumer du feu dans les cabanes où il y avait des provisions, de cueillir les fruits à pain, bananes et ignames, alors qu'on appréhendait une mauvaise récolte. Les cochons et les poules étaient taboués dès qu'ils devenaient rares. Des tabous politiques rendaient les chefs de famille sacrés, défendaient aux enfants de les maltraiter, même d'en médire. D'autres tabous s'opposaient au mariage entre les parents trop proches... » Le sauvage ne voit probablement que le caractère religieux et non le caractère prophylactique du tabou prononcé sur les nouvelles accouchées, les jeunes filles au moment de leurs premières époques et les ensevelisseurs après l'enterrement; il n'en est pas moins vrai qu'il s'y conforme et c'est là le bienfait de la prohibition ou de la prescription rituelles [1].

1. Nous laissons la parole à : Letourneau, *Evcl. jur.*, p. 59; Marillier, *Tabou, coutume et oblig. morale*, ou dans *Entre Camar.*, 1901, p. 391; et *Gr. Encycl.*; A. Mary, Pourquoi les rois de Fr. touchaient les écrouelles, Excell. et antiq. de la médec., *Rev. mod. de médec.*, 1907, p. 6 : Tous les peuples (Australie, Asie centrale, Inde, Amérique) ont eu leurs tabous, parce que tous sont passés par ce stade de la civilisation où la médecine se confond avec la religion et où le médecin s'appelle le Roi. La Bible établit une dis-

Tous les tabous n'étaient *pas aussi sensés*. Dans l'Inde, à Rome, le mariage était défendu à certaines époques de l'année, sans qu'on puisse en découvrir la raison (pas même par de profitables dispenses). Les instincts populaires, l'analogie, ont souvent élargi les préceptes ou les ont multipliés inutilement. Les caprices et les passions des chefs et prêtres les ont dénaturés ou déformés. Il fut parfois enjoint de rester à la maison, défendu d'allumer du feu ou de manger avant le lever ou après le coucher du soleil. Les obligations envers le gouvernement et le sacerdoce, les corvées pour bâtir les temples et les demeures de l'aristocratie, étaient réglées par le tabou. Les femmes surtout, dit Letourneau, en étaient victimes : défense leur était adressée de toucher aux mets des hommes et à certains aliments. Ici un district, là une marmite, ailleurs la tête ou la colonne vertébrale des chefs, étaient consacrés. Toujours, la sanction était singulièrement exagérée : au moindre soupçon, c'était la mort.

Il semble étrange qu'on ait fait, *du nuisible, quelque chose de sacré* et, à l'inverse, qu'en sanctifiant un *objet utile*, parfois de première nécessité, on se soit *interdit d'en user*. Ces deux tendances, non exclusives et bien constatées, s'expliquent pourtant. Que l'on consacre ce dont on voulait écarter l'emploi ou éviter la profanation, c'est assez naturel. Quant à rendre intangibles des choses dont le caractère respectable ou désirable tient à leur emploi (par exemple, de la catégorie des comestibles, retirer des substances dont l'utilité est d'être mangées), il est probable qu'on a commencé à les vénérer comme moyens, sans en exclure l'usage, à la façon dont on divinisa le feu (Prométhée), conservé par des prêtresses (Vestales, femmes inoïtes) : « Les Inoïts, rapporte Elie Reclus [1], chassent, dévorent la baleine, mais la révèrent. » Puis on transforma, comme cela arrive souvent, le moyen en une fin exclusive du but premier : « Les Veddas refusaient de manger la chair de certains animaux, — ours, éléphants, buffles, — tout en dévorant, au besoin, toute espèce de charogne. » Au seuil de cette question des *totems*, étrangère à notre sujet, nous nous arrêterons. — Dans le précédent exemple, la nocuité est évidente : la condition favorable à la vie s'est retournée contre la vie. D'autres fois, l'ajustement utilitaire est plus réel : les gros oiseaux, qui offrent un butin avantageux, ne sont pas épargnés,

tinction entre le pur et l'impur. Moïse régla jusqu'aux moindres circonstances de la vie sociale et individuelle : assainissement de l'habitation et de la rue, alimentation et vêture. Le Talmud ira jusqu'à des prescriptions concernant l'abatage et l'inspection des viandes. — L'exclusion de certains mets, le jeûne, le repos, sont impératifs, car religieux.

1. *Les Primitifs*, p. 63.

mais seulement les petits, qui sont réputés auxiliaires de l'agriculture, et les jeunes, qui « deviendront grands ».

Les uns voient dans l'institution des tabous *l'origine* de l'obligation morale (B. Jevons) ; d'autres opposent à cette vue que c'est plutôt une extension du devoir. Les deux conceptions sont loin d'être exclusives l'une de l'autre ; c'est sans doute une manifestation d'un sentiment de respectabilité exagéré dès l'abord ou amplifié par la suite.

— Les mêmes questions, non tout à fait oiseuses, se posent à propos du *fas* et du *nefas*, auxquels s'attache beaucoup plus l'idée de malédiction, de « porter malheur », intermédiaire entre les suites naturelles et la sanction artificielle. Il se rencontre ici, en outre, une idée de causalité, mais rudimentaire et fausse : ce n'est pas le renoncement, d'avance, à comprendre l'incompréhensible, à réduire en lois les mystères et hasards apparents, mais c'est tout au plus un essai, un commencement d'explication scientifique dans le domaine de l'action, — de même que l'intervention d'êtres doués de personnalité, en ce qui concerne le jeu des forces naturelles. — Nous sommes loin aussi de confondre le « fas » et le « jus » et n'ignorons pas que les Romains ont soigneusement distingué le droit émané de la tradition religieuse et celui qu'élaboraient les puissances laïques : comices et magistrats [1], — source distincte et indépendante. Mais tous deux, — outre qu'ils limitent l'activité par des mobiles absolus et non égoïstes, en apparence, — présentent une grande analogie dans leur utilité supposée et dans leur fonction réelle. On croyait se conserver, par certaines attitudes, la faveur des dieux, éviter leur ressentiment. On puisait, en réalité, une force dans les augures, dans l'acquiescement des puissances supérieures, comme par l'approbation de la conscience. La confiance au succès contribue efficacement à le donner.

Pourtant ces encouragements étaient fragiles et présentaient leur revers de *dangers*. Si tous les rivaux n'avaient possédé à quelque degré l'esprit de superstition et si les auspices n'avaient, plus ou moins de bonne foi, truqué les signes ou leur interprétation, la peuplade qui aurait obéi aux présages, eût été à la merci de celle qui leur échappait ; la panique causée par des éclipses a perdu plus d'une armée. La réprobation des dieux, leur menace, le sentiment d'aller contre les plans providentiels, ou le désespoir fataliste en l'avenir,

---

1. Jhering, *Espr. du dr. rom.*, t. I, p. 266 ; Voigt, *Die XII Tafeln*, I, § 13 s ; Leist, *Graeco-ital. Rechtsgesch.*, p. 175 s ; Muirhead, *Hist. Intr. to the priv. law of Rome*, p. 14 s ; Carle, *Or. del dir. Rom.*, p. 90 s.

ont engendré l'inertie, la résignation, l'abandon à la mort. Les primitifs, lors même que leur intelligence est capable d'adopter une
politique guerrière suivie, sont sujets à être « troublés, détournés
de l'exécution de leurs projets, parce qu'un événement, complètement inoffensif s'il n'agissait sur leurs esprits superstitieux, les arrête et les épouvante » [1]. Si ce système ne constitue une calamité
militaire, du moins engendre-t-il des *maux*, des *gênes continuels* : la
vie des sauvages dépend tout entière des présages et ils sont obligés
à chaque instant de consulter leurs sorciers. La distinction des jours
ouvrables ou non, l'imposition des jours fériés et de réjouissance,
ne sont rien auprès de la répartition des jours fastes et néfastes. Les
enfants qui naissent à pleine ou nouvelle lune, ou sous tel signe, ou
dans telles circonstances passent pour venus à male heure [2]. Les malades et même les gens sains doivent absorber des drogues invrai-
semblables. On sait que les mêmes absurdités, parfois mêlées d'assez
justes intuitions, se retrouvent dans nos classes populaires (Niceforo)
et même ailleurs. Mais il est inexact d'y comparer nos croyances et
sentiments juridiques, fussent-ils erronés et exagérés [3].

B) Bien que les *survivances du passé* ne soient pas dénuées de toute
raison, notamment parce qu'elles assurent les transitions, la permanence dans l'évolution, à côté des variations, — le caractère parfois
prématuré des *ébauches de l'avenir* se double d'une qualité infiniment
plus appréciable, puisqu'elle est la condition de tout progrès. La
mémoire maintient l'esprit en arrière, l'imagination le porte en
avant. La constatation du réel, les leçons de l'histoire, l'instinct
même, adapté aux seules circonstances qui se reproduisent, ne suffisent pas à bâtir l'idéal : l'homme doit anticiper les conditions ultérieures. Comme il en a souvent l'intuition plutôt qu'une perception

---

1. Bagehot, *Lois sc. du dév. des nations,* p. 141.
2. Reclus, *ib.,* p. 243 : chez les Monticoles des Nilgherris.
3. Stirner, *ib.,* p. 79 : « J'appelle époque nègre l'antiquité, époque où les
hommes étaient sous la dépendance des *choses* (repas de coqs, vol des oiseaux, éternuement, tonnerre, bruissement des arbres sacrés, [entrailles
des victimes]...). Le mongolisme, c'est l'époque chrétienne où nous sommes esclaves de l'*idée*. A l'avenir est réservé de dire : je suis maître du
monde des choses et du monde de la pensée. » — L'exactitude historique
de cette vue est loin d'être rigoureuse, de même que la distinction et surtout l'opposition entre nos propres tendances internes, soi-disant seules
conformes à l'intérêt personnel et celles qui nous viennent du dehors. Les
idées « sacrées » qui nous dominent et nous dirigent, c'est-à-dire les idées
morales et juridiques, correspondent, en général, à des utilités objectives.
Loin de devoir s'en affranchir, le Moi n'a pas de meilleur moyen d'atteindre et d'être apprécié à sa plus haute valeur, que d'estimer lui-même le
« dur diamant du non-moi ».

nette, elles paraissent un peu aprioriques. Pourtant, dans les « projets » de réorganisation sociale et jusque parmi les utopies, il se trouve quelque part de vérité et d'utilité, qui agit efficacement. Précurseurs et « excessifs » sont nécessaires, mais les tiraillements et oscillations ne doivent pas être exagérés et la voie la plus directe, la plus immédiate, de satisfaction est loin d'être toujours la plus sûre. La société, qui vit forcément dans le présent, ne peut pas ne pas considérer comme criminels et ne pas punir les fanatiques, forcément anormaux, qui vivent comme dans un autre monde. Toutefois à l'égard des individus qui agissent en prévision du stade naissant ou prochain, il serait injuste de sévir, sous prétexte que leurs persécuteurs, qui sont précisément le principal obstacle à l'avènement de cet idéal, ne pensent pas comme eux. Surtout il est illogique de se montrer indulgent envers ceux qui veulent ressusciter un passé suranné et de réserver les sévérités à ceux qui prêchent un « nouvel évangile », contre lequel le principal grief est qu'il n'a point encore été réalisé ! Sans doute cette attitude tient-elle à ce que le disparu a prouvé au moins qu'il pouvait exister et fonctionner, tandis qu'on n'est jamais sûr d'un idéal qu'il soit le futur ou même le possible ; de plus, elle présente une correspondance étroite avec notre tendance générale à l'inertie, avec les intérêts à courte vue liés au maintien du statu quo.

Cette action, contraire à l'instauration des nouvelles formes, s'affirme aussi par la *conservation* des anciennes. Ce qui est arrivé ne s'efface pas à tout jamais ; il en reste plus que le souvenir : la trace en demeure aussi dans les faits. Le passé vit en nous. Les survivances se rencontrent non seulement dans les organismes, mais parmi les instincts, les mobiles de toutes sortes, les institutions. La morale, les mœurs, les habitudes sociales (guerre...), se prolongent au delà des circonstances dont elles sont issues ; tels préceptes se détachent de la fin à laquelle ils étaient adaptés et finissent par se suffire à eux-mêmes : désormais, amoindris ou non, ils sont sans fonction. Du moins mainte règle cesse d'être adéquate aux buts qui la conditionnaient et, en tout cas, si elle ne se soutenait par la force acquise, on ne l'inventerait pas.

— L'écriture, la *rédaction*, la *codification*, aident la tradition dans son rôle social. C'est comme une mémoire extérieure ; et cet adjuvant présente le même défaut que son succédané : le motif une fois oublié, — et souvent disparu, car le contrôle de l'opportunité n'est plus aussi facile, — la prescription reste, paraissant respectable par elle-même. Encore devient-elle, en même temps que plus précise,

moins élastique : c'est une « parole morte ». « Le droit primitif une
fois incorporé dans un code, son développement spontané est fini »
(Sumner Maine, p. 20, 74). Il ne reste plus place que pour : les fictions légales, qui introduisent de force les objets nouveaux dans les
cadres anciens ; l'œuvre prétorienne, à côté des textes ou contre eux ;
l'interprétation prétendue, ou, dans le silence de la loi, l'équité ;
l'introduction d'une nouvelle législation, d'abord par les prophètes
et réformateurs, puis par les princes, aujourd'hui par les parlements.

Mais la *correction*, la refonte, le remplacement, rencontrent des
obstacles. Le droit primitif empruntait à la religion, — à laquelle il
s'associait, s'il ne s'identifiait avec elle, — la rigidité qui enchaî-
nait la masse aux errements de l'époque où croyances et préceptes
avaient pris, pour la première fois, une forme systématique. « Une
ou deux races ont, par bonheur, échappé à cette calamité et fourni
les greffes qui ont fécondé quelques sociétés modernes. Mais, dans
la plus grande partie du monde, la perfection du droit est encore
considérée comme consistant dans l'observation du plan que le législateur primitif est censé avoir tracé » (Sumner Maine). La jurisprudence se vante d'avoir substitué de nouvelles constructions aux
anciennes, d'avoir bâti sur de vieux textes, sans s'écarter de leur
lettre ou dans les interstices de la législation : peut-être les maîtres
de la loi, conscients de ces empiétements, ont-ils été heureux de laisser préparer et éprouver ainsi ce qu'il leur appartenait d'élaborer ;
du moins ont-ils pu penser que leur intervention n'était pas urgente.
— Il est dans la nature même des « impératifs », forces agissantes,
autorités qui en « imposent », de s'opposer à leur négation, bien que
ce ne soit pas toujours rationnel : l'initiateur qui tourne son effort
contre la religion et la morale traditionnelles, ou contre le régime
établi, l'apprend à ses dépens, alors même que ses principes seraient
pratiquement et théoriquement supérieurs. Des institutions originairement inévitables se maintiennent au profit de ceux-là seuls qui en
tirent un avantage direct (royauté, etc.). Ce serait se méprendre
d'ailleurs, d'attribuer uniquement au calcul la persistance des règles
surannées. D'abord, l'intérêt finit par s'exprimer dans le tempérament (« conservatisme » juridique ou autre). Parfois, la justice, insuffisamment avertie par les faits, reste « indifférente aux droits
naissants qui n'ont pas encore la force de s'imposer ». Le plus souvent, le caractère « réactionnaire » se lie au sentiment plus ou moins
intuitif, et peut-être trop vif, de la lenteur inévitable de l'évolution
sociale, et à la difficulté de promouvoir les masses sans témérité.

L'*hérédité* physiologique et la *tradition* sociale tendent à retar-

der l'idéal par rapport aux nécessités présentes : les conditions de la
vie sociale changeant plus vite que l'organisme, il arrive que les
expériences ne s'incrustent dans l'esprit, sous forme d'habitude ou
d'instinct, qu'au moment où commmence à se dissiper leur raison
d'être. Nous nous laissons ainsi diriger, observe Spencer, par la
force héréditaire de beaucoup de maximes qui ont leur origine dans
les coutumes les plus barbares et les suspertitions les plus grossières.

De ces observations ressortent, à la fois, le critère du mal, la notion du remède et de sa difficulté d'application.

Quand donc y a-t-il développement excessif dans le temps, c'est-
à-dire survivance superflue ou nocive? Presque tout serait « superstition », si l'on entendait par là les legs du passé ; mais nous nous
restreignons à ce qui était conditionné par une disposition particulière ou un état général disparus, qu'ils soient cosmiques, psychiques ou sociaux, telles les distinctions de classes et les obligations
et interdictions établies sous l'empire de croyances que la conscience
rejette aujourd'hui. Ce critère, dont l'application soulève des diffi-
cultés pratiques, a le mérite d'être objectif. Il est donc fort éloigné
du sens que donnaient au mot les philosophes du XVIIIe siècle, à savoir « tout ce qui ne pouvait se concilier avec leur idéal abstrait et
a priori ». — Pourtant l'idéal a comme objet, nous avons pour mission, d'épurer les institutions, sentiments et idéaux, d'en extirper ce
qui a été autrefois le meilleur ou a été considéré comme tel et d'y
substituer graduellement ce qui l'est vraiment dans l'état présent des
intérêts individuels et collectifs. Il est d'ailleurs plus facile de déterminer cet idéal théoriquement, que de le traduire dans la réalité,
sans compromettre le caractère respectable qui assure aux principes leur domination.

Il est *vain* de supposer que nous puissions « être délivrés, comme
par un coup de baguette magique, des superstitions et de l'ignorance ». En ce qui concerne l'ignorance, cela est manifeste par définition ; nous savons parfois qu'il y a un inconnu, mais non ce qu'il
est, sinon il ne serait plus inconnu. Non seulement nous connaissons
à peine par où pèche notre système, mais nous ne pressentons pas
celui qui s'y substituera ; a fortiori, nous ne pouvons pas plus connaître, d'avance, les inventions dans le monde social que dans le
physique. Quant à la superstition, elle est erreur, c'est-à-dire ignorance renforcée. Il n'est encore moins commode d'adapter les désirs
aux intérêts et de réajuster ceux-ci en des combinaisons nouvelles,
que d'appliquer la croyance à la réalité, de manière à ce qu'elles
coïncident, et de modifier sans dommage l'ordre naturel.

Il n'est même *pas souhaitable* que les institutions et le droit se transforment trop rapidement et qu'on procède avec trop de désinvolture à leur égard : au delà d'une certaine vitesse, notre organisme ne nous permet pas encore une prévision assez rapide pour que nous restions maîtres de les diriger en connaissance de cause, c'est-à-dire après réflexion. En l'absence de formules légales, générales et permanentes, il n'y a plus d'unité dans l'application de la justice et l'on est obligé de recommencer l'opération à chaque fois. La même divergence sépare le superbe développement logique des Romains et la précarité des institutions des républiques grecques : à Rome, l'esprit traditionaliste des vieillards tempérait l'esprit innovateur, tous deux dangereux isolément, mais dont la réunion, comme celle de l'hérédité et des variations, est la condition de l'évolution.

C) De même que l'histoire naturelle connaît les corrélations de croissance, la psychologie et la sociologie observent des *associations* analogues *d'états et de tendances*. Une certaine idée ayant d'abord accompagné un ensemble d'impressions, chaque fois que des impressions semblables ou voisines se reproduiront, la même idée s'ensuivra, alors même qu'elle n'aura aucune utilité. L'enfant grondé ou châtié, sans savoir pourquoi, pense, s'il ne se révolte, qu'il devait l'être et qu'il a mal agi, car ordinairement les choses se présentent ainsi à lui. Par habitude de voir le mal suivre sa faute, l'homme attribue ses infortunes à une offense envers la divinité, au péché, à la négligence et il éprouve alors un vague sentiment de responsabilité, au moins envers lui-même. Si son acte lui paraît correct, il s'en prend à un acte antérieur, qu'il proscrira désormais. S'il renonce à attribuer son malheur à une défaillance personnelle, le besoin d'explication, le corollaire de la justice et de la sanction naturelles, exigeant une faute avant toute « peine », sont si impérieux, qu'ils postulent une tache originelle, ancestrale, un crime impuni dans une existence antérieure, ou une malédiction contagieuse. — De la même disposition sont résultées des extensions de droits et de devoirs, — utiles, si l'un des termes corrélatifs l'était, en même temps que difficilement dissociable de son pendant (le culte des ancêtres et la culture des vertus dont ils avaient donné l'exemple), et elles furent parfois encouragées systématiquement, par un esprit de symétrie, patent chez les Romains.

Le principe de l'*antithèse* n'est que l'aspect négatif du précédent. Si telles circonstances entraînent tel état d'esprit ou tel acte, on est porté, lorsque se présente la situation inverse, à l'attitude opposée, quelque superflue qu'elle soit. Darwin en donne maint exemple en ce qui concerne *L'expression des émotions.* — Espérer la suppression de ces deux tendances, ce serait supposer que nous pouvons échapper aux nécessités presque inéluctables de notre nature psychologique.

— Enfin, il semble bien que les impulsions et répulsions se portent, comme au hasard, sur les objets les plus hétéroclites, et sans raison apparente non seulement aux yeux de leur possesseur mais à ceux de l'analyste. Les Tahitiens se déchirent, se tailladent, se passent des lances à travers les cuisses, s'appliquent des coups de massue sur la tête, font couler des ruisseaux de sang, à la mort des chefs; il leur arrive de se couper le petit doigt. Chez eux, il sied de manger seul et non en société. A Vate, à Fidji, c'est une honte pour la famille d'un chef que de ne pas l'enterrer vif. Il n'est pas jusqu'à des pays de civilisation assez élevée qui ne suivent des usages singuliers, comme celui de la couvade [1]. Mais ces *bizarreries et incohérences* se rencontrent surtout chez les sauvages, et elles sont l'analogue, dans le domaine de l'action, des superstitions absurdes (médicaments...) du domaine de la connaissance : l'imagination primitive se livre aux conjectures les plus fantaisistes sur ce qui est pertinent et convenable, d'après des conceptions fragmentaires et non abstraites, et elle n'est point refrénée par un complexus d'idées scientifiques établies. Un grand nombre de préceptes tiennent à des *croyances erronées*, à une crédulité exagérée, plutôt qu'à des *aberrations pathologiques du désir*, bien qu'il existe des perversions du sens moral et de véritables instincts du mal. La supposition qu'un acte porte malheur engendre facilement sa proscription : chez les Mongols l'interdiction de briser un os avec un autre se tire immédiatement d'une supposition de ce genre; les indigènes de la Russie américaine ne voulaient pas jeter les ossements des animaux, car cela les empêchait d'être heureux à la chasse, et ils suspendaient aux arbres des paquets de leurs cheveux et rognures d'ongles. Dans de nombreuses peuplades, c'est un crime de donner le jour à des jumeaux : on voit sans doute là un mauvais signe, peut-être d'infidélité, puisque le motif utilitaire de la surpopulation vaudrait contre toute procréation. Superstitions baroques ou déviations de l'instinct, il n'en est pas moins certain qu'il existe, non seulement des prescriptions relatives à des objets qui nous paraissent indifférents, mais de véritables injustices du droit, et des nuisances de la part de ce qui devrait être utile.

1. Reclus. *ib.*; Lubbock, *Or. de civ.*, p. 11 s; *H. préh.*, p. 513 s : grave insulte de dire aux Ibos : Vous coupez vos dents supérieures les premières. — Dans toutes les injures conventionnelles, c'est l'intention qui blesse ; et le mépris de la personne est voisin du mépris de ses prérogatives.

Parfois ces viciations *résultent* d'abus de la force, du déchaînement des passions, de sophistications intentionnelles : un donneur
d'oracles a été soudoyé, dans un cas particulier, pour proclamer que
tel acte était bien vu des dieux, et sa décision persista ; une solution
d'espèce, rendue au profit d'une personne intéressée ou à raison de
circonstances spéciales, a pu, contrairement à l'utilité, être généralisée. Ou bien, la bévue reconnue, prêtres ou gouvernants refusent
de la rétracter pour éviter que les dieux ou eux-mêmes se soient
trompés. Sans y voir malice, on attribue aux dieux les mauvais instincts, les vices des hommes, et l'on n'ose rompre à raison de la
gêne de ces peccadilles, dépassées par tant de bienfaits. « Tant que
les Dieux n'attirent pas sur le pays d'effroyables calamités, ils n'ont
pas besoin de se montrer scrupuleusement moraux » (Lyall, p. 128).

Une part plus large revient à l'erreur inévitable d'un idéal dont
on *cherche la voie*. Les avis se croisent, mais une motions finit par
l'emporter ; la nature a essayé des milliers de formes et abandonné
les « monstres », de façon à réadapter les organismes et, plus variées encore, les idées, à des conditions changeantes.

Après tant de restrictions à la règle utilitaire, largement entendue, que reste-t-il de celle-ci ? Elle est encore à la base et au terme
de notre activité. L'accord de l'intérêt et de l'idéal est un état normal, mais approximatif. Aucune des anomalies ne saurait, quel que
soit son caractère déraisonnable, être présentée comme une objection
décisive à la fonction et à la genèse du droit et du devoir. Les prescriptions réellement défectueuses se conforment même, à un certain
point de vue, au principe : les unes seront utiles, d'autres l'ont été,
d'autres en sont corrélatives et les dernières y tendent, quoique sans
succès. *Ce n'est pas* plus *un obstacle à la bienfaisance du droit et de
la morale*, que les erreurs de l'instinct contre l'instinct lui-même ou
les applications choquantes de la loi contre son principe, c'est-à-dire
l'exception contre la règle. La seule conclusion légitime, c'est, non
pas qu'il n'existe aucun idéal, aucune justice, mais que leur adaptation est imparfaite, et souvent il faut s'en prendre à nous-mêmes,
qui n'approprions pas assez vite notre esprit à l'état extérieur et ap-
pliquons mal l'instinct ou la réflexion. Celle-ci est supérieure et inférieure à la fois, en ce qu'elle est perpétuellement revisible à raison du
changement des circonstances ou par pur caprice et donne ou refuse
des raisons au curieux. Mais, à son tour, l'ajustement qui en résulte doit devenir automatique : l'économie qui en résulte est une
autre condition du progrès. Nous devons donc viser, non à supprimer les sentiments éthiques plus que les instincts, mais à les diriger.

CHAPITRE V

CONSÉQUENCES ET OBJECTIONS

SECTION I

Adjuvants et succédanés des sentiments moraux et juridiques.

L'imperfection des sentiments moraux et juridiques postule des correctifs et leur mission d'ajustement de l'activité est susceptible d'être remplie par des substituts. La réalité des uns et des autres est incontestable, et nous verrons que son effet est de diminuer la fonction du droit et du devoir ; mais, malgré leurs avantages, ce ne sont pas des équivalents totaux et ils laissent une raison d'être aux sentiments qu'ils remplacent en partie.

D'une manière générale, toutes les tendances auxquelles s'adjoignent le droit et le devoir ou dont ils jouent le rôle, en un mot tout ce qui collabore avec eux à remplir les desiderata de notre activité, les aide, à son tour, ou se substitue à eux, selon le cas. Parmi ces mobiles, les uns sont *égoïstes*, d'autres *altruistes* et certains *égo-altruistes*.

Leur trait commun est qu'ils *ne semblent pas désirables en eux-mêmes*, mais plusieurs supposent l'idée de bien au moins chez autrui. Ainsi en est-il du renforcement qui résulte de ce qu'on s'*admire* ou s'*approuve* soi-même dans l'accomplissement de ce qu'on considère comme un devoir ou un droit. Le sentiment de honte, la crainte du mépris, et jusqu'à la vanité, appartiennent à la même catégorie : presque partout le déshonneur s'attache à celui qui fuit ou cède devant l'ennemi (à Sparte, le combattant qui avait perdu son bouclier s'exposait aux sarcasmes des femmes, aux injures des enfants), à celui qui vit en parasite du travail d'autrui, etc... Le désir de considération entre pour beaucoup dans la crainte des peines, souvent même plus que l'expectative de la souffrance physique qu'éprouve une personne peu délicate à passer quelques jours en prison. Le contrôle mutuel, malgré ses jugements téméraires, exerce, surtout dans les petits groupes et les agglomérations restreintes, une influence bienfaisante, comme auxiliaire des sanctions légales. Tous les jours, pour ne pas se singulariser et paraître ridicule, on renonce à une foule d'aspirations personnelles ; par conformisme social, on se plie à des usages que la raison réprouve. Assez rapprochée, mais distincte du désir de suivre l'idéal collectif, l'*imitation* assure, sans idée morale, la même similitude de conduite. De même coopèrent, sans se confondre, l'amour de l'idéal et du bien et la sympathie, la pitié, la compassion en présence d'un crime ou d'un mal quelconque.

Le plus humble des actes *égoïstes*, le *réflexe*, commun à tous les êtres vivants, et le plus terre à terre des mobiles intéressés, la *crainte de la réaction d'autrui* et des châtiments, peuvent, convenablement ajustés, rendre superflue l'intervention des sentiments de droit et de devoir dans des cas particuliers, mais non d'une manière générale. Les répressifs (vengeance individuelle ou sociale) et même les préventifs exercent une action insuffisante, en tous cas inférieure à la conformité spontanée. Ils sont, il est vrai, susceptibles de perfectionnement, dans leurs principes comme dans leurs applications. Il faudrait, déclare Stuart Mill que les lois et les institutions sociales missent autant que possible le bonheur ou l'intérêt de chacun en harmonie avec les intérêts de la société : cet accord établirait, à la longue, dans les esprits une association indissoluble entre le bien personnel et le bien général, de sorte qu'on ne les concevrait ni ne les poursuivrait séparément. Le désir de contribuer au bien-être commun deviendrait un mobile habituel. La solidarité, en devenant plus étroite, serait si bien sentie, que chacun accorderait à autrui la liberté personnelle et limiterait la sienne en conséquence. Au lieu d'une société qui fonctionne à grand renfort de coercition, il serait souhaitable qu'on adoptât la combinaison qui, à chaque moment, offrirait le plus libre cours aux énergies et aux besoins.

Mais l'organisation rationnelle de la collectivité n'est qu'un simple vœu et, d'autre part, la science ne supplée pas à la conscience. A supposer même que quelqu'un veuille se conformer dans son activité, à l'évolution, qui l'y obligera *contre ses intérêts personnels immédiats?* Là où il a affaire aux autres hommes, ne pourra-t-il les tricher? Il existe sans doute des sanctions naturelles dont le plus haut échelon est la mort de l'individu ou la mort de sa descendance. Mais si la première manque et si la seconde ne le touche pas? Il reste que, notre âme formant une continuité, nous aurons, si nous péchons une fois, une tendance à recommencer, à nous imiter nous-mêmes, — tendance qui nous fera courir le risque d'être pris. A ce danger objectif s'ajoute un risque subjectif, celui du remords, indépendamment de sa valeur morale et fût-il composé ou mêlé de regret, comme l'indignation l'est parfois d'envie ou de dépit incons-

cients. Le tourment intérieur n'est pas moins pénible que les châtiments corporels et le coupable n'échappe pas plus sûrement à
l'éventualité de l'un qu'à la menace des autres; nous sommes tous
sujets à la fièvre, au trouble, à l'inquiétude et la sécurité de l'âme
est un bien précieux, apprécié surtout et regretté en ces moments-là.

En toutes choses, il suffit à l'homme raisonnable d'un intérêt hypothétique pour agir ou pour s'abstenir. L'*amour et l'aversion du
risque* jouent, selon les circonstances, le rôle de substitut des mobiles moraux. L'homme n'a pas besoin de la certitude d'une récompense ou de la réussite pour exposer sa vie ; personne ne possède la
sécurité du lendemain et l'on a tout avantage à agir, au lieu d'imiter
l'inertie des Indous sous prétexte que toute action comporte un aléa.
Inversement, nul n'est sûr d'échapper aux suites naturelles ou sociales de ses méfaits : au souvenir des sanctions reçues dans le passé se
mêle le pressentiment des futures, le tout couronné par le souci de
se préparer à soi-même un avenir prospère. Avec le développement
croissant du désir de sécurité, il devient de moins en moins indispensable à une conduite objectivement bonne, que l'homme de bien
soit toujours heureux et le malhonnête toujours malheureux, pourvu
qu'on s'efforce de les rendre tels ordinairement : il suffit en effet
« que nous ayons quelques chances de plus d'être heureux en nous
conduisant bien qu'en nous conduisant mal » (Laplaigne); or personne ne soutient la thèse contraire.

Parmi les moyens directs de satisfaire aux desiderata de notre psychologie, la *réflexion* vient, — avec la *discussion publique,* dans les
affaires de l'Etat, — en première ligne pour contrebalancer les impulsions excessives et trop immédiates que l'homme a reçues en partage.
Le caractère révélé, mystérieux ou absolu des prescriptions d'utilité
sociale suppléait tant bien que mal à la démonstration pratique de
la nécessité que les choses devaient se passer ainsi ; donc le succédané
peut être suppléé à son tour par la *prévision* et la *prévoyance,* par
la connaissance et la poursuite de l'*intérêt.* Nous ne reviendrons pas
ici sur les liens qui unissent à l'utilité le droit et le devoir, au moins
dans une société bien organisée [1]. Toujours est-il que l'*intelligence,*
qui comprend de mieux en mieux les conditions de vie, complète
pour une part l'œuvre de l'élément éthique, dont les progrès n'ont
peut-être pas été aussi sensibles depuis l'antiquité. Si des sentiments
moraux ont vu le jour, se sont répandus, affinés (charité, solidarité,

---

1. Laplaigne, *Mor. d'un égoïste,* p. 129, 193 s : de nos devoirs envers nous-
mêmes, envers nos semblables (famille, patrie), dépendent santé, dignité,
considération, aide d'autrui, tranquillité du foyer, grandeur de la patrie.

humanitarisme...), les croyances et les principes théoriques se sont
bien davantage éclairés, étendus et rectifiés grâce à l'accroissement
des lumières. Et cette amélioration est peut-être préférable : on a
vu des hommes vertueux, mais ignorants, verser par fanatisme le sang
des innocents ; rarement, au contraire, la correction d'une opinion relative aux qualités et à l'efficacité d'un moyen a manqué d'être profitable à la société. Le mal moral, comme les maux physiques, tient,
en partie, à l'erreur.

Le développement intellectuel a exercé une influence beaucoup
plus profonde sur l'évolution humaine. Il *équivaut*, comme l'obser-
vait déjà Aug. Comte, *à un accroissement de la bienveillance* naturelle, non pas seulement en rendant plus net et plus vif le sentiment
des réactions déterminées par les divers contacts sociaux, mais plus
encore en augmentant l'*empire de l'homme sur lui-même*, sur ses
passions. Cette disposition lui permet non seulement de comparer et
de coordonner, en connaissance de cause, ses divers désirs entre
eux et avec ceux d'autrui, mais de diminuer la propulsion à agir et
d'instaurer une quasi-liberté par l'intervention de croyances dans
les syllogismes téléologiques. Grâce à elle, les idéaux absolus sont
susceptibles d'être remplacés par des conseils d'hygiène morale, car
le jugement apriorique y cède la place à un *calcul méthodique* de
l'utilité vitale et la notion de bien à celle d'intérêt individuel ou social. L'observation, la statistique, la science en général, découvrent
des propriétés éloignées ou insoupçonnées des actes aussi bien que
des corps et en dévoilent d'illusoires auxquelles adhéraient nos préjugés. Lorsqu'elles démontrent l'utilité de certains sentiments, elles
nous poussent à les prendre pour guides, alors même qu'ils nous sont
étrangers ou nous paraissent non absolus : dans ce cas encore, le
rôle du savoir est supplétif et utile.

Mais l'instruction, jointe à la perspicacité et au bon sens naturels,
ne suffit pas même chez les adultes. Le but final et les moyens adaptés ne doivent pas rester à l'état de pur idéal apparaissant à la raison ; il importe qu'on les voie pratiqués autour de soi pour les pratiquer plus aisément soi-même. Les *bons exemples* sont, en fait, mis
au jour, de même qu'on écarte les mauvais. L'*éducation*, dont la
puissance, naguère niée, est remise en honneur, fortifie les heureuses
inclinations naturelles ; la suggestion y réussit mieux encore que les
sophismes. Ces influences encouragent à imiter autrui tel qu'il se
montre, c'est-à-dire souvent meilleur qu'il n'est ; celle de l'*habitude*
nous porte à nous imiter nous-mêmes en ce que nous avons de meilleur, si on l'a soigneusement trié : cette homogénéité extérieure,

cette continuité interne de la conduite, sont des garanties d'accord avec nous-mêmes et avec la collectivité, c'est-à-dire de personnalité et de socialité. Il se produit des *associations d'impressions*, dont la première réveillée appelle les subséquentes ; or, la mémoire de nos bonnes actions anciennes se mêle à des souvenirs plus doux que celle des mauvaises ; elle collabore ainsi à l'œuvre morale. A force de répétition nous finissons par acquérir le « préjugé du bien ». Si l'idée de respectabilité ne se mêle pas à ces actes, nous n'en conservons pas moins l'*appétition directe*, l'*instinct pur et simple*, car le moyen, avec le temps, devient une fin : nous désirons un objet pour lui-même parce que nous l'avons voulu en vue d'un objet distinct.

A l'inverse, — car tous ces processus ne sont pas exclusifs —, il est souvent heureux que nous acquérions la *notion de la fin générale* d'un désir particulier et que nous remontions jusqu'à sa fin ultime, qui est la vie, afin de le mieux adapter. Aux buts concrets de nos actes se superposent des buts génériques, communs à toute la catégorie des actes semblables : si nous en prenons conscience, ils nous font persister à en poursuivre l'accomplissement, à la façon de l'idée du devoir ou de la lutte pour le droit.

En ce qui concerne le devoir, Guyau (p. 26 s, 247) présente comme « équivalents » les particularités qui donnent la liberté du bien et qui permettraient, suivant lui, de se passer de l'obligation et de la sanction. 1° Il existe un certain devoir impersonnel d'agir, créé par le *pouvoir* d'agir : c'est la puissance dépassant la réalité, devenant par rapport à elle un idéal, un doit-être, parce qu'il peut être. (L'objet de cet idéal reste indéterminé, et l'on peut faire passer du virtuel au réel le mal comme le bien.) 2° La *conception* même de l'action crée un devoir d'agir, et elle pousse à l'accomplir, car l'intelligence est motrice (idées-forces). L'idée est la réalisation commencée de l'action : « l'obligation n'est que le sentiment de cette radicale identité, c'est une expansion intérieure, un besoin de parfaire nos idées en les faisant passer dans l'action », et si nous n'y satisfaisons pas, nous éprouvons une gêne, comme en présence d'une de nos œuvres inachevées. Donc, être non pas un mensonge, mais une vérité en action. (Mais, si des obstacles s'opposent au pouvoir de mal faire, combien plus grande est la facilité de concevoir le mal !) 3° Nous préférons le dernier équivalent, que Guyau tire de la troisième faculté de l'âme, par « la *fusion croissante des sensibilités* et le *caractère plus sociable des plaisirs élevés* ». En vertu de l'évolution, nos plaisirs deviennent de plus en plus impersonnels. L'égoïsme pur est une impossibilité, non une affirmation, mais une mutilation de soi. Par la faute ou le

crime, l'individu se fait tort à lui-même, diminue quelque chose de
sa vie physique ou mentale. D'autre part, les satisfactions d'ordre
supérieur, le plaisir esthétique, le plaisir de raisonner, d'apprendre
et de comprendre, de chercher, requièrent *moins de conditions exté-*
rieures et sont plus accessibles à tous que les plaisirs proprement
égoïstes, tels ceux de l'appropriation exclusive, de la domination, de
la vanité : un livre ou un paysage procurent, au philosophe ou au
poète, de plus profondes jouissances qu'un carrosse traîné par quatre
chevaux. La satisfaction de ces désirs, ne diminuant en rien celle
d'autrui, divise fort peu les hommes. « Le sujet sensible peut trouver
dans sa propre activité, et parfois indépendamment des choses, une
source variée de jouissance. » Se renfermera-t-il en lui même ? Loin
de là : les plaisirs intellectuels sont à la fois les plus intérieurs et les
plus communicatifs, les plus individuels et les plus sociaux. Les consciences deviennent plus pénétrables. L'homme est appelé actuellement à une vie intellectuelle et sensible beaucoup plus intense qu'il
y a dix mille ans. Toute la société collabore à mon bonheur.

Ce qui ajoute à la coïncidence effective et consciente de l'intérêt
général avec l'intérêt particulier, c'est un faisceau de *tendances al-*
truistes et égo-altruistes, au premier rang desquelles se trouve la
sympathie. Il est regrettable qu'on ait encore à combattre ce vieux
préjugé que tous nos actes sont inspirés par l'égoïsme le plus pur et
calculés d'après notre intérêt. Souvent nous sortons de nous-mêmes
et autrui y entre : ce sont ses sensations que nous éprouvons et lui
qui agit en nous ; nous évitons son mal, recherchons son bien comme
les nôtres propres, allant parfois au devant de ses souhaits. Cette
tendance revêt des formes multiples depuis la pitié, la charité, la
bienveillance jusqu'au dévouement et à l'esprit de sacrifice. Cette pénétration mutuelle n'emporte point, d'ailleurs, des manifestations
les plus humbles aux plus élevées, l'abdication de soi, la renoncia-
tion à la personnalité et le détachement de ses propres intérêts : le
désintéressement, même extrême, est une source de profondes satisfactions. Si nous savons ne pas mécontenter autrui et gagner son attachement, son respect et sa bienveillance, nous n'aurons pas à invoquer nos droits envers lui, pas plus que lui nos devoirs d'affection
à son égard. L'imitation naît de la sympathie et celle-ci se porte de
de préférence sur les hommes bons, dont nous avons éprouvé les bienfaits ; nous avons donc une tendance à suivre les bons conseils, les
bons exemples.

Les vivants ne sont pas les seuls objets de notre sollicitude.
L'hérédité nous attache à nos *ascendants,* dont nous tenons la vie et

une grande part de ce qui en crée l'agrément, et surtout à notre *descendance,* dont nous préparons la destinée : que nous le voulions ou
non, nos arrière petits-fils subiront, sans liberté, sans responsabilité,
les conséquences bonnes ou mauvaises de notre conduite. Si nos ancêtres n'avaient pas vécu pour nous en même temps que pour eux,
nous n'existerions pas ; et nous recevons en legs la même disposition
à travailler à la prospérité et à la moralité de notre race.

Notre amour s'étend à des cercles plus vastes, à la *patrie,* à *l'humanité.* Imprimées, durant des siècles, dans les cerveaux, la discipline et l'éducation y ont donné naissance à de vrais instincts sociaux,
traduits, en notre espèce, par des organisations stables et définies.
La réflexion en est un dissolvant : après les avoir analysés, laissons
leur synthèse s'opérer en nous, replongeons dans le subconscient les
tendances appelées à la finalité utilitaire. N'abandonnons pas la réalité de notre existence actuelle pour l'ombre d'une vie égoïste et
rétrécie. Peut-être cette ignorance volontaire, car nous la savons
utile, fournit-elle à l'idéal une base plus solide que l'existence d'un
inconnaissable. — Nous arrivons à éviter le mal, à accomplir le
bien, par *désir* ou *répulsion,* par *habitude* ou *instincts purs et simples*
par plaisir, par besoin[1]. Sanction, obligations et mobiles absolus
tendent ainsi à se rendre partiellement superflus.

1. Laplaigne, p. 132 : De grands cœurs iront au devoir sans passer par
l'intérêt, — Fouillée (*Mor. cont.,* p. 19 s) supprime même l'intermédiaire
sensible de l'attrait du devoir. La nature n'intercale le mobile du plaisir
que chez l'être inintelligent : c'est le bâton de l'aveugle. L'être supérieur
serait mu par l'idée pure de moralité et assez désintéressé pour se sacrifier par raison (et non par sympathie). — En l'état actuel, l'idée est accessoire, appoint du désir ; la connaissance est auxiliaire de la vie. Les froids
principes, peu propres à enthousiasmer, agissent parce qu'aimés. L'idée-
force d'autrui est plus proche de la sensibilité que de la connaissance abstraite. M. Fouillée même compte sur la sympathie.

SECTION II

Diminution des sentiments moraux et juridiques.

Du rôle subordonné du droit et du devoir résulte une domination effective et désirable des sentiments qui y correspondent, à mesure que, *grâce au perfectionnement psychique, les desiderata de l'activité sont mieux remplis* par les adjuvants et substituts. Si les hommes étaient omniscients, si leurs impulsions et inhibitions coïncidaient en nombre, nature et intensité avec la valeur vitale, si les tendances du moi étaient mieux coordonnées, s'ils fondaient leur intérêt dans celui de leur descendance et de la société, si, sans effort, ils pouvaient prévoir instantanément les suites et risques lointains de leurs actes, peut-être alors seraient-ils à même de se passer de tout idéal prédéterminé.

Si cet état reste problématique, du moins l'humanité et l'homme s'éloignent-ils de l'âge où *la plupart des choses sont objet d'appréciation éthique.* Le sauvage n'accomplit nombre d'actes que parce qu'ils lui paraissent permis, désirables en eux-mêmes, ou en vertu de mystérieuses obligations. Sur l'enfant, le raisonnement, s'il est compris, a peu de prise, tandis que les affirmations catégoriques, la menace de la honte, l'idée de bien, lui sont accessibles : aussi, lui présente-t-on mainte action comme devant être accomplie, maint état comme devant être respecté. Le devoir a d'autant plus à intervenir, que l'intérêt est moins bien compris et recherché ; il répond à des nécessités qu'ignore l'homme grossier. L'homme cultivé dirige sa conduite d'après les suites qui y sont intrinsèquement inhérentes ; on l'offenserait en invoquant, à son égard, les conséquences extrinsèques : « Parler de devoir, dit Schopenhauer (*Welt als Wille*, I, p. 53), est bon pour l'enfance. » L'adolescent s'affranchit des idoles qui ont coopéré à sa formation morale ; s'il ne se borne à la critique et à la négation, il bâtit des constructions aprioriques et logiques, insusceptibles de fonctionner. Chez l'adulte, dominent le calcul et l'habitude. S'il ne prend le monde comme il est, le vieillard ou le philosophe est rempli d'indulgence et de réserve dans ses jugements ; il n'a plus besoin de puissants encouragements pour accomplir son devoir : il le fait naturellement.

Lorsqu'on révoque en doute la diminution de la quantité d'actes soumis à des prescriptions morales ou juridiques, c'est qu'on envi-

sage leur nombre absolu et non leur *proportion*. La pénurie des textes primitifs, — faible partie du prohibé et de l'ordonné — et la
multitude de nos règlements en donneraient une idée fort inexacte. On
découvre la raison de nombreuses obligations, et, si la notion du but
ne se perd pas moins, l'idée ne désirabilité absolue la remplace de
moins en moins, — suppléée elle-même par la prévision des conséquences, dans les mesures maintenues (tel mode de preuves est imposé
par méfiance et non plus par formalisme). Les nouvelles prescriptions
portent sur des perfectionnements de détail, des applications simplement logiques. Rarement quelque innovation générale est introduite :
le devoir de solidarité, corrélatif des individualités collectives, a surgi
alors que disparaissait la réglementation de la vie individuelle. Malgré des reculs possibles, le permis et le défendu, « fas » et « jus »
interviennent moins, dès qu'on se conforme naturellement, spontanément, à leur objet. De plus en plus de cas paraissent *étrangers au
bien* et sont décidés par d'autres considérations, par l'utilité, par
l'habitude d'une bonne conduite. Le travail, présenté au jeune
homme comme devant être accompli, ne cesse plus, chez l'homme
d'affaires, quand il le faudrait. Les devoirs les plus élevés sont accomplis par simple rectitude. L'honnêteté n'a plus à être recom-
mandée comme une vertu, si on est convaincu que, même dans ses
exigences extrêmes, elle est la meilleure des politiques.

Le mobile éthique est ainsi graduellement éliminé, tandis que la
moralité devient, selon le mot de Spencer, *organique*, inhérente à
notre mentalité, comme la douceur aux animaux apprivoisés. Le véritable honnête homme ne songe ni à la sanction ni à la sainteté du
devoir, en s'abstenant de tuer, de voler, de mentir ; lorsqu'il acquitte
une dette, il n'a même pas présente à l'esprit l'idée d'une obligation
qu'il s'imposerait à lui-même. La généralisation de cette heureuse
disposition serait hâtée si la société était délivrée des présomptueux
législateurs et si la vie pacifique s'étendait entre les nations : quelques tribus non civilisées, mais non guerrières, et de souches différentes (mongole, kolarienne, dravidienne, birmanienne) possèdent
déjà cette bonté naturelle.

Faut-il en conclure que droit et devoir deviendront *inutiles*, comme
étant de nulle application ? Ils le seraient chez l'homme qui, sans
ces idées-forces, se conformerait à l'utilité commune. La philosophie du progrès indéfini donne cette hypothèse comme une probabilité. Dans une société rationnelle, le méchant ne trouvera pas à qui
nuire impunément : « Un jour viendra, proclamait Fichte (*Destin.
de l'h.*, 3ᵉ P.) où la pensée même du mal s'effacera de l'intelligence. »

Fourier forme le projet de tourner les mauvaises inclinations au profit de la collectivité. Aux yeux de Condorcet, il n'est point de terme aux *Progrès de l'esprit humain*. Mais c'est Spencer surtout qui a systématisé ces espérances : « Pourvu que la race ne périsse pas et que la constitution des choses reste la même, il est sûr que ce que nous appelons le mal et l'immoralité doit cesser et que l'homme deviendra parfait [1]. »

— Le droit et le devoir, corrélatifs d'une infirmité humaine et véritables expédients naturels destinés à y parer, à défaut de moyens mieux adaptés, n'ont qu'une mission *transitoire* et doivent se réduire à mesure que la moralité s'accroîtra. La nécessité d'un impératif provient de la lutte entre un penchant inférieur et un penchant supérieur, et l'état de lutte suppose que ce dernier n'est pas encore égal à sa fonction, assez invétéré dans notre nature ; or la persistance à accomplir un devoir finit par le transformer en activité normale, productrice de plaisir. Notre nature devient plus sociable. Or, de même que la contrainte extérieure s'efface devant la contrainte interne, de même la coercition morale disparaît lorsque l'ajustement des impulsions et inhibitions se perfectionne. Chacun remplira son rôle dans la société et ainsi s'établira la coopération dans la liberté ; les mobiles s'accorderont d'eux-mêmes dans l'esprit. C'est un critère de supériorité, que les nécessités physiques, après avoir pris l'aspect d'obligations, deviennent objet de désir direct. Le dernier terme de l'évolution, suivant Spencer, serait l'anéantissement du devoir.

Cet état, où il n'y aurait plus de devoir, de droit, ne constituerait pas un retour à l'état où ils n'existent pas encore, — pas plus que le fait de ne pas voir, d'apercevoir, de cesser de voir tel objet, n'implique qu'on soit revenu au point de départ. Les formes transitoires sont compatibles avec l'évolutionnisme, surtout lorsque la forme ultérieure est supérieure. Nous devons donc nous éloigner de l'une et tendre vers l'autre. — Mais l'homme se contentera-t-il de cette contrainte extérieure, jamais présente, mais toujours agissante, car possible ? Il subsistera au moins la contrainte interne, fût-ce seulement la crainte des effets pénibles. Spencer même reconnaît que le senti-

---

1. *Soc. Statics*, *Pr. princ.*, Intr. ; *Mor. év.*, p. 111 : Avec l'adaptation complète à l'état social, plus d'obligation. Les actions élevées seront aussi ordinaires et faciles que les actes inférieurs, auxquels nous poussent de simples désirs. Les idées latentes des maux qui résulteraient de la non conformité au bien, n'occuperont pas plus l'esprit, que les idées des maux de la faim au moment où un homme en bonne santé satisfait son appétit. On aime sa famille et on aimera l'humanité comme notre propre vie et ses conditions.

ment d'obligation s'éveillera dans les occasions extraordinaires qui portent à violer les lois, et reconnaît comme futur et *lointain*, dans une grande partie de l'humanité, l'état auquel cet amoralisme est appelé à succéder, à savoir la naissance du sentiment moral. En tout cas, sa conception, sans être chimérique, ne saurait sans danger servir de règle à l'humanité actuelle, même parmi les plus sages, qui doivent encore enseigner aux autres la morale. Si l'homme futur est appelé à accomplir le bien sans effort, il n'est que trop de gens aujourd'hui portés à faire le mal naturellement ; il serait criminel de les encourager, sans plus, à suivre toutes leurs inclinations.

Ce qui importe, c'est surtout que le droit et la morale ne soient pas démolis avant qu'on n'ait obtenu la sûreté que leur rôle de protection individuelle et sociale sera aussi bien assuré : sinon on risquerait fort de rester exposé aux intempéries sociales. Qu'on pourvoie à leur *remplacement* à mesure qu'on les élimine, — l'idée semble paradoxale et pourtant elle est bien naturelle : un certain résultat devant être obtenu, on doit, si on renonce à un moyen d'y atteindre, en proposer un mieux approprié.

Mais, sous cette condition, peu importe le procédé, et, *regretter* le premier, c'est reporter sur un moyen indifférent en lui-même et estimable seulement par son but l'attachement réservé à cette fin. Pourtant la perte des sentiments moraux, impliquée par la détermination au bien, suscite des lamentations : « Le mérite diminue à proportion des facilités extérieures pour faire le bien et des empêchements au mal. » Au lieu de souhaiter des hommes sans trop de mérite, on déplore que l'homme ne soit pas talonné par les tentations de la misère, attiré par l'assurance de l'impunité, pour exercer son choix entre le bien et le mal [1]. Sans soutien, nous aurions besoin d'être plus forts, mais risquerions davantage de succomber. Peut-être serait-il regrettable, au point de vue utilitaire, que la lutte et la sélection n'aguerrissent pas assez la volonté et ne nous donnent pas assez d'empire sur nous, mais là n'est point la raison du regret exprimé par cette philosophie vieillotte. Or l'effort, simple moyen, n'est pas l'essence de la bonté ni le but de notre activité.

Kant disait que seuls les actes *accomplis par devoir* ont une va-

---

1. Difficulté croissante de mal faire, par la contrainte morale et physique (?) : Bouillier, *Querelle des anciens et des mod.* : Mieux connu, mieux réalisé, l'idéal n'est pas plus influent ; il faut distinguer de l'inspiration la perfection de l'œuvre : l'art de produire les couleurs a progressé, non le génie. — *Consc. en psych. et en mor.*, p. 133 s, vi, 150. « Si le rêve de la bonté naturelle se réalisait, l'humanité perdrait, en la liberté, plus qu'elle ne gagnerait. »

leur morale, tandis que ceux qu'on exécute par inclination n'en ont aucune. A moins de prétendre que le sentiment du devoir n'incline pas à l'action conforme, c'est conseiller de faire ce qu'on ne veut pas; et, au point de vue pratique, un tel idéal, qui estime l'homme d'après les privations, compromettrait sa vie. Schiller, rapporte-t-on, se moquait agréablement de cette morale hautaine : « Je fais du bien à mes amis, mais je le fais *malheureusement* par inclination naturelle. » Il n'est point indifférent, sans doute, dans l'état actuel, de savoir si le bien est accompli sans motif moral ou même par un motif immoral. Mais, laissant de côté la morale de l'intention comme celle du résultat, nous croyons que l'évolution vers l'exécution mécanique du bien n'a rien de regrettable. A nos yeux, il peut y avoir un progrès moral sans progrès de la conscience morale. Il n'est même pas nécessaire au bonheur de l'humanité que les hommes soient bons; il suffirait qu'ils eussent des instincts appropriés et une intelligence capable de les bien servir. Or l'état d'exacte pondération des impulsions et inhibitions est peut-être inaccessible, mais indéfiniment approximable.

Adjuvants et succédanés n'ont pas une valeur absolue, mais les mobiles moraux ne l'ont qu'en apparence; et si les premiers l'emportent, c'est qu'ils posséderont une valeur relative supérieure au point de vue de l'adaptation et rempliront mieux leur fonction : sinon, pourquoi les autres disparaîtraient-ils? Mécanique, la moralité devient plus sûre.

Mais, dans un avenir prochain, l'utilité consciente suppléerait-elle avantageusement au droit et au devoir ?

SECTION III

Nécessité du droit et du devoir.

Disparût-elle jamais, l'idée de désirabilité renaîtrait bientôt, tant que d'autres moyens n'atteindraient pas avantageusement au même résultat, puisque celui-ci est nécessité par les conditions de développement individuel et social. En dehors des desiderata particuliers à un temps ou à un pays, elle répond à des *desiderata généraux* : son avenir est donc indéfini, sinon infini, car rien n'autorise dès maintenant à en prévoir ou à en presser le terme. On ne saurait, de longtemps, instaurer l'état psychique qui donnerait satisfaction directe à ces mêmes lacunes, connaître nos conditions de vie et y faire adhérer nos désirs et aversions.

Les plaisirs et les peines, dit Spencer, seront un jour « si bien adaptés » aux besoins idéaux, que la conduite morale sera la conduite naturelle. N'est-ce pas *supposer la perfection complète et définitive* qu'il raille ailleurs? Les idées de droit et de devoir sont des moyens d'accorder nos dispositions subjectives aux conditions objectives du développement vital. Ces desiderata ne sont pas un tout donné, et l'adaptation de l'individu au milieu social et naturel, perpétuellement changeant, ne sera jamais « parfaite ». Le prétendre serait postuler un arrêt de l'évolution.

Si supérieure que soit, à certains égards, la *réflexion* sur l'instinct et fût-il concevable et souhaitable qu'elle s'étendît, elle ne saurait pourvoir à tout, ni le plus simplement et le plus économiquement possible. L'homme n'est pas toujours touché, au plus haut point, par le calcul; fini, borné, il demande de l'absolu et du sacré : aucun Etat, aucun système juridique, n'a réussi par la simple conscience de l'opportunité (Jhering). Les leçons de l'expérience personnelle sont souvent mieux senties que les conclusions toutes faites de celle de la race, de même que l' « auto-didactisme » donne des convictions plus fortes que la science facile des cours et des manuels; mais elle ne fournit pas les mêmes garanties. Et à quoi bon refaire hors de propos tout le travail accompli pour nous? Les sentiments moraux et juridiques font participer à l'expérience de l'ascendance.

Non seulement il est *impossible* de peser tous ses actes, mais il n'est *pas souhaitable* d'y tendre. Qu'on songe à la vanité de déterminer, en chaque occasion relevant de l'idéal, le but à poursuivre et les moyens appropriés, d'avoir sans cesse présentes à l'esprit de telles relations, innombrables et entre-croisées! L'homme qui prétendrait réfléchir tous ses actes, loin d'être un sage, ressemblerait, par son inhabileté, à un fou, s'il ne le devenait. Trop raisonner est déraisonnable. Le plus orgueilleux doit se résigner devant l'impuissance d'être omniscient. Supposons même qu'il suffise de la possession de toutes les sciences sociales : n'est-elle pas au dessus des intelligences les plus privilégiées? Tenir un juste compte des préoccupations de l'avenir, des désirs d'autrui, n'est-ce pas une tâche au-dessus de notre mentalité? Les idées de droit et de devoir y pourvoient sans tant d'effort : c'est leur supériorité de n'avoir pas besoin d'être reprises en détail et ab initio en vue de chaque application. A côté de l'inconnaissable théorique, de multiples intérêts pratiquement incalculables conseillent d'instaurer par réflexion le spontané.

Le règne de la finalité n'entraînerait pas seulement une perte de temps, mais un surmenage opposé à la *loi physiologique de la distribution de l'énergie*, qui « oblige l'être à ne pas se faire un perpétuel calculateur d'intérêts ou de forces ». Nous ne disposons, dit M. Fouillée (*Mor. de Kant*, p. 210), que d'une certaine quantité d'énergie cérébrale, qui doit être avant tout employée à l'action. Ce que nous dépensons à penser et à calculer est autant de détourné de l'action extérieure vers une activité intérieure qui s'épuise elle-même. L'homme qui voit et délibère trop le pour et le contre reste indécis. La réflexion excessive n'épuise pas seulement, elle détériore. Défavorable aux êtres intellectuels à l'excès, la nature oblige à une certaine impulsivité, au désir qui se satisfait sans se rattacher à une fin quelconque. Il faut agir pour agir et pour pouvoir agir encore. Tout au plus convient-il de délibérer par voie de dispositions générales. Sinon, le citoyen, guidé par un utilitarisme forcément étroit, mal calculé et peu *social*, ne réussirait pas à agir suivant les véritables intérêts communs. En cas de conflit entre l'avantage général et l'avantage particulier, l'instinct collectif, parlant sous forme de devoir, sacrifierait le membre à son groupe. Nous pouvons nous révolter? Les inconvénients indirects ou éloignés de cette malhonnêteté en feraient une opération désastreuse, surtout parmi des êtres conscients de leurs droits et de l'intérêt qu'ils ont à poursuivre en tout individu les atteintes même non personnelles.

La *connaissance spéculative* peut se détacher des conditions de vie. Mais, tandis que le jugement doit être suspendu en l'absence de critère du vrai, l'existence pratique pose, à tout instant, des problèmes dont la solution ne souffre aucun délai, même en l'absence de justi-

19

fication possible. L'antagonisme entre l'instinct de connaissance et l'instinct de vie, doit se résoudre au profit de ce dernier.

Impuissante à trouver toutes les fins et tous les moyens, la logique est en outre incapable de les *réaliser*. Les passions, non également raisonnables, mais parfois grandes et belles, atteignent mieux à ce résultat. Semblable à Epiméthée, l'homme cesse de goûter le plaisir dont il pénètre le secret, et notamment le plaisir de vivre. A vouloir rechercher trop systématiquement notre intérêt ou à calculer chacun de nos actes, nous gâtons le plaisir d'agir et manquons notre but. Le souci du bonheur empêche le bonheur. Plus une raison cultivée, af-firme Kant, s'applique à jouir de la vie et du bonheur, moins l'homme éprouve de satisfaction. Spencer réplique (*Morale et sociol.*, ii) : « Cela est décevant parce qu'on néglige d'exercer un autre groupe de facultés. » Or ce serait inévitable si l'on prétendait se passer de droit et de devoir. Le plus sûr moyen d'atteindre notre but final, c'est de ne pas le poursuivre toujours directement et de suivre nos senti-ments juridiques et moraux, qui le visent sans que nous le sachions. Un instinct, du moins, résumant une multitude d'expériences non personnelles, est en général plus sûr qu'une réflexion superficielle, non scientifique, ne tenant pas compte de tous les éléments.

Normalement nous n'avons pas seulement des idées morales : nos *sentiments moraux* se manifestent instantanément dans chaque cir-constance. Dangereux sont ceux qui, en présence du mal, ne sont point choqués et se contentent d'épiloguer. Gardons-nous de la manie raisonnante et ne négligeons pas la vertu du sentiment. Acceptons d'être guidés par le sentiment interne d'approbation ou de blâme par nous-mêmes ou par autrui.

En tout cas, longtemps soutenus et contenus par l'appareil moral et juridique, les hommes ne sauraient en être, sans inconvénients, privés brusquement et sans remplacement. Celui-là même qui a sapé le caractère absolu des idéaux ne saurait, en un instant, se constituer une *nouvelle règle de conduite* et doit, au moins provisoirement, sui-vre les anciennes. Le maintien du droit et du devoir est surtout capi-tal à une époque où l'irrespect descend des sphères spéculatives dans la pratique de la masse.

L'idée de *valeur* et d'*obligation en soi* n'est pas moins nécessaire actuellement que ne le fut autrefois celle d'un ordre émanant d'un être supérieur. Il n'est même pas probable qu'un état de haute cul-ture dépouille son idéal de ce caractère, qui est la conséquence et la garantie de l'urgence et de l'intangibilité des intérêts correspondants. Tant que l'homme sera inapte à posséder les raisons relatives de ses actes, il sera indispensable que des mobiles d'apparence absolue y suppléent. L'éloquence parlementaire elle-même conserve trace de cet utile idéalisme. L'enseignement et l'éducation en sont pleins : à l'enfant, il serait vain d'expliquer que le sentiment moral est, comme le sentiment musical, un don de nature ou un legs des ancêtres, — même si on s'en est libéré soi-même, on doit lui inculquer la notion traditionnelle : « Il le faut. » (Platon admettait que le sage politique trompe le peuple pour son bien.) Est-ce là prêcher « deux morales »? Il en faudrait des milliers, chez des individus tous différents.

Pour pouvoir, sans danger, renoncer au caractère absolu du devoir, il ne suffirait même pas de bons instincts, d'une honnêteté courante, d'une intelligence ouverte; il faudrait se sentir un grand *désir de normalité* (qui n'est ni la vulgarité ni l'homogénéité), joint à une nature *plastique* et à une certaine dose d'*altruisme* naturel. Sachons donc à quelles relations correspond le bien en soi et agissons comme nous le ferions sous l'empire des conceptions correspondantes.

Quant aux *moyens pratiques*, il convient de ne pas compter sur les textes législatifs, qu'on peut modifier sans qu'il en résulte le moindre changement dans les mœurs (liberté de réunion...). Les dispositifs physiques, les obstacles matériels, empêchent tout au plus le fait. Ils sont plus humiliants et dispendieux que les freins internes. Le véritable progrès a lieu au dedans des êtres. La sélection est insuffisante à le promouvoir, car elle ne crée rien et détruit des éléments utilisables. L'amélioration directe est infiniment préférable à une stérile élimination; elle a lieu soit par la discipline sociale, organisée ou non, soit systématiquement, par l'éducation, entendue en un sens large et inspirée des exigences de la nature humaine. De cet amendement des caractères et des tempéraments, résulteront une socialisation croissante, une harmonisation infinie.

CRITIQUES ET CONCLUSION

De tous les systèmes que, pris à part, nous avons critiqués comme incomplets, nous ne croyons pas qu'un seul ne contienne quelque vérité, au moins dans ce qu'il affirme, sinon dans ce qu'il nie. Le plus parfait serait le moins exclusif, celui qui, *conciliant* le plus grand nombre d'idées et de bonnes volontés, résulterait de la plus large coopération et y retournerait. Aussi, sans parti pris, le nôtre est-il devenu éclectique. A part les incompatibilités, comme celle de l'amor fati et de l'idéalisme, nous ne répudions pas plus le subjectif que l'objectif, l'égoïsme que l'altruisme. Le droit, le devoir, ce n'est ni la force ni l'intérêt, mais plutôt leur organisation idéale, par l'égalité de liberté. Leur source se trouve dans la conscience, mais celle-ci n'a point la portée traditionnelle : l'intuition est conditionnée et contrôlée par l'expérience, et ses données, sur lesquelles opère le raisonnement, se développent selon l'histoire. La grande loi, qui n'est point « naturelle » ni réaliste, c'est celle de l'évolution de la vie aussi bien sociale qu'individuelle : elle est harmonie et coopération dans la solidarité. Et ainsi, partis du moi, notre conception s'achève dans le tout.

Deux reproches inverses pourraient lui être adressés : soit de faire du relatif un absolu, soit de transformer l'absolu en relatif.

Ces deux caractères sont utiles à mettre en relief selon les personnes auxquelles on s'adresse. Le premier d'ailleurs n'est qu'une pure apparence. Il ne s'agit point de droit naturel : nous donnons le sentiment juridique, avec son caractère absolu, non comme fondement théorique, mais comme base de fait, nécessitée par la vie individuelle et collective.

Quant au *droit*, on sera peut-être tenté de lui trouver, par rapport au devoir, une prééminence trop grande, surtout dans un système qui le rapproche de l'intérêt. Mais, plus plastique, cette conception est supérieure à celle des fanatiques qui, armés de leurs droits impérissables et de leur conscience, que chacun entend aussi bien à sa convenance, prétendent ne rien céder à autrui. Ne tombe-t-elle même pas dans l'excès contraire? Si l'on appuie le droit et le devoir sur ce que l'individu et la collectivité en ont besoin (ce qui, loin d'être révolutionnaire, se ramène à peu près à l'état actuel), *n'affaiblit-on pas le devoir*, tout en reconnaissant son caractère bienfaisant? Loin de nous ce dessein. Nous avons cherché à étayer le devoir, de toutes nos forces, si minimes qu'elles soient, et nous souhaitons que de nouvelles forces soient puisées ici pour le réaliser sans restriction, comme pour parfaire le règne du droit. Mais n'avons-nous pas desservi une cause chère?

Nous ne dédaignons pas l'objection sous prétexte qu'elle est *d'ordre pratique* et ne constitue pas une « réfutation spéculative ». Or n'y a-t-il pas danger à faire pénétrer par les profanes les arcanes du droit? Des soucis aussi peu fondés, assure M. Lévy-Bruhl [1], ont, de tout temps, arrêté les innovateurs : il en coûta cher, autrefois, d'affirmer que la lune était une grosse pierre, de se livrer aux expériences, à la dissection, d'appliquer la critique aux livres saints. — Il s'agit ici d'une toute autre situation et nous ressentons immédiatement les inconvénients de certaines prédications relatives à la conduite, laquelle est de nature à nous affecter directement. Il n'y a point une sorte d'harmonie préétablie entre le vrai et l'utile : toute vérité n'est pas bonne à dire en toute circonstance.

Souvent le devoir coûte, ou il semble qu'il coûte immédiatement, car, paraissant s'imposer du dehors et contredire à nos aspirations, on ne voit pas sa raison, on n'apprécie pas les maux plus grands qu'il évite. Or l'homme est « peu enclin à se faire violence », il suit la ligne de moindre effort, c'est-à-dire la pente de ses « penchants ». Il arrive que *ses désirs s'opposent à sa conscience*. S'il n'y cède, c'est qu'il existe des freins moraux dont un des plus efficaces est la sublimité et la sainteté inviolable du devoir. Pareil au curieux dont tombe l'illusion parce qu'il décompose son rêve, quel prestige, quelle autorité laisse-t-on aux obligations après les avoir réduites au relatif, à des nécessités historiques et psychologiques? La force pratique tirée de la correspondance générale de l'idéal avec l'intérêt vaut-elle son ancienne supériorité doctrinale? N'étant plus infaillible, ses jugements devenant susceptibles d'appel, celui qui continuera à s'y soumettre n'aura-t-il pas le sentiment qu'il est un peu dupe [2]? L'instinct, observe-t-on, est dissout par l'analyse et, simplement en devenant conscient, tend à se détruire, à nous conférer le pouvoir de nous en

1. *Mor.*, p. 136. — Au lieu de répondre à l'objection tirée d'un danger qu'il ne nie pas formellement, il l'écarte : « La vérité est loin de souffrir de la disparition de l'apparence intangible et sacrée du devoir. » Mais l'intérêt social ne sera-t-il pas atteint par la suppression de cette force? Peu importe que le caractère absolu tienne au caractère impératif ou inversement.

2. M. Lévy-Bruhl prête ce langage aux moralistes : Parler d'une morale relative équivaut à dire qu'il n'y a pas de morale. L'impératif est absolu, ou n'est pas impératif du tout.

affranchir [1]. Le péril serait encore accru par la démonstration de ce que tout impératif est hypothétique et la conscience issue de sentiments dépourvus de valeur morale, tels ceux qu'inspire la crainte des réactions sociales. — « Le caractère impératif de la morale, ne venant pas, répond-on, de la *réflexion* (mais de croyances et intérêts divers, parfois effacés), n'est guère affaibli par elle. Les *philosophes* ne font ni ne défont la morale. Les choses qu'il faut faire ne dépendent pas de notre théorie, mais de la pression collective. On persécute les subversifs et innovateurs. Même violée, la règle persiste dans l'esprit. » M. Lévy-Bruhl est ainsi réduit à nier l'influence de sa théorie. Alors qu'il les attaque, il compte sur le misonéisme et la moralité. Or quelque peu considérables que soient les variations, du nouveau est pourtant introduit, des traditions sont délaissées et nos convictions y sont bien pour quelque chose. L'idée excelle à réduire les instincts, notamment sociaux, plus qu'à les élaborer. Sans doute l'autorité, non éternelle, d'une morale reste « assurée tant que cette morale est réelle, et son changement implique des transformations générales [2] »; mais cela ne signifie pas que telle ou telle doctrine ne la modifierait pas, en plus mal.

L'abandon du droit et du devoir serait désastreux, mais cette éventualité n'est *pas probable* et nous espérons n'avoir pas collaboré à sa réalisation. Signaler l'origine et le développement d'une idée n'est pas forcément l'affaiblir, et l'analyser n'équivaut pas à en établir le vide. Tandis que la « science des mœurs » favorise le scepticisme, nous nous sommes efforcés de montrer, à côté de la genèse des sentiments éthiques dans une expérience longue, générale et concluante, les impérieux desiderata auxquels répond leur fonction, leur raison d'être. Les apparents désirables en soi ne sont pas des illusions, et la perception des réalités correspondantes, qui donnent

1. Guyau, *Mor. angl.*, 2ᵉ p., l. III, p. 329 ; *Mor. sans obl.*, p. 53, 249 : La vie exerce une pression expansive dans le sens altruiste, mais la réflexion peut nuire à ce « trésor de spontanéité naturelle ». La conscience qu'une idée est une illusion suffit à la dissiper. — Fouillée, *Mor. cont.*, p. 139 ; *El. soc.*, p. 34, 268 : la genèse d'un sentiment élevé montrée dans un sentiment grossier l'amoindrit (Nietzsche, *Généal. de la mor.* : la cruauté). On constate l'influence, sur les ouvriers, de l'idée que la propriété est irrationnelle et la jouissance personnelle non subordonnée à la générale. (Ceci ne s'applique pas ici : nous admettons l'idée de devoir et d'obligation comme essentiellement rationnelle et le bien individuel comme conditionné par le collectif.)

2. Lévy-Bruhl, p. 145, 192, 198. La morale est conditionnée par la pratique en qui elle a sa base la plus sûre. Elle n'a pas plus besoin d'être fondée que la nature. Toutes deux ont une existence de fait qui s'impose à chaque sujet et ne lui permet pas de douter de leur objectivité. La morale est aussi bonne et aussi mauvaise qu'elle peut être.

à l'idéal sa valeur objective, n'en diminue pas l'autorité. Bien au contraire, si l'on possède des notions précises de ce qui doit être, appuyées sur la science, on repoussera le mal avec plus de courage, on recherchera et défendra le bien avec plus de vigueur. C'est une conception plus haute, plus satisfaisante pour l'homme intelligent et libre, que l'obéissance aveugle au devoir « parce que c'est le devoir ». L'infaillible juge de la conscience, de l'impératif catégorique, n'est-il pas d'ailleurs aujourd'hui tout à fait déprécié ?

Le seul inconvénient serait qu'on détruisît sans rien rétablir : or l'élimination partielle des idéaux traditionnels est *subordonnée à leur remplacement* par de meilleurs. Les substituts des mobiles moraux ne sont certes pas ces mobiles eux-mêmes, mais, sans nous contenter de la conformité extérieure, qui oserait exiger qu'on remplisse uniquement son devoir par devoir? Au lieu de laisser entendre que le sacrifice est véritable et non apparent et que l'accomplissement du bien est nuisible à soi-même, la coïncidence de la morale avec le désirable relatif et personnel rend l'obéissance plus douce. Trop de calculs terre à terre enlèvent à la conduite tout éclat, trop de sévérité aliène les volontés à la morale.

Le mal, d'ailleurs, *existe déjà*, à l'état impulsif ou parce qu'on a sapé les concepts « absolus » sans rien y substituer, et l'immoralité apparente des conseils peut tenir à ce qu'on vit en un temps d'immoralité ou d'amoralité : or la rééducation, la résurrection des instincts moraux doit, comme leur genèse primitive s'opérer par la pression sociale et l'appel à l'intérêt. Au mal, que nous n'apportons pas, de la négation, aux périls de la critique, dont l'idéal se relève pourtant parfois plus fort, nous joignons le remède, en un tout inséparable. Fût-ce en notre époque d'irrespect, toute régénération n'est pas vouée à l'insuccès. Que dire autre chose à l'homme qui, répugnant à se laisser conduire en aveugle, demanderait : Pourquoi ferais-je mon devoir ? N'est-il pas préférable de guider les gens par les choses que par les mots?

Cette théorie est susceptible de donner lieu à de *fausses interprétations* de la part d'égoïstes bornés : mais en quelle doctrine, si bienfaisante qu'elle soit, les individus incultes ou vicieux ne peuvent-ils puiser des excuses ou des encouragements ? Aux hommes de bonne volonté, on doit conseiller d'agir comme s'ils éprouvaient les sentiments juridiques et de ne se fier à eux-mêmes vis-à-vis des règles abstraites tirées des conditions de vie, que s'ils se sentent un grand désir de *normalité*. Aux gens incapables de saisir plus que la gêne procurée par l'idéal, à ces infatués ou à ces révoltés qui osent s'élever contre le principe idéaliste, dont l'universalité démontre l'urgence, à tous ceux qui n'en possèdent pas les succédanés, aux égoïstes imprévoyants, il importe de répéter que, si le bien s'impose malgré son caractère apparemment étranger à l'intérêt, c'est simplement que son *utilité*, certaine, est difficile à apprécier, parce qu'hypothétique, indirecte, éloignée : « Si vous cherchiez bien, si vous étiez omniscient, vous verriez que c'est votre intérêt. » Disparût-il, l'idéal renaîtrait, car il est indispensable.

Est-ce au nom de cette utilité, par définition peu patente, au point de n'être pas conçue, ou a fortiori en face d'une éventualité personnellement indifférente, qu'on pourra demander et obtenir le *sacrifice d'un avantage actuel, immédiat ou certain et considérable?* Il se présente de ces conflits où le devoir, le « bien du plus grand nombre », se trouve en antagonisme avec l'intérêt ou le désir : le triomphe du premier n'est-il pas plus sûr avec la morale traditionnelle? Pourquoi un intérêt, — si le droit et la morale ne sont rien de plus, n'ont aucune valeur supérieure, — l'emporterait-il sur un intérêt majeur, sur l'instinct de conservation? La plupart du temps, le caractère général de la règle qu'on se trace à soi-même, l'habitude d'une conduite honnête, l'instinct, écarteront les tentations ou en triompheront. L'intérêt d'ailleurs n'est point exclusivement pécuniaire, mais vital, et le devoir répond à un intérêt bien entendu et dont on ne saurait mesurer l'importance.

Mais imaginons un *concours de circonstances* tel qu'on puisse impunément tirer profit d'une mauvaise action ou qu'on doive choisir entre le devoir, le déshonneur, et la mort, la ruine ou d'autres maux terribles. — L'inconvénient fût-il réel, n'est-il pas fatal que les règles, notamment celles que donnent les juristes, aboutissent, par leur généralité même, à des conséquences choquantes dans des circonstances données ? Y a-t-il d'ailleurs beaucoup de ces cas? Heureusement ils sont, par hypothèse, fort rares et seraient rendus plus rares encore, si chacun luttait énergiquement pour le moindre de ses droits, et de ses idéaux, dont la violation le menace tout entier : malgré les mesures prises par lui, l'infracteur ne saurait être sûr, d'avance, de conserver le sentiment de tranquillité. Mais, en attendant que les intérêts s'accordent ou que les droits soient pleinement garantis, supposons qu'il existe de ces hypothèses. L'intérêt de tout individu est d'éviter de rechercher systématiquement dans chaque cas concret s'il se trouve en leur présence : cette conduite lui épargnera de continuels calculs. S'il y a seulement *risque* à faire le mal ou à faire le bien, l'exagération de l'appréhension dans le premier cas et le plaisir du risque dans le second, tiendront lieu de sentiments plus sociaux; car il n'y point contradiction entre ces deux attitudes : tel qui craint la peine a plaisir à se donner, et cette dernière disposition est inséparable du goût du « jeu », qui nous procure de grandes satisfactions en tant d'autres circonstances. S'il y a *certitude*, si le sacrifice doit être *définitif*, le plaisir d'être admiré, d'être loué, au moins par notre conscience, deviendra, de ce fait, plus légitime, et l'indispensable habitude du bien, même intéressée, entretiendra toujours cette approbation. Mais, si autrui se guide exclusivement par l'égoïsme, ne trouvera-t-il pas, au lieu de nous louer, que c'est sottise de se sacrifier à la considération posthume? L'égoïsme approuve le dévouement,... s'il se sent à même d'en profiter : nos sympathies, inconsciemment, n'ont souvent pas d'autre source. Pourtant, que fera le désabusé? Ne préférera-t-il pas, pour vivre, perdre la « raison de vivre », l'inappréciable estime de soi et d'autrui? La vie peut-être est le plus haut bien, mais la nôtre est intimement liée à celle de l'espèce : la société ne peut pas ne pas maudire le citoyen qui manque à sa fonction, la sentinelle qui se tait au lieu d'annoncer l'ennemi. La réflexion, en ce cas, peut être mauvaise conseillère, et c'est pourquoi ils sont fous, ceux qui prétendent ne se gouverner que par raison : il convient bien plutôt d'agir délibérément comme on le ferait sous l'empire du sentiment, du devoir. En tout cas, l'ignorance volontaire, le silence imposé au vouloir-savoir, vaut bien ici la métaphysique.

Ces gens qui marchandent leur sympathie et leur dévouement ne pourraient pas ne le faire qu'en ces *extrêmes circonstances* : et, dans toutes les autres, leur défaut d'expansion diminuera leurs propres satisfactions. A l'inverse, celui qui vivra d'une vie large et remplie, celui-là, en ce cas exceptionnel, ne balancera pas. Si, précisément parce qu'il s'agit d'une exception, le calcul, qui en vaut la peine, reprend la place de l'habitude, ne trouvera-t-on pas autant de noblesse et de beauté dans ce geste, n'éprouvera-t-on pas, en ce moment suprême, une jouissance infiniment supérieure et plus grande que celles d'une vie terre à terre prolongée? Ne quittera-t-on pas en même temps les souffrances? Peut-être sera-ce la façon de sentir qu'on se rend le plus utile. Ainsi parle en nous l'instinct social, et la connaissance, lorsqu'elle n'est pas superficielle, nous apprend qu'il faut le laisser suivre son évolution.

A toute éthique utilitaire, on reproche de *supprimer ou d'abaisser l'idéal*. Cette flétrissure de l'intérêt s'explique par l'antécédent d'un utilitarisme étroit et matériel; elle est injuste envers toutes autres formes. En tous cas elle est apriorique. Ne peut-on même la retourner ? Doit-on postuler d'avance une morale qui puisse imposer à l'homme le sacrifice de sa vie pour l'idéal, pour un autre homme ? La réaction, peut-être exagérée, comme toute réaction, contre les excès de l'abnégation, n'est pas toujours une manifestation d'égoïsme. Certains sacrifices sont inutiles : nous ne pouvons pas ne pas en admirer les victimes ; nous n'osons encourager à les suivre. Vivre pour autrui, qui devra vivre pour nous, est une complication superflue si l'on entend par là autre chose que la mutualité de services rendus nécessaires par la solidarité. En dehors de la justice, il y a place pour la charité : mais celle-ci ne doit pas renverser les lois de la justice.

Conformons-nous donc aux exigences de la *vie*, suprême puissance motrice de notre activité. On ne saurait méconnaître, parmi elles, l'aspiration de l'homme vers le bien-être. L'idéal qu'on fonde sur cette base est plus solide que le « souverain bien ». Il est plus *humain* : au lieu d'un Absolu stérile, il propose une conduite appropriée au temps et au milieu. Mais il y a lieu de corriger ce que tout calcul a d'étroit, de mesquin, par des sentiments *altruistes* qui n'en constituent pas la négation et ne sont pas moins réels. Exaltons encore ce que l'expérience du passé nous enseigne comme de « beaux » sentiments. Sinon par devoir, au moins pour le plaisir de donner, d'être généreux, donnons, payons de notre personne, sans compter, sans espérer une récompense.

TABLE DES MATIÈRES

LIVRE II

NATURE, FONCTION ET GENÈSE DES IDÉES DE DROIT ET DE DEVOIR

Imprimerie Générale de Châtillon-sur-Seine. — A. PICHAT.

V. GIARD & E. BRIÈRE, Éditeurs, 16, rue Soufflot, PARIS

BIBLIOTHÈQUE SOCIOLOGIQUE INTERNATIONALE

PUBLIÉE SOUS LA DIRECTION DE **RENÉ WORMS**

Secrétaire Général de l'Institut International de Sociologie.

Cette collection se compose de volumes in-8°, brochés (1).

Imprimerie Générale de Châtillon-s-Seine. — A. PICHAT.